2450

MANUEL LÓPEZ SARRIÓN

TEORÍA Y PRÁCTICA DEL
ESQUÍ DE MONTAÑA

EL DOMINIO DE TODAS LAS NIEVES Y PENDIENTES

MANUAL RECOMENDADO POR:

**ESCUELA ESPAÑOLA
DE ALTA MONTAÑA**
Federación Española
de Deportes de Montaña
y Escalada

DESNIVEL

AGRADECIMIENTO

A los siguientes miembros del Club de Montaña Pirineos por su colaboración en la obtención de muchas de las fotografías que ilustran este libro: Teresa Enfedaque; Ricardo Rodríguez, Carlos Gutiérrez; Carlos Saiz; Jesús Sorrosal; Jesús Brau; Emiliano Bravo; Guillermo Aparicio y Miguel Ángel Campos.

TEORÍA Y PRÁCTICA DEL ESQUÍ DE MONTAÑA
El dominio de todas las nieves y pendientes

© Manuel López Sarrión
© Ediciones Desnivel, 1995

Primera edición: Noviembre 1995
Foto portada y dibujos: Manuel López Sarrión
Maquetación: Juan Díaz Martín
Filmación: Megacolor
Imprime: Miram

ISBN: 84-87746-59-4
Depósito Legal: M-36920-1995

Está prohibida la reproducción o almacenamiento total o parcial del libro por cualquier medio: fotográfico, fotocopia, mecánico, óptico, magnético o electrónico sin la autorización expresa y por escrito del propietario del ©. Ley de la propiedad intelectual (22/1987).

ÍNDICE

ÍNDICE 5
PRESENTACIÓN 13
CONSEJOS PARA EL USO
DE ESTE LIBRO 15
INTRODUCCIÓN 17

1 ALGUNOS CONCEPTOS FÍSICOS ÚTILES 19
1.1 Fuerza 19
1.1.1 Criterios de representación
de las fuerzas 19
1.1.2 Descomposición de una fuerza 20
1.2 Momento o par de una fuerza 21
1.3 Cantidad de movimiento 21
1.4 Fuerzas de rozamiento 22
1.5 Tensión mecánica.............................23
1.6 Resistencia del material 23
1.7 Energía 24
1.8 La pérdida del calor 25
1.9 Oscilaciones 27

2 METEOROLOGÍA 29
2.1 El aire 30
2.2 Gradientes generales de temperatura ...31
2.3 La circulación general de
la atmósfera y el movimiento
de las masas de aire 31
2.3.1 Formación de las borrascas. Frentes .32
2.3.2 Anticiclones 34
2.4 Precipitaciones 35
2.4.1 Alteraciones de la masa de aire
al recorrer una montaña: Lluvias orográficas
y efecto Föehn 35
2.4.1.1 Lluvias orográficas 35
2.4.1.2 El efecto Föehn 36
2.4.2 Lluvias ciclónicas 36
2.4.3 Lluvias de niebla 37

2.4.4 Lluvias de origen térmico 37
2.4.5 Inestabilidad 37
2.5 La isoterma de 0° 37
2.5.1 Inversión térmica e isotermas
de 0° múltiples 37
2.6 El límite de nevada 39
2.7 El límite de helada 40
2.8 La previsión meteorológica 40
2.8.1 Dirección del viento y variación
de temperatura 41
2.8.2 Evolución de la presión 41
2.8.3 La nubosidad 42

3 EL "ELEMENTO BLANCO" 43
3.1 Formas de los cristales de nieve 43
3.2 Transformaciones o metamorfismos
del manto nivoso 44
3.2.1 Metamorfismo de gradiente
de temperatura (GT) 44
3.2.2 Metamorfismo de equitemperatura
(ET) o isotermia 45
3.2.3 Metamorfismo de deshielo-rehielo 46
3.2.4 Transformaciones debidas al viento ..47
3.2.5 Otras transformaciones 48
3.3 Tipos o calidades de nieve 49
3.3.1 Nieve fresca 49
3.3.2 Nieve polvo 50
3.3.3 Nieve virgen 50
3.3.4 Nieve venteada 50
3.3.5 Nieve pisada 50
3.3.6 Nieve artificial 50
3.3.7 Nieve dura 51
3.3.8 Nieve helada 51
3.3.9 Nieve polvo dura 51
3.3.10 Nieve granulosa 51
3.3.11 Granizo 51
3.3.12 Nieve húmeda 52

3.3.13 Nieve costra 52
3.3.14 Nieve primavera 52
3.4 Aludes 53
3.4.1 Tensiones y anclajes
del manto nivoso 53
3.4.2 Tipos de aludes 54
3.4.2.1 Alud de placa 55
3.4.2.2 Alud de nieve polvo 56
3.4.2.3 Alud de nieve húmeda o de fusión .57
3.4.2.4 Alud de superficie 57
3.4.2.5 Alud de fondo 57
3.4.2.6 Alud natural 57
3.4.2.7 Alud provocado 57
3.4.3 Factores influyentes 58
3.4.3.1 Temperatura 58
3.4.3.2 Viento 58
3.4.3.3 Cantidad acumulada 58
3.4.3.4 Estado del manto nivoso 58
3.4.3.5 Inclinación 59
3.4.3.6 Forma del terreno 59
3.4.3.7 Textura superficial del terreno 60
3.4.3.8 Avalanchas anteriores 60
3.4.3.9 Paso de esquiadores 60
3.4.4 Desencadenantes 60
3.4.5 Escala de riesgo 60
3.4.6 Precauciones 61
3.4.7 En caso de ser sorprendidos
por un alud 62

4 MATERIAL Y EQUIPO 65
4.1 La tabla 65
4.1.1 Características geométricas 66
4.1.1.1 Longitud 66
4.1.1.2 Anchura 68
4.1.1.3 Espesor 68
4.1.1.4 Curvatura central 69
4.1.1.5 Curvatura anterior 69
4.1.1.6 Curvatura posterior 69
4.1.2 Características físicas 69
4.1.2.1 Amortiguación 69
4.1.2.2 Resistencias a la flexión
y a la torsión 70
4.1.2.3 Flexibilidad 71
4.1.2.4 Momento de inercia y peso 71
4.1.3 Composición 71
4.1.3.1 Suela 71
4.1.3.2 Cantos 72
4.1.3.3 Estructura interna: Capas
flexibles y amortiguadoras 73
4.1.4 Consejos de uso 74
4.1.5 Afilado de cantos 75
4.1.6 Reparación de la suela 76
4.1.7 Encerado 76
4.1.7.1 En caliente 77
4.1.7.2 En frío 77

4.2 Las fijaciones o ataduras 79
4.2.1 Funciones de la fijación 79
4.2.2 Elementos de la fijación 80
4.2.2.1 Puntera 80
4.2.2.2 Talonera 80
4.2.2.3 Placa 81
4.2.2.4 Mecanismo liberador de talonera ...81
4.2.2.5 Mecanismo de basculamiento 81
4.2.2.6 Bases de instalación 82
4.2.2.7 Alzas 82
4.2.2.8 Frenos 82
4.2.2.9 Correas 82
4.2.2.10 Cuchillas 82
4.2.3 Tipos de fijación 83
4.2.4 Influencia en la seguridad:
Regulación 84
4.2.4.1 Absorción de golpes 89
4.2.4.2 Factores que alteran la tensión
de salto 89
4.2.5 Especificaciones justificadas
de la fijación ideal 91
4.2.5.1 Puntera, talonera y placa:
Geometría ideal de apertura 91
4.2.5.2 ¿Correas o frenos? 93
4.2.5.3 Manejo 94
4.2.6 Instalación de la fijación en la tabla ...94

4.3 Las "pieles de foca" 97
4.3.1 Características 97
4.3.2 Colocación 98

4.3.3 Aplicación de cola 100
4.3.4 Los zuecos 101
4.3.5 Consejos de uso 101

4.4 Los bastones 105
4.4.1 Altura 105
4.4.2 Tubo 106
4.4.3 Punta 106
4.4.4 Empuñadura 106
4.4.5 Arandela o roseta 107
4.4.6 Consejos de uso 107

4.5 Las botas 109
4.5.1 Funciones 109
4.5.2 Elementos 109
4.5.3 Características 110
4.5.3.1 Talla 110
4.5.3.2 Horma 111
4.5.3.3 Altura o longitud de caña 111
4.5.3.4 Inclinación de caña 111
4.5.3.5 Dureza de flexión 112
4.5.3.6 Inclinación de la plantilla
del botín 112
4.5.3.7 Curvatura de suela 112
4.5.3.8 Altura de puntera 112
4.5.3.9 Longitud neta exterior 113
4.5.3.10 Número, situación y tipo
de los enganches 113
4.5.3.11 Marca de referencia
longitudinal 113
4.5.4 La bota ideal y la real 114
4.5.5 Elección del tipo de bota 115
4.5.5.1 Elección de la talla 116
4.5.6 Consejos de uso 117
4.5.7 Uso de botas de pista en esquí
de montaña 118

4.6 La vestimenta 121
4.6.1 El atuendo ideal 122
4.6.1.1 Camiseta 123
4.6.1.2 Camisa 123
4.6.1.3 Cazadora de forro polar 124
4.6.1.4 Chubasquero 124

4.6.1.5 Pantalones 125
4.6.1.6 Medias o calcetines 127
4.6.1.7 Guantes 127
4.6.1.8 La protección de la cabeza 128
4.6.2 Protectores solares 129
4.6.3 Gafas 130

4.7 La mochila 131
4.7.1 Funciones 131
4.7.2 Elementos 131
4.7.3 Características 132
4.7.3.1 Material 132
4.7.3.2 Capacidad 132
4.7.3.3 Talla 133
4.7.3.4 Diseño del cuerpo 133
4.7.3.5 Forma de la tapa 133
4.7.3.6 Tipo de portapiolets 133
4.7.3.7 Forma de las correas 134
4.7.4 Elección de la mochila 135
4.7.5 Consejos de uso 135

4.8 Otro equipo de montañismo invernal .137
4.8.1 Equipo técnico para terreno difícil ..137
4.8.1.1 Piolet 137
4.8.1.2 Crampones 138
4.8.1.3 Cuerda 139
4.8.1.4 Otro material de escalada 139
4.8.2 Equipamiento para pernoctar 139
4.8.2.1 Tienda de campaña 140
4.8.2.2 Saco de dormir 141
4.8.2.3 Funda de vivac 142
4.8.2.4 Manta térmica o capa
de supervivencia 142
4.8.2.5 Esterilla 142
4.8.2.6 Infernillo 142
4.8.2.7 Linterna frontal 143

4.9 Material contra aludes 145
4.9.1 Pala 145
4.9.2 Sondas 146
4.9.3 Cordino de avalancha 147
4.9.4 Detector o ARVA 147
4.9.4.1 Descripción 148

4.9.4.2 Verificación del correcto
funcionamiento 150
4.9.4.3 Consejos de uso del ARVA 150
4.9.4.4 Localización mediante ARVA 151
4.9.4.4.1 Estimación de la probable
posición de las víctimas 151
4.9.4.4.2 Determinación del área
a rastrear 151
4.9.4.4.3 Búsqueda de la primera señal ...152
4.9.4.4.4 Detección de la primera señal ..153
4.9.4.4.5 Método de las perpendiculares .153
4.9.4.4.6 Método de las líneas
de inducción 155
4.9.4.4.7 Método mixto 156
4.9.4.4.8 Búsqueda final de precisión 158

5 ESTÁTICA DEL ESQUÍ 161
5.1 Ángulo límite 161
5.2 Distribución de presiones 162
5.3 El canteo 165
5.3.1 El canteo en nieve dura 166
5.3.2 El ángulo límite de canteo 167
5.3.3 La variación longitudinal
del ángulo de canteo 167
5.4 Estática de la piel de foca 169
5.4.1 Variación angular del coeficiente de
rozamiento ofrecido por la piel de foca 171
5.4.2 Influencia del alza en la distribución
longitudinal de presiones 171
5.4.3 Distribución lateral de presiones
y la influencia en ella del canteo 172
5.4.4 Repercusión del alza
en la distribución lateral de presiones 172

6 DINÁMICA DEL ESQUÍ 175
6.1 Conceptos y tipos básicos
de trayectorias 175
6.1.1 Línea de máxima pendiente (LMP) .176
6.1.2 Ángulo de cruce 176
6.1.3 Descenso directo 176
6.1.4 Horizontal 176
6.1.5 Diagonal 177
6.1.6 Derrapar 177
6.1.7 Límites entre descenso directo,
diagonal y derrapar 177
6.1.8 Eje y punto de giro 177
6.1.9 Cambios de dirección 178
6.1.10 Fases de un viraje 178
6.2 Deslizamiento 179
6.2.1 La influencia del peso 179
6.2.2 Consistencia de la nieve 180
6.2.3 Hidroplaneo 181
6.2.4 Influencia de la textura del terreno ..182
6.2.5 Conclusión 182
6.3 Estabilidad 183
6.3.1 Factores influyentes 183
6.4 Maniobrabilidad y giro 186
6.5 Derrapar 187
6.6 Fuerzas de frenado y de desvío 189
6.7 Equilibrio lateral del esquiador 190
6.7.1 Sobreinclinación y subinclinación ...193
6.8 La comba invertida 193
6.9 Efecto "cuchillo" 194
6.10 Virajes conducidos y derrapados 195
6.11 Los cambios de zona y su repercusión
direccional 196

7 TÉCNICAS DE DESCENSO 199
7.1 El giro físico y el giro mental 200
7.2 Antes de empezar 200
7.3 Ejercicios preliminares 201
7.3.1 Caminar en línea recta 201
7.3.2 Giro en estrella 202
7.3.3 Caminar cambiando
de dirección 202
7.3.4 Desplazamiento lateral en escalera .203
7.3.5 Ascenso en tijera 204
7.3.6 Levantarse tras una caída 205
7.3.7 Recursos para frenarse 209
7.4 Descenso directo 210
7.5 La cuña 212
7.6 Viraje fundamental 215
7.6.1 Ejercicios 216
7.6.1.1 Diagonal 217
7.6.1.2 Guirnaldas cuña-diagonal 217
7.7 Derrapar 218

7.8 Semicuña o *stem* 220
7.9 Paralelo o *cristianía* 221
7.10 Semicuña-paralelo o *stem-cristianía* ..223
7.10.1 Ejercicios 224
7.10.1.1 Guirnaldas en semicuña 224
7.10.1.2 Guirnaldas en paralelo 224
7.10.1.3 Cambio de peso 225
7.11 Esquiar en paralelo 225
7.11.1 Del *stem-cristianía* al paralelo:
Transferencia de peso o viraje paralelo
alternativo 225
7.11.1.1 Ejercicios 228
7.11.2 Aligeramiento o liberación
de la presión en la suela del esquí:
Flexión-extensión 228
7.11.3 Optimización del aligeramiento:
Flexión-extensión lateral 229
7.11.4 Aligeramiento parcial por
redistribución de la presión en la suela
del esquí: Flexión-extensión avanzada 230
7.11.5 Aligeramiento parcial
por redistribución de la presión
en la suela del esquí: Juego de tobillos 232
7.11.6 Incremento de aligeramiento
por recogimiento de piernas 233
7.11.7 Minimización de las inercias
de giro: Anticipación y contrarrotación 234
7.11.7.1 Ejercicio 236
7.11.8 Hacia el dominio del paralelismo ..236
7.11.9 Secuencia completa del giro
paralelo aislado 237
7.11.10 Aprovechamiento de las inercias
del giro anterior: Secuencia de virajes
encadenados 239
7.11.11 Estabililización de la fase
de conducción: Adelantar los pies 241
7.12 Virajes paralelos especiales 241
7.12.1 Virajes breves de radio largo 241
7.12.2 Viraje por extensión con salto 242
7.12.3 Salto de colas 246
7.12.3.1 Ejercicios 247
7.12.4 Doble salto de colas 247
7.12.5 Salto de espátulas 248

7.12.6 Viraje desde la situación de parada
mediante bastón interior: Impulso corto ...250
7.12.7 Viraje a dos bastones
desde la situación de parada 251
7.12.8 Virajes de extensión retardada (I):
Flexión-recuperación 253
7.12.9 Virajes de extensión retardada (y II):
Viraje canguro 256
7.12.10 Viraje por inercia de tronco 258
7.13 Virajes avanzados no paralelos 260
7.13.1 Paso de patinador 260
7.13.2 Serie de aperturas y cierres
de espátula: Pasos divergentes 262
7.13.3 *Stem-cristianía* avanzado: "Tip-tap" 264
7.13.3.1 Ejercicio 266
7.13.4 Alternar sobre el esquí del monte .266
7.13.5 Viraje con salto desde el pie
del monte: pedaleado 268
7.14 Lista de defectos técnicos 270

**8 APLICACIÓN DE LAS TÉCNICAS
CONOCIDAS PARA LA RESOLUCIÓN
DE SITUACIONES ESPECIALES
Y EN CUALQUIER TIPO DE NIEVE** ..275
8.1 Superpendientes: Esquí extremo 275
8.2 Cambios de plano o de pendiente 278
8.3 Baches y montículos aislados 279
8.4 Campos de montículos: Bañeras 280
8.5 Terrones y penitentes 281
8.6 Irregularidades ocultas 281
8.7 Salpicado de afloraciones de roca 282
8.8 Aristas 282
8.9 Cornisas y saltos 282
8.10 Vaguadas 283
8.11 Tubos 283
8.12 Estrechamientos 284
8.13 Salto de obstáculos: Troncos,
arbustos, corredores de hierba 284
8.14 Esquí en bosque cerrado 284
8.15 Esquí en cuneta de pista
o carretera 285
8.16 Grandes estrías y ondulaciones 285
8.17 Glaciares 285

8.17.1 Esquiar en cordada 286
8.18 Nieve costra 286
8.19 Nieve húmeda 288
8.20 Nieve polvo 288
8.21 Nieve polvo venteada 290
8.22 Nieve granulosa suelta 291
8.23 Nieve helada 291
8.24 Esquí rápido con esfuerzo mínimo ...292
8.25 Esquí en situaciones de agotamiento físico 292
8.26 Esquí sin bastones 293
8.27 Esquí sobre una sola pierna 294
8.28 Esquí en gran altitud 294

9 TÉCNICAS DE ASCENSO Y AVANCE 295
9.1 Subir por la LMP 295
9.2 Subida de diagonales 297
9.3 Pasos divergentes y convergentes para cambiar de dirección: Giro en estrella y vuelta progresiva 298
9.4 La vuelta María 298
9.4.1 Cara al monte con cierre exterior ...299
9.4.1.1 Errores más frecuentes 301
9.4.2 Cara al monte con cierre interior ...302
9.4.3 Cara al valle 303
9.4.4 Vuelta "tirolesa" 305
9.5 Límite entre paso divergente y vuelta María: ángulos de apertura prohibidos 306
9.6 ¿Subida en tijera con pieles? 307
9.7 Subida en escalera 307
9.8 Influencia de la tensión del muelle del eje de la puntera 308
9.9 Utilidad de las correas de seguridad durante la subida 308
9.10 Avance horizontal 308
9.10.1 Paso de uno 309
9.10.2 Semipaso del patinador 310
9.10.3 Semipaso inverso 310
9.10.4 Escalera diagonal descendente 311
9.10.5 Breves descensos con pieles 311
9.11 ¿Cuándo compensa quitarse las pieles? 312

10 TÁCTICAS DE PROGRESIÓN 315
10.1 Elección de la ruta general 315
10.2 Elección de la ruta concreta 316
10.3 Sinergia del grupo 317
10.4 Comportamiento en grupo 319

11 PLANIFICACIÓN DE UNA SALIDA 321
11.1 Selección de la actividad 321
11.2 Recopilación de la información 322
11.2.1 Clasificación de dificultad 322
11.3 Estimación del esfuerzo 323
11.4 Tamaño óptimo y composición del grupo 324
11.5 Adecuación del horario 326
11.6 Selección del material 327

12 TÉCNICA ALPINA INVERNAL 331
12.1 Nociones básicas de escalada 331
12.1.1 Evolucionando bajo la protección de la cuerda 331
12.1.2 Progresión individual 333
12.1.3 Nudos 333
12.2 Técnica de hielo y nieve 338
12.2.1 Manejo del piolet 338
12.2.1.1 Piolet-bastón 338
12.2.1.2 Piolet-escoba 338
12.2.1.3 Piolet-tracción 339
12.2.1.4 Piolet-ancla 339
12.2.1.5 El piolet como aseguramiento ...339
12.2.2 Uso de los crampones 340
12.2.3 Pendientes de nieve poco consistente 340
12.2.4 Avanzar encordados 341
12.2.5 Rapelar 341
12.2.5.1 Anclajes de rápel 342
12.2.6 Técnicas de izado 345
12.2.6.1 El caído puede colaborar 346
12.2.6.2 El caído no puede colaborar 347
12.3 Construcción de abrigos para pernoctar 349
12.3.1 Iglú 349
12.3.2 Cueva 350
12.3.3 Semicueva 351

13 ORIENTACIÓN 353
13.1 Conceptos básicos 353
13.1.1 Latitud 353
13.1.2 Longitud 354
13.1.3 Altitud y altura 354
13.1.4 Rumbo 354
13.1.5 Rumbo magnético y geográfico 355
13.2 Cartografía y representación
del terreno: Mapas 355
13.2.1 Proyecciones geográficas 355
13.2.2 Escalas 355
13.2.3 Convenciones de representación
del terreno: Tipos de mapas 356
13.2.4 Representación de los distintos
tipos de superficies 358
13.2.5 Signos convencionales 358
13.2.6 Cálculo de longitudes en el mapa .358
13.3 Técnicas de orientación 359
13.3.1 Deducción del rumbo 359
13.3.1.1 Mediante brújula 359
13.3.1.2 Mediante el Sol y un reloj 359
13.3.1.3 Mediante la Estrella Polar 361
13.3.1.4 Comparando el mapa y el terreno 361
13.3.1.5 Observando ciertos detalles 361
13.3.2 Identificación de puntos
y accidentes geográficos 362
13.3.3 Estimación de distancias o tamaños 362
13.3.4 Averiguación de la posición 363
13.3.5 Uso del altímetro 365
13.3.6 Comportamiento en situaciones
sin visibilidad 365
13.4 Interpretación de guías descriptivas
de itinerarios 367

**14 PREVENCIÓN Y PRIMEROS
AUXILIOS** 369
14.1 Problemas derivados del frío 369
14.1.1 Hipotermia 370
14.1.2 Enfriamiento y/o congelación
de miembros 370
14.2 Problemas derivados de la altitud 371
14.2.1 Mal de altura 372
14.2.2 Edema pulmonar 372

14.2.3 Edema cerebral 373
14.3 Afecciones causadas por el Sol 373
14.3.1 Quemaduras cutáneas 373
14.3.2 En los labios 374
14.3.3 En los ojos 374
14.4 Trastornos ocasionados por la niebla .374
14.5 Rozaduras 375
14.6 Consecuencias directas
de un accidente 375
14.6.1 Pérdida de respiración 376
14.6.2 Paro cardiaco 376
14.6.3 Hemorragias 377
14.6.4 Fracturas óseas 377
14.6.5 Lesiones musculares 378
14.7 La camilla de fortuna 378
14.7.1 Construcción 378
14.7.2 Manejo 379
14.8 El botiquín 379
14.9 Petición de ayuda 380
14.9.1 Preparar la llegada
de un helicóptero 380
14.10 Preparación física 380
14.10.1 Estiramientos 382

15 ALIMENTACIÓN 383
15.1 El cuerpo humano como
sistema termodinámico 383
15.1.1 Reservas energéticas 384
15.1.3 Transformaciones y balances
energéticos 384
15.2 Tipos de nutrientes 386
15.3 Reparto de funciones
entre los nutrientes 387
15.4 Alimentos y sus características 387
15.5 Dieta normal 388
15.6 Dieta de los días previos
a grandes esfuerzos 389
15.7 Comida de ataque 389
15.8 Comida para calentar 390
15.9 Necesidades hídricas 390

GLOSARIO 393
BIBLIOGRAFÍA 403
ÍNDICE DE TÉRMINOS ....

PRESENTACIÓN

¿Qué encontrará el lector en este libro? Posiblemente mucho más de lo que necesita al introducirse en el fascinante mundo del esquí de montaña, pero menos de lo que querría o debería saber cuando se convierta en un experto. Se ha realizado un ambicioso esfuerzo integrador, tratando de incluir toda la información disponible en la actualidad. Su vigencia será indefinida para la mayor parte del contenido, porque en muchas cuestiones está ya todo prácticamente inventado; en cambio en otras, como la referente al material, existe una permanente evolución tecnológica. Por tanto, es de suponer que al cabo de unos años –los que se precisan para pasar de principiante a experto– se hayan producido algunas innovaciones de interés.

Dejando de lado la especulación, enumeremos algunas de las posibilidades de utilización de este libro: curso para aprender a esquiar en pista, en nieves vírgenes y para desenvolverse en la montaña invernal; guía de consulta para profesores de esquí; análisis de las características y prestaciones del material; explicaciones lógicas, con rigor científico, de los fenómenos físicos relevantes. En resumen, un tratado completo de esquí de montaña que sin pretender reemplazar la insustituible experiencia, ayude a ampliarla y enriquecerla.

En los capítulos siguientes se abordarán todas las cuestiones relacionadas con la práctica del esquí de montaña, a fin de que, además de constituir una satisfacción intelectual, la comprensión por parte del lector, facilite la asimilación y la aplicación de las técnicas necesarias y capacite a éste para tomar decisiones por sí mismo. Por tanto, la secuencia lógica a seguir, comenzará con la exposición de conceptos generales para continuar describiendo las características de la nieve y del material, paso previo para justificar el comportamiento estático y dinámico del esquí. Así estaremos en condiciones de explicar la técnica, como método, para que el esquiador aproveche las posibilidades ofrecidas por el conjunto nieve-esquí. Todo ello será complementado por aquellos aspectos significativos que rodean al mundo del esquí de montaña, desde la planificación de una salida, hasta los primeros auxilios; pasando por las técnicas de orientación, alimentación y entrenamiento.

CONSEJOS PARA EL USO DE ESTE LIBRO

Aunque el contenido se presenta en un orden lógico, según el cual aparece antes aquello que es útil para comprender lo que viene después, no es necesario seguirlo; habrá capítulos que el lector ya conozca o que no le llamen la atención. Quien esté menos interesado en la parte teórica –aquel que prefiera el ¿cómo? al ¿por qué?–, podrá pasar directamente a los capítulos donde se explican las diferentes técnicas.

Donde se ha considerado conveniente, se ha dividido la explicación en dos apartados consecutivos, denominando al segundo como *Comentarios adicionales*. Allí se analizan diversos aspectos teóricos y técnicos más sofisticados, y va destinado a aquellos lectores más interesados en profundizar y ampliar los conocimientos apuntados en el apartado básico, por ejemplo, profesores de esquí. No es necesario, por tanto, leer la totalidad de cada capítulo para aprender una determinada técnica; basta con ceñirse a la primera parte y dejar los *Comentarios adicionales,* como material de consulta y ampliación, para un nivel mayor.

Precisamente, por ser la consulta el empleo más frecuente de este libro, y para facilitar el acceso aleatorio a la información, se proporciona, además del índice general de contenido, otro de términos.

Sin abandonar la cuestión de la terminología, se incluye un nutrido glosario donde se encontrará la información puntual que se buscaba; a veces será suficiente, no siendo necesario dirigirse a los capítulos donde se trata en profundidad.

Respecto a los dibujos de secuencia, que ilustran la mayoría de las técnicas de descenso explicadas, conviene advertir que los hay de dos tipos: superpuestos y desarrollados. En los primeros las figuras ocupan posiciones relativas similares a la realidad, mientras que en los segundos, con una intención didáctica, se han separado artificialmente para evitar que una superposición parcial oculte información.

Siguiendo con los dibujos de figuras, la pierna sombreada es la que aguanta más peso. Cuando no se muestra así ninguna de las dos, es porque las diferencias son mínimas o tienen menor importancia frente a otros aspectos. En los dibujos de huellas, el esquí que soporta más carga presenta un trazo grueso. Hay técnicas que pueden ejecutarse con diferentes estilos de cambio de peso, por lo que los casos mostrados serían, simplemente, algunos de los posibles, no teniendo carácter excluyente.

INTRODUCCIÓN

El esquí de montaña, también conocido como esquí de travesía, podría ser definido como aquella disciplina, del montañismo de altura, que se desarrolla sobre esquís. A pesar de la aparente trivialidad de esta definición, bajo la denominación de esquí de montaña se esconde un concepto integral de montañismo, en el que se dan cita todas las facetas típicas del mismo, así como las del esquí de descenso o alpino, que pueden aplicarse a las nieves vírgenes.

A tenor de lo dicho, las motivaciones que impulsan al montañero a subir a una cumbre son absolutamente válidas cuando la ascensión se realiza sobre esquís, pero hemos de añadir el aliciente ofrecido por la propia actividad de esquiar, de modo que el uso de los esquís se justifica no solo por ser el medio idóneo de progresar por la nieve hacia un objetivo alpino determinado, sino por ser un fin en sí mismo, origen de satisfacciones que complementan a las ofrecidas por el montañismo.

No es difícil, por tanto, deducir que el material empleado se caracterice por una gran polivalencia que permita conseguir unos resultados aceptables en los cambiantes ambientes de la montaña. Asimismo, el practicante de este deporte debe reunir, tanto los conocimientos y técnicas propias del montañismo invernal como los del esquí, siendo necesario extender su dominio hacia las nieves "fuera de pista" ya que, al no estar preparadas, ofrecen mayores dificultades en general.

El esquí de montaña se caracteriza por presentar problemas de decisión que pueden ser resueltos optando por varias alternativas. Normalmente, cuando se adopta una postura que favorece la solución de un determinado aspecto, se está perjudicando la de otro, siendo necesario en ocasiones, encontrar una salida intermedia, de compromiso, que permita compaginar, en la medida de lo posible, soluciones inicialmente incompatibles. No es extraño, por tanto, que distintos esquiadores expertos resuelvan de un modo diferente una misma situación planteada, aunque todas las salidas resulten válidas. Es uno de los objetivos de este libro justificar y presentar las ventajas e inconvenientes de cada elección, de modo que se facilite al lector la toma de decisiones. Evidentemente, habremos logrado así un avance en el campo de los criterios objetivos, cuyo análisis y valoración será más o menos complejo, pero siempre factible. No obstante, habrá de ser el criterio subjetivo el que decante la decisión final, en uno u otro sentido, en fun-

17

ción de lo que cada uno se haya planteado como objetivo personal a la hora de practicar este fascinante deporte. Valga como ejemplo anticipado, el caso de quien da preferencia a la ascensión, sobre el descenso; habrá que recomendarle unos esquís no muy largos, con unas botas blandas; si lo que prefiere es disfrutar de una excelente bajada, aprovechando todas las posibilidades técnicas y del material, y sin importarle demasiado lo que tarde y sufra al subir, se le aconsejaría el uso de esquís largos y botas duras.

Como muy bien puede el lector comenzar a intuir, la diversidad de situaciones y opciones que se pueden presentar impide dar a priori soluciones perfectas. En el esquí de montaña –y también en otros órdenes de la vida– la única verdad absoluta es que éstas no existen.

1
ALGUNOS CONCEPTOS FÍSICOS ÚTILES

1 exponer: darlegen, ausstellen

En este capítulo expondremos de una manera didáctica y sencilla los conceptos físicos aconsejables para abordar las explicaciones del resto.

1.1 FUERZA

Acción de un cuerpo sobre otro tendente a producir desplazamiento o deformación.

Siempre que un cuerpo ejerce una fuerza sobre otro, se encuentra con una oposición por parte del segundo. Es el Principio de Acción y Reacción. La reacción es de sentido contrario a la acción. En el caso del esquí, veremos cómo éste ejerce una acción sobre la nieve y ésta opone una reacción que va a condicionar el movimiento del esquí. El resultado de todas las fuerzas nos determinará la trayectoria que va a seguir el esquí, que es precisamente lo que buscamos.

■ 1.1.1 Criterios de representación de las fuerzas

Las fuerzas se representan mediante flechas cuyo tamaño, situación, dirección y sentido informarán del resultado previsible. Ante la duda de representar las acciones o las reacciones, pues siempre coinciden en el mismo punto, aplicado al caso del esquí, seguiremos el criterio general de elegir las que incidan sobre la tabla, tanto si son de acción como de reacción. Por tanto, dibujaremos las reacciones que la nieve devuelve al esquí, pero también dibujaremos las acciones que la fijación y la bota ejercen sobre la tabla. Dibujar una flecha incidiendo en un punto de un objeto es tan sencillo que puede facilitar la comprensión, y de hecho es frecuente encontrar esa flecha situada en el centro de gravedad del objeto en muchas explicaciones. Sin embargo, un exceso de simplificación puede no representar debidamente un hecho más complejo, por ejemplo, una distribución de fuerzas por una superficie (la suela del esquí soportando el peso del esquiador), en cuyo caso dibujaremos muchas flechitas, cuya concentración mayor en ciertas zonas indicará que allí la presión es mayor. De ese modo, podremos reflejar la continuidad de fuerza existente a lo largo de la superficie.

■ 1.1.2 Descomposición de una fuerza

Consiste en sustituir una fuerza determinada por otras dos equivalentes a ella, siguiendo un procedimiento gráfico o matemático sencillo. Decimos que las dos fuerzas nuevas son equivalentes a la inicial si producen los mismos efectos. Imaginemos un esquiador situado en una pendiente de cierta inclinación. Básicamente solo existe una fuerza actuando: el peso del conjunto, sin embargo, se producen dos efectos, por un lado la nieve sufre un aplastamiento y por otro hay una tendencia al deslizamiento. Mediante la descomposición del peso en dos fuerzas equivalentes, sabremos qué parte de ese peso se destina a aplastar la nieve y qué otra parte origina el deslizamiento. Normalmente es útil, por tanto, realizar la descomposición en dos fuerzas: la componente tangencial y la componente perpendicular al plano de la nieve.

Descomposición de una fuerza.

Ya hemos indicado que las fuerzas producen unos efectos, básicamente deformación y movimiento. Este último está condicionado por la masa del cuerpo, de modo que con una misma fuerza imprimiremos más aceleración al cuerpo más ligero. Los efectos producidos por una fuerza, además de depender de la magnitud de la misma, de su dirección y de su sentido, dependen del punto en que se aplique. Es sobradamente conocido que con una palanca adecuada puede multiplicarse el efecto de una fuerza.

Distintos efectos para diferentes puntos de aplicación de una fuerza sobre el esquí.

Sólo desplazamiento

Giro y desplazamiento

1.2 MOMENTO O PAR DE UNA FUERZA

Producto de esa fuerza por la distancia lateral de separación a un eje de giro.

La rotación es uno de los tipos de movimiento que puede ocasionar la aplicación de una fuerza. Si empujamos transversalmente un esquí por su centro, simplemente lo desplazaremos lateralmente, pero si lo empujamos por uno de sus extremos, además lo haremos girar. La capacidad para provocar rotación que tiene una fuerza depende del lugar en que se aplique, especialmente de la distancia al eje de giro. El concepto de par recoge cuantitativamente esa capacidad. Al igual que los cuerpos muestran una resistencia al desplazamiento en función de su masa, ofrecen una oposición al giro que depende de la masa y de la distribución geométrica de ésta, siendo recogida dicha oposición por el concepto físico de momento de inercia, del que nos bastará con saber, por el momento, que cuanto mayor sea, más par deberemos aplicar para lograr un mismo giro. Comparando dos esquís del mismo peso y longitud, pero uno aligerado en cola y punta y el otro con una distribución de masa normal, será más fácil hacer girar al primero que al segundo.

1.3 CANTIDAD DE MOVIMIENTO

Producto de la masa de un cuerpo por su velocidad.

Cuando un cuerpo choca con otro pueden producirse diversos balances energéticos, pero la cantidad de movimiento del conjunto, antes y después del choque, se conservará si no intervienen otros factores. Acabamos de enunciar el Principio de la Conservación de la Cantidad de Movimiento, que tiene gran importancia para explicar el comportamiento del esquí, especialmente cuando el esquiador levanta una nube de nieve durante una trayectoria curva con derrape. También explica el fenómeno de aparente flotabilidad que se da en el esquí acuático y en los descensos por nieves poco consistentes, como la polvo virgen. Para mejor comprender este concepto, supongamos el caso de un esquiador que derrapa lateralmente por una superficie de hielo pulido, en dirección a una zona de nieve polvo donde podrá empezar a frenarse; el producto de la masa del conjunto esquiador-esquís por la velocidad, justo antes de salir del hielo, es igual al producto de la masa que permanecerá en movimiento –la de la nieve polvo impulsada más la del esquiador– por la velocidad justo después de salir del hielo.

1.4 FUERZAS DE ROZAMIENTO

Consisten en la oposición al desplazamiento de un cuerpo sobre otro, y son debidas al hecho de que toda superficie presenta una rugosidad, aunque sea microscópica, que origina un enclavamiento. También se producen por lo que se llama rozamiento por viscosidad, pero en ese caso lo que ocurre es que interviene un material blando, de modo que su deformación exige un gasto energético que depende de la consistencia. Este fenómeno se da en nieves blandas de un modo muy acusado. En hielo, evidentemente, no se produce, lo que contribuye a que este material sea el más deslizante para el esquí.

Estas fuerzas son de reacción, de sentido contrario al movimiento, tendiendo a frenar éste o a impedir su inicio, siendo diferentes en ambos casos. Por esa razón, un esquiador puede permanecer estático en una pendiente suave, pero si por alguna razón comienza a deslizarse, no se parará espontáneamente hasta encontrar una pendiente inferior. La influencia del rozamiento es fundamental en la estática y en la dinámica del esquí.

La medida del rozamiento se refleja mediante un número llamado coeficiente de rozamiento.

Supongamos una situación estática, como la de un esquiador parado en una ladera de muy poca inclinación. Si le empujamos levemente y aumentamos paulatinamente

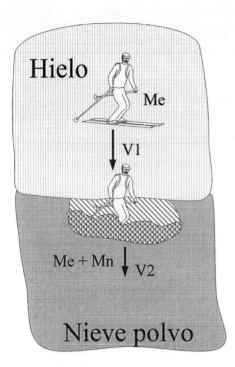

$Me \times V1 = (Me + Mn) \times V2$

Conservación de la cantidad de movimiento.

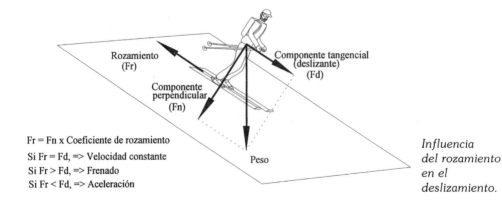

$Fr = Fn \times$ Coeficiente de rozamiento
Si $Fr = Fd$, => Velocidad constante
Si $Fr > Fd$, => Frenado
Si $Fr < Fd$, => Aceleración

Influencia del rozamiento en el deslizamiento.

nuestra presión sobre él, no comenzará a moverse hasta que logremos un nivel determinado de fuerza tangencial. Ese valor que tendremos que alcanzar, es el de la máxima capacidad de sujeción que posee la fuerza de rozamiento existente entre el esquí y la nieve, siendo numéricamente igual al producto de la fuerza perpendicular por el coeficiente de rozamiento estático. El valor de ese coeficiente es igual al de la pendiente del ángulo límite, a partir del cual un cuerpo comienza espontáneamente a deslizarse. Por ejemplo, si estamos en una carretera nevada con una pendiente del 5% y nos encontramos justo a punto de deslizarnos, el valor de ese coeficiente sería precisamente 5% (ó 0,05 si no lo expresamos en tanto por ciento).

Una vez iniciado el deslizamiento, es decir en una situación dinámica, el enclavamiento producido por las rugosidades de las superficies es menos efectivo dado que, evidentemente, el propio movimiento dificulta el asentamiento entre ellas. Por lo tanto, el coeficiente de rozamiento dinámico es siempre de menor valor que el estático. Por eso, una vez iniciado el deslizamiento, se produce una aceleración del esquiador hasta que cambien las circunstancias de naturaleza de la nieve o de inclinación. El valor del coeficiente de rozamiento dinámico coincide con el de la pendiente, sobre la cual el esquiador descendería con velocidad constante. Además, podemos considerarlo constante e independiente de la velocidad.

Además del rozamiento por deformación, hay otro tipo de rozamiento no deslizante, que se da cuando el móvil se encuentra inmerso en un fluido líquido o gaseoso, o cuando la superficie de apoyo tiene una consistencia pastosa (nieve húmeda), donde cabe indicar que las pérdidas energéticas que se producen son debidas a la formación de turbulencias, razón por la que no tiene sentido hablar de un teórico coeficiente estático de rozamiento por viscosidad, sino de una oposición al movimiento que depende de la forma del móvil, de la superficie frontal vista desde la dirección en la que va, de la viscosidad del medio y de la velocidad. Si dejáramos caer libremente dos cuerpos del mismo peso y de la misma superficie frontal, tales como una peonza y un bote del mismo diámetro, descendería más rápido la peonza, ya que su forma le permite apartar las capas de aire de una manera más suave, sin el desperdicio energético que supondría crear grandes turbulencias, como le ocurre al bote.

1.5 TENSIÓN MECÁNICA

Relación entre una fuerza y la superficie sobre la que incide. Pongamos el ejemplo de una cuerda de sección variable que soporta un peso. Dicho peso se transmite por igual a lo largo de toda la longitud de la cuerda, pero en aquellas secciones de menor tamaño la tensión será mayor y, por tanto, estarán más expuestas a la rotura.

1.6 RESISTENCIA DEL MATERIAL

Cuando un cuerpo es sometido a un esfuerzo, sufre una deformación más o menos detectable pudiendo ser permanente, o temporal si desaparece al cesar el esfuerzo. La relación entre esa deformación, y la tensión a que le hemos sometido, expresa la medida de la resistencia de ese cuerpo. Los posibles esfuerzos que consideraremos serán los siguientes:

Compresión: Dos fuerzas opuestas situadas en una misma línea e iguales empujan los dos extremos de un cuerpo provocando un acortamiento. Es el caso del bastón de esquí cuando nos apoyamos en él.

Tracción: Como en el caso anterior, pero ahora las fuerzas tiran de los extremos provocando estiramiento. Es lo que les ocurre a las correas del bastón.

Flexión: Dos pares de fuerzas tratan de doblar un cuerpo, provocando una curvatura del mismo. Lo experimenta el esquí de manera constante, y también los bastones si nos apoyamos en las correas y no en las empuñaduras. Las fibras o capas de la zona cóncava sufren una compresión y las de la convexa una tracción que serán tanto mayores cuanto más alejadas se encuentren del centro del cuerpo flexionado.

Torsión: Dos pares de fuerzas opuestos tratan de retorcer un objeto, provocando un ángulo de torsión que llamaremos alabeo. Lo experimenta el esquí en diversas circunstancias, como por ejemplo durante el canteo. Es el esfuerzo más temido que puede sufrir la rodilla en una caída.

Cortadura o cizalladura: Dos fuerzas opuestas e iguales, situadas en distintas líneas tratan de separar dos partes de un cuerpo mediante deslizamiento lateral. Lo sufren los tornillos de las fijaciones durante el derrape. Es muy difícil que este esfuerzo se presente sin combinar con otros.

De hecho, lo más frecuente es que varios de estos esfuerzos ocurran simultáneamente.

Fatiga de material: Cualquiera de los esfuerzos anteriores, ejercido de forma alternativa en sentidos opuestos, aunque no se aproximen al límite de ruptura del material, ocasiona un desgaste y un debilitamiento de éste. Es muy conocido el ejemplo del alambre doblado y enderezado repetidas veces, el cual se partirá después muy fácilmente. Ello es debido a la producción de microfisuras que, aunque no se detecten desde el exterior, están presentes, y cuya acumulación determina una disminución importante de la resistencia.

1.7 ENERGÍA

Se puede presentar de formas tan diversas que cualquier definición que tratase de ser precisa perdería generalidad. Con muy buen criterio, ha sido definida como la capacidad de producir un cambio.

De las múltiples formas en que se puede presentar, nos interesan básicamente tres: cinética, potencial y térmica.

Energía cinética: Es la que posee un cuerpo en función de su movimiento respecto de otro. Por ejemplo, la de un esquiador en acción; es proporcional a la masa y al cuadrado de la velocidad. Una variedad de este tipo es la energía cinética de rotación, especialmente interesante para nosotros, ya que durante la mayor parte del tiempo que esquiamos estamos girando o tratando de hacerlo; es proporcional al momento de inercia y al cuadrado de la velocidad de giro.

Energía potencial: Es la que posee un cuerpo en función de su posición. Por ejemplo, la de un esquiador situado a una altura determinada; depende de la masa y de la altura.

Energía térmica: Es la que posee un cuerpo en función de la agitación de sus moléculas. Nos interesan especialmente las variaciones de dicha energía; las cuales dependen de los cambios en la temperatura.

Sabemos que la energía se conserva siempre, aunque varíen las formas en que ésta se manifieste. Cuando un esquiador desciende, va transformando la energía potencial que posee gracias al desnivel adquirido en energía cinética (pues ha ganado velocidad), y en energía térmica. Esta última es poco notoria, dado que se produce gracias al rozamiento, normalmente pequeño, y además tiene lugar en un medio frío y extenso. No obstante, el destino final de todas las energías puestas en práctica es su disipación en forma de energía térmica.

Potencia: Es la relación entre la energía puesta en juego y el tiempo. Aunque tiene mucho que ver con la fuerza, son conceptos muy diferentes, a pesar de la frecuencia con que se confunden. Normalmente un sistema muy potente puede ejercer fuerzas de elevado valor, pero no siempre existe esa correlación. Pongamos como ejemplo el caso de dos automóviles, uno muy potente que arranque en tercera y otro menos potente que lo haga en primera; con toda probabilidad la aceleración del segundo será muy superior a pesar de su menor potencia.

1.8 LA PÉRDIDA DEL CALOR

Más que de pérdida deberíamos hablar de transferencia, pues cuando un cuerpo pierde calor, siempre hay otro que lo recibe por aquello de la conservación de la energía. Pero como no nos es fácil substraernos a nuestra psicológica condición humana, usaremos el término "pérdida de calor", porque la transferencia térmica más preocupante que observa el esquiador en los fríos ambientes nevados es precisamente la que se produce entre su propio cuerpo y dichos ambientes; y desde esta óptica la palabra "pérdida" es más que apropiada.

Existen varios procedimientos para transferir calor de un cuerpo a otro, pero nos interesan especialmente, cuatro mecanismos básicos (conducción, convección, evaporación y radiación) que, además, pueden y suelen darse simultáneamente.

Conducción térmica: Es la transferencia térmica que se produce por contacto desde el cuerpo más caliente al más frío. El cuerpo caliente se caracteriza porque sus moléculas vibran más fuertemente, de modo que en la superficie de contacto empujan materialmente a las moléculas del cuerpo frío, imprimiéndoles una creciente agitación. Cuando el nivel de agitación del cuerpo que estaba caliente se ha igualado con el del otro, deja de haber una transferencia neta entre ambos y se dice que están a la misma temperatura. La transferencia térmica por conducción depende de la diferencia de temperaturas entre los dos cuerpos, de la superficie de contacto y de la naturaleza de los materiales que intervienen.

Convección: Estrictamente no es este un mecanismo básico de transferencia de calor, sino una variante potenciada del caso anterior (conducción). Decíamos que cuando las temperaturas de los dos cuerpos se igualaban cesaba la transferencia. Pero si a continuación sustituimos el segundo cuerpo por otro más frío, el proceso continuará. Las corrientes de aire por convección se producen porque el aire caliente es menos denso que el frío, de modo que el que se calienta en las proximidades de la piel tiende a subir, escapando por la zona superior y dejando paso a otro más frío. Un efecto parecido (que por simplificar hemos incluido bajo este apartado) ocurre cuando sopla el viento o cuando el esquiador se encuentra en movimiento. Además de depender de los mismos parámetros que la conducción, también influye la velocidad a la que el aire fluye en torno al cuerpo.

TABLA DE ENFRIAMIENTO ADICIONAL POR VIENTO							
	Temperatura del aire °C						
Velocidad Km/h	8°	5°	2°	-1°	-4°	-7°	-10°
56	-14°	-17°	-19°	-22°	-26°	-30°	-34°
48	-12°	-15°	-17°	-20°	-24°	-28°	-32°
40	-8°	-11°	-13°	-18°	-22°	-26°	-30°
32	-4°	-8°	-11°	-15°	-19°	-23°	-27°
24	-1°	-5°	-8°	-11°	-15°	-20°	-24°
16	2°	-2°	-5°	-9°	-12°	-16°	-18°

Ejemplo:
Si un esquiador desciende por una ladera a 34 Km/h y el viento es a favor de 10 Km/h, su velocidad respecto del aire será de 24 Km/h. Si la temperatura es de 4° bajo cero, buscamos el valor en la tabla y nos da -15°. La conclusión es que sufre el mismo enfriamiento que si permaneciera quieto con viento en calma y a una temperatura de 15° bajo cero.

Existen tablas (como la que se adjunta) de equivalencias entre distintas temperaturas y velocidades del viento, erróneamente llamadas de "sensación de frío", porque no se trata de una sensación sino de una disipación real y muy grave.

Evaporación: Se necesitan unas 540 calorías para evaporar un solo gramo de agua. Dado que una caloría es la energía necesaria para incrementar en un grado la temperatura de un gramo de agua, nos haremos idea de la potencia refrigerante que tiene la evapo-transpiración. La rapidez de evaporación depende de la humedad relativa del aire (si es del 100% no puede haber evaporación) y de la velocidad de movimiento de éste respecto del cuerpo mojado, lo que refuerza la acción refrigerante del viento, que ya comentábamos en el apartado anterior.

Efectivamente, en las capas más próximas a la superficie húmeda se pueden dar concentraciones locales que llegan a la saturación, con lo que cesaría la evaporación neta. Con el movimiento, se sustituyen esas capas por otras que no tienen tanta humedad, acelerando el proceso de secado.

Radiación: Resulta chocante que se pueda disipar calor hacia cuerpos muy alejados de nosotros. Este es el único mecanismo en el que no existe un contacto físico entre los cuerpos que intercambian calor entre sí. Por ello mucha gente dice desconocerlo. Sin embargo, estamos más familiarizados con él de lo que parece: toda la energía del Sol la recibimos por radiación, y los hornos microondas funcionan mediante el mismo fenómeno. El nivel de radiación emitida depende fundamentalmente de la temperatura, pero también influye la naturaleza del cuerpo radiante y especialmente su color.

1.9 OSCILACIONES

Las vibraciones o movimientos oscilantes que presente el esquí son determinantes de importantes características del comportamiento dinámico del mismo, especialmente del agarre y de la estabilidad. Por esa razón, daremos una breve exposición sobre un tema cuyo análisis podría alcanzar un elevado grado de complejidad. Una oscilación puede describirse de un modo aceptable mediante su amplitud y su frecuencia.

Cuando un sistema físico sufre una perturbación, ofrece una respuesta cuyas características dependen, lógicamente, de las del sistema, de las condiciones iniciales y de las de la propia perturbación. Como tanto las perturbaciones como las condiciones iniciales pueden ser de muy diversa índole, lo más interesante es estudiar solo aquellos parámetros intrínsecos del sistema que influyen en la respuesta; afortunadamente son únicamente tres: la resistencia elástica, la inercia y la amortiguación.

Resistencia elástica: Relación entre la fuerza aplicada y la deformación producida.

Imaginemos dos muelles sobre los que aplicamos sendas fuerzas iguales. Aquel que haya cedido más, será el que ofrezca menos resistencia elástica. Además, ambos muelles habrán acumulado energía, que será de mayor valor en el caso del muelle que ha cedido más longitud. Dicha energía será devuelta por los muelles en cuanto se les permita. Cuánta de esa energía y de qué forma se devuelve es algo que vendrá determinado por los otros dos parámetros que explicamos a continuación.

Inercia: Es la tendencia de un cuerpo a permanecer en la misma situación en que estaba.

También podemos definirla como resistencia al cambio. El concepto de inercia no debe extrañar a nadie, simplemente expresa que no hay efecto sin causa que lo origine. Si un cuerpo está parado, necesitaremos aportarle energía para moverlo, y si está en movimiento, necesitaremos quitársela para frenarlo. El esfuerzo necesario para modificar la situación mecánica de ese cuerpo será tanto mayor cuanto mayor sea su masa, y si nuestra capacidad para ejercer una fuerza tiene un límite, necesitaremos más tiempo de aplicación para lograr nuestro propósito. Lo que ocurre sencillamente es que nuestra capacidad se reparte más en el caso de mover o frenar un cuerpo pesado. Vemos que, en los sistemas mecánicos, la inercia va asociada a la masa y también a su distribución geométrica si el movimiento es giratorio. El resultado final es que las oscilaciones son más lentas (menor frecuencia) cuando la inercia es grande, porque se necesita más tiempo para completar los efectos.

Amortiguación: Es la absorción o disipación, normalmente en forma de calor, de la energía de un movimiento.

Una amortiguación importante puede reducir el número y amplitud de las oscilaciones, incluso puede impedir que se produzca siquiera una, como ocurre en los automóviles y como debe ocurrir en el esquí a efectos de estabilidad, pues una tabla que se encuentre vibrando, difícilmente logrará clavar sus cantos en una superficie relativamente dura. Profundizaremos en estas cuestiones más adelante (*Dinámica del esquí*).

2
METEOROLOGÍA

Hay tres grandes campos en los que el conocimiento humano libra una desigual batalla cuya victoria está aún muy lejana: lo muy grande (el universo), lo muy pequeño (el mundo íntimo del átomo) y lo muy complejo (por ejemplo, la vida). Pues bien, el comportamiento de la atmósfera es fruto de tantas interacciones que cae de lleno en el tercer grupo, el de lo muy complejo; de ahí, que pese a contar con cada vez más potentes medios de cálculo, todavía no se haya logrado un modelo que permita predecir el tiempo con una precisión, ni siquiera medianamente satisfactoria, para quienes tanto dependemos de la climatología para el desarrollo de nuestras actividades en la montaña.

Existen modelos matemáticos que reflejan el comportamiento de la atmósfera en líneas generales. Su precisión en las previsiones realizadas con unos pocos días de antelación se reduce considerablemente, y además no sirve para el clima local, y menos en zonas montañosas, aunque sí proporcionan una base de partida para los centros meteorológicos regionales.

No nos resignaremos, sin embargo, a intentar comprender y, en la medida de lo posible, predecir los fenómenos meteorológicos, puesto que nos afectan tanto para las condiciones en que vamos a encontrar la nieve, como para la práctica de la actividad.

En este capítulo se tratarán los fenómenos atmosféricos desde la óptica geográfica del montañero europeo.

2.1 EL AIRE

El aire es una mezcla de muchos gases en diversas proporciones. La mayor parte de él es nitrógeno (casi el 80%), sustancia de difícil reacción química, motivo por el que podemos respirarlo sin consecuencia alguna. Aún más estables son los gases nobles (como el argón), pero su presencia es casi testimonial. Más relevante es el oxígeno; con una proporción algo inferior al 20%, su combinación con el carbono suministra la energía que necesita nuestro cuerpo. Producto de esa combinación, que se produce no solo en la mayoría de los seres vivos, sino también en la industria al emplear combustibles fósiles (gas, carbón, petróleo), es el anhídrido carbónico (CO_2), a cuya acumulación en la atmósfera se atribuye el "efecto invernadero", de consecuencias aún no demostradas científicamente, pero existiendo una tendencia a pensar que es el responsable de un progresivo calentamiento del planeta; la escasez de nieve que viene afectando últimamente a numerosos sistemas montañosos podría estar relacionada con ese calentamiento, aunque todavía se desconoce si es ésta la verdadera razón o simplemente se trata de una mala racha.

Pero a efectos de meteorología, el más relevante de los gases presentes en el aire es el vapor de agua, cuya actuación va a depender, entre otros factores, de la existencia de partículas de polvo en suspensión. El vapor de agua, aunque no sea visible, se encuentra siempre en el aire. Cuando la concentración del vapor es elevada, no puede pasar desapercibido; digamos que una masa de aire determinada, según sus características, puede albergar una cantidad máxima de vapor de agua; todo lo que exceda de ese valor, denominado nivel de saturación, se transforma en la fase líquida, en forma de pequeñas gotitas, o incluso sólida, como partículas de hielo. Esa mezcla de aire y agua en forma líquida o sólida, es lo que llamamos nube. Entre el nivel de saturación y el de ausencia total de agua, puede darse cualquier valor, normalmente expresado en tanto por ciento, que es lo que conocemos como humedad relativa.

Mientras no se produzca una condensación o una aportación de agua, la cantidad de vapor contenida por una masa de aire determinada será constante aunque varíe su temperatura. En cambio, la máxima cantidad admisible sí se ve afectada por esa variación. Por esa razón, aún conservando la misma cantidad de agua, la humedad relativa cambiará dependiendo de la temperatura. Esto es lógico, una temperatura alta se corresponde con un estado de gran agitación de las moléculas del gas; hay suficiente energía para que de cada gota de agua salten muchas más moléculas de las que pudieran depositarse.

Romper todos los enlaces moleculares de una determinada cantidad de agua en estado líquido es lo que se necesita para evaporarla; esto requiere la nada despreciable cantidad de energía de 540 calorías por gramo. Para transformar un gramo de hielo en agua y viceversa, se precisan 80 calorías. La energía liberada por gramo al transformar el vapor en nieve es siempre superior a la suma (depende de la temperatura de partida) de las dos cantidades citadas y tiene importantes repercusiones en la temperatura de la masa de aire.

Cuando la temperatura de una masa de aire desciende lo suficiente, se alcanza el 100% de humedad relativa y surge una fuerte tendencia a la condensación, pero para que ésta se produzca fácilmente, es necesario que las moléculas de agua encuentren en su camino algo sobre lo que puedan posarse; requieren lo que se llama núcleos de condensación, que pueden ser partículas de polvo, microcopos de hielo o gotitas de agua.

2.2 GRADIENTES GENERALES DE TEMPERATURA

Son dos, el altitudinal y el latitudinal, y están originados por el mismo hecho físico de que el aire, por ser bastante transparente a la radiación (visible o no), puede ser atravesado por ella sin cederle energía. Al llegar la radiación solar a la tierra, una parte es reflejada pero en su mayoría se invierte en calentar la superficie terrestre. Es el suelo la principal fuente de calor del aire, aunque no la única: las nubes y el polvo también absorben radiación. Las capas de aire más bajas son las que pueden ser calentadas mediante conducción, pero cuanto mayor sea su altitud, menos calor reciben. El aire seco y limpio de las capas altas resulta muy transparente a la radiación. Por otro lado, toda masa de aire que ascienda por cualquier causa, experimenta una expansión cuya consecuencia termodinámica es un enfriamiento. Respecto de la latitud, cuanto mayor sea (o lo que es lo mismo, cuanto más cerca se esté de los polos), más se apartan los rayos solares de la perpendicular del terreno, con lo que el área por la que han de repartir su energía es mayor y, en lógica consecuencia, el calentamiento menor.

Resumiendo, la temperatura media de un lugar será tanto más baja cuanto más próximo al polo, y más alto se encuentre.

El calentamiento de las capas inferiores les confiere una menor densidad, con la consiguiente tendencia a ascender, fenómeno que se opone al gradiente general y que en ocasiones especiales puede provocar una inversión térmica.

La atmósfera es algo dinámico, por lo que no ha de extrañar que se produzcan constantes excepciones a los gradientes generales.

La presencia de vapor de agua en el aire influye en la variación térmica con la altitud. Pero esa influencia resulta verdaderamente patente cuando se alcanza la saturación y la condensación, teniendo una repercusión que veremos al hablar del efecto Föehn. Para ilustrar la magnitud de esas variaciones, damos los siguientes valores posibles como ejemplo: para el aire seco, 1° por cada 101 m de cambio en la altitud; para el aire con algo de vapor, 1° por cada 103 m; para el aire saturado, 1° en 220 m. Vemos que el vapor de agua reduce el gradiente altitudinal de temperatura.

2.3 LA CIRCULACIÓN GENERAL DE LA ATMÓSFERA Y EL MOVIMIENTO DE LAS MASAS DE AIRE

La menor radiación solar por unidad de superficie terrestre que se recibe en los polos es debida al muy inclinado ángulo con que los rayos inciden allí, lo que provoca que sean unas zonas muy frías, donde el aire se contrae, alcanzando unos niveles de densidad y presión relativamente altos. Estas altas presiones convierten a los polos en fuentes de corrientes de aire (vientos alisios) que migran hacia latitudes inferiores.

Como consecuencia de la rotación de la Tierra, todo móvil sufre un desvío respecto de la superficie terrestre que en el hemisferio norte es hacia la derecha. Es como si unas fuerzas, llamadas de Coriolis, actuaran sobre el móvil obligándolo a apartarse de su rumbo rectilíneo; aunque de pequeño valor, han de tenerse en cuenta en la navegación aérea y son responsables de la tendencia que tienen los líquidos a rotar en un sentido determinado al fluir por un sumidero.

Según todo esto, el aire procedente del polo pasaría de tener un rumbo S (para el hemisferio norte) a SO en latitudes medias; seguiría girando para ser O más cerca del Ecuador y retornaría más caliente alcanzando finalmente un rumbo NE (o lo que es lo mismo, procedente del SO). Por consiguiente, en determinados lugares se producirá un encuentro entre el aire polar y el tropical (que anteriormente había sido también polar), siendo el primero del NE y el segundo del SO.

Evidentemente, es imposible que el aire polar fluya hacia latitudes inferiores por todas las longitudes del planeta (se quedaría vacío enseguida...); hay zonas en las que pasa y otras en las que el encuentro con el aire tropical provoca una dinámica de turbulencias, origen de borrascas y anticiclones que, como veremos en seguida, va a explicar la corriente de retorno hacia el polo. El mecanismo es muy complejo, sobre todo si se estudia a nivel de todo el planeta, incluyendo los intercambios entre hemisferios. Solo veremos una interpretación lo más sencilla posible basándonos en el estudio de las borrascas y anticiclones que caracterizan el tiempo en Europa.

■ 2.3.1 Formación de las borrascas. Frentes

Una masa de aire determinada muestra unas características concretas de presión, temperatura y humedad. Si esa masa de aire se desplaza, encontrará a su paso otras masas con otras características que pueden ser diferentes. Comienza entonces un proceso de mezcla que tiene lugar en la frontera entre ambas, según el cual la tendencia es a homogeneizar las características, de modo que presión, temperatura y humedad alcancen los mismos valores en las dos masas. Pero el proceso de mezcla se produce a una velocidad demasiado lenta como para afectar en poco tiempo a la totalidad de una masa de aire que puede tener un tamaño de muchos cientos de kilómetros. Digamos que la velocidad de mezcla puede considerarse despreciable frente a la del movimiento de la masa. Por tanto, cuando una gran masa se desplaza contra otra, se comportan como dos objetos distintos en contacto, manteniendo ambos sus propiedades, fenómeno de inusitada trascendencia meteorológica.

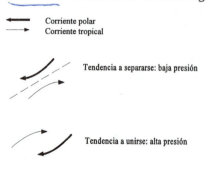

Cuando el aire polar se encuentra con el tropical, se pueden dar unas condiciones de rumbo y velocidad de ambas masas que desembocarían en la formación de una turbulencia giratoria, que llamamos borrasca. Veamos cómo ocurre: la corriente de aire polar viene del NE y se encuentra por su izquierda la corriente tropical que viene del SO. Teniendo ambas una tendencia a girar a la derecha, tratarán de separarse, con lo que las

1 Verstopfung 12 aborregarse: sich mit Schäfchen wolken überziehen

presiones en esa zona serán relativamente bajas. La fricción entre las dos corrientes origina un ciclón o borrasca, con los vientos girando en el sentido contrario al de las agujas del reloj. Por tanto, tendrán componente S en el sector oriental. Es conocido que las temperaturas suelen subir (especialmente las mínimas) cuando se acerca una borrasca. La superficie de separación entre la corriente polar y la tropical se ha deformado, mostrando ahora un ángulo constituido por los bordes de la lengua de aire cálido procedente de la corriente tropical

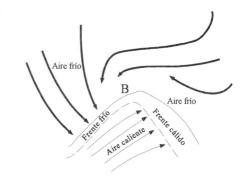

y que intenta "montarse" sobre la masa fría. El primer lado de ese ángulo es un frente cálido: el aire relativamente más caliente asciende por la masa fría. El segundo lado es un frente frío. Este último suele avanzar más rápido, con lo que alcanza al cálido, produciéndose la oclusión. Este fenómeno consiste en que las dos masas de aire frío se han puesto en contacto, y mientras lo hacían, han obligado al aire cálido a subir hacia capas superiores desde las que descenderá hacia el polo. Queda así explicada la corriente de retorno que cierra el ciclo.

Un frente cálido se caracteriza porque la masa de aire caliente se eleva con relativa suavidad por la fría. Este ascenso, como cualquier otro, provoca un enfriamiento por expansión cuya consecuencia inmediata es la formación de nubes y precipitación. Merced a esa suavidad mencionada, el sector sometido a las lluvias suele ser más bien largo (de unos pocos cientos de kilómetros), y éstas no son demasiado intensas. Las nubes que anuncian la llegada de un frente cálido son cúmulos ("cielo aborregado") y cirros ("colas de caballo").

En un frente frío la masa que avanza sobre la otra es la más fría, actuando con mayor virulencia, como una pala. Por eso provoca unas precipitaciones más intensas y su longitud es menor (70 km, por ejemplo) que la del cálido. La llegada de un frente frío viene precedida por cúmulos.

Tras las nubes que anuncian la llegada de un frente, vienen otras, de mayor desarrollo vertical, nimbos o cúmulo-nimbos, siendo las que traen la lluvia (lo cual puede ocurrir al cabo de unas horas o al día siguiente).

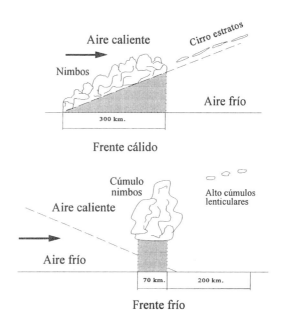

33

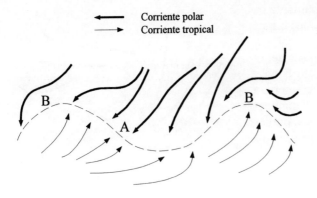

El aire polar no logra hacerse paso en esta ocasión.

■ 2.3.2 Anticiclones

La formación de una borrasca facilita que, tras ella (junto a su sector occidental), la corriente polar se encuentre contra la tropical o que aquélla vaya por la derecha. La tendencia al giro a derechas de ambas provoca que se empujen mutuamente, creándose una zona de altas presiones. Ahora se pueden dar dos casos. En el primero de ellos, la corriente polar no logra pasar hacia latitudes meridionales, con lo que tenemos una dorsal anticiclónica, simple separación entre dos borrascas consecutivas. Lógicamente, permaneciendo el aire frío en un sitio y el cálido en el otro, no puede hablarse de frentes. La otra posibilidad es que el aire frío sí consiga abrirse paso contra la corriente de aire tropical, con lo que constituirá un pasillo entre dos familias de borrascas. Este aire continuará su giro a derechas mientras viaja hacia el S y volverá como corriente tropical. Aunque esta situación también sea anticiclónica, puede darse el caso de que el aire polar llegue con relativa facilidad y en suficiente cantidad como para provocar una ola de frío en latitudes inferiores.

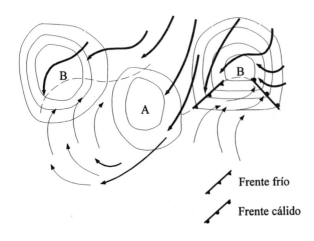

Cuando el aire polar logra pasar hacia el Sur, puede volver como corriente tropical.

Los anticiclones llegan con vientos del N y sin frentes, por lo que las temperaturas bajan pese a que el tiempo sea más estable. El descenso afecta principalmente a las temperaturas nocturnas, y se ve favorecido porque la falta de nubes facilita la pérdida de calor por radiación. Durante el día, si no hay nieblas, la acción del Sol calentará el terreno, por lo que se puede afirmar que durante un anticiclón las temperaturas son más extremas.

2.4 PRECIPITACIONES

Pueden ser motivadas por diversas causas, que permiten clasificar los tipos de lluvias. Pero un elemento común a todos ellos, es el enfriamiento provocador de condensación.

El enfriamiento puede producirse por irradiación del terreno, apareciendo el rocío. También porque una masa de aire cálido se mezcle con otra fría, pero en ese caso la precipitación es escasa, dada la relativa dificultad con que se transfiere el calor por conducción a través del aire. Asociada a esa dificultad, cuando una masa de aire asciende, no puede compensar su enfriamiento mediante la recepción de calor procedente de otras masas circundantes, pudiéndose considerar como una expansión adiabática, siendo un mecanismo muy efectivo de enfriamiento.

■ 2.4.1 Alteraciones de la masa de aire al recorrer una montaña: Lluvias orográficas y efecto Föehn

❑ *2.4.1.1 Lluvias orográficas*

Cuando el aire, durante su movimiento, se encuentra con una alineación montañosa, se ve obligado a ascender para superarla. Este ascenso lo lleva a zonas de menor presión, lo que le permite expandirse; como la expansión no es libre, sino que se produce en el seno de la atmósfera, la masa de aire habrá ejercido un trabajo contra aquélla. Consecuencia inmediata es que esa cesión energética se traduzca en un enfriamiento. Y siguiendo la lógica de relaciones causa-efecto, admitiremos que ese enfriamiento podrá elevar la humedad relativa hasta provocar la condensación. Superada la línea de cumbres, el aire puede descender por la ladera opuesta aprovechando la depresión que se produce a sotavento, produciéndose finalmente el caso contrario. Así se explica cómo permanecen las nubes "agarradas" a las cumbres y que, sin embargo y paradójicamente, no cesen de avanzar. Simplemente, la nube se está creando y destruyendo, antes y después respectivamente de la cima, de una manera continua. Si el enfriamiento es suficiente, se producirán precipitaciones. Es bien sabido que el promedio de lluvias en las zonas montañosas supera ampliamente al de las llanuras, exagerándose esa diferencia en aquellas zonas geográficas en las que los llanos quedan a sotavento de las montañas y existen unos vientos dominantes. Estas situaciones justifican la existencia de zonas semidesérticas, por ejemplo al este de los Andes.

❏ *2.4.1.2 El efecto Föehn*

Hemos visto que cuando el aire tenía que superar una línea de cumbres, se enfriaba al ascender y se calentaba al descender. En la zona de la cima, podría darse una formación de nubes por condensación, pero si el límite de saturación se ha rebasado sobradamente, se producirá precipitación, de modo que al descender por la ladera de sotavento, no podrá producirse el fenómeno inverso, evaporación, pues la masa de aire ya no contiene esa agua. ¿Qué ocurre entonces? El aire es ahora más seco, y al descender no cederá tanto calor mediante evaporación, con lo que el calentamiento debido al aumento de presión será mayor. El cambio con la altitud que experimenta la temperatura de una masa de aire húmedo es menor que el del aire seco. El resultado final es que en puntos situados en altitudes idénticas, el de sotavento es más cálido que el de barlovento.

Sobre todo con vientos húmedos del S, el calentamiento adicional del efecto Föehn puede ocasionar una importante fusión de nieve.

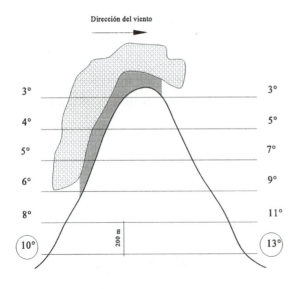

Aumento de la temperatura por el efecto Föehn.

2.4.2 Lluvias ciclónicas

Al hablar de la circulación general de la atmósfera, ya mencionamos la producción de precipitaciones en los frentes. Tanto si se trata de frentes cálidos como fríos, el mecanismo es muy similar al de las lluvias orográficas: la elevación ocasiona el enfriamiento.

Las lluvias ciclónicas pueden verse reforzadas por la presencia de montañas, dando lugar a complejas situaciones en las que influyen las turbulencias o cambios de dirección del viento asociados a la propia geometría del terreno.

■ 2.4.3 Lluvias de niebla

Cuando el terreno está muy frío, puede producirse la precipitación a partir de un banco de niebla que en otras condiciones no lo haría. En cualquier caso, serán de pequeña magnitud.

■ 2.4.4 Lluvias de origen térmico

Típicas de primavera y verano, se producen porque el calentamiento del aire próximo al suelo le imprime una menor densidad que lo llevará a ascender. Van asociadas con fenómenos tormentosos y pueden esperarse de nubes densas con gran desarrollo vertical (cúmulo-nimbos).

■ 2.4.5 Inestabilidad

Supongamos la existencia de una capa de aire cuyo gradiente altitudinal de temperatura sea mayor que el del resto de las capas. Si por cualquier causa esa capa sufriera una elevación, su temperatura descenderá más de lo que correspondería a su nueva altura, con lo que su densidad aumenta y la tendencia es contraria al ascenso. Estaríamos ante una capa estable.

Si por el contrario el gradiente altitudinal de temperatura es menor al normal, un ascenso ocasionará un enfriamiento relativamente leve, quedando su temperatura por encima de la de las masas circundantes; en consecuencia, su densidad es menor y se refuerza la tendencia ascendente. Se trata de una masa inestable, que continuará subiendo y enfriándose, pudiendo dar lugar a precipitaciones.

2.5 LA ISOTERMA DE 0°

Como su propio nombre indica, es una superficie que une todos los puntos en los que el aire tiene una temperatura de 0° y que en cada situación geográfica concreta y para una determinada hora, tiene una altura que es el dato facilitado por los servicios de información meteorológica. Se trata de un dato de atmósfera libre, es decir, independiente del terreno, por lo que se mide mediante globos sonda. Evidentemente, cuanto menor sea la altura de la isoterma de 0°, más frío hace.

■ 2.5.1 Inversión térmica e isotermas de 0° múltiples

Ya vimos, al hablar de los gradientes generales de temperatura, que normalmente, el aire es más frío cuanto más alto se encuentre. Pero existe una tendencia contraria, consistente en que el aire frío es más denso, y por tanto, más pesado y propenso a permanecer en niveles bajos. Nos encontramos pues ante dos fuerzas contrarias cuyo balance, según las circunstancias imperantes, puede deparar resultados de uno u otro signo. ¿En qué situaciones se impondrá la tendencia a que el aire frío se quede abajo? Evidentemente en situaciones de calma, pues en caso de agitación, los movimientos verticales provocarán enfriamientos por expansión de las masas ascendentes, y calentamientos por compresión de las descendentes. Esas situaciones de calma se producen sobre todo en invierno, época en la que la atmósfera recibe menos radiación solar y contiene poca energía.

Mar de niebla.

Tendremos una capa de aire en la que la temperatura es mayor en sus niveles superiores que en los inferiores donde, por cierto, puede aparecer nubosidad estratiforme. Son las famosas nieblas de fondo de valle, responsables a veces de esas bellas imágenes conocidas como "mar de niebla", donde las montañas surgen como islas o continentes, y que en ocasiones, suponen un serio problema de orientación y escape.

La capa de inversión puede encontrarse adosada al suelo, o permanecer a una altura media. En el segundo caso, tendremos por debajo un gradiente normal de temperatura; es decir, ésta decrece al ascender; al entrar en la capa de inversión, el signo del gradiente se cambia, observándose un aumento térmico mientras se prosigue el ascenso. Finalmente, rebasada la capa de inversión, se recupera el signo normal del gradiente altitudinal de temperatura, volviendo a disminuir ésta conforme se sube.

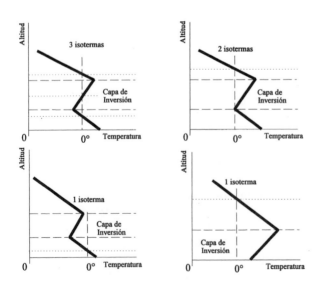

Diversas situaciones de la isoterma de 0° en función de la existencia de una capa de inversión.

Si la temperatura en el suelo es superior a 0° y existe una capa de inversión a una determinada altura, y con un suficiente espesor, se pueden presentar tres isotermas de 0°.

Pero si la capa de inversión está posada sobre el suelo y allí la temperatura es superior a 0°, solo habrá una isoterma.

En situaciones muy frías, toda el área puede encontrarse bajo cero, con lo que no habría ninguna isoterma de 0°.

El número máximo de isotermas de 0° posibles es igual al doble del de las capas de inversión, más una. Por ejemplo, con una única capa, el número máximo sería de tres isotermas, pudiendo haber dos, una o ninguna.

Haciendo referencia al concepto de estabilidad, las capas de inversión son intrínsecamente estables: una masa de aire que ascendiera dentro de la capa se enfriaría por expansión, mientras que encontraría a su paso zonas más calientes, por tanto, menos densas que ella y surgiría una tendencia a bajar.

La permanencia de las capas de inversión va asociada a la estabilidad que caracteriza a los anticiclones invernales. Las temperaturas mínimas suelen darse en fondos de valles y, si existen nieblas bajas, las máximas en estos lugares superan en muy poco a las mínimas.

2.6 EL LÍMITE DE NEVADA

Toda condensación y precipitación que se produzca por encima de la isoterma de 0° será normalmente de forma sólida (granizo o nieve). Si el calor liberado en la condensación es suficiente para elevar la temperatura del aire circundante, la isoterma de 0° se situaría más arriba.

Por debajo de la isoterma de 0° también se pueden producir nevadas, debido a que los copos proceden de capas superiores. En su caída, van recorriendo zonas de temperatura creciente, de modo que, finalmente, todos los copos se transforman en gotas de agua, pa-

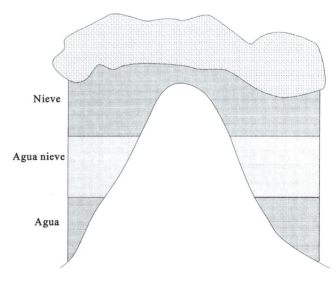

Límite de la nevada.

sando antes por una situación intermedia en la que coexisten copos, gotas y copos húmedos; ese estado se llama aguanieve.

El límite de nevada es la altura que marca la diferencia entre la nieve y la lluvia, y su situación suele ser de unos pocos cientos de metros por debajo de la isoterma de 0°. ¿Cuántos cientos de metros? Depende fundamentalmente de tres factores: el tamaño de los copos, su forma y el gradiente altitudinal de temperatura. Por supuesto que si los copos son gruesos, tardarán más en calentarse y conservarán su estado sólido hasta alturas más bajas. Análogamente, copos muy ramificados y poco compactos descienden lentamente, con lo que pueden fundirse sin haber bajado mucho, mientras que los copos compactos, mucho más aerodinámicos, atraviesan fácilmente el aire alcanzando sin fundirse niveles muy bajos; esto explica que el granizo llegue al suelo en verano pese a que la temperatura sea muy alta. Si el gradiente altitudinal de temperatura es muy marcado, los copos encontrarán antes zonas relativamente calientes, con lo que el límite de nevada será más alto.

2.7 EL LÍMITE DE HELADA

Se trata de la altura a la que espontáneamente se hiela un charco, y se tiene en cuenta especialmente para saber dónde pueden aparecer placas de hielo en las carreteras. También puede estar situado por debajo de la isoterma de 0° porque aunque el agua gane calor por conducción desde el aire, puede estar simultáneamente perdiéndolo por radiación en una cantidad mayor. Así, cuando el cielo está despejado, situación en la que las pérdidas por radiación son elevadas, al no haber nubes que la reflejen, se producen heladas en altitudes relativamente bajas. Indudablemente la temperatura del suelo es el "tercero en discordia" y su influencia puede ser en uno u otro sentido.

Pero una cuestión muy significativa, para quien pasa la noche en la montaña, es la altura a la que la nieve se endurece. También se sitúa por debajo de la isoterma de 0°, incluso depende tanto de otros factores que la posición de la isoterma puede llegar a ser secundaria. En efecto, la nieve que a lo largo del día se ha calentado hasta convertirse en una mezcla de agua líquida y cristales de hielo –con una proporción principal de la fase sólida–, se encuentra a una temperatura media próxima a 0° C; al caer la tarde y quedar a la sombra, se producen dos fenómenos: el enfriamiento debido a evaporación, conducción y radiación por un lado; y por el otro, el paso de calor desde las partes líquidas a las sólidas dentro de la misma masa de nieve húmeda. Esta última transferencia interna igualará térmicamente toda la masa, de modo que si la temperatura final es inferior a 0° C, toda ella se habrá endurecido. Y sin embargo, en el exterior, la temperatura puede ser superior a 0°, pero traspasando energía desde el aire a la nieve con una velocidad tan lenta que no impida el endurecimiento de ésta.

2.8 LA PREVISIÓN METEOROLÓGICA

Los servicios meteorológicos locales suelen facilitar previsiones con un grado de acierto del 80% para menos de 24 horas. Ese porcentaje se reduce considerablemente cuando se pretende saber qué tiempo hará, por ejemplo, durante todo un fin de semana.

Si la previsión meteorológica es tan difícil que ni los profesionales pueden garantizar el acierto, poco podrá hacer el montañero con los escasos conocimientos y medios de que dispone. Sin embargo, existen ciertas reglas de sencilla observación que permiten estimar la evolución del tiempo para las siguientes horas, proporcionando criterios para tomar decisiones acerca del curso de la actividad. Estas reglas están basadas en el viento, la presión, la temperatura y la nubosidad, siendo de gran ayuda para su observación el empleo de dos sencillos artilugios que normalmente sirven para orientarse: la brújula y el altímetro.

■ 2.8.1 Dirección del viento y variación de temperatura

Sabemos que en los anticiclones el aire gira en el sentido de las agujas del reloj, por lo que si tenemos un viento suave que sopla del N, quizá nos encontremos ante la llegada de un anticiclón, con lo que podemos esperar temperaturas bajas, con heladas nocturnas, poca nubosidad, básicamente nieblas en los valles y, en líneas generales, buen tiempo. En las horas centrales del día, la acción del Sol determinará temperaturas agradables, pero atención a las vertientes sur por el peligro de aludes de fusión. Es fácil que los anticiclones se mantengan durante muchos días.

Si el viento sopla del S, podemos tener la situación contraria: llegada de una borrasca. Curiosamente, las temperaturas pueden ascender y, sin embargo, el tiempo va a empeorar. La borrasca vendrá asociada a su secuencia de frentes y, aunque entre frente y frente a veces se produce una mejoría transitoria, es fácil que en las montañas las precipitaciones no cesen.

El viento del O puede corresponder al sector septentrional de un anticiclón o al meridional de una borrasca. Puede ocurrir que los extremos de los frentes de la borrasca "rocen" el lugar donde nos encontramos. Menos frecuente es que suceda un fenómeno análogo con vientos del E, pues ha habido más tiempo para que se haya producido la oclusión de los frentes.

A las tendencias expresadas en los párrafos precedentes hay que añadir la situación relativa entre el sistema montañoso en cuestión y la costa: los vientos procedentes del mar siempre llevan más humedad y pueden generar más nubosidad. Esto último, aunque de carácter local, tiene mucha importancia.

■ 2.8.2 Evolución de la presión

La distinción entre un altímetro y un barómetro es puramente convencional; podría decirse que un altímetro es un barómetro usado para averiguar la altitud. Ciertamente el fundamento físico de estos aparatos es la presión; lo que ocurre es que se aprovecha la correlación existente entre presión y altitud. A mayor altitud, menor presión y viceversa.

Si permaneciendo en un mismo punto (para que las variaciones de alturas no alteren la lectura), observamos que la indicación de altitud aumenta, es porque la presión desciende, lo que constituye una mala noticia ya que las borrascas se caracterizan precisamente por una baja presión. Análogamente, si la indicación de altitud disminuye, cabe esperar la llegada de un anticiclón y de la mejoría del tiempo.

■ 2.8.3 La nubosidad

Los frentes no llegan de una manera brusca, ni tampoco actúan así sus efectos. Antes de que la nubosidad y las precipitaciones alcancen su apogeo, existe una fase intermedia en la que las elevaciones de las masas de aire aún no son demasiado patentes. La elevación, o mejor dicho, el comienzo de la misma, viene anunciado por una nubosidad fina e incipiente que no cubre todo el cielo, ofreciendo un aspecto de "rebaño de ovejas", lo que se conoce como "cielo aborregado". Estas nubes son del tipo alto-cúmulos, o estrato-cúmulos, apreciándose un engrosamiento y unión entre ellas, evolucionando a cúmulo-nimbos, en las que el desarrollo vertical y su aspecto compacto se hacen patentes, comenzando las precipitaciones. Las nubes precursoras de un frente también pueden ser cirros, distinguiéndose por su apariencia de "colas de caballo" y ofreciendo una distribución también estratiforme. La diferencia entre unas y otras es que las primeras anuncian un frente cálido y las últimas frío, pero en ambos casos son una mala noticia. Si se ven, solo cabe la esperanza de que los frentes no sean muy activos. Entre la visión de las nubes precursoras y la llegada efectiva del frente, puede transcurrir un día entero, aunque esto es muy variable (ver la página 33).

Otro síntoma asociado a un empeoramiento de tiempo es la humedad ambiental, que puede apreciarse por la disminución del alcance visual. El cielo no muestra su limpio color azul y, por la noche, la luna aparece envuelta en un velo o halo que difumina su luz.

3
EL "ELEMENTO BLANCO"

Es sorprendente la tremenda variedad de tipos de nieve que podremos encontrar, cada uno con sus propias características de consistencia, textura, deslizabilidad, plasticidad, resistencia..., y por si fuera poco, también encontraremos combinaciones y coincidencias de los distintos tipos (capas superpuestas) que darán lugar a un sinfín de situaciones posibles.

Parámetros tales como temperatura, tamaño y forma de los copos, cantidad de precipitación, presencia de viento, humedad ambiental y forma del terreno, entre otros, van a determinar el estado inicial del manto nivoso; y esto es solo el principio, pues luego vendrán las diversas transformaciones posibles que dependerán también de bastantes factores.

Las sucesivas nevadas conforman las capas que constituyen el manto nivoso.

3.1 FORMAS DE LOS CRISTALES DE NIEVE

Hemos visto que si se dan determinadas condiciones de humedad, temperatura o presencia de núcleos de condensación, se puede producir una precipitación de nieve.

Las primeras partículas de hielo que se forman constituyen asimismo núcleos de condensación, pudiendo crecer de diversas maneras gracias a la aportación, mediante sublimación, del agua presente en el aire. Se han descrito miles de formas diferentes de cristales de nieve, existiendo una clasificación en la que se agrupan todas ellas (plaquetas, estrellas, columnas, agujas, dentritas espaciales, gránulos...).

3.2 TRANSFORMACIONES O METAMORFISMOS DEL MANTO NIVOSO

Según las condiciones iniciales del manto y las circunstancias que se produzcan a continuación, la transformación de la nieve puede seguir muy diversos caminos conducentes a una amplia gama de estados finales, cuyas características van a tener una acusada relevancia, tanto para la forma en que se ha de esquiar como para la estabilidad del manto.

■ 3.2.1 Metamorfismo de gradiente de temperatura (GT)

Cuando se producen las primeras nevadas de la temporada, el suelo aún no ha tenido tiempo de alcanzar las temperaturas propias del invierno; en cambio, el aire sí puede estar muy frío, de modo que la capa de nieve se encuentra entre dos estratos (suelo y aire) que presentan diferencias importantes de temperatura. La nieve, aún fresca, suelta y, por tanto, buen aislante, muestra un importante gradiente de temperatura, de sentido descendente desde las capas inferiores hacia las superiores.

La plasticidad es una de las características del manto nivoso.

La mayor temperatura de las capas más próximas al suelo, favorece la sublimación de vapor de agua; este vapor, gracias a la porosidad que aún conserva la nieve, puede migrar hacia las capas más exteriores y, por tanto, más frías. Cuando el vapor alcanza una capa suficientemente fría, se produce el fenómeno contrario incorporándose a los cristales de hielo que constituyen la nieve. El resultado es que los copos crecen y adquieren una forma más compacta (apariencia de cubiletes en forma de capas apiladas), con lo que pueden deslizarse fácilmente entre ellos. Ya no están trabados entre sí por las ramas de las estrellas.

Teniendo menos granos pero más gruesos, la densidad de cuellos o puntos de contacto entre ellos es más baja y, por tanto, la cohesión menor. Se dice entonces que la nieve tiene una "consistencia de azúcar". Esto se produce a una profundidad determinada por el gradiente de temperatura y por el valor de ésta en el suelo y en el aire. Si esa profundidad es nula, es decir, si se han formado los cubiletes en la superficie, el manto permanecerá bastante estable a no ser que nevara otra vez, en cuyo caso la nueva capa ya no lo sería. Si no nieva pronto, la propia movilidad de los cubiletes facilitará su desplazamiento por el viento, reduciéndose el peligro de avalanchas. Los cubiletes superficiales son incómodos de ascender "foqueando", mientras que descendiendo, aumentan la tendencia a que los virajes sean derrapados en vez de conducidos. Más problemático es que la capa de cubiletes sea interior (escarcha de profundidad), porque entonces la capa superior a ella descansa sobre una base inconsistente. Además, no se puede detectar, si no es mediante un corte estratigráfico de los que se efectúan precisamente para estudiar la estabilidad del manto nivoso. Algunas capas de cubiletes pueden ser tan finas que incluso pasen desapercibidas para los expertos que realizan los cortes estratigráficos. Y sin embargo, están ahí, significando un peligro latente.

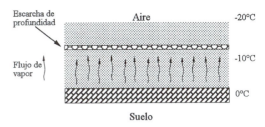

Metamorfismo de gradiente de temperatura (GT).

■ 3.2.2 Metamorfismo de equitemperatura (ET) o isotermia

El fenómeno estudiado en el apartado anterior no es aplicable a mantos en los que la temperatura sea muy uniforme, ya que al ser todas las capas similares, difícilmente una podría transformarse a partir del vapor procedente de las otras. El engrosamiento del grano se producía a costa de ese vapor que migraba desde capas menos frías. En cambio ahora, la propia igualdad térmica que define el proceso de equitemperatura impone cierta homogeneidad. Un engrosamiento de ciertos granos en detrimento de otros de la misma capa tampoco es posible: todos están sometidos a las mismas condiciones, por lo que han de evolucionar del mismo modo. Pero esto no quiere decir que no se produzcan otros fenómenos.

Efectivamente, tanto por la migración de vapor de las partes convexas de los copos hacia las cóncavas, como por el aplastamiento por su propio peso que sufre la nieve y que provoca la rotura de las ramas de las estrellas, se produce una compactación del manto. Su densidad aumenta, observándose una reducción de espesor. Los granos, ahora más compactos, pero aún de pequeño tamaño, se encuentran más próximos, con lo que se establece una mayor densidad de puntos de contacto.

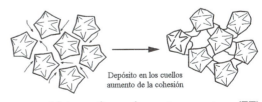

Metamorfismo de equitemperatura (ET).

La sublimación puede provocar un depósito de materia en los puntos de contacto entre granos (los puntos de contacto no dejan de ser zonas cóncavas), con lo que se sueldan entre sí y se favorece la estabilidad.

El metamorfismo ET, más propio de épocas más avanzadas del invierno que el GT, no anula la existencia de la escarcha de profundidad, por lo que el peligro de avalancha se conserva alto hasta la intervención de otro metamorfismo: deshielo-rehielo.

■ 3.2.3 Metamorfismo de deshielo-rehielo

Si en los metamorfismos GT y ET era el vapor de agua procedente de la sublimación el principal agente, ahora será el agua líquida. Ya proceda del calor exterior (acción solar o alta temperatura ambiental) o de la condensación y de la precipitación, el agua existente entre los granos de nieve puede constituirse en un elemento muy estabilizante si la temperatura desciende lo suficiente como para helar esa mezcla de nieve y agua en la que se había convertido el manto nivoso.

Por paradójico que resulte, el hielo no se forma a partir de la nieve, por mucho frío que haga -la nieve ya es hielo en sí misma-, sino pasando antes por una situación en la que la fase líquida esté presente. Puede formarse hielo en ciertas condiciones de gran compresión, como ocurre en los glaciares, o allí donde el paso reiterado de esquiadores crea una superficie dura, helada y casi siempre más pulida que la que podamos encontrar en terreno no pisado.

El metamorfismo de deshielo-rehielo es frecuente en primavera, pero también lo encontraremos en las vertientes soleadas durante el invierno. Así, es fácil que en las vertientes sur se forme hielo en esta estación, mientras que las caras norte mantengan una nieve polvo poco transformada.

En cualquier caso, la consistencia y estabilidad de un manto que ha sufrido este metamorfismo es máxima por la noche y en las primeras horas de la mañana, aunque al mediodía, si el calentamiento ha sido muy importante, ocurrirá lo contrario: existirá un acusado riesgo de aludes de fusión. El agua que fluye con relativa abundancia llega fácilmente a los niveles inferiores de la capa de nieve, donde horadará los anclajes de la misma facilitando su desprendimiento.

Si el deshielo es solamente superficial y las capas interiores no se han transformado, el subsiguiente rehielo formará uno de los tipos de nieve costra. Una posterior nevada que la cubriera presentaría un importante riesgo de avalancha. La presencia de una capa intermedia de nieve dura es fácil de detectar mediante sondeo: tras encontrar algo de resistencia a la penetración, se perfora esa capa y se puede profundizar más con poca presión. El riesgo de alud en estos casos reside tanto en esa capa intermedia de nieve helada, como en las capas profundas que no se beneficiaron de la acción consolidadora de un deshielo-rehielo completo.

La acción solar sobre mantos gruesos es más bien limitada; el propio color blanco de la nieve devuelve mucha energía, mientras que el terreno, al no recibir nada de radiación, no calienta por conducción las capas inferiores. En cambio, con espesores relativamente pequeños, parte de la radiación solar llega al suelo, ya que la nieve no es opaca; sube así la temperatura del mismo y el manto nivoso se encuentra emparedado entre dos fuentes de calor. Que desaparezca una capa única de 10 cm de nieve solo requiere algunas pocas horas de sol, mientras que lograr que una capa gruesa mengüe esos mismos 10 cm (sin considerar apelmazamientos) exige mucho más tiempo.

■ 3.2.4 Transformaciones debidas al viento

El viento altera el manto nivoso mediante muy diferentes mecanismos. Para empezar, influye en la distribución de espesores, favoreciendo la acumulación en las zonas cóncavas y barriendo literalmente la nieve de las convexas. Así, encontraremos más cantidad en los valles, lagos helados, corredores y vaguadas; mientras que las cumbres, lomas, crestas y espolones se mostrarán más limpios a igual altitud y orientación. Los collados, dada su condición mixta entre concavidad y convexidad, pueden presentar una acumulación muy variable en función de la dirección predominante de los vientos.

Las cornisas son una de las formaciones más típicas y espectaculares de la nieve

Una de las formaciones más curiosas y, al mismo tiempo peligrosas, que crea el viento es la cornisa. En el lado de sotavento (el que se encuentra más protegido) se crea un vacío o depresión debido a que el aire no puede llenar fácilmente ese hueco; la propia geometría del montículo elimina direcciones de aportación de aire. En consecuencia, el flujo de aire se redirige hacia esa depresión, constituyendo una turbulencia. Como en esa zona la velocidad es lenta, los copos arrastrados por la ventisca tienen una inmejorable oportunidad para posarse, de modo que la cornisa se va formando y creciendo, pudiendo alcanzar varios metros, incluso en extraplomo.

Hay dos peligros asociados a la cornisa. Por un lado, si se avanza por ella, podría ceder por el peso del esquiador. Por otro, su caída puede desencadenar un alud.

La formación de la cornisa requiere el cumplimiento de ciertas condiciones: existencia de nieve susceptible de ser transportada, que la dirección del viento sea más o menos perpendicular a la de la línea de la loma y que su velocidad no sea tan baja que fluya laminarmente y no aparezca la turbulencia.

Respecto de las alteraciones en la textura superficial del manto nivoso provocadas por el viento, cabe distinguir las ondulaciones y las placas de viento. El fundamento físico que explica su formación es similar y consiste en que los granos de nieve, al ser arrastrados, experimentan un roce cuya inmediata consecuencia es la aparición de una fusión superficial, microscópica, pero capaz de permitir una unión entre ellos en cuanto su velocidad lo consienta. Gracias a que los granos, aunque unidos, mantienen su enti-

Ondulaciones.

dad individual, la nieve venteada presenta un aspecto mate y es de las menos deslizantes para el esquí.

Las ondulaciones surgen con vientos más fuertes que los que originan las placas de viento. Dan lugar a una nieve consolidada, al menos en las capas externas, pero que exige un esquiar muy preciso.

Si el viento sopla con una velocidad moderada: suficiente para desplazar la nieve, pero no tanta que la barra toda o cree ondulaciones, y lo hace durante un período razonable (unas pocas horas al menos), aparecerán las temidas placas de viento. Como ya se ha comentado, se distinguen por su aspecto mate, porque el esquí desliza peor y además, porque suelen ceder bajo el peso del esquiador, dejando una huella frecuentemente irregular y más ancha que la tabla.

Las placas de viento son elementos propensos a experimentar aludes, provocados por el peso del esquiador que las cruza. Mantienen cohesión interna y en los bordes, pero no sobre la capa subyacente. Su rigidez facilita la transmisión de los esfuerzos, por lo que cuando un esquiador cruza una placa, no solo corta uno de los principales anclajes que tenía, el superior, sino que provoca una tensión que llega al resto de ellos: los laterales y el inferior.

Hay dos parámetros clave en el comportamiento de la placa de viento: su propio espesor y la consistencia de la nieve subyacente. Las diferentes combinaciones de los valores de ambos determinarán cuestiones de gran trascendencia. Así, una baja consistencia de la base y un espesor de unos 2 cm por ejemplo, harán que nos encontremos ante uno de los tipos de nieve costra. Si el espesor es tan grande que la costra no se rompe, se podrá esquiar con más facilidad y el riesgo de provocar un alud será bajo, incluso con cierta independencia de la consistencia de la base. Si la nieve subyacente es muy consistente, ese riesgo se mantiene bajo y la placa también es muy esquiable. Si la placa de viento es muy fina, se romperá con apenas esfuerzo, no acarreará ningún riesgo de alud, y la facilidad para esquiar dependerá fundamentalmente de la base.

El riesgo de alud provocado, asociado a una placa de viento, está más relacionado con el hecho de que la ruptura de ella pueda provocar el desprendimiento de una base ya inestable, que con la caída de la placa en sí. Ciertamente, las placas que pueden ser rotas por el esquiador son precisamente las que no tienen grandes espesores.

■ 3.2.5 Otras transformaciones

Independientemente de la nieve que hubiera o del tipo de alud que haya sufrido, lo cierto es que la nieve depositada por una avalancha presenta una textura irregular, como con terrones, lo que la hace inconfundible y difícil de esquiar. Con el paso del tiempo, las irregularidades se van limando, pero aún se podrá reconocer durante largos períodos.

El paso de esquiadores en zonas de pendiente suficiente crea las bañeras o montículos. Propias de determinadas pistas y en alguna ruta de montaña muy frecuentada, exigen una técnica de esquí adecuada. Se forman porque en esas pendientes relativamente fuertes los esquiadores, a fin de controlar su velocidad, inciden mucho y apelmazan la nieve. Se horadan así concavidades donde el siguiente esquiador podrá profundizar un poco más. La aparición de concavidades implica la de convexidades; en éstas, la fuerza centrífuga determina un aligeramiento que obliga a frenar con más ímpetu después, ya en la concavidad. Vemos que el efecto es acumulativo, produciéndose también en caminos de poca pendiente, pese a que allí solo se emplea la técnica del descenso directo.

La presencia de "terrones" indica una anterior avalancha. En la foto, al pie de las rocas, se aprecia la línea de fractura del anclaje superior.

Las zonas de bañeras, que comienzan teniendo un carácter únicamente geométrico, evolucionan luego hacia un terreno mixto en el que se alternan acumulaciones de nieve con placas pulidas. Más tarde, si siguen pasando muchos esquiadores y no nieva, aflorarán piedras en las concavidades, que son precisamente los lugares donde peor se ven.

3.3 TIPOS O CALIDADES DE NIEVE

Ahora que conocemos mejor las transformaciones y evolución de la nieve, estamos en condiciones de explicar qué significan las diversas denominaciones que reciben los tipos de nieve que podemos encontrar. Hacen referencia al manto como conjunto, y no al cristal de hielo, aunque lo uno sea consecuencia de lo otro.

■ 3.3.1 Nieve fresca

Es aquella que por estar recién caída, o por no haber pasado tiempo suficiente, conserva las características iniciales. Normalmente será una nieve seca, con una densidad muy baja. Sin embargo, aquella nieve caída con una temperatura relativamente alta, precisamente la más próxima al límite lluvia-nieve, no presentará las mismas características, teniendo más humedad y siendo poco deslizante.

Normalmente su densidad es muy baja (100 kg/m^3) y no se deja apelmazar.

■ 3.3.2 Nieve polvo

Su estructura se basa en una acumulación de copos o cristales con poca cohesión entre ellos. Por eso, al ser esquiada, permite la aparición de esas "nubes de polvo", levantadas durante los virajes y que justifican su nombre.

Toda nieve fresca es también nieve polvo, pero no al contrario, pues ésta última puede haber sufrido metamorfosis.

■ 3.3.3 Nieve virgen

Es aquella que no ha sido transformada artificialmente, bien por máquinas pisanieve, bien por el paso de esquiadores. Toda nieve fresca es también virgen, sin que exista reciprocidad en tal afirmación.

■ 3.3.4 Nieve venteada

No nos encontramos ante un determinado tipo de nieve, sino ante las consecuencias debidas a la acción del viento. Estas consecuencias pueden ir desde la formación de una placa, hasta la práctica desaparición de la nieve. Aun sin llegar a formarse costras u ondulaciones, una nieve polvo sometida a la acción del viento puede ganar algo de cohesión, facilitando el encarrilamiento del esquí en su huella siendo, por tanto, un factor que dificulta la práctica del esquí.

■ 3.3.5 Nieve pisada

Cualquier tipo de nieve, cuando recibe el peso de las máquinas pisanieve de una estación de esquí, adquiere por sinterización una compactación que facilita mucho el esquiar sobre ella. Y ello con cierta independencia del tipo inicial: ya fuera costra, fresca, polvo u otras, una vez pisadas mostrarán características muy parecidas.

El paso reiterado de esquiadores también da lugar a nieve pisada, pero cuando solo han pasado unos pocos, la compactación tiene una distribución irregular, pudiendo ser más incómoda de esquiar que la nieve virgen precedente. Por ejemplo, el paso de esquiadores podría hacer perder calidad a la nieve polvo, pero se la haría ganar a la nieve costra.

■ 3.3.6 Nieve artificial

Se produce mediante cañones, que no son otra cosa que dispositivos que arrojan agua más o menos pulverizada, y que trabajan solo bajo condiciones adecuadas de temperatura. Las gotas de agua, en contacto con el aire frío, se transforman en nieve tan pronto que, da la sensación de que el cañón expulsa nieve directamente. En cierto modo, es como si se tratara de un sistema de riego por aspersión.

La denominación de nieve artificial obedece más al proceso de creación que a las características posteriores. Así, esta nieve podrá transformarse después en nieve pisada, primavera, dura...

3.3.7 Nieve dura

Pocas explicaciones se necesitan en este caso. Cualquier nieve que al paso del esquí no forme huella, puede considerarse dura.

3.3.8 Nieve helada

Los procesos de fusión y rehielo han sido lo suficientemente intensos como para hacer prácticamente desaparecer la entidad individual de los granos. Por tanto, la superficie mostrará una textura lisa y brillante. Los cantos solo agarran si están bien afilados y, por supuesto, es la más deslizante de todas las nieves. También puede producirse por compactación y pulido gracias al paso reiterado de esquiadores. No debe confundirse con el hielo, por ejemplo, de una cascada; la nieve helada ofrece aún ciertas posibilidades de esquí.

Por supuesto, toda nieve helada es también dura, pero muchas nieves duras no pueden llamarse heladas.

3.3.9 Nieve polvo dura

Es una calidad mixta, frecuente en las pistas de esquí, y consiste en una base bien compactada sobre la que existe una capa más bien delgada de nieve polvo. La base compacta se ha podido obtener por el peso de las máquinas pisanieves, mientras que fuera de las pistas, cualquier capa ya muy transformada y estabilizada sobre la que caiga una nevada débil, dará lugar a esta calidad.

3.3.10 Nieve granulosa

Las metamorfosis sufridas por la nieve pueden transformar los copos en granos, que se van soldando entre sí, pero que aún conservan una textura corpuscular. Hasta tanto fenómenos como el de fusión y rehielo no hagan desaparecer esa textura, seguirá recibiendo la denominación de granulosa.

3.3.11 Granizo

Como consecuencia de fuertes tormentas primaverales, puede depo-

En ocasiones la estructura granulosa de la nieve es innegable.

sitarse una significativa capa de granizo. También la nieve artificial puede presentar una textura similar. Aunque equivalentes a la hora de esquiar, no deben confundirse con esa nieve de consistencia de azúcar que mencionamos al hablar del metamorfismo de gradiente de temperatura. Ni tampoco con la nieve granulosa, pues en ese caso, existe una unión entre granos que falta en el granizo.

■ 3.3.12 Nieve húmeda

Bien por la lluvia, bien por las altas temperaturas que fundan parte de la nieve, podemos tener una mezcla en proporción variable de nieve y agua. Cuanto mayor sea la cantidad relativa de agua, más apelmazable es. Cuando debido a una alta proporción de agua la nieve se hace difícil y pesada de esquiar, recibe el nombre de "nieve sopa", "nieve papa" o nieve mojada.

Su densidad es elevada, acercándose al valor propio del agua (1 kg/litro) y se compacta fácilmente.

Los casos extremos de contenido en agua, dan lugar a una nieve tan blanda que el mero hecho de no llevar el peso muy equilibrado por todo el esquí, origina un enclavamiento casi total. Se suele hablar entonces de nieve podrida.

■ 3.3.13 Nieve costra

En cierto modo se trata de lo contrario que la polvo dura, pues ahora tenemos una base blanda y una superficie consistente. Es junto con ciertos grados de nieve mojada, de las más difíciles de esquiar. Hay varios tipos de nieve costra. Por un lado, está la placa de viento sobre una capa de nieve polvo. Por otro, también sobre una capa de polvo, habría una costra de fusión-rehielo. O bien, una costra de ese mismo tipo sobre una base blanda de nieve húmeda, fenómeno muy normal al ponerse el Sol, ya que la nieve superficial es la primera en enfriarse por irradiación.

■ 3.3.14 Nieve primavera

A diferencia del resto, no se trata ni de un tipo concreto ni de una combinación de dos, sino de uno cambiante, que presenta diferentes aspectos a lo largo del día. A pesar de su nombre, no es una nieve exclusiva de la primavera, sino de cualquier época en la que haya hecho suficiente calor como para que el metamorfismo deshielo-rehielo entre en acción.

En las primeras horas del día, y debido al enfriamiento producido durante la noche, la nieve será granulosa, dura o incluso helada. Al ir aumentando la temperatura conforme transcurren las horas, se va fundiendo primero la superficie de la nieve, dando lugar a una calidad parecida a la polvo dura. Sin embargo, ahora la capa superficial no es polvo sino húmeda, aunque de todas formas se esquíen de manera similar.

El espesor de la capa de nieve húmeda va aumentando en detrimento de la base dura, haciéndose más problemática para esquiar. Cuando todo el manto se ha transformado, su consistencia es mínima y, aparte de las dificultades que ofrezca al esquí, está la probabilidad de sufrir aludes de fusión. En general, cuanto más esquiable, más estable y segura.

Al caer la tarde, el fenómeno es el contrario, apareciendo una nieve costra; después, el endurecimiento alcanza a todo el manto.

Esta evolución no sigue el mismo horario en todas las zonas. Las partes altas puede que ni siquiera se fundan, mientras que en las bajas no llegue a producirse el endurecimiento nocturno. Las caras este serían las primeras en iniciar y completar la secuencia. En las vertientes orientadas al S, la probabilidad de que la fusión afecte a todas las capas es mayor.

3.4 ALUDES

Sin duda uno de los mayores peligros a los que puede enfrentarse el esquiador de montaña. Y su aspecto más problemático reside en la incertidumbre de su previsión, pues por mucho que se asegure que una determinada ladera cumple todos los requisitos para que se desencadene una avalancha, puede pasar mucho tiempo antes de que llegue a producirse el alud, en el caso de que finalmente así ocurriera. Paradójicamente, a veces encontramos avalanchas en lugares insospechados, pero de ahí a decir que cualquier punto está sometido a riesgo, hay una gran diferencia.

Ojalá que los próximos apartados proporcionen la información y los criterios suficientes para que quien tiene que tomar la última decisión, el propio esquiador de montaña, lo haga con acierto.

■ 3.4.1 Tensiones y anclajes del manto nivoso

Como todo cuerpo situado en una pendiente, la capa de nieve está sometida a la acción de la gravedad sufriendo, por tanto, una fuerza tangencial (ver el capítulo de Conceptos físicos) que, si se cumplen las condiciones necesarias, provocará el deslizamiento. El valor de esa fuerza viene determinado por la inclinación y por el peso de toda la nieve acumulada entre la superficie de ruptura y la exterior.

Llamamos anclajes a las superficies susceptibles de que en ellas se produzca la ruptura. Existen cuatro tipos: superior, inferior, laterales y de fondo, pudiendo estar presentes todos o solo alguno, en función de varios factores que iremos viendo. Evidentemente, la ausencia de uno o más anclajes facilita el desprendimiento.

Anclajes que soportan una capa de nieve.

Contra la fuerza tangencial o deslizante, actúan las resistencias debidas a los distintos anclajes, que al igual que si fueran fuerzas de rozamiento, y por aquel famoso Principio de Acción y Reacción, compensan e igualan el valor de la deslizante, con lo que no se produce movimiento alguno. Al menos así ocurre mientras la fuerza deslizante no supere el límite de la resistencia soportable por los anclajes.

En el anclaje superior, actúa la resistencia a la tracción. Las garantías ofrecidas por este anclaje son bajas, ya que precisamente la resistencia a la tracción de la nieve también lo es y además, la superficie implicada es relativamente reducida.

El anclaje inferior, cuyas dimensiones suelen tener un orden de magnitud similar al superior, sirve de apoyo merced a la resistencia a la compresión de la nieve.

En los anclajes laterales la sujeción viene asociada a la resistencia a la cizalladura. Su tamaño, al igual que ocurre con los anclajes superior e inferior, es relativamente pequeño, aunque esto depende de la forma de la masa de nieve en estudio.

Respecto del anclaje de fondo, el de mayor tamaño, caben dos interpretaciones. Si lo que tenemos es una capa no adherida a la base, sino simplemente posada sobre ella, será el rozamiento estático o resistencia al deslizamiento lo que mantendrá la nieve en su sitio. Pero si por el contrario, sí existe cohesión entre la capa y su base, será la resistencia a la cizalladura la fuerza que deberá vencerse para que se produzca la ruptura del anclaje de fondo.

Este modelo teórico, basado en los cinco anclajes que puede tener una capa de nieve, resulta muy aplicable cuando la consistencia de la misma permite considerarla como un objeto compacto. Para que se produjera el desprendimiento habría que superar la suma de las resistencias aportadas por los, como máximo, cinco anclajes. Si uno de ellos cede, se provoca un pequeño desplazamiento o deformación que sobrecarga al resto. Si los nuevos valores incrementados de la tensión soportada por los otros anclajes permanecen por debajo de sus límites de resistencia, no se producirá la avalancha.

Si la capa de nieve candidata a sufrir el desprendimiento carece de consistencia, no podemos hablar de transmisión de tensiones. La mecánica del alud se estudia entonces como el comportamiento de un fluido.

■ 3.4.2 Tipos de aludes

Existen varios criterios de clasificación de los aludes:
Según el tipo de nieve:
- de placa.
- de nieve polvo.
- de nieve húmeda.
Según las capas involucradas:
- de superficie.
- de fondo.
Según su origen:
- natural.
- provocado.

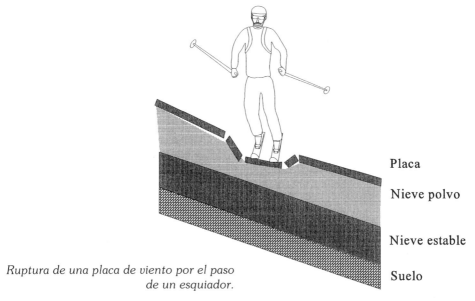

Ruptura de una placa de viento por el paso de un esquiador.

❑ *3.4.2.1 Alud de placa*

En su inmensa mayoría se trata de placas de viento, aunque también pueden ser placas de rehielo. El anclaje de fondo, pese a su gran tamaño, aporta una resistencia muy reducida (evidentemente, una placa bien adherida a su base no es una placa).

La relativa rigidez que caracteriza a una placa, le confiere fragilidad; cualquier esfuerzo se transmite casi íntegramente llegando, por tanto, a todos los anclajes.

Cuando un esquiador surca una placa, puede cortarla fácilmente anulando el anclaje superior. Y también suele provocar un pequeño desplazamiento de la placa, quizá de solo unos centímetros, pero suficiente para romper los anclajes laterales y el inferior. Recordando la hipótesis de que el de fondo era débil, se comprenderá por qué los aludes de placa son tan frecuentes.

Pero no siempre la placa se rompe por la línea recorrida por el esquiador. Puede ocurrir que provoque un hundimiento con un efecto de basculamiento cuya consecuencia

Alud de placa provocado por el paso de un esquiador. Puede apreciarse la diferencia de altura entre las huellas de entrada y salida. En esta ocasión, solo fue un susto...

sea una ruptura varios metros por encima. O bien que la caída de una placa cortada por el esquiador deje sin anclaje inferior la porción superior, motivo suficiente en ocasiones para que ésta también se desprenda, máxime cuando está coincidiendo con la perturbación y las vibraciones asociadas al corte de la placa mediante los esquís. Por estas razones se recomienda cruzar siempre por el sitio más alto posible. Si el esquiador no se encuentra ya en él, deberá ascender por la línea de máxima pendiente (LMP). Así, aunque rompiera un anclaje lateral, los otros podrían quedar intactos porque, a diferencia de lo que ocurre al quebrar el superior, ahora el desplazamiento puede ser prácticamente inexistente. En cualquier caso, la permanencia en un lateral siempre será más aconsejable.

Otro consejo es quitarse las tablas y cruzar a pie. De esa manera se reduce el tamaño del anclaje, pero no se rompe del todo ya que se mantienen conexiones entre huella y huella.

La placa que cae se fragmenta en múltiples trozos. Su velocidad no tiene por qué ser muy elevada, pero puede arrastrar nieve en polvo que estaba debajo de ella, o provocar una avalancha de ese tipo más abajo.

❏ *3.4.2.2 Alud de nieve polvo*

La nieve polvo tiene una cohesión muy pequeña, que puede incluso despreciarse en ciertas consideraciones. Pero también tiene una densidad muy baja, por lo que solo tras copiosas nevadas se producirán cargas importantes.

Otra razón que explica la estabilidad de la nieve en polvo es que, precisamente por su baja cohesión, las tensiones no se pueden transmitir fácilmente. Por la misma razón, no es muy apropiado hablar de anclajes: ¿cómo el anclaje superior, por ejemplo, puede sujetar la nieve si ésta no tiene la cohesión necesaria para "tirar" de él? El mecanismo de provocación de un alud de nieve en polvo es diferente del de una placa de viento. Tiene un origen puntual, donde un pequeño volumen de nieve cede por cualquier causa, por ejemplo, una caída de piedras. Suponiendo que existen unas condiciones de inclinación y espesor suficientes, la caída de ese pequeño volumen de nieve no puede ser frenada por la que está debajo, que se ve arrastrada también. El efecto es acumulativo, adquiriendo el alud grandes dimensiones. En esos momentos, la nieve está sufriendo una compresión que le extrae el aire que contiene, por lo que surge una onda expansiva cuyos efectos pueden ser mucho más devastadores que el alud propiamente dicho y al cual precede en su avance. Envolviendo este caos, toda una nube turbulenta de nieve polvo, que puede llenar las vías respiratorias de una posible víctima.

De estos aludes ya hemos dicho que tenían un origen puntual, aumentando su anchura conforme bajan. Sin embargo, cuando es un esquiador el que los provoca mientras traza una travesía horizontal, se pueden parecer a los de placa. La diferencia es que la nieve que queda por encima, no se cae con tanta facilidad (si no tiene cohesión, tampoco puede apoyarse en un anclaje inferior), por lo que el esquiador tiene menos probabilidades de verse arrastrado.

La velocidad de la nieve no es especialmente alta, pero sí los efectos: la onda expansiva puede avanzar vertiginosamente derribando cuanto encuentre a su paso.

❑ *3.4.2.3 Alud de nieve húmeda o de fusión*

Aunque mecánicamente tiene ciertas similitudes con el alud de nieve en polvo, su proceso muestra importantes peculiaridades. El calentamiento y fusión de la nieve reduce la resistencia de los anclajes, incluido el de fondo, por donde puede correr el agua horadando y lubricando la base de la capa de nieve. A diferencia con el alud de nieve polvo, la gran densidad de la nieve húmeda le confiere un peso elevado, por lo que es cuestión de tiempo que los anclajes se reduzcan lo suficiente para no soportar dicho peso, sin que se necesite ningún factor desencadenante.

Los aludes de fusión suelen tener una velocidad lenta y, normalmente, poco recorrido.

Cuando se desprende el alud, éste se asemeja a una colada de lava, fluyendo con cierta lentitud y poco ruido. La alta densidad de la mezcla de nieve y agua facilita un extraordinario apelmazamiento al detenerse, por lo que aunque relativamente fácil de eludir, sus consecuencias son trágicas en muy poco tiempo por aplastamiento de la víctima.

❑ *3.4.2.4 Alud de superficie*

Únicamente se desprenden las capas exteriores, quedando al descubierto otra, frecuentemente de nieve dura o helada. Los aludes de placa suelen ser casi siempre de superficie.

❑ *3.4.2.5 Alud de fondo*

Es el manto completo de nieve el que se desprende, aflorando el terreno. Son propios de zonas lisas o herbosas.

❑ *3.4.2.6 Alud natural*

Se produce espontáneamente por causas ajenas a la intervención humana.

❑ *3.4.2.7 Alud provocado*

Causado por un comportamiento humano, bien

Un alud de fondo se distingue porque aflora el terreno.

negligente (cruce de placas), bien intencionado, como los ocasionados mediante explosivos en las estaciones de esquí.

■ 3.4.3 Factores influyentes

❑ *3.4.3.1 Temperatura*

Al hablar de los metamorfismos de la nieve ya vimos la influencia de la temperatura en ellos y cómo afectaba a la estabilidad. Únicamente recordaremos que el calentamiento puede provocar aludes de fusión independientemente del tipo de nieve que hubiera antes. Sin embargo, un siguiente rehielo puede anular todos los riesgos, incluido el de la escarcha de profundidad, ya que precisamente el calentamiento modificó ésta y cualquier otra estructura interna del manto.

El factor temperatura ya incluye la influencia de otros, tales como la orientación o la altitud. Cuanto más alta y umbría sea una ladera, más tiempo durará la nieve en polvo y la escarcha de profundidad, si la hubiera; pero también será más difícil que se produzca un alud de fusión. Dependiendo del tiempo que haga, podrá haber más riesgo en las zonas bajas (porque no haya llegado a helar) u ocurrir exactamente lo contrario (por ser las únicas que se fundieron).

❑ *3.4.3.2 Viento*

El viento suele aumentar el riesgo en ciertas zonas por acumulación o por formación de placas y cornisas, pero en otras su efecto es el contrario.

Si ha ocasionado ondulaciones importantes, éstas constituyen una superficie donde las nevadas posteriores quedarán bien asentadas.

Es falsa la creencia de que un viento huracanado aumenta el riesgo. Justamente ocurre lo contrario, no permitiendo siquiera la existencia de placas. El viento peligroso es el moderado.

❑ *3.4.3.3 Cantidad acumulada*

Su influencia es clara, cuanto más nieve haya, mayor tensión tendrán que soportar los anclajes y más volumen de nieve se puede movilizar. Respecto de la cantidad caída en los días precedentes, se considera preocupante a partir de 30 cm, pero hay que tener en cuenta que la nieve en polvo se sostiene en pendientes de mayor inclinación. No se produciría fácilmente un alud natural, pero sí provocado.

❑ *3.4.3.4 Estado del manto nivoso*

La disposición de las capas es de gran trascendencia. La existencia de la escarcha de profundidad, o la presencia de una base de nieve helada sobre la que se estableció otra nevada, son factores de mucho riesgo que solo pueden ser bien evaluados realizando un corte para su estudio estratigráfico.

❑ *3.4.3.5 Inclinación*

De las laderas de poca inclinación no pueden desprenderse aludes, pero sí los pueden recibir procedentes de zonas superiores de más pendiente. Es sorprendente la distancia que puede recorrer una avalancha.

En las zonas más empinadas, la acumulación es menor y el desprendimiento se produciría enseguida, por lo que paradójicamente son más bien seguras.

Cada tipo de alud se puede producir en determinadas inclinaciones, pero al descartar las muy pendientes y las muy llanas, resulta que las más peligrosas se encuentran comprendidas entre 25° y 45°.

Sin embargo, el más bajo de los ángulos críticos de un determinado tipo de nieve es el de la mojada y vale 30°. Esto quiere decir que por encima de esa inclinación, no puede sostenerse. Entre 25° y 30° la probabilidad de desprendimiento sigue siendo alta, de ahí que se considere el intervalo entre 25° y 45° como el más peligroso.

Ángulos críticos para el desprendimiento de diversos tipos de nieve y gama máximo peligro.

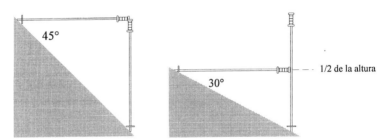

Estimación aproximada de la inclinación.

❑ *3.4.3.6 Forma del terreno*

Las zonas convexas como lomas o contrafuertes tienen menos acumulación que las cóncavas, por lo que desde ese punto de vista son más seguras, y también porque no canalizan los aludes. Sin embargo, cuando son cambios de inclinación que recorren horizontalmente una ladera, pueden ser peligrosas, porque constituyen una línea de fractura. Faltaría el anclaje superior o el inferior de los mantos situados debajo y arriba respectivamente.

Hay ocasiones en que la nieve se desliza muy lentamente sin llegar a desprenderse. Si pasa por una convexidad horizontal, se flexionará, apareciendo grietas visibles en la superficie, síntoma inequívoco de que falta un anclaje.

❑ *3.4.3.7 Textura superficial del terreno*

De cara a la existencia de aludes de fondo, son peligrosas las superficies lisas de lecho rocoso y las laderas herbosas donde no pasta el ganado. Está comprobado que la hierba sin cortar facilita más el deslizamiento. Las pedreras son tanto más seguras cuanto mayor sea el tamaño de los bloques. Las zonas de arbustos así como los bosques también son lugares menos propensos.

❑ *3.4.3.8 Avalanchas anteriores*

La caída de una avalancha no solo descarga una ladera que, evidentemente era peligrosa, sino que puede arrastrar otras en las que el riesgo era menor, pero existente.

La superficie irregular que suele quedar tras una avalancha es una base donde se asentaría mejor una ulterior nevada.

❑ *3.4.3.9 Paso de esquiadores*

Si el esquiador puede cortar una placa de viento, o desencadenar un alud de cualquier tipo, también es cierto que las laderas muy esquiadas se encuentran compactadas y además su superficie es irregular gracias a las huellas y bañeras, por lo que sería un factor estabilizante.

■ 3.4.4 Desencadenantes

El delicado equilibrio entre fuerza deslizante y resistencia de una masa de nieve candidata a desprenderse puede ser roto por diversas causas, bien mediante aumento de carga, bien mediante disminución de anclaje.

La caída de piedras, cornisas, seracs, o incluso la nieve de una pared próxima, son posibles orígenes de aludes. También el paso de esquiadores, sobre todo si es reiterado, pues pueden ir rompiendo un anclaje poco a poco, siendo el riesgo mayor al descender, especialmente si el estilo de esquí es agresivo.

Una copiosa nevada aumenta la carga, mientras que la lluvia, además, deteriora los anclajes. Sin olvidar los rayos.

Respecto de si un silbido o un grito pueden ser un desencadenante, siempre queda la duda de si se hubiera desprendido el alud de todas formas. Mayores posibilidades de provocarlo tiene un helicóptero, pero más por las turbulencias que por el ruido.

■ 3.4.5 Escala de riesgo

En muchos servicios de información meteorológica de áreas montañosas expuestas con frecuencia al riesgo de aludes, se suele incluir un boletín adicional que hace hincapié en este punto. La interpretación de su contenido se realiza ateniéndose a una tabla como la que se adjunta.

Escala unificada europea de riesgo de aludes			
Grado de peligro	Estabilidad de la superficie	Probabilidad de aludes	Recomendaciones para el esquiador
1 DÉBIL	El manto de nieve está en general, bien consolidado y estable.	Solo habrá probabilidad de alud con una fuerte sobrecarga** sobre la superficie de pequeñas pendientes rápidas. Solo para aludes espóntaneos.	Prácticamente sin restricciones para excursiones y descensos en esquí.
2 MODERADO	El manto está moderadamente consolidado en algunas pendientes*. El resto, en general, bien consolidado.	El alud solo se desencadenará por fuerte sobrecarga** incluso en pendientes rápidas. No se prevén aludes importantes.	Condiciones bastante favorables. Se deben seleccionar con prudencia las rutas y especialmente los descensos en esquí.
3 CONSIDERABLE	El manto de nieve está de moderado a débilmente consolidado en la mayoría de las pendientes*.	Posibles desprendimientos con pequeñas sobrecargas** incluso en pendientes de grado medio. Posibles aludes de tipo medio o importantes.	Excursiones y descensos en esquí solo realizados por gente experimentada en aludes. Deberá evitarse la exposición en pendientes rápidas y en altitud.
4 ALTO	El manto de nieve está débilmente consolidado en la mayor parte de las pendientes*.	Posible desencadenamiento incluso con pequeñas sobrecargas**, incluso en pendientes de grado medio.	Las excursiones y descensos en esquí se limitaran a zonas de pendiente media. En ciertos casos hay riesgo al pie de las pendientes.
5 MUY ALTO	La consolidación* de la superficie nevada es generalmenta débil y muy inestable.	Posibilidad de aludes numerosos en pendientes de grado medio o moderado.	Debe renunciarse de manera absoluta a las excursiones y descensos en esquí.

Definiciones
Pendiente fuerte: más de 30°
* *En el boletín se especifíca a qué tipo de pendientes corresponde el referido nivel de consolidación.*
** *Sobrecarga fuerte: grupo de esquiadores, vehículos abrepistas, uso de explosivos.*
Sobrecarga débil: esquiador aislado, individuo sin esquís.
La información sobre el estado del manto nivoso y el riesgo de aludes puede obtenerse consultando los boletines emitidos por diversos organismos según cada zona. Para ello facilitamos los siguientes teléfonos:

ESPAÑA
CMT Zaragoza (976) 56 91 76 - Fax: (976) 56 96 67
Recoge la información de ambas vertientes del Pirineo
AUSTRIA
Voralberg (05522) 1588
Salzburg (0662) 1588
irol (0512) 1588
Kärnten (0463) 1588
FRANCIA
Haute Savoie (50) 531 711
Alpes Maritimes (93) 710 121
Hautes Alpes y Alpes Haute Provènce (92) 212 020
Savoie (79) 070 824
Isère (76) 511 929

SUIZA
(021) 187 francés-(091) 187 italiano-(031) 187 alemán
ITALIA
Piamonte (011) 318 5555
Alto Adige (047) 270 255
Friuli VG (0432) 501 029
Lombardia (1678) 37 077
Val d'Aosta (0165) 31 210
Venero (0436) 79 221
Liguria (010) 532 049
ESLOVENIA
(661) 312 083
ALEMANIA
Bayern (089) 1210 1210

■ 3.4.6 Precauciones

Si se anuncia un riesgo generalizado de aludes, lo mejor es no salir, salvo a aquellas rutas conocidas en las que es físicamente imposible que se produzcan.

1 (hinauf) klettern
encaramar: emporheben

Las zonas expuestas a aludes se descienden en diagonal sin detenerse hasta salir del peligro.

Si en el transcurso de la actividad no queda más remedio que atravesar una zona expuesta, seguir las siguientes recomendaciones:
- Soltar las correas de los bastones y de los esquís.
- Llevar la mochila solo por una de las hombreras.
- Si se tiene, desplegar el cordino de aludes.
- Cubrir con un pañuelo las vías respiratorias.
- Cruzar de uno en uno por lo más alto posible.
- Vigilar atentamente la evolución del que cruza.
- Si hay que abrir huella, pasará primero el más fuerte.
- No detenerse a descansar.

Aunque sea más probable provocar un alud al bajar, resulta más difícil esquivarlo cuando se sube, por lo puede ser muy interesante quitar las pieles de foca y esquiar en diagonal, perdiendo la mínima altura posible pero manteniendo una buena velocidad. Una vez cruzada la zona peligrosa, se vuelve a foquear.

■ 3.4.7 En caso de ser sorprendidos por un alud...

Se suele recomendar quitarse la mochila, los esquís y los bastones, pero realmente si da tiempo a hacer todo eso, quizá también lo dé para huir, lo que se consigue más rápidamente sobre los esquís. La huida será en diagonal hacia el lateral más próximo. Se puede buscar la protección de una gran roca, o encaramarse a una loma. Únicamente en el caso de que el alud tenga un frente de avance tan ancho que sea imposible acercarse a un lateral, habrá que plantearse la opción de esquiar en descenso directo. Esto es válido en algún caso, por ejemplo, si la ladera es corta y termina en un llano, tal vez un lago helado. En ese caso, no hay que detenerse, pues el frente del alud puede avanzar mucho espacio por el llano.

Si resulta evidente que no hay posibilidad de escapar, aún se puede intentar algo: habrá que desprenderse de todo lo que estorbe, realizar movimientos de natación hacia un lateral, o procurar agarrarse a rocas o árboles. Cuanto más arriba quedemos y más cerca del lateral, a menor profundidad seremos sepultados. En el momento de detenerse el alud, conviene abrir el máximo hueco posible antes de que la nieve se apelmace, especialmente en la zona de la cabeza.

Es poco probable que alguien sepultado pueda moverse, por lo que averiguar la verticalidad mediante la saliva y proceder a excavar hacia arriba es algo de dudosa aplicación. Lo mejor es conservar la calma, no gritar más que esporádicamente ya que los sonidos se transmiten mal, y confiar en ser rescatado. Realmente es más fácil decirlo que hacerlo.

Si hemos logrado ponernos a salvo, hay que comenzar inmediatamente a pensar en los demás. Quizá podamos observar la trayectoria de otras víctimas y deducir su emplazamiento final. En el capítulo dedicado al material contra aludes se explican detalladamente las técnicas y estrategias de búsqueda de víctimas; en el de primeros auxilios, las de reanimación y cuidado. No es una información para consultarla, sino para tenerla siempre bien aprendida.

4

MATERIAL Y EQUIPO
4.1 LA TABLA

Es el elemento fundamental del esquí y merece una descripción suficientemente completa de sus características, las cuales se analizarán también bajo la perspectiva del usuario, a fin de orientarlo en su elección.

Una de las servidumbres que tiene el esquí de montaña es la variabilidad de la nieve por la que se va a esquiar; a lo largo de un descenso, pueden encontrarse, prácticamente, todos los tipos. Aunque la polivalencia es una virtud perseguida con ahínco por los fabricantes, no existe esa tabla perfecta que proporcione un excelente rendimiento en todos los terrenos, de modo que tendremos que elegir aquella que mejor se adapte a los tipos de nieve que encontramos con más frecuencia.

No hay que dejarse llevar por afirmaciones publicitarias, plagadas de innovadores nombres de materiales; poco importa saber que una tabla lleva una lámina interna de una aleación usada en técnica aeroespacial si desconocemos sus dimensiones, y no vamos a seccionarla para medirlas. Tampoco vamos a despreciar un modelo concreto porque lleve madera; según qué tipo se use, el resultado puede ser excelente. La madera no se utiliza en muchas aplicaciones constructivas e industriales debido más a su carestía que a la falta de prestaciones. Una casa construida con vigas de enebro puede durar siglos, mientras que al hormigón armado se le supone una vida del orden de cien años, pero aún no se ha podido comprobar...

La elección de las características del esquí que vamos adquirir deberá acometerse en función de las siguientes variables:
- Nivel técnico.
- Estilo.
- Actitud personal.
- Estatura y peso.
- Tipo de nieve.
- Tipo de terreno más frecuentado.

■ 4.1.1 Características geométricas

❏ *4.1.1.1 Longitud*

Es uno de los parámetros más relevantes y, por tanto, de los más discutidos. Suele referirse a la magnitud longitudinal de la tabla, y tendremos en cuenta que la proyección perpendicular de la misma es siempre ligeramente menor debido fundamentalmente a la curvatura de la espátula. Su influencia en el momento de inercia es al cuadrado, por lo que pequeñas diferencias de longitud implican grandes repercusiones en la manejabilidad y en la estabilidad, siendo mayor aquella y menor ésta cuanto más corto sea el esquí. Una longitud elevada favorece el deslizamiento, el agarre en nieve dura o hielo y, en general cualquier apoyo. Por el contrario, implica un mayor peso e incrementa el esfuerzo de giro, lo que resta agilidad y aumenta los tiempos de reacción; exige un mayor dominio técnico en los virajes, pero perdona los defectos en los descensos directos.

Debido a las curvaturas de espátula y de cola, la longitud de contacto es algo inferior a la proyectada; la primera influye a efectos de resistencia por rozamiento al giro así como en cualquier otra consecuencia derivada de la distribución de presiones; la proyectada en cambio, determina las propiedades de inercia.

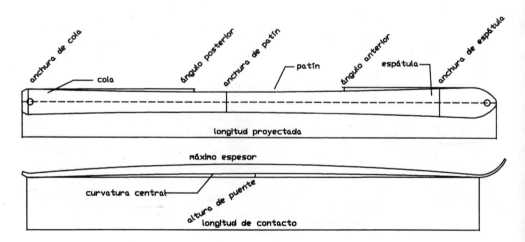

La longitud es un aspecto polémico y controvertido porque su influencia, siendo enorme, está condicionada por el resto de las características de la tabla y, además, los planteamientos personales de cara a la práctica de este deporte son determinantes a la hora de tomar la decisión. La longitud más recomendada por los fabricantes y por numerosos autores se encuentra en una franja comprendida entre la estatura del esquiador y unos diez centímetros por encima, siendo mayor cuanto más se pese y viceversa; lógicamente un esquiador más corpulento necesita de mayores apoyos, que serán proporcionados por una tabla de mayor tamaño. Caben, además, otras consideraciones de interés; así, si el esquiador da prioridad al descenso, y cuenta con un buen nivel, elegirá una tabla de mayor longitud; si es más realista y asume que la mayor parte del tiempo se está subiendo, a costa de un importante esfuerzo, preferirá una tabla más corta. De poco sirve arrastrar una excelente, pero pesada, tabla para disfrutar de un gran descenso si esto nos retrasa tanto que a la hora de bajar la nieve se ha ablandado en exceso. Si hay que portear las tablas en la mochila, y sobre todo si ha de hacerse por terreno escarpado o boscoso, una tabla corta será una bendición.

Si vamos a frecuentar zonas de nieve dura, las prestaciones de la tabla corta se reducen mucho –y más en pendientes fuertes– por lo que habría que elegir un modelo fabricado para ese tipo de nieve. Si el nivel técnico es bueno, podrá dominar y sacar partido de una tabla más larga, pero si su estilo es ágil y agresivo, agradecerá una tabla corta, lo mismo que si frecuenta terrenos boscosos en vez de espacios amplios.

El esquiador poco experto necesita una tabla corta, y cuando digo poco experto me refiero a su dominio de las nieves vírgenes y no de las pistas. Otra de las limitaciones achacadas a una tabla corta es la inestabilidad a grandes velocidades; es cierto, pero las grandes velocidades no son muy recomendables en la montaña: reducen el placentero tiempo del descenso y suponen un riesgo en lugares de difícil rescate. Existe una técnica para mantener estable una tabla, por corta que sea y rápido que se vaya, de modo que quien necesite una tabla larga para sentirse seguro en los descensos directos, quizá deba revisar su postura sobre los esquís.

Existe una clasificación en cuanto a la longitud de los esquís, que distingue tres grupos: corto, intermedio o compacto y largo, pero puede inducir a errores; lo que para alguien es un esquí compacto, para otro puede ser largo o corto. Incluso podemos encontrar, según autores (y traducciones), la asignación de la denominación de compacto o compensado a tablas cortas. La explicación es que se fabrican modelos que compensan su menor longitud con una distribución más extendida de la presión gracias a su mayor dureza y curvatura; darían un agarre correspondiente a esquís mayores, pero sin incrementar el momento de inercia, por lo que ofrecen mayor manejabilidad.

Puesto que la longitud es un concepto bien simple y claro, no soy partidario de usar tantas denominaciones, que solo sirven para inducir a error. No existen clasificaciones absolutas, sino relativas; un esquí determinado, frente a un esquiador concreto, deberá tener una longitud de un valor adecuado, valor que podrá ser mayor, igual o menor que la estatura, sin que ello implique errores en el cálculo. Para el esquí alpino, la elección es menos compleja, porque se parte de la base de que la nieve pisada por las máquinas es siempre fácil de esquiar (quien no domine las pistas, se encontrará muy limitado fuera de ellas), de modo que no es imprescindible considerar el tipo de nieve más frecuentado; además, la facilidad para desenvolverse en una pista es notoria, incluso con un esquí inadecuado (salvo en las placas de hielo).

Vemos que una cosa es la longitud geométrica, función solo de las dimensiones, y otra la longitud efectiva, concepto que responde más al comportamiento, y que en muchos casos, es el que verdaderamente interesa.

En resumen, la longitud, siendo un parámetro importante, no lo es todo; si no, ¿por qué han fluctuado tanto las preferencias de los esquiadores y las recomendaciones de los fabricantes siguiendo las modas?

❏ *4.1.1.2 Anchura*

La definiremos como la separación entre cantos inferiores, pues en esquís de sección trapezoidal, la anchura superior es de menor valor que la inferior (lo que facilita un afilado de cantos en un ángulo inferior a 90°, interesante para nieve helada). Además presenta una variación a lo largo de la longitud del esquí, siendo de valor relativo máximo en la parte delantera, mínimo en la central (patín) y medio en la cola. Estas variaciones de anchura a lo largo de toda la tabla van a determinar una geometría con importantes repercusiones en el comportamiento de la misma (ver el apartado 6.3.1). Así, podemos definir el ángulo anterior o de espátula, formado por el tramo delantero del canto y el eje central; el ángulo posterior o de cola, formado por dicho eje y la parte trasera del canto. Los tres valores de anchura más relevantes, que son los de espátula, patín y cola, reciben el nombre de cotas.

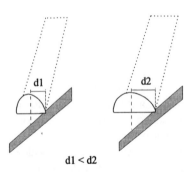

d1 < d2

Debido al mayor brazo de palanca, se requiere más esfuerzo para mantener el canteo en una tabla ancha.

Al tratarse de un esquí de montaña, la anchura es ya mayor que la de uno de pista, pero hay pequeñas diferencias (de tan solo unos milímetros, aunque muy influyentes) entre unos modelos y otros. A mayor anchura, mejor comportamiento en nieves blandas dado el menor hundimiento, pero se empeora en nieves duras por la dificultad de canteo; la estabilidad a gran velocidad se reduce. El incremento de peso y de momento de inercia que da una mayor anchura, repercute negativamente en la capacidad para dominar el esquí, pero el menor hundimiento en la nieve lo compensa, siendo normalmente más fácil lograr el giro; por lo tanto, el nivel técnico y el estilo no se ven tan afectados por la anchura como por la longitud.

❏ *4.1.1.3 Espesor*

Es la separación entre la suela y la lámina superior. Al contrario que la anchura, su valor es mínimo en la parte delantera, máximo en la central y medio en la cola, evolucionando de una manera continua y gradual a lo largo de toda la longitud de la tabla. La resistencia a la flexión varía con el cubo del espesor y de un modo directo con la anchura, de ahí que, pese a ser el patín la parte más estrecha, por ser también la más gruesa, es la que menos se deforma, característica crucial dada su influencia tanto en el comportamiento dinámico de la tabla como en la seguridad ofrecida por la atadura.

❏ *4.1.1.4 Curvatura central*

Es ésta una característica fácil de ver; basta con poner la tabla sin peso en el suelo, y comprobar la altura del hueco (puente) que queda bajo la suela; cuanto mayor sea esa altura en comparación con la longitud, mayor es la curvatura. Su influencia en la distribución de presiones a lo largo de la longitud de la tabla es muy importante y va asociada a la resistencia a la flexión, influyendo en el mismo sentido (un esquí plano, por muy duro que sea, no extiende las presiones hacia los extremos, a no ser que la nieve sea blanda). Si la curvatura es muy acusada, la longitud efectiva es mayor, por lo que el comportamiento en nieve dura mejora, así como la agilidad; se requiere un mayor dominio técnico, tanto en la bajada como en la subida (se modifica antes la adherencia de la piel de foca sobre la nieve en cada paso, lo que exige cierta atención en pendientes límite).

❏ *4.1.1.5 Curvatura anterior*

Es la forma curva que presenta la espátula o punta de la tabla a fin de evitar su introducción en la nieve durante el avance, especialmente ante los baches y otras irregularidades superficiales. El estudio de su influencia es inútil si no se considera también la resistencia a la flexión que tiene la tabla en la mitad anterior (consultar el apartado 6.2.2).

❏ *4.1.1.6 Curvatura posterior*

También en la cola presenta la tabla una elevación con dos finalidades: reducir la turbulencia y facilitar un eventual deslizamiento hacia atrás, maniobra interesante en ciertas situaciones. Es una elevación leve para evitar que en una caída se clave en la espalda del esquiador.

■ **4.1.2 Características físicas**

Consecuencia de las geométricas y de las de los materiales empleados, demos un somero repaso a las más relevantes.

❏ *4.1.2.1 Amortiguación*

Es la capacidad para anular rápidamente las vibraciones, y por cuestiones de agarre y estabilidad, normalmente se prefiere que sea alta; no obstante, debemos comentar que un comportamiento algo vibrador facilita el deslizamiento a alta velocidad (consultar los apartados 6.2.3 y 6.3.1), pero los descensos vertiginosamente rápidos no son precisamente el campo de acción donde se ha de desenvolver el esquiador de montaña.

❑ *4.1.2.2 Resistencias a la flexión y a la torsión*

Pocos reconocen la extraordinaria influencia de estas características en el comportamiento del esquí. Quizá sea debido a que su repercusión, en el caso de la flexión, está muy determinada por el grado de curvatura central. Un esquí "duro" tiene mejor agarre en nieve dura, pues extiende las zonas donde la presión se ejerce con cierta magnitud, por lo que equivale a una mayor longitud efectiva, que no geométrica (consultar los apartados 5.2 y 6.3). Por la misma razón, requiere un mayor dominio técnico para hacerlo girar, sin embargo, puede resultar ágil ya que responde antes a las liberaciones de presión que siguen a una extensión. La resistencia a la flexión se puede intuir ejerciendo una simple presión manual; la resistencia a la torsión es más difícil de ver, pero ambas características suelen ser simultáneas, de modo que un esquí duro mostrará valores elevados en las dos magnitudes. Estas resistencias se van perdiendo debido a lo que se llama fatiga del material, que sobreviene con el envejecimiento; así se dice que el esquí va perdiendo el "nervio", caracterizándose entonces por un menor agarre y no permitir una forma tan ágil de esquiar.

La resistencia a la flexión se incrementa gracias a la presencia de la fijación y la bota; la resistencia a la torsión no se ve afectada prácticamente, pues sus efectos se notan en los extremos de la tabla.

La influencia de la resistencia a la torsión en el agarre en nieve dura es muy discutida, síntoma de que no se tiene muy claro. En efecto, es difícil determinar su influencia debido a que depende grandemente de otros dos parámetros: la resistencia a la flexión y la curvatura central. Por un lado, cabe pensar que un esquí duro logrará que el ángulo de canteo en las zonas más próximas a los extremos de la tabla no se reduzca demasiado respecto del que se aplica en el centro; sin embargo, esa misma dureza retrasa dicha aplicación de canto, puesto que la tabla es menos ancha en el centro y solo permite el contacto del canto cuando se produce la comba invertida (ver los apartados 5.3 y 6.8). Como vemos, dos efectos de sentido contrario, lo que explica las frecuentes discusiones en este aspecto.

En el agarre influye más el estado del canto que la dureza de la tabla. Un canto afilado favorece siempre, mientras que la dureza de la tabla tendrá una repercusión que dependerá de la geometría concreta que adopte como consecuencia del terreno en que se encuentre. Aunque en general una tabla dura agarra más, también es posible que sus vibraciones sean menos amortiguadas, provocando salidas continuas del surco en el que se aloja el canto.

Es de esperar que una tabla bien construida, tenga unas relaciones de anchura consecuentes con su curvatura y con su resistencia a la flexión. Diferencias del orden de décimas de milímetro en la evolución longitudinal de la anchura tienen una gran repercusión, por lo que no resulta factible prever el comportamiento del esquí por simple observación en la tienda; hay que probarlo. Dejemos al fabricante la tarea de obtener, mediante el correcto diseño de la tabla, las buenas características de agarre en nieve dura que vayamos a exigir.

❏ *4.1.2.3 Flexibilidad*

Capacidad para recuperar la forma inicial tras sufrir una deformación. Dicho de otro modo, sería el esfuerzo máximo que puede soportar sin que sufra una deformación permanente (una deformación permanente es síntoma de la rotura de alguna fibra). Es un concepto relacionado, pero distinto de los de resistencia a la flexión y a la torsión, que van asociados a la idea intuitiva de dureza.

❏ *4.1.2.4 Momento de inercia y peso*

Si el peso (o mejor dicho, la masa) nos relaciona la fuerza con la aceleración lineal, el momento de inercia sería el concepto equivalente para la relación entre el par de giro aplicado y la aceleración angular obtenida. El peso se notará sobre todo en la subida, mientras que al descender esquiando, nuestro esfuerzo y nuestra técnica lucharán contra el momento de inercia, jugando el peso a nuestro favor si se sabe aprovechar. Son conceptos relacionados: a mayor peso, mayor momento de inercia y viceversa, pero tablas del mismo peso pueden tener momentos de inercia muy distintos.
Cualquiera que sea el nivel técnico, el planteamiento personal, el tipo de nieve, etc., siempre se preferirá una tabla ligera y con un momento de inercia bajo.
Sería un error adquirir una tabla pesada pensando que ofrecerá una buena estabilidad. Un esquí pesado pero vibrador, sería menos estable que otro ligero y amortiguador. La estabilidad se ha de obtener a base de técnica (es bien fácil: consultar el apartado 7.4) y no mediante un incremento de peso, máxime cuando vamos a tener que pasar mucho más tiempo subiendo que bajando.

■ 4.1.3 Composición

La fabricación de una tabla de esquí puede realizarse mediante muy diferentes procesos industriales, lo que determina una enorme variedad tanto en los materiales usados como en la forma de la estructura interna de cada tabla. Desde las antiguas de madera hasta las más modernas a base de fibra de carbono, todas persiguen como objetivo obtener aquellos valores de los parámetros que definen la tabla que determinen el comportamiento que se espera de ésta. Debido a esa enorme variedad, no podemos dar la composición normal de la tabla, pero sí podemos en cambio, con el adecuado esfuerzo de abstracción, hablar de aquellos elementos típicos que encontraremos con más frecuencia.

❏ *4.1.3.1 Suela*

Es la capa inferior de la tabla y aquella sobre la que se realiza el deslizamiento (despreciando la contribución de los cantos inferiores). Suele ser de un material plástico (polietileno, aunque también se emplea grafito) de escasa dureza y gran deformabilidad para impedir daños importantes a la tabla y al esquiador en caso de pasar por una piedra. Su elasticidad es pequeña, pero en cambio aporta capacidad amortiguadora.

En las tablas de pista es frecuente encontrar una somera ranura longitudinal en la suela con las siguientes misiones: dar más agarre en el derrape sin necesidad de acentuar el canteo, romper la película de agua que se forma entre la suela y la superficie de la nieve y proporcionar una mayor estabilidad en el deslizamiento en línea recta. A fin de no reducir demasiado la facilidad de giro, esa ranura no alcanza los extremos de la tabla. En los esquís de travesía no se suele incluir la ranura porque reduciría el buen asentamiento de la piel y además la somete a un esfuerzo cortante. En cualquier caso, estos efectos son cuantitativamente poco significativos, como lo demuestra el hecho de que muchas tablas de pista carezcan de la mencionada ranura, habiéndola sustituido por un grabado de microsurcos longitudinales que producen el mismo efecto deslizante.

Es frecuente que los esquís de montaña tengan suelas fosforescentes que faciliten su localización visual.

Las suelas sinterizadas se fabrican mediante la unión de gránulos sometidos a una alta presión y con una temperatura suficiente, pero que no alcance la fusión total. Así se conserva la estructura granulosa, en cuyos poros se puede almacenar más cantidad de cera que luego va saliendo por capilaridad, prolongándose así el efecto deslizante.

Una ligera convexidad (1°) facilita el giro y la estabilidad, aunque reduce ligeramente la efectividad del canteo.

Como lo normal es apurar el descenso hasta el límite de la nieve, frecuentemente pisaremos piedras por mucho que nos empeñemos en evitarlo. Por tanto, escojamos un tipo de suela que podamos reparar fácilmente con barras de polietileno, pues no vamos a estar llevando los esquís al taller después de cada salida.

❏ *4.1.3.2 Cantos*

Aunque es frecuente que la tabla de esquí de montaña lleve cubiertas sus cuatro aristas con cantos metálicos para proteger también la parte superior; el canto por antonomasia, aquel de cuyo estado va a depender en gran parte el comportamiento del esquí, es el que ocupa las aristas inferiores. Aunque la parte visible es solamente un listón de acero más o menos afilado (en los superiores está redondeado), lo cierto es que el canto se introduce varios milímetros en la estructura de la tabla, a fin de garantizar su sujeción incluso cuando se le somete a esfuerzos importantes, como los que tienen lugar al esquiar sobre nieve dura. Es posible que en los extremos de la tabla, el canto presente un filo más romo para facilitar el giro.

Algunos modelos tienen cantos con una serie de minúsculas muescas que les dan un aspecto aserrado y que resultan más efectivos en hielo, al horadar una huella mayor durante las diagonales. También tienen un efecto estabilizador y de mayor agarre, porque las hendiduras del canto interrumpen la transmisión de vibraciones precisamente a través del que es el elemento más rígido de toda la tabla.

❑ *4.1.3.3 Estructura interna: Capas flexibles y amortiguadoras*

Aunque prácticamente ningún material es totalmente elástico, ni totalmente amortiguador, en este apartado consideraremos las otras capas que verdaderamente constituyen la estructura interna y que como ya habíamos anticipado, pueden variar enormemente de un fabricante a otro. Podemos mencionar la lámina interna metálica que poseen ciertas tablas, para dotarlas de mayor dureza, cualidad que va a permitir, entre otras cosas, que los tornillos se afiancen con gran fuerza, extremo éste de gran interés pues, en la posición de ascensión, con la talonera suelta, todos los esfuerzos recaen exclusivamente en los tornillos de la puntera. Si la lámina metálica es de titanio, con la mitad de peso se logra una dureza comparable a la del acero. También la lámina superior, de un plástico duro (acrilobutil-estireno, llamado abreviadamente ABS), presenta y aporta su flexibilidad, aunque su efecto es menos patente en las zonas de mayor espesor (patín).

No todo el interior de la tabla es siempre macizo.

Sigue siendo muy habitual la presencia de un núcleo de madera, con una aportación importante de amortiguación. Tengamos en cuenta que en las antiguas tablas de madera, este material daba las características de resistencia elástica y amortiguación.

4.1.3.3.1 Tipos de estructura interna
Según la presencia y distribución de los distintos materiales que componen la tabla, podremos hacer una clasificación de los tipos básicos de estructura interna, si bien cabe reseñar que también se dan modelos mixtos que combinan características de varios tipos.
De un solo componente fundamental
Distinguiremos dos: las antiguas tablas de madera, en las que incluso la suela era de este material, y las, más modernas, de inyección de espuma de poliuretano. Estas últimas se obtienen introduciendo espuma líquida en un molde compuesto por las superficies exteriores de la futura tabla, solidificándose después; su sencillez constructiva implica un bajo precio y las prestaciones, que dependen en exclusividad de las características de la espuma, no pueden alcanzar un gran nivel. Ninguno de los dos tipos se suele emplear en esquí de montaña.
Más difícil de encuadrar, por su originalidad casi revolucionaria, es la monocasco, que muestra una sección trapezoidal muy marcada. Su elemento estructural fundamental es la pieza única constituida por la capa superior y las laterales, a través de las que transmite con gran efectividad el esfuerzo de canteo.
De varios componentes
El esquí llamado esquí metálico debe su nombre a la incorporación de una o varias láminas de metal, elemento que aporta una mayor rigidez y facilidad para vibrar.

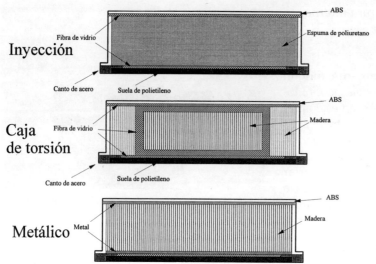

Algunas estructuras internas típicas.

Dentro de los metálicos, la estructura más simple es la de emparedado o *sandwich*, consistente en un núcleo (por ejemplo, de madera) amortiguador cubierto por dos capas metálicas (aleación de aluminio), con lo que se consigue la solución de compromiso entre agilidad y estabilidad (disipación aceptablemente rápida de las vibraciones).

La incorporación de la fibra de vidrio, material muy flexible, puede sustituir en parte alguna de las características aportadas por el metal. Si las capas superior e inferior de la estructura anterior se encuentran unidas por los laterales, tendremos la denominada estructura de caja de torsión, formada precisamente con fibra de vidrio, presentando una sección aproximadamente rectangular. Su resistencia a la torsión y a la flexión es alta, y se puede incrementar, mediante unos refuerzos más o menos diagonales, dentro de la caja. Hay modelos con una doble caja.

En algunos casos, la forma de la sección interna no es rectangular sino elíptica.

Otra estructura más original, con la que se obtienen tablas muy ligeras, es la de nido de abeja, constituida por un entramado de prismas hexagonales adosados lateralmente, y con las aristas en posición vertical.

■ 4.1.4 Consejos de uso

Aparte de las cuestiones técnicas y de las de mantenimiento, que se desarrollan luego, damos aquí unas normas útiles:

- Guardar las tablas en un lugar seco, pero alejado de fuentes de calor.
- No forzar durante mucho tiempo la forma natural de la tabla.
- Evitar golpes; por pequeños que sean, provocan un envejecimiento a largo plazo del material.
- Cuidado con los cantos afilados, son origen de frecuentes cortes.

- El calzado y descalzado de los esquís debe hacerse en un lugar seguro, siendo el esquí del valle el primero en ponerse y el último en quitarse.

- Hay que evitar que el canto pase por las piedras; a veces se puede intuir donde hay una próxima a la superficie de la nieve. No obstante, siempre es mejor rozar la piedra que forzar una postura para esquivar que pueda dar con nuestros huesos en el suelo. Una piedra mella el canto creando una pequeña muesca cuyo tamaño es despreciable frente a la longitud total del canto; al afilarlo, si la muesca es profunda, será imposible recuperar el filo en ese tramo sin reducir excesivamente el tamaño del canto al limar; es mejor ignorar la mella y afilar normalmente.

- Un método para conservar al menos un par de cantos bien afilados, consiste en marcar los esquís (izquierdo y derecho) para que cada uno, se calce habitualmente en el mismo pie. Como los cantos que más sufren son los interiores, tendremos una pareja gastada y otra intacta, presta a darnos un buen agarre en hielo sin requerir más maniobra previa, que la de invertir la posición de ambos esquís.

- La desarrollada infraestructura de los grupos de rescate, en muchas montañas europeas, ha reducido considerablemente la necesidad de acometer penosos traslados de heridos sobre una camilla construida con los esquís, pero no ha anulado el riesgo, por lo que conviene contar con un orificio en la espátula y otro en la cola. Muchos fabricantes solo ofrecen el de la espátula, en una aptitud más bien de identificación del tipo de esquí que con un objetivo funcional. No cuesta nada practicar aquellos agujeros de falten, bien porque carezcamos del de cola, bien porque usemos una tabla de pista. Si lo hacemos nosotros mismos, una buena medida para el diámetro será 1,5 cm y, para evitar roturas, lo situaremos de modo que esté separado al menos 2 ó 3 cm (según el espesor) del borde de la tabla.

- La muesca para el enganche trasero de la piel de foca dejó de ser importante con la aparición de las pieles de foca adhesivas, pero posteriormente, se han ido imponiendo las pieles que tienen este accesorio para ayudar al pegamento. Si la tabla no la trae de fábrica, siempre podremos practicarla con una lima.

■ 4.1.5 Afilado de cantos

Antes de explicar el procedimiento, advertir que es aconsejable por seguridad utilizar guantes.

- Sujetar firmemente el esquí a un soporte adecuado.

- Desplazar la lima a lo largo de una de las dos caras del canto, manteniendo el ángulo deseado y presionando ligera pero regularmente. Las ranuras de la lima apuntarán en el sentido de avance, siendo indiferente hacia la cola o hacia la espátula.

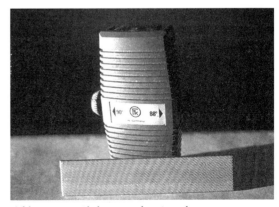

Afilacantos válido para dos ángulos.

1 Nagel, Huf, Klaue 1 2 Wachsen 1 encerar: bohnern, wachsen

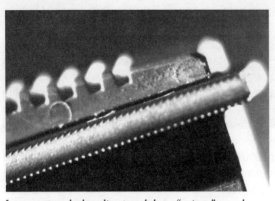

Las puntas de los dientes deben "mirar" en el sentido de avance para un afilado eficaz.

- Repetir la operación para la otra cara del canto.

- Las inmediaciones de los extremos no se suelen afilar; de hacerlo, los virajes requieren algo más de esfuerzo aunque se pueda ganar un poco de agarre.

1 El filo es correcto si la uña deja virutas en él incluso sin presionar. Si hubiera rebabas, pueden eliminarse con lija fina. Salvo para aplicaciones muy específicas (e irreversibles), el ángulo correcto de canto es de 90°.

■ 4.1.6 Reparación de la suela

Si está muy deteriorada, lo mejor es llevar el esquí a un taller especializado. Si solo tiene desperfectos puntuales podemos actuar nosotros mismos de la siguiente manera:

- Eliminar con una cuchilla toda protuberancia.
- Limpiar y desencerar mediante un disolvente, por ejemplo, acetona.
- Prender la barrita de polietileno.
- Dejar caer las gotas sobre el desperfecto hasta que lo rellenen.
- Esperar a que se enfríe bien antes de alisar, lo que puede hacerse con una cuchilla o incluso con lija.

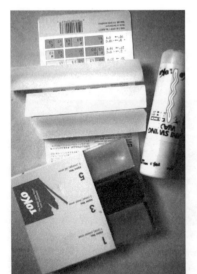

Distintos tipos de ceras: de fusión, de fricción y líquida.

Cuando la barra de polietileno se ha acortado tanto que ya no se puede agarrar sin quemarse, se puede empalmar, mientras esté caliente, con otros trozos para aprovecharlos.

■ 4.1.7 Encerado

2 El encerado mejora el deslizamiento y, por tanto, la facilidad de giro. Existen ceras válidas para cualquier tipo de nieve, aunque para un rendimiento óptimo resulten más apropiadas las ceras específicas. Para evaluar la idoneidad de una cera o determinar qué mezcla utilizar, se considera si la nieve es polvo, vieja (transformada) o húmeda; a esta clasificación, se superpone el rango de temperatura (por ejemplo -18°, -9°, -3° y 0°C pero puede variar según marcas). No obstante, dada la variedad de nie-

ves y temperaturas que se pueden encontrar en una sola jornada de esquí de montaña, son más útiles las ceras polivalentes.

❏ 4.1.7.1 En caliente

Incluso sin acertar con el mejor tipo de cera, es más eficaz y duradero que los encerados en frío. Veamos como se procede mediante una plancha y barras:
- Secar y limpiar bien la suela del esquí.
- Poner el selector de temperatura de la plancha en la posición de "lana".
- Presionar la barra (o barras, si se mezcla) contra la plancha inclinada de modo que al fundirse la cera fluya y caiga a la suela.
- Desplazar la plancha de modo que el goteo de cera se reparta por toda la longitud de la suela.
- Retirar las barras de la plancha un poco antes de finalizar el recorrido por el esquí.
- Planchar la suela con una velocidad moderada, pues si es muy alta, no se extenderá bien la cera, y si es muy lenta, puede recalentarse la suela y quemarse o desprenderse.
- Dejar enfriar un tiempo prudencial para que la cera pueda penetrar bien y asentarse en los poros.
- Pasar una rasqueta de plástico. Para no perjudicar al pegamento de la piel de foca, el rascado será más minucioso y exhaustivo que con esquís de pista.
- Pulir con un corcho, o mejor aún con un cepillo de calzado longitudinalmente; se practican así unos microsurcos que rompen la película de agua y eliminan la "succión".

Si la cera viene presentada en virutas en vez de en barras, se esparcirán directamente por la suela, en la proporción adecuada al tipo de nieve si se quiere afinar mucho. A continuación se plancha como ya se ha descrito.

Es interesante encerar la parte superior porque así se acumula menos nieve cuando se foquea.

Ejemplo de encerado en caliente; sobre la misma plancha puede realizarse la mezcla.

❏ 4.1.7.2 En frío

Se usa justo antes de iniciar el descenso. Si se utiliza un tubo aplicador, proceder así:
- Secar lo mejor posible la suela del esquí.
- Agitar el tubo.
- Aplicar con la esponjilla hacia abajo, presionando y extendiendo completamente, formando una capa delgada.

- Dejar secar –tarda muy poco– y ya puede utilizarse.

Si se emplean pastillas de fricción, procurar extender bien la cera. Es el procedimiento menos efectivo. El rociador no se recomienda: pesa más, dura menos y no se aplica bien con viento.

4.2 LAS FIJACIONES O ATADURAS

Reciben ese nombre los sistemas de enganche de la bota a la tabla. Se trata sin duda del mecanismo más complejo del esquí, ya que tiene que realizar tanto las funciones propias de un esquí normal de pista, como las inherentes a la práctica del esquí de montaña. Combinar esta polivalencia con otras virtudes tales como la sencillez de manejo, ligereza, resistencia o fiabilidad es un objetivo tecnológicamente muy difícil. De hecho, aunque existen diversos modelos de aceptables prestaciones desde hace varios años, la fijación perfecta aún no se ha conseguido.

■ 4.2.1 Funciones de la fijación

Funciones comunes con el esquí de pista:
- Sujetar la bota a la tabla.
- Saltar ante esfuerzos de torsión.
- Liberar la talonera ante caídas hacia delante.
- Impedir la pérdida del esquí.
- Absorber golpes de pequeña magnitud.
- Independizar sus prestaciones del estado de flexión de la tabla.

Función específica para esquí de montaña:
- Permitir dar pasos amplios.

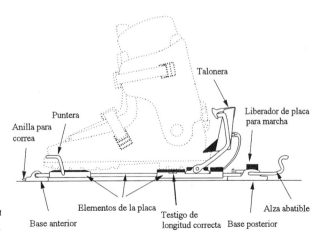

Fijación manual típica de esquí de montaña.

■ 4.2.2 Elementos de la fijación

Aunque no todos los tipos de fijación tienen los mismos elementos, vamos a hacer un esfuerzo de abstracción para describir los que se pueden encontrar en un modelo típico.

❏ *4.2.2.1 Puntera*

Es la pieza donde se engancha el labio anterior de la bota, que también se llama puntera, y puede ser de varios tipos. El de estribo es el más simple y consta de un varilla metálica doblada con la forma de la punta de la bota, siendo abatible para mejor adaptación a las diferentes alturas de las botas; no permite la regulación de torsión, que ha de obtenerse en otro punto; sus pequeñas dimensiones dejan un buen margen de maniobra para dar pasos sin incurrir en complicaciones constructivas. Otro tipo es como el que aparece en las fijaciones de pista, siendo una puntera que puede girar respecto de un eje vertical para saltar por torsión; ésta sí contiene esa regulación y la de altura. Alguna fijación dispone de dos punteras, una de estribo para subir y otra convencional para bajar, lo que obliga a una maniobra adicional.

Las punteras de las modernas fijaciones sin placa presentan diseños originales, a base de unos machos que, al insertarse en la bota, impiden que se salga hacia atrás cuando se suelta la talonera para foquear.

Al liberar la talonera se aumenta la amplitud de paso.

❏ *4.2.2.2 Talonera*

Constituida por una horquilla accionable automática o manualmente, se erige en uno de los elementos más característicos de la fijación de esquí de montaña. Responsable siempre de la liberación por basculamiento y, a veces, también de la de torsión, puede tener en algún modelo el mecanismo que permite separarla de la tabla para poder caminar (aunque estrictamente, lo que se libera es la placa y no la talonera). Las automáticas son más cómodas, porque se accionan al pisarlas sin necesidad de agacharse, pero más complejas; el esfuerzo necesario para descalzar la bota suele ser mayor que en las manuales, hasta el punto que algún modelo disponía de una especie de desembrague que permitía soltarla fácilmente, incluso desde una postura incómoda. Aunque no muy frecuentes, las hay giratorias, para facilitar el salto por torsión, tratando de hacer coincidir su eje de giro con la tibia; por supuesto, en ese tipo el salto por torsión tiene lugar en la puntera.

❏ *4.2.2.3 Placa*

Es una base que une las dos piezas anteriores, dando cuerpo a la fijación para que al caminar, la talonera permanezca unida a la bota. Como esta situación no se da en los esquís de pista, no ha de extrañar que sus fijaciones se compongan de dos piezas independientes e instaladas directamente a la tabla. Puede estar constituida por dos barras laterales, que contengan una pieza de sección en cuña trapezoidal para expulsar la nieve que se deposita entre la bota y la tabla. Otras están realmente formadas por una placa metálica, aunque suelen dar peor resultado. El extremo anterior de la placa contiene un eje horizontal de giro o de basculamiento, lo que combinado con el mecanismo de liberación que existe en el extremo posterior, junto a la talonera y a veces accionado desde ésta, permite dar pasos amplios.

La existencia de la placa ha sido una servidumbre casi inevitable, incrementando el peso y la holgura totales; tan solo un par de fabricantes han sabido eliminarla, pero a costa de exigir una adaptación especial en la bota. La placa suele tener el ajuste de longitud que permite desplazar la talonera. Hay placas móviles, que saltan unidas a la bota y otras fijas, respecto de las cuales se desplaza la bota en caso de caída; las primeras suelen ser más engorrosas de recolocar, pero tienen resuelto directamente el problema de la adherencia de la suela de goma, que incrementaría el esfuerzo de torsión. En algunas de las fijas ha sido necesario añadir un elemento deslizante por esa razón.

❏ *4.2.2.4 Mecanismo liberador de talonera*

Ya se ha comentado que estrictamente, lo que se libera para poder ampliar la zancada es el extremo posterior de la placa, aunque por proximidad, frecuentemente se habla de liberación de talonera, lo que no debe confundirse con la que tiene lugar al saltar la bota durante una caída. En la mayoría de los casos, se trata de un mecanismo que forma parte de la base trasera de instalación, siendo accionado manualmente o con el bastón. Como tiene que ajustar muy bien para no añadir holguras al sistema, no son raros los casos en los que la más mínima cantidad de nieve o hielo dificulta su funcionamiento.

Una talonera fija obligaría a forzar las articulaciones al foquear.

❏ *4.2.2.5 Mecanismo de basculamiento*

Suele ser un eje o pasador que une la placa y la base delantera de instalación, pudiendo estar asociado a un muelle de tensión regulable que facilita ciertas maniobras durante la ascensión.

❏ *4.2.2.6 Bases de instalación*

Estas dos plataformas, delantera y trasera, son las únicas piezas que verdaderamente se atornillan a la tabla. Por tanto, soportan todos los esfuerzos y sobre ellas se encuentran fundamentalmente la puntera y la talonera, aunque frecuentemente también estén unidas a los mecanismos de basculamiento y liberación, al enganche de las correas o incluso a las alzas, existiendo mucha variación entre los distintos modelos de fijación. Entre la tabla y las bases, suele haber una junta para mejor ajuste.

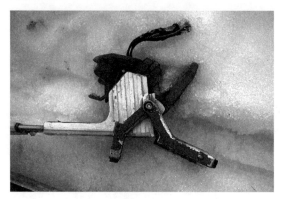

Talonera con dos alzas de diferentes alturas.

❏ *4.2.2.7 Alzas*

Insertables entre la placa y la tabla, son un elemento de comodidad en la marcha ascendente. Pueden ser accesorios opcionales, aunque lo más frecuente es sean partes abatibles de la fijación; bien unidas a la placa, bien a la base posterior.

❏ *4.2.2.8 Frenos*

Omnipresentes en las fijaciones de pista, son raros en las de montaña, y en las pocas que los tienen, suelen ser accesorios que se ponen y se quitan frecuentemente, pudiendo significar un estorbo durante la subida. Sirven para evitar que se pierda la tabla cuesta abajo, y para calzársela más fácilmente.

❏ *4.2.2.9 Correas*

Con los mismos objetivos que los frenos, es el sistema más empleado. Todas tienen un broche para cerrar el bucle alrededor de la bota, pero las mejores también tienen otro que une el bucle a la fijación, siendo de fácil manejo y muy útil en ciertas circunstancias, como en zonas expuestas a las avalanchas.

❏ *4.2.2.10 Cuchillas*

Las cuchillas son unas grapas dentadas cuya finalidad es reforzar la sujeción que aporta la piel de foca, y están especialmente indicadas sobre nieve dura. Son accesorios específicos de cada modelo de atadura, por lo que no suelen ser intercambiables. Se caracterizan por su ligereza y poca consistencia, pues su finalidad, como acabamos de indicar, es más bien complementaria, y no debemos pretender ascender con ellas fuertes pendientes heladas; para eso están los crampones.

Debido a su geometría, tienen un importante poder antiderrapante, pero su capacidad para impedir el deslizamiento hacia atrás no es tan efectiva. En cualquier caso, su rendimiento disminuye mucho si se emplea el alza, ya que se reduce la profundidad a la que se introducen los dientes en la nieve.

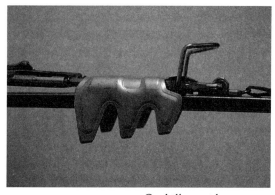

Cuchilla antiderrapante.

Se han empleado múltiples modelos, incluso antiguamente se atornillaban al lateral de la tabla, lo que ocasionaba molestias y un riesgo mayor de averías. En la actualidad se han impuesto aquellos que se instalan entre la placa de la atadura y la suela de la bota, en una situación que varía de unos modelos a otros. Si la posición es próxima a la puntera, el tiempo durante el que permanecen los dientes en la nieve es mayor y se aminora la repercusión negativa que implicaría usar simultáneamente el alza. La maniobra de colocación tiene algo de delicada, pues hay que situar la cuchilla sobre la placa y a continuación meter la bota en la atadura por el procedimiento normal; como los dientes, al apoyarse en la nieve, provocan que la cuchilla no asiente bien sobre la placa, es fácil que al acercar la bota se descoloque. Hay modelos en los que la cuchilla tiene unas pestañas que se insertan a presión en unas ranuras de la placa, facilitando la maniobra y reduciendo el riesgo de perder la cuchilla, nada desdeñable en pendiente, por cierto.

Algunos de los inconvenientes recientemente mencionados se han resuelto en ciertas fijaciones, que mantienen siempre instaladas las cuchillas, pero con la posibilidad de ser abatidas sobre la tabla mediante unas varillas, de modo que cuando no se utilizan permanecen sobre ella, pero con los dientes hacia arriba. Por esa razón comprometen la seguridad en caso de caída hacia atrás y tienen que ser romos, con lo que las prestaciones disminuyen aunque la comodidad de uso sea mayor: bastan unos segundos para ponerlas a trabajar y no se pueden perder.

■ 4.2.3 Tipos de fijación

Según el procedimiento de enganche en la talonera, pueden ser manuales o automáticas. Análogamente, y atendiendo a cómo se puedan aplicar ciertos accesorios y funciones, las hay accionables con la mano o con el bastón.

Con arreglo a dónde se produce la liberación por torsión en caso de caída, se pueden clasificar en las que lo hacen en la puntera, en la talonera o que se salga toda la placa con la bota. Hay combinaciones para todos los gustos: manuales con salto lateral en puntera, automáticas que lo tienen en la talonera, con y sin placa...; incluso las que

por razones de ligereza, carecen de mecanismos de seguridad, pero solo podrían usarse con esquís muy cortos.

Existe una placa adaptadora que permite usar una fijación de pista para foquear. Las funciones de apertura son aportadas por la propia fijación de pista, mientras que la placa adaptadora se encarga de proporcionar la suelta del talón para foquear.

Fijación manual, de salto por torsión en puntera, ligera y con placa. Se adapta a cualquier bota.

■ **4.2.4 Influencia en la seguridad: Regulación**

La tabla tiene una longitud nada desdeñable que puede provocar fuertes tensiones en las piernas, debido al efecto multiplicador de palanca. Esto es más patente en el caso de la torsión, esfuerzo que puede producirse, por ejemplo, si durante un giro con poco canteo la punta del esquí se traba en algún obstáculo. Supongamos que la distancia de la espátula a la posición de la pierna sea de un metro y que el diámetro de la rodilla mida 10 cm (por lo tanto, el radio de ésta será de solo 5 cm), en estas condiciones la rodilla soportaría un esfuerzo de torsión del orden de veinte veces superior a la fuerza que se esté produciendo en la espátula. Resulta evidente que si la fijación no libera el pie inmediatamente la lesión será inevitable.

A fin de que un determinado modelo pueda ser utilizado por personas de diferentes características de resistencia y técnica, y de que un esquiador determinado pueda cambiar de fijación sin perder la posibilidad de adaptación, existen tres ajustes fundamentales: dos de tensión mecánica y uno más de longitud. Los dos de tensión mecánica son el de basculamiento hacia delante y el de torsión; el de longitud tiene una importancia mayor de la que se le presta habitualmente, pues los otros dos ajustes tienen los valores reales diferentes de los marcados en la escala si la longitud no es la correcta. Así, una bota que entre muy forzada en la fijación porque ésta tenga seleccionada una longitud muy corta, tendrá mayores dificultades para saltar tanto hacia delante como en torsión. Toda fijación que se precie, dispondrá de un testigo que indique si la bota, una vez colocada, tiene una

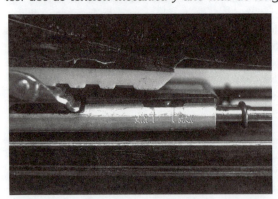

Testigo de longitud correcta. En la foto aparece más cerca del máximo, pero dentro del margen admisible.

longitud acorde con la seleccionada. En caso contrario, en su manual de instrucciones deberá aparecer cómo se logra el ajuste, que suele ser de dos tipos: mediante muescas o mediante rosca, siendo éste más fino pero en algunos casos menos estable.

Cuando se calza la bota, es posible y frecuente que se fuerce la talonera hacia atrás contra un muelle; se trata, pues, de un proceso normal y previsto con la finalidad de mantener la validez de las tensiones dentro de un margen más amplio, tanto ante cambios de bota como al flexionarse la tabla (bañeras, giros fuertes...); y también la de establecer una tensión compresora permanente que mejore la sujeción de la bota. Cuando la tensión de ese muelle es tan alta o tan baja que los valores reales de tensión de salto se apartan demasiado de lo indicado en las escalas, queda reflejado en el testigo, que suele mostrar una ventana en cuyo interior se desplaza una línea o pestaña; su posición no solo informa de la validez de las tensiones, sino también de lo cerca que se está de los límites de tolerancia.

Merced a los esfuerzos de normalización, se ha conseguido una uniformidad en las escalas de las distintas fijaciones comercializadas, con lo que una persona determinada, conociendo los valores que le corresponden, puede seleccionarlos en cualquier otra fijación sabiendo que no corre peligro.

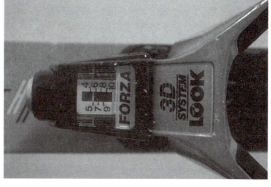

Escala indicadora de la tensión de salto por torsión.

Una correspondencia aproximada entre la indicación obtenida en la escala y el par real es la siguiente:

Torsión: indicado x 10 (Nm).

Basculamiento: indicado x 40 (Nm).

Sin embargo, se han de ajustar para que las dos escalas indiquen lo mismo.

Para saber qué valores de torsión y basculamiento corresponden a un esquiador determinado, existen unas tablas basadas en parámetros como la talla, el diámetro de la cabeza de la tibia, el peso o la edad, con unas variaciones positivas o negativas según el nivel. Así, un esquiador principiante, deberá seleccionar un valor algo inferior al normal, pues precisamente sus caídas se producirán a baja velocidad y en posturas peligrosas, en las que la fijación salta peor; un esquiador experto o con estilo agresivo, puede seleccionar un valor por encima del normal. En nieves pesadas se puede aumentar un poco la tensión, pero no sin empezar a correr riesgos. En pendientes de mucha inclinación, el peligro de pérdida del esquí es ya suficientemente alto para preferir tensar más la fijación, ya que que con los esquís puestos se tienen más posibilidades de frenarse. Al fin y al cabo, se está escogiendo entre el riesgo de lesión, por dureza en la fijación, o el de accidente por caída, que puede ser mucho mayor si existen piedras en las posibles trayectorias. Obviamente, si la fuerte pendiente termina suavemente en un llano y no hay obstáculos, las razones para tensar la fijación son menores. En fin, sobre los valores

REGULACIÓN DE LA TENSIÓN DE LA FIJACIÓN SEGÚN PESO Y ESTATURA								
Peso (kilos)	Estatura (cm)	Código	Longitud de suela en mm					
			<=250	251-270	271-290	291-310	311-330	>=331
10-13		A	0,75	0,75				
14,17		B	1	1	0,75			
18-21		C	1,25	1,25	1			
22-25		D	1,75	1,5	1,5			
26-30		E	2	2	1,75			
31-35		F	2,5	2,5	2,25	2	1,75	1,75
36-41		G		3	2,5	2,5	2,25	2
42-48	148	H		3,5	3	3	2,5	2,5
49-57	149-157	I		4,25	4	3,5	3,25	3,25
58-66	158-166	J		5	4,75	4,5	4	4
67-78	167-178	K		6	5,5	5,25	5	4,75
79-94	179-194	L		7	6,75	6.25	6	5,75
<95	<195	M		8,5	8	7,5	7	6,75
		N		10	9,5	9	8,5	8,25
		O		12	11,25	10,75	10,25	10

Procedimiento

1º Encontrar el código según el peso y la talla; se escoge el situado más arriba en la tabla.
2º Hacer una 1ª corrección en función del tipo de esquiador:
 grupo I: sin corrección.
 grupo II: bajar una posición en la columna del código.
 grupo III: bajar dos posiciones en la columna del código.
3º En el caso de más de 50 años, se realiza una 2ª corrección consistente en subir una posición en la columna de código.
4º Buscar en la columna con la longitud de la suela el valor correspondiente al código escogido y corregido en los pasos anteriores.

Ejemplo:

Hombre de 55 años, 65 kg de peso y 175 cm de estatura. Estilo de esquí agresivo (grupo III); calza una bota cuya suela mide 285 mm.
Por el peso, le corresponde el código J, pero por estatura el K; se escoge el J.
Por pertenecer al grupo III, se baja dos posiciones, al código L.
Al ser mayor de 50 años, se sube una posición, siendo el definitivo el K.
La longitud dada se encuentra entre 271 y 290, por lo que se buscará el valor en la 3ª columna, obteniendo: 5,5.

REGULACIÓN DE TENSIÓN DE LA FIJACIÓN:
MÉTODO DEL DIÁMETRO DE LA CABEZA DE LA TIBIA. NORMA DIN 7881

Diámetro de la cabeza de la tibia en mm.			Valor de regulación Z	1ª corrección				Solo si se usan aparatos de reglaje. 2ª corrección	
Hasta 16 años de edad	Mujeres	Hombres						Valor de regulación ya corregido Z	Longitud de la suela en mm Más corta: Z+0,5 Más larga: Z-0,5
<52			0,5	Edad	Comportamiento Norma DIN 7890			0,5	200-280
53-61			1		I	II	III	1	200-300
62-68			1,5	<16	-0,5	0	+0,5	1,5	220-260
69-73			2	16-17	-1,5	-0,5	+0,5	2	240-280
74-77			2,5	18-50	-1	0	+1	2,5	250-290
78-81	<73		3	51-61	-1,5	-0,5	+0,5	3	260-300
82-85	74-78		3,5	>61	-2	-1	0	3,5	270-310
86-88	79-83	<76	4					4	280-320
89-91	84-87	77-79	4,5					4,5	290-330
92	88-90	80-82	5					5	290-330
	91-94	83-85	5,5	I Esquiador prudente, velocidad reducida, pendientes suaves				5,5	300-340
	95	86-88	6					6	310-350
		89-91	6,5	II Esquiador medio, velocidad moderada, pendientes medias				6,5	310-350
		92-94	7					7	320-360
		95-96	7,5					7,5	320-360
		97-99	8	III Esquiador agresivo, alta velocidad, pendientes difíciles				8	330-370
		100-101	8,5					8,5	330-370
		102	9					9	340-380
			9,5					9,5	340-380
			10					10	350-390

Procedimiento

1º Medir el diámetro de la cabeza de la tibia.
2º Buscar el valor de **Z** correspondiente.
3º Buscar la 1ª corrección según la edad y el compotamiento.
4º Regular las dos escalas de la fijación (torsión y basculamiento) hasta que indiquen el valor obtenido.
Si los pares se miden con un aparato de reglaje hay que considerar la longitud de suela y por tanto el brazo de palanca efectivo. Si esa longitud cae fuera de los intervalos indicados, se introduce una 2ª corrección.

Ejemplo:

Hombre de 55 años, estilo de esquí agresivo, con un diámetro de cabeza de tibia de 78 mm y una longitud de suela de bota de 285 mm.
Z = 4,5.
Z corregido = 4,5 + 0,5 = 5 (el que deben indicar las escalas de la fijación).
Si se usa un aparato de reglaje, la suela (285 mm) está por debajo del intervalo indicado (290-330), con lo que el brazo de palanca es menor y se compensa incrementando medio punto: **Z** definitivo = 5 + 0,5 = 5,5.

orientativos, ha de ser el propio esquiador quien con su autoconocimiento decida hasta dónde puede llegar, pero permítasenos una observación: una buena técnica posibilita esquiar agresivamente en nieves pesadas, con las fijaciones flojas y sin que salten.

Una vez seleccionados los valores de tensión elástica, es aconsejable comprobar que realmente salta la fijación tanto en torsión como en basculamiento, para lo que puede seguirse el procedimiento explicado al comienzo de los capítulos de técnicas de descenso. Es conveniente también reiterar la comprobación varias veces a lo largo de la temporada, especialmente si se ha podido introducir suciedad entre las piezas móviles. Al guardar las tablas durante el verano, no solo hay que hacer saltar la talonera de las fijaciones automáticas, sino que hay que aflojar la tensión de los muelles poniendo el valor mínimo en la escala; así se conservan bien sus propiedades elásticas y podremos estar seguros de que existirá siempre la misma correspondencia entre el valor marcado y el real.

Puede haber otro ajuste en determinadas fijaciones, consistente en la variación de la altura de la puntera. Si bien en el equipo de esquí alpino se está logrando una normalización en el sentido de que todas las punteras de las botas y fijaciones de fabricación moderna tengan la misma altura, en las de esquí de montaña existe una variación entre modelos, debida a la distinta curvatura de la suela. La posibilidad de usar botas de pista con fijaciones de travesía, o el hecho de que la suela de goma va menguando por desgaste, imponen la necesidad de contar con una posibilidad de ajuste o adaptación. Cuando la bota es colocada en la fijación, la superficie superior de su puntera no debe presionar, pero ha de quedar prácticamente en contacto para evitar holguras; en las fijaciones de estribo abatible no se da este problema.

❑ *4.2.4.1 Absorción de golpes*

Tan peligroso es que la fijación no salte como que lo haga con demasiada facilidad. Al esquiar se reciben muchas vibraciones y pequeños golpes que producen altas tensiones instantáneas, cuya brevedad no implica peligro alguno. Si cada vez que se produjeran provocaran la apertura, sería un desastre. La fijación debe absorber esas cortas sobretensiones y luego recuperar la posición sin que se salga la bota. Ello es posible gracias al recorrido que se tiene antes de alcanzar la tensión de salto, durante el que se puede absorber toda la energía de la perturbación por muy rápidamente que se reciba.

❑ *4.2.4.2 Factores que alteran la tensión de salto*

Los valores indicados en la escalas graduadas de la fijación se corresponden con unos determinados esfuerzos aplicados a través de la bota y hemos visto que según las normas, deben equivaler aunque se utilicen modelos distintos. Existen factores que rompen esa correspondencia; uno de ellos, la incorrecta selección del ajuste de longitud, ya vimos que puede ser detectado gracias a un testigo que suelen llevar las fijaciones o mediante aparatos especiales de reglaje.

Si la puntera presionara, debido a un incorrecto ajuste de altura, estaría aumentando considerablemente la tensión de salto por torsión en las fijaciones en las que dicho salto se produce en la puntera, pero apenas afectaría en las otras; en ambos casos, no repercutiría en la tensión de salto por basculamiento o lo haría disminuyéndola gracias a la geometría curva y a la elasticidad de la goma de la suela.

La suciedad acumulada en las superficies móviles también incrementa la tensión real de salto y puede disminuir la capacidad de absorción de golpes de menor magnitud.

El envejecimiento o deterioro de los muelles puede disminuir el valor real, pero en pequeña medida.

Más importancia tienen los esfuerzos combinados, pues puede que ni el torsor ni el basculante sean capaces de provocar el salto por sí solos, pero en la rodilla coinciden los efectos de ambos. Todo dependerá de la trayectoria y circunstancia concreta de la caída; por ejemplo, si se cruzan las tablas y justo en ese momento chocan contra una protuberancia de la nieve, se producirán simultáneamente torsión y basculamiento.

El paso por una concavidad tiende a comprimir la bota entre la puntera y la talonera, incrementando los dos valores de salto, pero en un montículo, suele haber una pequeña disminución.

También se producen incrementos cuando el esquiador carga mucho en colas o en espátulas, pero no nos hemos de preocupar demasiado: aunque no existe la garantía absoluta, si las tensiones están bien graduadas, es muy difícil que se produzca la lesión, incluso ante esfuerzos combinados.

Más gravedad tiene el asunto cuanto las caídas se producen a poca velocidad; la experiencia demuestra que las lesiones más peligrosas se producen en esas circunstancias. No es fácil dar una explicación perfecta porque cada caída tiene su historia, pero clarificar algún concepto puede ayudar a comprender el fenómeno.

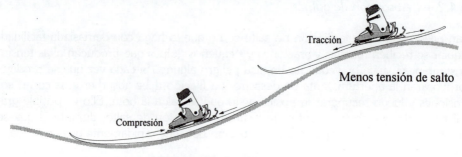

Más tensión de salto

En las concavidades la fijación tiende a comprimir la bota, dificultando su liberación. Lo contrario ocurre en las convexidades. La elasticidad longitudinal de la fijación aminora ambos efectos manteniendo la tensión de salto próxima al valor regulado.

Cuando el esfuerzo de apertura de la fijación se aplica a gran velocidad, la inercia de la bota y la pierna no permite seguir el cambio dinámico de la tabla y se alcanza rápidamente la tensión de salto. Acabamos de tocar el punto clave: la fuerza existente entre la fijación y la bota tiene dos orígenes que son; por un lado, la recibida desde el cuerpo del esquiador a través de sus articulaciones, y por otro, la inercia de los elementos situados más cerca de la fijación (la bota, ocasionalmente la placa, el pie y parte de pierna hasta el punto más expuesto, que suele ser la rodilla y, a veces, la tibia en el punto donde termina la caña de la bota). El primer origen es el verdaderamente peligroso, pues es el único de los dos que se transmite por los ligamentos. La composición de ambos tiene un valor limitado por la tensión de salto, por lo que si el término procedente de la inercia es alto gracias a la velocidad, la máxima tensión que puede sufrir el esquiador es menor. Por ello, una caída mientras se esquía rápido podría soltar la fijación sin peligro incluso si está regulada a más tensión de la correcta.

Cuando se va muy despacio y sobre todo en nieves pesadas, además de no contar con el término de inercia, el esquiador no es limpiamente expulsado del esquí al caer, sino que puede adoptar geometrías extrañas en las que las articulaciones sufran esfuerzos altos mientras que en la fijación apenas existen, con lo que no saltan. Estas geometrías suelen producirse acompañadas de un esfuerzo muscular por mantenerse inútilmente en pie, lo que junto con lo anteriormente expuesto viene a justificar por qué son más frecuentes las lesiones en esas circunstancias de lentitud. No obstante, y a fin de tranquilizar, ha de decirse que la lesión se suele producir cuando coinciden lentitud, incorrecta regulación y mala suerte, por lo que llevando las fijaciones bien ajustadas es muy difícil sufrir daños.

Participación de la inercia y la tensión sufrida por el esquiador en el salto de la fijación		
Velocidad de caída	Tensión en articulación del esquiador (Ta)	Inercia (I)
Lenta	ALTA	BAJA
Rápida	BAJA	ALTA

Tensión de salto de la fijación = Ta + I
Cuanto mayor velocidad se lleve, menos tensión sufre el esquiador.

4.2.5 Especificaciones justificadas de la fijación ideal

La combinación de cierta complejidad técnica y de los grandes esfuerzos que debe soportar la fijación de esquí de montaña ha traído de cabeza a los fabricantes durante mucho tiempo. Hasta hace cosa de poco más de una década, los modelos existentes adolecían de unos buenos niveles de seguridad, comodidad y fiabilidad, siendo frecuentes las averías. De una manera casi simultánea, irrumpieron en el mercado cuatro o cinco modelos de buenas prestaciones, pero desde entonces, y pese a algunas notables mejoras de ciertos aspectos, en muchos de los casos en los que se ha resuelto un problema, ha sido en detrimento de otro.

Con el auge de las competiciones de esquí de montaña surgen algunos modelos en los que la anhelada ligereza se obtiene a base de reducir espesores, lo que aumenta la fragilidad y supone, en cierto modo, un paso atrás en el tiempo. Pero al aparecer la primera fijación sin placa se produce la revolución: la ligereza se logra mediante un nuevo diseño que rompe todos los esquemas; tan solo un problema serio, consistente en la falta de compatibilidad con muchas botas, que se tendrá que ir resolviendo, acuerdo tras acuerdo, entre los distintos fabricantes.

Y realmente es difícil obtener la fijación perfecta, pues muchas facetas están claramente en oposición. Así, la sencillez mecánica y la ligereza están reñidas con prestaciones como el automatismo o la solidez; igualmente, el incremento de funciones suele acarrear más actuadores para la activación de las mismas; la integración de los accesorios (cuchillas, frenos, alzas) favorece la comodidad de uso, pero incrementa el peso y la vulnerabilidad de la carga móvil. Vamos a estudiar los distintos aspectos por los que una fijación puede aventajar a otra; aunque ya puede advertirse que no existe ningún modelo al que no se le puedan sacar algunas mejoras.

Es útil que cuando no se use el alza (bajadas y llanos), el sistema de enganche permita el apoyo lateral de la talonera a fin de poder hacer giros sin forzar la puntera.

La presencia de placa, de longitud adaptable a cada talla de bota, puede dar problemas de desajuste debido a las flexiones que sufre el esquí. Recordemos que en este tipo de deformaciones, las fibras extremas (y la fijación está situada obviamente en el exterior) experimentan los esfuerzos máximos de compresión y tracción.

❑ *4.2.5.1 Puntera, talonera y placa: Geometría ideal de apertura*

De cara al salto por torsión, lo más conveniente es que el eje de giro de la bota cuando se produce la apertura de la fijación quede lo más cerca posible de la tibia, pues es precisamente ese hueso el que sufre y transmite a la rodilla los esfuerzos de ese tipo. Es prácticamente imposible lograr una coincidencia total, pues el eje de giro es perpendicular a la tabla mientras que la tibia suele formar un ángulo distinto por la inclinación de caña y la flexión; no obstante, se logra una buena aproximación si el salto se produce por apertura de puntera: el eje de giro se situaría justo tras el talón y no en la punta de la bota. Más coincidencia se logra si la talonera es giratoria, pues en ese caso la geometría del mecanismo adelanta el eje, situándolo en el tobillo. Estrictamente, aunque se

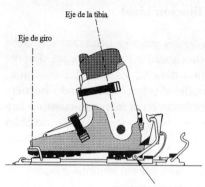

En muchas fijaciones de esquí de montaña no se logra la deseable proximidad entre el eje de giro en torsión y el eje de la tibia.

hable de que la fijación salta por torsión, lo que ocurre es que se abre cuando recibe un esfuerzo lateral entre tabla y bota, el cual va a crear un momento o par de giro respecto de un eje; recordando el concepto de par, sabemos que la magnitud del mismo depende de la fuerza y de la distancia desde la se aplique. Pues bien, solo aquellas fuerzas que provoquen un par suficiente respecto del eje de giro de la fijación lograrán abrirla; si ese eje no coincide con la tibia, podría abrirse ante esfuerzos que, referidos a este hueso, no tuvieran la misma magnitud. En el diseño de la fijación ya debe estar compensada la influencia debida a la separación entre eje de giro y posición de tibia, pero la correlación entre esfuerzo y repercusión es más directa y, por tanto, fiable, si existe coincidencia.

Pero hay un aspecto de importancia que ocurre cuando se transmiten esfuerzos laterales puros, sin torsión, desde la bota; por ejemplo, cuando se hacen saltos de colas en nieve pesada y con poco canteo. Cualquier esfuerzo lateral suficiente de ese tipo puede hacer saltar la fijación si no existe coincidencia eje-tibia y, sin embargo, sería un salto innecesario dado que no se está sufriendo torsión. Las fijaciones que saltan lateralmente en talonera están más sometidas a este problema, debido a que la tibia está más cerca del talón que de la punta, con lo que reciben el esfuerzo casi íntegramente; en las otras, por el efecto de la distancia, se nota mucho menos. Concluyendo, es preferible que la apertura por torsión se produzca en la puntera, y aún mejor, que también se tenga una talonera giratoria.

Cuando es la placa entera la que salta, hay que distinguir por cuál de los dos extremos lo hace y aplicar lo indicado en el párrafo anterior. Estos sistemas en los que salta la placa entera suelen ser más engorrosos, al requerir quitarse la bota para volver a colocar la placa. Aunque no son frecuentes, hay sistemas que saltan por esfuerzo lateral tanto en puntera como en talonera; si falla uno de los dos, el esfuerzo torsor podría abrir en el otro extremo, lo que siempre resultará más seguro, aunque se sigue teniendo el problema de la falta de coincidencia de ejes.

Respecto del basculamiento, la cosa está más clara, solo puede abrir en la talonera pues en caídas hacia atrás, las rodillas se doblan sin problema, siguiendo su movimiento natural y no hay tensiones que limitar con un hipotético salto hacia arriba en puntera.

Cada vez más punteras de fijaciones de pista ceden algo si la bota presiona hacia arriba, lo que ocurre en caídas hacia atrás. Como puede aparecer un esfuerzo de torsión que se vería incrementado, se agradece esa cesión para facilitar la liberación en un espectro de ángulos más amplio.

Independientemente de los objetivos de seguridad perseguidos con el sistema de apertura, lo ideal es que una vez liberada la bota, la fijación quede en disposición de ser nuevamente colocada sin necesidad de maniobras previas. En ese sentido, las mejores son las de talonera automática y puntera convencional.

❏ *4.2.5.2 ¿Correas o frenos?*

El mero planteamiento de esta pregunta puede hacer sospechar que ninguno de los dos sistemas es perfecto, y de hecho, así es. Cada uno tiene sus ventajas e inconvenientes y, como se ha hecho en otros apartados de este libro, vamos a dar una información suficiente para que el lector pueda decidir por sí mismo. Las razones por las que en esquís de pista predominan los frenos mientras que en los de montaña es al contrario, van a quedar claras tras los siguientes párrafos.

El esquiador de pista frecuenta nieve pisada, donde es improbable que la tabla quede enterrada bajo nieve polvo que dificulte extraordinariamente su localización. Hasta tal punto es posible perder un esquí en esa nieve, que existen sistemas electrónicos, asociados a algún ARVA, para encontrarlo. Ese problema no se da cuando se llevan correas. Hemos hablado de la pérdida bajo nieve polvo, en la que la tabla puede avanzar subterráneamente varios metros por inercia, pero nunca se alejaría demasiado. Más grave es lo que ocurre cuando el esquí se cae por una larga y empinada pala de nieve dura, situación en la que los frenos rara vez funcionan.

Otra razón que explica el predominio de los frenos en el esquí de pista estriba en su velocidad media, normalmente más alta; una caída yendo muy deprisa y con correas, puede provocar un efecto de catapulta (consiste en que uno de los extremos se ancle en la nieve y el esquí, impulsado desde la correa, bascule entorno a ese punto, imprimiendo una velocidad muy elevada al extremo libre) de la tabla y que alguna parte de ésta golpee al esquiador. Bajo esa perspectiva, son mejores los frenos; pero el esquiador de montaña no suele, ni debe, esquiar muy rápido, sino controlado, de modo que la probabilidad de recibir un golpe de ese tipo es bastante menor.

Una buena solución es que las correas sean más bien largas y, sobre todo, que se unan a la tabla en la parte trasera de la fijación, con lo que se reduce la probabilidad del efecto catapulta. Al deslizarnos a la misma velocidad que el esquí, es muy difícil recibir un golpe serio. Un recomendable truco consiste en usar como correa un fino y largo cordino de escalada; su carácter elástico y amortiguador no favorece que la tabla nos golpee; para evitar que su longitud sea un problema, se puede plegar en una especie de ovillo en zigzag sujeto por una pequeña goma de pelo y guardado bajo la polaina. Así, en caso de caída, el tirón provocará el despliegue completo del cordino y nos desplazaremos a una distancia más prudencial de la tabla.

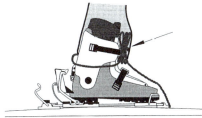

Correa plegada bajo la polaina para mayor separación en caso de caída.

Si llevando correas se produce una caída en la que saltan las fijaciones quedando las tablas por arriba, será más difícil conseguir que los pies pasen a la posición inferior, con lo que el deslizamiento es de cabeza y, por tanto, más peligroso.

Los frenos son más cómodos puesto que con las correas hay que agacharse para abrocharlas. Por eso también, se ha argumentado en favor de los frenos, pues serían más seguros ante las avalanchas, ya que desembarazarse del esquí es más directo y se facilitan los trabajos para desenterrar a la víctima. Sin embargo, hay que reparar en el hecho de que los aludes son verdaderamente peligrosos durante la subida, al no tener oportunidades claras de escape rápido, y precisamente subiendo es cuando menos importa que se tengan frenos, correas o ninguno de los dos. En ese sentido, son interesantes las correas de doble broche, que se pueden llevar atadas a la bota pero no a la tabla, con lo que no se arrastran, quedan accesibles y no suponen un peligro adicional en caso de aludes.

❏ *4.2.5.3 Manejo*

Lo ideal es que cualquier maniobra fuese automática, o en su defecto, accionable con el bastón para no tener que agacharse o quitarse el esquí. Bajo ese punto de vista, los accesorios integrados (alzas y cuchillas) son favorables, aunque ya hemos advertido del problema de las cuchillas abatibles. Las alzas pueden ir en la placa o en la base, siendo más manejables las primeras porque al elevar el talón quedan más cerca.

El mecanismo liberador de talonera también debe ser accionable con el bastón, pues hay ocasiones en las que se usa con cierta frecuencia, por ejemplo cuando hay llanos que interrumpen el descenso. Un fabricante consiguió que la misma palanca que servía para soltar la bota enganchara la talonera a la base, con lo que al terminar el ascenso y quitarse el esquí para descansar y recoger las pieles, ya quedaba la fijación preparada para bajar.

También es útil que la tensión de paso tenga un ajuste específico en el mecanismo de basculamiento para que cada cual la pueda graduar a su gusto.

■ **4.2.6 Instalación de la fijación en la tabla**

La instalación de una fijación de esquí de montaña puede ser una tarea más delicada que en el caso de las de pista. El mecanismo liberador de talonera debe encajar muy bien, por lo que un error de tan solo un milímetro en la posición de los orificios de los tornillos es grave. La tendencia actual es que tanto el diámetro de los mismos, como la profundidad a la que penetran en la tabla tengan unos valores normalizados de 4 y 9 milímetros respectivamente. Por lo tanto, ya conocemos el tamaño de la broca a emplear. El procedimiento se compone de los siguientes pasos:

- Leer las instrucciones del fabricante.
- Teniendo en cuenta el ajuste de longitud, desplazar longitudinalmente la fijación con la bota puesta para que su marca de referencia coincida con la de la tabla.
- Marcar, primero con rotulador y luego con un punzón, la posición de los orificios de los tornillos asegurándose de que queden bien centrados respecto de los laterales.

- Perforar la tabla hasta una profundidad de 9 mm; si se penetra más, se deteriora; si se penetra menos, por mucho que luego se aprieten los tornillos siempre quedarán holguras.
- Colocar la junta (si la tiene) entre la base y la tabla.
- Comprobar si las alzas o las cuchillas se colocan durante la instalación o no.
- Atornillar las bases con un destornillador de estrella de tamaño adecuado, procurando presionar bien para no deteriorar la cabeza del tornillo. Si no se ha roscado previamente el orificio, la primera introducción del tornillo exige un esfuerzo adicional.
- Si hay cuatro tornillos por base, se pondrán primero los de una diagonal y luego los de la otra; aunque haya dos o tres, nunca se apretará un tornillo mucho más que los demás, sino que se hará lo más alternativamente posible, para que el plano de la base avance paralelo a la tabla y se produzca un buen asentamiento.
- Se puede untar un poco de silicona en los bordes de las bases, sobre todo si no tienen juntas, para que no entre agua hacia los tornillos.
- Comprobar el funcionamiento de todas las funciones y realizar los ajustes de tensión de salto y, si procede, de longitud (ver el indicador que suele haber a tal efecto).

La instalación de una fijación sin placa carece de complicaciones especiales. Además, se le podrían acoplar muy fácilmente unos frenos.

4.3 LAS "PIELES DE FOCA"

Existen varios procedimientos para posibilitar la ascensión sobre esquís evitando el deslizamiento hacia atrás. Por un lado, pueden usarse ceras, lo que no deja de ser engorroso; por otro, y como ocurre en ciertos esquís de fondo o de Telemark, podrían emplearse tablas con un dibujo en la suela en forma de escamas. Este sistema tampoco se ha impuesto debido a que se pierde algo de capacidad deslizante hacia delante. En la actualidad se usan unas bandas de pelos orientados con la punta hacia atrás, permitiendo un apoyo importante en la subida.

■ 4.3.1 Características

Antiguamente se confeccionaban mediante piel de foca, pero en la actualidad, aunque conservan el nombre, se fabrican con una base de tela recia en la que se ponen los miles de pelillos que cubrirán la cara inferior. Las pieles sintéticas, merced a sus más recios pelos, ofrecen un buen apoyo en nieve dura, siendo su absorción de agua baja y su duración alta. Las pieles del tipo *mohair,* formadas con finos pelos de cabra, duran menos por su menor resistencia a la abrasión y absorben más agua, pero deslizan bien y ofrecen peor apoyo, por lo que se recomiendan para nieve polvo. En general, cuanto mejor apoyo, peor deslizamiento.

Características como las dimensiones de los pelos, su densidad y su orientación sin carga quedan recogidas en la capacidad de agarre y en la facilidad deslizante (ver el capítulo de *Estática de la piel de foca*), pero hay otras cualidades que han de considerarse, como la absorción de agua en relación al peso y la rapidez de secado.

La longitud dependerá del tipo de colocación, pero como norma general, ha de llegar hasta el inicio de la curvatura de cola; es decir, unos cuatro o cinco centímetros antes del final de la tabla.

La anchura repercute favorablemente en el apoyo pero perjudica el deslizamiento, siendo el margen de maniobra para la elección más bien pequeño. Un buen criterio consiste en escoger una anchura que deje libre el área de los cantos, incluso en la zona del patín que es la más estrecha, pero sin dejar una distancia superior a uno o dos milímetros desde el inicio del canto.

Las pieles adhesivas se impusieron totalmente. Conviene colocarlas cuidadosamente y sin cubrir los cantos.

Enganche de espátula.

■ 4.3.2 Colocación

Hasta no hace muchos años, las pieles se instalaban en la suela mediante unas cuantas grapas metálicas distribuidas por los cantos y en la cola, siendo un sistema que presentaba varios inconvenientes. La sujeción se concentraba en dichas grapas, con la indeseable acumulación de esfuerzos mecánicos y la consiguiente elevada probabilidad de rotura. Siempre quedaba cierta holgura entre la tabla y la piel, de modo que el control en situaciones delicadas no era muy satisfactorio. El descenso de aquellas pendientes breves, en las que no merece la pena quitar las pieles, acarreaba el inconveniente de que las grapas se enganchaban con frecuencia en la nieve dura y en las piedras. Además, guardar las pieles con grapas sin quitarse los guantes era más engorroso. La solución a estos problemas vino de la mano de los adhesivos permanentes, es decir, aquellos que no solidifican, permitiendo pegar y despegar con facilidad las pieles a la suela cuantas veces sea necesario. Tan solo un rectángulo en la punta de la piel, cuya finalidad es facilitar la instalación y reforzar la sujeción, permanece como único enganche metálico. Gracias a estos tipos de colas, si están correctamente aplicadas, los esfuerzos de cizalladura que sufre la superficie engomada se reparten por toda ella de un modo homogéneo, dando como resultado una sujeción elevada y estable.

Normalmente no es necesaria una gran cantidad de cola, basta con que haya la suficiente como para que la adherencia entre la suela y la piel supere siempre el límite de rozamiento estático entre la superficie pilosa y la nieve. Sin embargo, la zona posterior de la piel debe encolarse generosamente, sobre todo si se carece de tensor trasero. Esta zona, gracias a la curvatura de la tabla, que la obliga a permanecer más tiempo en contacto con la nieve, es la que realiza más trabajo. Mientras que otros sectores de la piel simplemente son deslizados, la cola suele ser golpeada contra la nieve en cada paso cuando no se progresa con una técnica depurada. En los virajes tiene una mayor probabilidad de sufrir esfuerzos laterales debido a su situación con un mayor radio de giro. Además, es la más manoseada pues las pieles se desmontan a menudo tirando de su extremo posterior, con lo que siempre transfieren algo de pegamento a la mano y reciben algo de suciedad. Por estas razones es frecuente que comiencen a despegarse durante la ascensión, tanto si hace frío y la nieve está seca

El sistema de enganche de cola que se muestra tiene la ventaja, y al mismo tiempo el inconveniente, de poderse retirar con la cola del otro esquí.

como si ocurre lo contrario. En efecto, con temperaturas bajas, los secos cristalitos de nieve se van introduciendo por los bordes de la piel, entre ésta y la suela, reduciendo la superficie efectiva de adherencia. Si las temperaturas son mayores, la piel llega a empaparse y se forma una película de agua que reduce considerablemente la adherencia, especialmente en las zonas que ya se han desprendido. Afortunadamente, las que no se han despegado, aun permitiendo la cercanía del agua, conservan un nivel aceptable de sujeción.

Algunos fabricantes incluyen un tensor de cola, pues es precisamente en la parte trasera don-

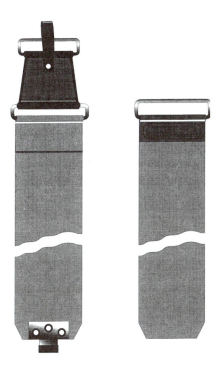

Retirar las pieles sin quitarse las tablas y comenzando por la cola, obliga a delicados equilibrios.

de el pegamento pierde antes su efectividad. Pero ya puestos a tener tres elementos de sujeción (cola, enganche trasero y enganche delantero), puede resultar aún más ventajoso que en la cola no vaya el tensor, sino un gancho, reservando la tarea de ajuste para la parte delantera que, gracias a la articulación de la fijación, permitiría quitarse las pieles sin hacer lo propio con los esquís. Esa maniobra es más difícil si es el tensor lo que se encuentra en la cola.

4.3.3 Aplicación de cola

Colas adhesivas presentadas en tubo y rociador.

Aunque hay varias marcas de adhesivos, solo aparecen dos tipos de envasado: tubo y rociador. Las características que deben buscarse en el pegamento son: alta viscosidad, para que no se desplace; que mantenga su capacidad adherente incluso a bajas temperaturas; que no se traspase a la suela del esquí, aunque se caliente, y que conserve sus propiedades pese a exponerse al agua o a la luz solar.

La aplicación con tubo da un resultado más duradero y el procedimiento para hacerlo varía según el fabricante, por lo que se recomienda seguir estrictamente sus instrucciones. Es útil disponer de una espátula para extender la cola, pero si no se tiene, se puede aplicar directamente con el tubo y posteriormente pegar y despegar sobre sí la piel varias veces, y en distintos puntos, con lo que se logra un reparto aceptable. Muchas de las operaciones de reposición de adhesivo se realizarán solo en la zona de la cola, por ser innecesario hacerlo en la totalidad de la piel. Un buen encolado puede durar más de una temporada, especialmente si se cumplen unos mínimos cuidados.

Cuando el pegamento viejo ya tiene demasiada suciedad, es conveniente eliminarlo completamente antes de dar el nuevo, para lo que se empleará un disolvente orgánico como el tricloroetileno, pudiéndose aplicar con una brocha y dejándolo reposar unos breves instantes. Después se retira la mezcla de tricloroetileno y pegamento viejo con una espátula, procurando que no alcance la superficie pilosa. No se debe usar demasiado disolvente ni durante mucho tiempo porque podría traspasar por permeabilidad, llevando pegamento disuelto a la zona de pelos donde es imposible limpiarlo completamente. Si se comete ese error, la piel formará zuecos con gran probabilidad. El tricloroetileno es tóxico y cancerígeno, pero como no hay venenos sino dosis y la necesidad de eliminar el pegamento tarda varias temporadas en repetirse, no nos preocuparemos demasiado por ello. Eso sí, cuando se utilice, habrá que evitar un contacto y una inhalación excesivos.

La aplicación mediante rociador es fácil y rápida, bastando unos minutos de espera para poder usar la piel. Tiene los inconvenientes de una duración limitada y la facilidad con que se puede manchar algo al rociar, por lo que su uso se circunscribe a las travesías.

■ 4.3.4 Los zuecos

Cuando las pieles se mojan se favorece la formación de bloques de nieve (zuecos) adheridos a los pelos. La mayor facilidad que tiene la nieve para apelmazarse consistentemente cuando se humedece constituye un verdadero martirio para el esquiador, que ve cómo la piel, además de no deslizar, incrementa su peso dada la elevada densidad de la nieve apelmazada. Este problema se palia y se evita con la aplicación de ceras cuya capacidad deslizante posibilita que la nieve, o bien no se pegue, o se desprenda fácilmente.

La cera líquida se aplica mejor ya que se extiende por capilaridad y no somete al pelo a mucho esfuerzo, pero no dura demasiado; la sólida, en cambio, requiere más tiempo, pues conviene aplicarla a favor y a contrapelo, incidiendo en los bordes y procurando no dejarse zonas sin tratar. Es mejor emplear una cera sólida blanda (suele ser de color plata oscuro) para facilitar el impregnado. No confundir las ceras sólidas de aplicación manual en frío con las que requieren el uso de plancha, las cuales, evidentemente, no son válidas para las pieles.

Como el uso de ceras no deja de ser engorroso y de resultado provisional, lo más recomendable es adquirir pieles con tratamiento térmico hidrófugo.

■ 4.3.5 Consejos de uso

La capacidad deslizante puede aumentarse si se han aplicado ceras adecuadas, las cuales no reducen la sustentación en subida puesto que el mecanismo de apoyo se basa en el enclavamiento de las puntas de los pelos.

Con el uso, la piel se va desgastando, perdiendo pelos, sobre todo en los bordes. Otra faceta de su envejecimiento radica en el deshilachamiento de las puntas de los pelos, con las negativas repercusiones que acarrea, tanto al apoyar (menor penetración de la punta) como al deslizar (mayor rugosidad debida a las ramificaciones). Además, el deshilachamiento favorece la absorción de agua por capilaridad y la consiguiente tendencia a formar zuecos. Por todo esto, conviene evitar el roce contra piedras y matorrales.

Puede usarse la piel si su longitud es mayor que la de la tabla, plegando el sobrante alrededor de la cola y adhiriéndolo a la superficie superior. Sin embargo, la resistencia a la flexión de la piel, combinada con las pequeñas tracciones que sufre cada vez que la tabla pasa por una concavidad de la nieve, consiguen desplegarla, de modo que terminaremos arrastrando el tramo sobrante, que en cada giro irá permitiendo la introducción de nieve entre la suela y el adhesivo, aumentando la longitud del tramo suelto. Finalmente, acabaremos por pisarlo y desprenderlo aún más o haremos pasar el canto afilado por encima suyo. Por eso es recomendable cortar la piel hasta el punto en que la curvatura trasera de la tabla se separa de la superficie de la nieve. Obviamente, estas consideraciones son válidas cuando se carece de tensor trasero. Este accesorio resuelve los problemas de la escasez de cola en el extremo posterior. No obstante, presenta algunos pequeños inconvenientes: ligero aumento de peso y mayor tiempo necesario para montaje y desmontaje, especialmente con guantes. Además suele encarecer bastante el precio final de la piel y exige encontrar una longitud comercial adecuada al tamaño de nuestra tabla, pero puede implementarse con alguna ingeniosa solución artesanal, realizable por el propio esquiador. Hay tensores (también para la espátula) que no son elásticos sino ajustables, permitiendo una adaptación a distintas longitudes, dentro de unos márgenes, siendo una opción interesante para quien tenga varios pares de esquís de diferente tamaño.

Cuando se haya finalizado un ascenso, conviene retirar inmediatamente la piel de la tabla y, sobre todo, no dejarla jamás expuesta al sol mientras permanezca colocada, pues al calentarse aumenta la fluidez de la cola y puede traspasarse algo al esquí introduciéndose en los microporos de la suela. Si esto ocurre, se formarán grandes zuecos impidiendo el inicio del descenso.

A fin de prolongar la duración del adhesivo, se manipulará la piel lo imprescindible, absteniéndose de emplear guantes sucios, o que puedan dejar fibras (como los de lana).

Si se va a cortar una piel para ajustarla a la tabla, se puede dejar una pestaña a la que se le eliminará el adhesivo y de la que tiraremos para retirar la piel del esquí. De ese modo se evita tocar la superficie adherente y no hace falta quitarse los guantes.

Al recoger la piel, se plegará sobre sí misma de modo que la superficie encolada no quede accesible, ya que no solo se puede manchar algún objeto sino que la duración del pegamento se reduce; luego se pliega en zigzag para compensar las arrugas.

Si se va a preparar una piel comprada por metros, cortarla sin quitar el plástico que protege el adhesivo, para que los pelos que se desprendan al cortarla no lo ensucien. Antes de colocar los enganches, prestar especial atención a la orientación de los pelos, que han de apuntar hacia atrás. Al retirar la tira de plástico, hacerlo formando un ángulo de 180°, para que el pegamento que se va quedando en el plástico pueda depositarse en la piel de foca.

Con las bajas temperaturas, y sobre todo si el pegamento no es de mucha calidad, es fácil que las pieles se despeguen. Es debido a que la nieve seca en polvo se va introduciendo entre los pequeños huecos que puedan aparecer entre la suela y la piel. Para salir del paso se puede emplear esparadrapo, para hacer una abrazadera que envuelva la tabla y la piel; aunque se pierda parte del pelo disponible, apenas perjudicará. Otra solución no siempre factible

El método de recogida mostrado es el mejor cuando el viento dificulta la coincidencia de la superficie encolada.

consiste en dejar que la piel se caliente al sol. La arruga que se forma en el punto por donde se dobla la piel al guardarla y el extremo posterior son los lugares más propensos a que penetre la nieve en polvo reduciendo la adherencia.

Al terminar la jornada, las pieles se dejarán secar, pero no cerca de una fuente intensa de calor. Si mantienen humedad, pegarán peor al día siguiente.

Si se va a comenzar a foquear con muy bajas temperaturas (situación muy normal), puede ser aconsejable haber pegado las pieles con anterioridad, no existiendo inconveniente serio en que los esquís permanezcan con ellas toda la noche, pero absteniéndose de dejarlos en un lugar caliente porque podría pasar pegamento a la suela. No obstante, si hace tanto frío que la piel se despega con una facilidad extraordinaria, podemos calentarla con el infernillo; eso sí, extremando las precauciones. Esta operación se realizará pasando la llama con una velocidad lenta, pero sin pausa, a lo largo de toda la superficie encolada y, si nos parece oportuno, también por la suela del esquí; seguidamente la pegaremos y nos aseguraremos de que no queden huecos.

Las bajas temperaturas permiten la formación de una película de hielo que impide la adherencia de la piel a la tabla.

4.4 LOS BASTONES

El bastón es un elemento de gran ayuda que va a proporcionar múltiples utilidades, tales como par de giro, fuerza equilibrante, apoyo para levantarse, barra delantera de la camilla de fortuna, herramienta...

Todo bastón, tanto si es de pista como específico para travesía, está constituido por un tubo metálico en cuyos extremos hay una empuñadura con correas, una roseta o arandela y una punta especial. Pese a la simplicidad del bastón, es conveniente considerar una serie de aspectos muy importantes antes de elegir un modelo concreto, lo que se hará en función de sus diferentes elementos y características con la información que se facilita seguidamente.

■ 4.4.1 Altura

Para esquí alpino se suele recomendar una altura con la que, teniendo el bastón bien apoyado en la nieve, el antebrazo quede horizontal. Visto de otro modo, la longitud entre la roseta y el final de la empuñadura será igual a la distancia entre el pulgar y el suelo con el antebrazo horizontal. Si tenemos que probar esto en la tienda, tenemos dos opciones: situarnos en un escalón y apoyar en el borde la roseta, o bien, si no es factible lo anterior, dar la vuelta al bastón para que la punta quede hacia arriba y asirlo justo por debajo de la roseta; son métodos absolutamente equivalentes. Ya hemos averiguado la altura correcta, aunque para esquí alpino. Como nos vamos a dedicar al esquí de montaña, donde pasaremos mucho tiempo subiendo, no vendrá mal escoger un bastón algo más largo (unos diez centímetros mayor) para disponer de un apoyo más prolongado al dar los pasos. Téngase en cuenta que los esquiadores de fondo usan unos bastones aún mayores.

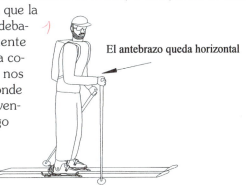

Altura correcta del bastón.

105

4.4.2 Tubo

Estamos de suerte, la aleación de aluminio empleada reúne unas buenas cualidades de ligereza y resistencia. Además, su ductilidad hace que en caso de esfuerzos excesivos se doble pero no se rompa, con lo que se cumple una exigencia de la normativa de seguridad encaminada a evitar que se produzcan aristas cortantes.

Algún modelo específico para travesía tiene dos o tres tubos concéntricos con una sección de solapamiento regulable, lo que permite ajustar la altura. Se dispone así de la posibilidad de alargarlo para subir, o de acortar el bastón del monte en largas diagonales, para mayor comodidad; sin embargo, con las bajas temperaturas y llevando guantes, la maniobra de ajuste es más engorrosa de lo que se supone, quedando la rosca de fijación frecuentemente atascada. Además, como todo mecanismo, es susceptible de avería. Algunos monitores desaconsejan su uso y otros lo emplean solo como bastón de reserva para largas travesías, ya que se puede acortar tanto que se transporta fácilmente.

4.4.3 Punta

Sometida a un gran esfuerzo, será de un material más duro (acero) que el del tubo, teniendo una terminación no puntiaguda, preferentemente con una superficie cóncava, de simetría radial, para facilitar su apoyo en hielo en cualquier dirección. Las formas más empleadas son la semiesfera (fácil de afilar con una broca gruesa) y la circunferencia dentada, con al menos cuatro salientes.

4.4.4 Empuñadura

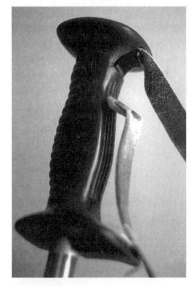

Empuñadura con sistema de seguridad por desprendimiento de correa. El diámetro superior es mayor que el de la órbita ocular.

La normativa de seguridad exige que el extremo superior tenga un diámetro superior al de la órbita ocular. Menos importante es el ensanche inferior, aunque puede ayudar al apoyo, sobre todo si se rompe la correa; no obstante, en caso de caída encima de la empuñadura será más molesto. Las hay con una prolongación en forma de arco que sustituye a las correas, pero no deja de ser algo aparatoso. El material debe ser flexible y no deslizante, agradeciéndose una forma anatómica. La sujeción al tubo se suele lograr mediante taco y tornillo, sirviendo éste también para la correa. Insistiendo en el tema de la seguridad, tendrán un mecanismo que permita la liberación de la muñeca cuando el esfuerzo se realice hacia arriba; así se evitan lesiones en las caídas o si se quedara el bastón clavado y trabado. Las mejores correas son de cuero, pues las cintas de nylon trenzado suelen ser menos consistentes, alabeándose y obstaculizando la maniobra de colocación, ya de por sí incómoda por los guantes. La hebilla permitirá un fácil ajuste, pues es necesario cada vez que se emplee un guante de distinto grosor. En cualquier caso, la correa tendrá un giro de alabeo de 180° para que se adapte al contorno de la mano sin retorcerse.

Existe un tipo de empuñadura que contiene una hoja de piolet abatible, de modo que resulta más polivalente, aunque no pase de ser, según el caso, un mediocre bastón o un mal piolet.

■ 4.4.5 Arandela o roseta

De un material flexible (plástico, caucho...) que la permita orientarse y mantener su funcionamiento para cualquier ángulo del tubo, su misión es disminuir la presión transmitida a la nieve a fin de evitar el clavado excesivo.

Para no perder propiedades en nieve muy blanda, existen arandelas de mayor diámetro que caracterizan a los bastones específicos de travesía, lo cual no quiere decir que se deba prescindir de los bastones de esquí alpino. Antes al contrario, pues dan un excelente resultado.

En cualquier caso, conviene que la arandela posibilite una fácil unión al final del tubo del otro bastón, a fin de lograr un transporte más cómodo. Para conseguirlo, algunas llevan un agujero específico para este uso; también es posible aprovechar el hueco radial existente entre los sectores circulares que suelen constituir la arandela.

■ 4.4.6 Consejos de uso

Merece la pena adquirir bastones con una empuñadura excelente; de ese modo, aunque se rompa el tubo, siempre podremos comprar después unos baratos y cambiársela.

Hay quien coloca unas cintas adicionales colgando de las correas, para poder asir el bastón del monte a menor altura y disfrutar de mayor comodidad al ascender largas diagonales. Sin embargo, en cualquier otra circunstancia, son un estorbo, sobre todo en el más frecuente caso de tener que zigzaguear, pues cambiar de bastón en cada giro rompe el ritmo de subida. Además, como el tubo es algo deslizante, para lograr un poco más de sujeción hay que poner en él algunas tiras de esparadrapo.

El bastón se ha de empuñar introduciendo primero la mano por debajo de las correas (por el ángulo existente entre ellas y la empuñadura), de modo que queden cogidas contra la empuñadura. Si están bien colocadas, ofrecerán siempre una superficie lisa y sin alabeos que molesten.

Para transportar los bastones, pueden unirse aprovechando las posibilidades ofrecidas por las arandelas y las correas. Si se van a llevar en la mochila, junto con los esquís, pueden colocarse las correas entre las espátulas, y completar la sujeción mediante uno de los enganches portapiolets, pero por encima de las arandelas para evitar que se salgan.

Manera correcta de asir el bastón.

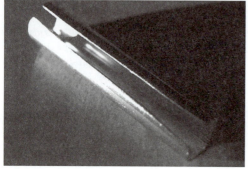

Pieza artesanal para reparar un bastón con el tubo roto.

Del tubo de un bastón roto se puede cortar un trozo al que se le practicará una ranura longitudinal que permita variar su diámetro solo con oprimirlo. Tenemos así una pieza de reparación que mediante su inserción en los dos tramos de otro bastón que se rompiera, constituye un empalme de cierta garantía y mucho más ligero que un bastón de repuesto.

4.5 LAS BOTAS

Nadie duda de la tremenda importancia que tienen las botas; durante la práctica de nuestra actividad, pueden darse situaciones (como la ascensión final a un pico escarpado) en las que no usemos permanentemente ni las tablas, ni los bastones, ni las pieles ni ningún otro material; pero jamás prescindiremos de las botas.

Las diferencias entre uno u otro tipo o modelo de bota suelen repercutir mucho en el dominio técnico, especialmente a la hora de enfrentarse con nieves difíciles. Admitamos que quizá no sea factible resolver perfectamente toda circunstancia adversa con una bota poco adecuada, pero siempre se puede adoptar la técnica conveniente para cubrir, aunque sea de un modo medianamente digno, esa carencia. Hay mucho que decir de la bota de esquí de montaña, así que no adelantemos acontecimientos.

■ 4.5.1 Funciones

Las funciones de la bota pueden enumerarse muy fácilmente; lo difícil es encontrar aquella que reúna las suficientes características como para desempeñarlas satisfactoriamente todas. La bota debe ser polivalente para poder cumplir funciones muy dispares; además de permitir un buen dominio durante el descenso, tiene que servir para caminar con relativa comodidad y seguridad; todo ello sin olvidar su capacidad para proteger el pie térmica y mecánicamente.

■ 4.5.2 Elementos

Centrémonos en las botas modernas, bien diferentes de aquellas de cuero que se utilizaban antiguamente. Básicamente se compone de un botín interior y de la carcasa. Aquel es extraíble, a fin de facilitar su secado, de poder realizar breves caminatas (por ejemplo, en el interior del refugio) y de introducirlo ya caliente en la carcasa cuando ésta se ha tenido que guardar en un lugar frío (la tarima de la entrada del refugio, el lateral de la tienda de campaña...). El botín tiene unos cordones cuya finalidad no es tanto sujetar el pie (responsabilidad de los enganches de la carcasa) como impedir que se desplace la lengüeta. Es importante que sea de un material aislante y que seque bien; la suela del botín puede ser de goma, con lo que además de ser más resistente, se camina bien, o de plástico, lo que reduce el roce al extraerlo o introducirlo en la carcasa. La zona superior de la caña del botín debe tener un espesor de acolchado que reparta bien las fuertes tensiones que sufre la pantorrilla al esquiar.

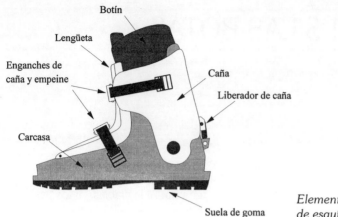

Elementos de una bota de esquí de montaña.

La carcasa es la estructura externa de plástico; su suela debe ser de goma, con un buen dibujo y una gran solidez que permitan su uso en el terreno mixto de roca y hielo que podamos encontrar. Se compone básicamente de pie y caña, siendo frecuente la existencia de un par de remaches o tornillos que unen ambas piezas y que permiten cierta articulación. En muchos modelos, hay una fuerte lengüeta, a veces abatible, que forma parte tanto del pie como de la caña, y que es responsable de la dureza de flexión. La mayoría de las características mecánicas de la bota, y por ende su comportamiento, dependen directamente de la carcasa; en ella se encuentran los enganches de ajuste de tensión (de empeine y de caña) y el mecanismo liberador de caña; que con la misión de facilitar la marcha, puede estar implementado en los propios enganches o ser el ajuste de inclinación de caña, consistente a menudo en un taco abatible situado en la parte posterior.

Es en la carcasa, formando parte de ella, y próximos a la suela, donde aparecen los salientes delantero (también llamado puntera) y trasero cuya finalidad es facilitar y asegurar una correcta inserción en la fijación.

Entre la carcasa y el botín algunos modelos incluyen una plantilla para establecer la inclinación definitiva de la planta del pie o para absorber vibraciones al caminar.

En modelos de pista encontramos otros accesorios, como el regulador de dureza de flexión (suele ser un taco o par de tacos deslizantes que se intercalan entre la caña y el empeine).

■ 4.5.3 Características

Vamos a definir las características de la bota, con descripción pormenorizada de aquellas que lo precisen.

❏ 4.5.3.1 Talla

Es un número asignado por el fabricante en función del tamaño. Existen varias escalas (afortunadamente, la normalización ha logrado que sean muy pocas), de modo que conviene conocer las equivalencias entre ellas.

❏ *4.5.3.2 Horma*

Es la forma interior de la bota, y es la misma para un modelo determinado, con independencia de la talla.

❏ *4.5.3.3 Altura o longitud de caña*

A efectos de prestaciones, lo más interesante es definirla como la distancia entre la plantilla interior del botín y el extremo superior de la carcasa. Así se evita la sensación engañosa que puede dar una bota en la que el cuello del botín llegue muy arriba en la pantorrilla: por muy alto que sea, al carecer de consistencia no sirve de apoyo. La altura de caña no tiene por qué ser la misma en la parte delantera y en la trasera. Evidentemente, cuanto mayor sea, mejor se esquiará y peor se caminará.

❏ *4.5.3.4 Inclinación de caña*

Dado que el espesor del botín no es constante, lo mejor será definir la inclinación de caña como el ángulo que forma la tibia con la vertical, observado desde un lateral, permaneciendo el esquiador apoyado de pie en la bota y estando ésta totalmente abrochada. Con esta definición buscamos más la inclinación efectiva que la aparente. Al abrochar la bota, reducimos el error que el acolchado del botín pudiera introducir. Estamos ante uno de los parámetros más relevantes, determinante de buena parte de las prestaciones y del estilo de esquí. Una inclinación elevada facilita el mantenimiento de una postura flexionada; también ayuda en la aplicación de aquellas técnicas que requieren cargar en colas (permite lograrlo sin desequilibrarse hacia atrás); en cambio, una inclinación escasa, casi vertical, permite liberar colas con un gesto tan leve como doblar un poco las rodillas, no requiriendo un apoyo muy marcado en el ante-

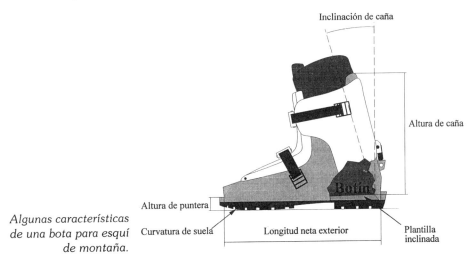

Algunas características de una bota para esquí de montaña.

pié; sin embargo, es más probable quedarse retrasado, lo que, además de facilitar la caída, sobrecarga las rodillas. Por supuesto, estas últimas afirmaciones se verán moduladas por la dureza de flexión. En cuanto a las repercusiones durante la marcha, pueden ser inapreciables si el mecanismo de liberación de caña es verdaderamente efectivo.

❑ *4.5.3.5 Dureza de flexión*

Mide la resistencia ofrecida por la bota cuando se intenta abatir la caña. Estrictamente, sería la relación entre el par flexor aplicado y el ángulo cedido por aquella, cuando se cumplen las condiciones de calzar la talla adecuada y de estar bien abrochada (una defectuosa colocación afectaría a la geometría del conjunto pierna-bota falseando la medida). No tiene por qué ser la misma hacia delante que hacia atrás. En muchas botas de pista es regulable la dureza de flexión hacia delante. En las de esquí de montaña, gracias al mecanismo liberador de caña se puede reducir la dureza hacia atrás para facilitar los pasos.

❑ *4.5.3.6 Inclinación de la plantilla del botín*

Es el ángulo formado por la planta del pie y el suelo, con la bota correctamente calzada y apoyada. Gracias al tacón de la suela y a la forma de la plantilla (no confundirla con el interior del botín) que algunos modelos insertan entre el botín y la carcasa, la superficie de la suela de aquel estará inclinada hacia delante cuando la bota se encuentre horizontal. Esto crea un efecto similar al de la inclinación de caña, en el sentido de que dificulta que el esquiador se quede retrasado.

❑ *4.5.3.7 Curvatura de suela*

Resultaría muy incómodo caminar si la suela fuese recta (como en las botas de pista), motivo por el que las botas de esquí de montaña presentan una suela curva. La curvatura, cuanto mayor sea, más favorece la marcha, pero no puede ser excesiva porque el saliente delantero no encajaría en la puntera de la fijación.

❑ *4.5.3.8 Altura de puntera*

La definiremos como la distancia existente entre la superficie superior de la puntera y el suelo cuando la bota se apoya normalmente en él, y tiene que ser compatible con la altura de la puntera de la fijación. Como consecuencia de la curvatura de suela, la altura de puntera de las botas de esquí de montaña es mayor que en las de pista, con lo que no encajaría en una fijación típica de esquí alpino (que está normalizada, por lo que ya es, o debería ser, la misma en todos los modelos fabricados). Las ataduras de esquí de montaña se diseñan considerando este aspecto, con lo que presentan una altura variable.

❑ *4.5.3.9 Longitud neta exterior*

Es la existente entre ambos extremos, una vez descontada la de los salientes. Va a determinar con qué tensión encajará la bota en la fijación, por lo que es un parámetro importantísimo a la hora de ajustar su longitud; si ese ajuste es incorrecto, los valores de tensión a los que la fijación saltará no se corresponderán con los marcados en las escalas. Es un dato que debería tenerse muy en cuenta al adquirir un nuevo modelo, pues no siempre cae dentro del margen disponible de ajuste.

❑ *4.5.3.10 Número, situación y tipo de los enganches*

La posición de los enganches, dentro de ciertos límites, no es una cuestión crítica, pues la presión que ejercen se reparte por todo el pie, gracias a la consistencia de la carcasa. Un mayor número de enganches dará un carácter más continuo a la distribución de las tensiones, aspecto muy deseable puesto que al no producirse estrangulamientos, la circulación sanguínea es mejor y aparecerán menos dolores musculares; lamentablemente, aumentar el número de enganches repercute en el peso y en la complejidad de uso: a veces el enganche de empeine se tropieza con el de caña. Si bien en las botas buenas de pista podemos encontrar más ajustes, en las de esquí de montaña suelen aparecer básicamente dos: el de empeine y el de caña. Cuando el número es mayor, habrá al menos una pareja de ellos que trabajen en paralelo, lo que exige una muy fina regulación que evite que uno quede más tenso y realice la mayor parte del trabajo, dejando al otro tan flojo que pudiera desabrocharse.

Los tradicionales enganches del tipo cangrejo, llamados así por recordar su forma a las pinzas de ese animal, eran propicios a presentar ese problema porque la graduación se realizaba mediante la colocación de un aro de cable en alguno de los dientes de una distribución, no disponiéndose de posiciones intermedias, motivo por el que se mejoraron con la incorporación de una rosca que aportaba el ajuste fino; su uso en esquí de montaña no se ha extendido porque al ser desabrochados para caminar, quedaban sueltos y provocaban tropiezos.

❑ *4.5.3.11 Marca de referencia longitudinal*

Botas diferentes pueden comportarse de un modo equivalente, en el sentido de optimizar el equilibrio de las acciones que reciben y ejercen sobre el esquí, en una determinada tabla si se hace coincidir una marca, que deben tener todos los modelos, con otra existente en la tabla. Diferencias en la longitud de la bota, en la instalación de la fijación y en su ajuste, pueden impedir la coincidencia de ambas marcas. Al adquirir un nuevo modelo, se comprobará que no se producen desvíos notorios, pues repercutirían en el buen comportamiento del esquí. Los problemas pueden presentarse cuando se produce un intercambio de material entre esquiadores de tallas muy diferentes; si compramos un modelo de la misma talla que el que teníamos, las marcas no se separarán demasiado.

La posición de la marca depende de factores como el tamaño, la forma, los espesores de acolchado, la horma y la inclinación de caña; una caña muy inclinada, permitiría situar la bota un poco más atrás en la tabla, por lo que tendría la marca más avanzada; aunque siempre dentro de estrechos márgenes, no muy alejados del centro de la bota.

■ 4.5.4 La bota ideal y la real

Nuestro calzado debe reunir las características necesarias para satisfacer los requisitos, tanto del descenso como de la marcha por montaña invernal, de modo que encontraremos en él elementos presentes en las botas de esquí de pista y en las de caminar.

De entre las numerosas virtudes que podríamos esperar de una bota ideal destacan tres: ligereza, suavidad para caminar y dureza para esquiar. La mayoría de las botas modernas proporcionan un buen nivel de prestaciones, pero aún no se ha logrado fabricar una que reúna estas tres virtudes en grado sumo. Las hay que permiten esquiar tan bien que no tienen mucho que envidiar a los más sofisticados modelos de pista, pero pagando un precio muy alto en incremento de peso y en dificultad de marcha, ya que la consistencia necesaria para esquiar se obtiene con una carcasa más gruesa y unas dimensiones mayores para ejercer más palanca. En general, cuanto mejor se esquía con una bota, más pesada es y peor se camina. Desde hace unos años, se dispone de botas que reúnen ligereza y buenas prestaciones para el descenso, mientras que otros modelos combinan facilidad de marcha y ligereza. Más recientemente han surgido varios modelos cuya tendencia es la de potenciar las prestaciones para el descenso a costa de un importante incremento de peso, por lo que podemos afirmar que existe un estancamiento tecnológico desde mediados de la década pasada, pues si bien se han incorporado elementos de vanguardia, la solución perfecta al triple problema (ligereza, buenas prestaciones para el descenso y facilidad de marcha) parece estar lejos. En cierto modo se ha retrocedido, ya que los modelos más recientes solo ofrecen una de las tres virtudes: buenas prestaciones para el descenso; y para eso, nos bastaba con adaptar una bota de pista...

Hay algún modelo que dispone de la posibilidad de regular la inclinación de caña, interesante sofisticación para adaptar mejor la bota al propio estilo o al tipo de nieve.

El mecanismo liberador de caña tendría que bloquearla y aflojarla totalmente con un gesto simple, lo que requiere un diseño que concentre la resistencia a la flexión en dicho mecanismo, siendo inevitable una acumulación habitual de tensiones en él, con el consiguiente riesgo de rotura. Cuando los enganches de caña se sueltan para caminar, más que ablandar la bota, lo que se hace es aflojarla, conceptos bien distintos. Lo ideal sería que no fuese necesario aflojar los enganches para caminar cómodamente, pues se facilita la entrada de nieve; pero la realidad demuestra que cuantos más procedimientos de liberación se tengan, mejor, especialmente si tenemos que trepar algo. Por supuesto, el mecanismo de aflojamiento de los enganches no permitirá que éstos entorpezcan la marcha al oscilar libremente, sino que los mantendrá siempre cercanos a la carcasa.

Muchas botas de alpinismo tienen una almohadilla microporosa de absorción de choques y adaptación de la suela al terreno que mejora la adherencia al aumentar la superficie de contacto. La absorción de choques (muy conveniente para evitar los microtraumatismos articulares que pueden desembocar en lesiones) puede lograrse con una plantilla adecuada, pero la adaptabilidad de la suela conseguida con una almohadilla microporosa es verdaderamente interesante dadas las dificultades para pisar la roca con seguridad cuando se calza una bota de esquí. Su realización no iría en detrimento de la capacidad de esquiar, pues la pérdida de ángulo de canteo sería insignificante.

Una opción muy útil sería la posibilidad de liberación lateral de caña, es decir, que se permitiera un juego lateral de tobillo al andar. Lamentablemente, la realización de esta prestación se encuentra con una, hasta ahora, imposibilidad constructiva, pues se perdería parte de la irrenunciable capacidad de canteo, ya de por sí limitada en las tablas y en las ataduras de esquí de montaña. Aunque se consiga en el futuro, siempre elevaría el grado de complejidad mecánica de la articulación de la caña.

■ 4.5.5 Elección del tipo de bota

Como la bota perfecta no existe, habrá que establecer un orden de prioridades personales como criterio de selección. Hay dos grandes corrientes de pensamiento: la que prefiere buenas prestaciones durante el descenso y la que da prioridad al ascenso y la marcha; no es que no sea deseable aspirar o conseguirlo todo, lo que ocurre es que la realidad establece unas restricciones que nos obligan a elegir. Por ser un tema muy personal, no se pretende imponer ningún criterio, pero no vamos a dejar por ello de invitar a la reflexión sobre algunos aspectos. Uno de ellos es el reparto de tiempo entre subida y bajada: en promedio y para buenos esquiadores, solo el diez por ciento del tiempo corresponde al descenso; si bien, hay que reconocer que ese porcentaje varía mucho dependiendo del estado de la nieve, de la forma física, del tamaño y homogeneidad del grupo, de la presencia de huella previa, etc.

Otro aspecto que merece consideración es que el agotamiento físico favorecido por una bota pesada va a repercutir en el descenso; pero aún suponiendo que no nos hayamos cansado demasiado, hay técnicas que exigen una gran agilidad, salto de colas, por ejemplo, y para las cuales, una bota ligera resulta ventajosa aunque sea blanda; incluso esa flexibilidad favorece la regulación y la amortiguación de brusquedades. A fin de cuentas, teniendo buena técnica, ¿para qué arrastrar tanto peso? Y eso que aún no hemos hablado de la dificultad (y por tanto, del peligro) que encontramos al acometer el ataque final a una cumbre que exija trepar.

En la actualidad, todos los modelos disponibles en el mercado proporcionan un buen nivel técnico, incluidos los más blandos; ese nivel es comparable, al menos, con el de una bota de pista de gama media, y supera ampliamente al que tienen las fabricadas para mujeres, pues éstas no se han diseñado pensando en grandes esfuerzos ni en terrenos difíciles, resultando muy blandas. Otra cosa sería hablar de esquí extremo (entendido como el descenso de grandes y expuestas paredes, y no de algún breve tubo a lo largo de una travesía, aunque éste alcance pendientes extremas), en cuyo caso no hay que escatimar prestaciones; pero en esta faceta, estamos acostumbrados a ver cómo se emplean botas de esquí alpino de competición, y no es para menos... Se trataría de minimizar el riesgo, más que de una cuestión técnica, pues en esas superpendientes los giros son tan sorprendentemente fáciles como peligrosos, y hay un factor aún más limitante que la bota: el esquí.

Frecuentemente se publican en revistas especializadas tablas comparativas entre diversos modelos presentes en el mercado; el primer consejo sería conseguir una tabla lo más reciente posible y estudiarla bien, de modo que al llegar a la tienda, se tengan las ideas más claras. El segundo consejo, preguntar a alguien que haya utilizado el modelo por el que, en principio nos decantaríamos, pues el uso descubre defectos de diseño tales como la tendencia a sufrir averías, cuyas consecuencias no aparecerían, ni a la vista del modelo en la tienda o en el catálogo, ni durante las primeras jornadas de utilización. No está de más fijarse en ciertos detalles, como la facilidad con que se puede extraer e insertar el botín (si roza mucho, terminará deteriorándose) o la presencia de tornillos o remaches (los tornillos son más fáciles de sustituir, pero se pueden aflojar solos). La experiencia de otros compañeros puede informarnos de la rapidez con que se seca el botín, o de la facilidad con la que se introduce la nieve entre las distintas piezas entorpeciendo las maniobras de enganche, etc.

Por último, quien posea una fijación sin placa debe asegurarse de que la bota que pretende adquirir es compatible.

❏ *4.5.5.1 Elección de la talla*

Es un error adquirir una bota de una talla mayor de la que nos corresponde, así como probársela con dos calcetines pensando que abrigará más. Con el tiempo, el acolchado interior irá cediendo, de modo que se nos quedará grande y las holguras nos impedirán esquiar bien y producirán rozaduras durante la marcha. Respecto del aislamiento, decir que el que aporta la bota debe ser suficiente para mantener el pie caliente, incluso con un calcetín fino; al ascender, la bota no se lleva apretada, con lo que la circulación sanguínea no es obstaculizada, lo que unido al esfuerzo de la subida impide el enfriamiento. Al descender, las inercias de los saltos y virajes también mantienen un buen nivel de circulación; el problema solo se presenta durante las paradas prolongadas.

Al probarse la bota en la tienda, se recomienda seguir el siguiente orden: seleccionar la más pequeña de las tallas en las que se pueda meter el pie con un calcetín fino; abrocharse completamente la bota, comprobando que está en posición de esquiar; flexionar hacia delante y hacia atrás y tratar de cantear, verificando que la sujeción del pie se reparte lo más uniformemente posible, sin puntos de presión elevada; si el eje de basculamiento de la caña no está próximo al del tobillo, la flexión se dificulta y podría crear presiones concentradas en la pierna. Hay que prestar especial atención, al flexionar hacia atrás, a los dedos: no deben tocar el interior de la puntera y tienen que poder moverse algo; comprobar que los ajustes de los enganches se encuentran en posiciones alejadas del límite de máxima tensión, es decir, que podrían apretarse mucho más si sacáramos el pie; seleccionar la opción de marcha y observar que el talón no tiene holgura (si chanclea, producirá rozaduras); si es posible, probar a subir y bajar escaleras. Por último, captar intuitivamente características como la inclinación, dureza de flexión, etc., tratando de imaginar las prestaciones que nos podrá proporcionar y si cumplirían lo que esperamos de la bota. Si no se superan todos estos requisitos, habrá que replantearse la cuestión: quizá tengamos que elegir otro modelo.

■ 4.5.6 Consejos de uso

Desde que el plástico sustituyó al cuero, las tareas de mantenimiento rutinario se redujeron drásticamente. No tanto las de mantenimiento correctivo (reparaciones) pues la posibilidad de rotura es inherente a todo material.

Las botas sufren importantes esfuerzos que les provocan dos grandes tipos de deterioro: el desgaste normal por uso, que repercute tanto en un aumento efectivo de la talla por apelmazamiento del botín como en la pérdida de suela, y la rotura de piezas concretas. Lo del botín es inevitable. La suela se conservará si no se arrastran los pies al caminar. Romper una pieza puede provocar la "jubilación anticipada" de la bota debido a la dificultad para encontrar repuestos tan específicos. Un consejo útil para nuestro bolsillo: si no se encuentra la pieza rota, dirigirse a un taller de tornería o similar y encargar su fabricación artesanal; suele ser mucho más barato que comprar botas nuevas.

Una carcasa rajada podría ser reparada mediante una placa bien remachada, mientras que una suela que se despega puede arreglarse con algún tornillo o mediante un pegamento flexible como la cola de contacto, que precisamente por su flexibilidad, mantiene la adherencia ante las tensiones por cizalladura que sufren las suelas del calzado; no obstante, dada la rigidez de la bota de esquí, esta cuestión no es tan determinante y podría usarse otro pegamento, siempre y cuando no se haga demasiado quebradizo al solidificar.

Al terminar la jornada conviene secar el botín; si no queremos sacarlo, porque con esa maniobra se va deteriorando en algunos modelos, podemos introducir papel para que, por capilaridad, vaya extrayendo el agua; es un método más lento, pero perfectamente válido para actividades de un día.

Suponiendo que la elección de la bota ha sido acertada, no se producirán rozaduras al ascender o al caminar, pero con el tiempo y el inevitable apelmazamiento del botín, puede llegar un día en el que surjan; a la más mínima sensación de escozor, hay que descalzarse y comprobar si se está creando una ampolla, en cuyo caso, la vaciaremos cuidadosamente y aplicaremos esparadrapo directamente sobre la piel. Si no estamos dispuestos a descalzarnos para proceder a dicha maniobra, podemos probar a apretar la bota por si fuera suficiente con esa medida. Cuando una bota comienza a

Es recomendable facilitar el secado del botín.

provocar rozaduras, es de temer que lo haga siempre, de modo que en lo sucesivo tomaremos la precaución de no calzarlas jamás sin el esparadrapo puesto. Qué duda cabe de que su adhesivo es molesto; suele extenderse al calcetín y es difícil de eliminar (no es soluble en agua, pero sí en alcohol). Existe otra solución más limpia, consistente en llevar un calcetín fino debajo de la media; para que se ajuste fuertemente al pie, su talla será algo menor que la nuestra.

Ya hemos hablado de la limitada polivalencia del calzado de esquí de montaña. Si al programar la ruta, vemos que hay importantes tramos de trepada por roca, se puede plantear la posibilidad de llevar en la mochila una bota de caminar (incluso un "pie de gato"). Si el terreno previsto no exige pisar roca, pero sí escalar alguna cascada de hielo o algún corredor, no existe ese problema, pues las botas de esquí de montaña, especialmente los modelos más blandos, se adaptan bien al uso de crampones.

Para que la bota proporcione el nivel de prestaciones en descenso de que es capaz, conviene que esté bien apretada; a lo largo de una jornada, tanto el botín como la pierna ceden algo en sus dimensiones, de modo que se necesita ir apretando los enganches de vez en cuando. Un modo de retrasar ese efecto, consiste en aflojar los enganches cada vez que nos detengamos a descansar, aunque sea durante un breve espacio de tiempo.

Algunos de los mecanismos que conmutan las opciones de ascenso y descenso se accionan con una dificultad que podemos aminorar; por ejemplo, la pestaña trasera que realiza esa función en algunos modelos, se puede abatir más cómodamente si forzamos la caña hacia delante.

Quienes posean un modelo con piezas extraíbles, como las cuñas que aumentan la tensión de caña durante el descenso, deberán extremar el cuidado durante la operación de colocación, pues con guantes, viento, cansancio y junto a una pendiente, es muy probable perder alguna. Esta precaución debe extenderse al manejo de cualquier otro objeto (guantes, cuchillas...).

Si tenemos que usar crampones, y sobre todo si son de correas, una manera de facilitar la maniobra consiste en apretar antes la bota al máximo, para aflojarla una vez colocado el crampón; así se consigue un ajuste más cómodo y bien tenso.

Para paliar los efectos de una bota que se nos ha ido quedando grande existen varias soluciones compatibles entre sí. Se pueden usar calcetines o medias más gruesos; si a pesar de ello sigue habiendo demasiada holgura en la caña, doblaremos sobre sí la parte superior de la media y la introduciremos también en la bota, por encima del tobillo. Las holguras laterales del pie solo se resuelven con más calcetines, mientras que las existentes entre la planta y su parte superior pueden reducirse insertando una plantilla.

■ 4.5.7 Uso de botas de pista en esquí de montaña

Según el tipo de construcción, muchas de las botas de esquí alpino pueden clasificarse en dos grandes grupos: de entrada delantera y de entrada trasera. Las de entrada delantera, como su nombre indica, facilitan la introducción del pie mediante el aflojamiento de la parte delantera de la caña, permaneciendo la parte trasera más o menos fija, incluso formando parte del resto de la carcasa, si bien existe una gran variabilidad en función de la marca y el modelo. Las de entrada trasera tienen la parte posterior de la caña móvil, mientras que la delantera es la que mantiene su posición respecto del resto de la carcasa (lo que no es incompatible con prestaciones como la regulación de dureza de flexión). Estas últimas se adaptan bien al esquí de montaña en el sentido de que facilitan el avance del pie cuando se afloja la caña, aunque entorpecen mucho la marcha, sobre todo cuesta arriba y si tienen poca inclinación; en cambio, las de entrada delantera molestan en la pantorrilla al foquear y al andar en llano o cuesta abajo. En cualquier caso, como carecen de una suela de goma, se les puede adaptar una de calzado de montaña, lo que podría requerir un rebaje de la original. Antes de encargar este arreglo al zapatero, deberá tenerse en cuenta si la bota tiene posibilidad de un ajuste de la inclinación lateral de la suela para adaptarse a la forma de las piernas del esquiador (*canting*), pues sería una lástima perder esa prestación. Dicho ajuste se realiza por sustitución de alguna pieza, por ejemplo el tacón, por otra que, teniendo una sección trapezoidal en un ángulo determinado, compense la posible deformación que tenga la pierna del esquiador.

Por muy interesante que sea disfrutar de las prestaciones para el descenso de una bota de pista, la marcha será siempre problemática aunque tenga una suela de goma, puesto que seguiría careciendo de una curvatura elevada, la cual es muy difícil de obtener sin deteriorar la bota.

Si las características del itinerario concreto que pretendemos realizar son tan favorables que así lo permiten, puede ser perfectamente válido usar una bota de pista; sin embargo, emplear una bota de esquí de montaña con unas ataduras de pista ofrece dos inconvenientes: la posibilidad de que la excesiva altura de la puntera impida su inserción en la atadura, y la adherencia de la suela de goma, que dificulta la liberación por torsión, determinando una tensión real de desbloqueo muy superior a la indicada en la escala, motivo por el que es muy peligroso.

En resumen, siempre que se posea una fijación con placa, es más viable una bota de pista usada en esquí de montaña que a la inversa. Esta afirmación, no es extensible al material en general, ya que con un equipo completo de esquí de montaña podemos desenvolvernos en cualquier terreno, y aún más fácilmente en una pista.

4.6 LA VESTIMENTA

El vestuario del montañero ha ido evolucionando a lo largo de los años, gracias a la aparición de nuevos materiales y tejidos con los que hacer frente a las inclemencias meteorológicas con mayor efectividad; el del esquiador, en cambio, frecuentemente ha estado bailando al son marcado por las tendencias de la moda, aunque sin perjuicio de la incorporación de tejidos de calidad. Estética, coquetería o capricho tienen tanta fuerza, que en el momento de la adquisición se pueden imponer a los criterios funcionales, los cuales, aunque no estén reñidos necesariamente con la belleza o el estilo de una prenda, tampoco coinciden con demasiada frecuencia. Así se explica que se estén vendiendo pantalones sin polaina que impida la entrada de nieve en la bota, o que mucha gente compre forros polares y no los complemente con un chubasquero, hasta que les coja una ventisca en el telesilla...

Comparando los atuendos típicos de un montañero y de un esquiador de pista, vemos que son bien diferentes; entonces, ¿cuál de los dos tipos de vestimenta deberá emplear el esquiador de montaña? La respuesta está muy clara: el del montañero. Entre las muchas razones que justifican esta aseveración resaltan dos; por un lado, el esquiador de pista se encuentra amparado por la infraestructura de la estación, de modo que ante un empeoramiento del tiempo puede guarecerse fácilmente; por otro, el esfuerzo físico que realiza es mucho más bajo, por lo que difícilmente pasará tanto calor como para tener que quitarse prendas. En consecuencia, no es de extrañar que vista, en ocasiones, aparatosos monos o gruesos anoraks con los que soporta perfectamente el frío. Quitarse una prenda de éstas, que prácticamente aportan por sí solas casi todo el aislamiento térmico necesario, es tan drástico que el montañero no puede permitírselo. Él requiere una adecuación más precisa y graduable, porque sus necesidades de intercambio térmico con el exterior cambian con frecuencia y tienen una gama de variación muy amplia que va, desde ascender, bajo el sol, sin más abrigo que la camiseta, hasta soportar las más duras ventiscas. El esquiador de montaña debe vestir en cada momento las prendas precisas para no sudar ni pasar frío; por eso prefiere llevar varias finas en lugar de pocas gruesas. Si vistiera un anorak, pasaría calor durante el esfuerzo de la subida, pero se quedaría frío si se lo quitara.

Resumiendo, el atuendo del esquiador de pista no es muy bueno para esquí de montaña, mientras el del montañero sirve para todas las circunstancias.

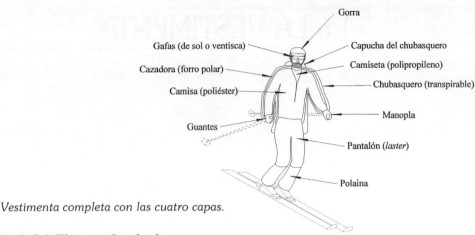

Vestimenta completa con las cuatro capas.

■ 4.6.1 El atuendo ideal

De las diversas posibilidades que tiene el montañero-esquiador para vestirse adecuadamente, solo una puede ser considerada la mejor, aunque sobre ella existen pequeñas variantes también válidas. El principio de más prendas y más finas, junto con la consideración de otras características que favorezcan la regulación térmica, van a guiar sabiamente la elección. En general, cuanto más gruesa sea una prenda, más posibilidades de regulación se le han de exigir (recorrido de cremallera, ceñidores, botones automáticos...).

Una protección excelente del cuerpo puede conseguirse mediante cuatro capas: 1.ª: camiseta, 2.ª: jersey fino o camisa gruesa, 3.ª: cazadora de forro polar y 4.ª: chubasquero. El forro polar y el chubasquero equivalen a un anorak, con lo que nos acercamos totalmente a la configuración típica basada en tres capas, pero con la ventaja de una muy superior versatilidad. Admitiendo por supuesto, que la camiseta es una prenda fija, podemos combinar las otras tres tomándolas de dos en dos, obteniendo tres posibilidades; hay que añadir otras tres si consideramos las de una sola prenda sobre la camiseta, y la de la ésta sola, con lo que llevamos siete; nos queda aún la de todas las prendas, haciendo un total de ocho posibilidades. El que pase frío o sude es porque quiere. En las configuraciones basadas en camiseta, camisa y anorak sólo existen cuatro combinaciones, mientras que quien tenga camiseta, camisa y mono sólo tiene dos si no quiere llevar la parte de arriba del mismo colgando. Existen monos de chubasquero, lo que obliga a incluir la cazadora de forro polar; pero esos monos no pueden llevarse siempre pues a veces, hace tanto calor que hay que ir solo con la camiseta y volvemos a tener el problema de que vaya colgando.

Una prenda que tuvo mucho prestigio, y aún lo tiene entre los profanos, es el plumífero. El exceso de volumen iba en detrimento de la movilidad, lo que junto con la fragilidad que los caracterizaba y la pérdida de propiedades térmicas con la humedad ha relegado el uso del plumón a prendas que sólo se usen en situaciones estáticas y protegidas; es decir, sacos de dormir.

Veremos a continuación las características recomendadas en cada prenda, estudiando de paso, cómo actúan para cumplir su función.

❏ *4.6.1.1 Camiseta*

Al ser la 1.ª prenda, no ha de abandonar el contacto con la piel, a fin de mantener siempre una capa de aire que reduzca las pérdidas de calor por convección. Por ello, será elástica y ajustada.

El algodón ha sido el tejido más empleado, pero en la actualidad ha quedado completamente obsoleto y sustituido por fibras sintéticas como poliéster, clorofibra, acrílico y, sobre todo, polipropileno. Varias son las razones que han promovido esta evolución en las preferencias. La principal obedece al hecho de que el algodón, al estar compuesto por una sustancia muy polar como es la celulosa, facilita una importante atracción electrostática sobre las también polares moléculas de agua. En consecuencia, a la cantidad que queda retenida por la prenda debido a la capilaridad, y que es inherente al tipo de punto y al grosor, hay que añadir un importante incremento asociado a la avidez que la celulosa siente por el agua. El sudor originado por el esfuerzo y la presión de la mochila sobre la espalda, puede empapar la ropa interior si no se evacua con una velocidad igual o superior a la de su generación. El agua en la camiseta establece una mayor conducción térmica ya que reemplaza la capa aislante de aire y aumenta la superficie de contacto con la piel, que en buenas condiciones, se limita a los picos de los bucles del punto. Además, en el algodón provoca un apelmazamiento no siempre reversible; es muy conocido que las prendas de este tejido encogen.

Ciertamente el algodón ha tardado en ser desbancado porque su tacto es agradable, pero actualmente las camisetas de otras fibras han conseguido niveles aceptables por las pieles más delicadas. La carestía de las camisetas de clorofibra y de polipropileno se va reduciendo conforme pasa el tiempo, tal y como ocurre con muchos productos, pero siguen costando unas tres veces más que las de algodón. Afortunadamente hay una buena solución; muchos fabricantes de ropa interior ofrecen camisetas compuestas por poliéster y acrílico en una proporción equilibrada (entre el 40% y el 60%), con un precio similar a las de algodón y un comportamiento parecido a las de polipropileno, aunque más gruesas. Se pueden usar perfectamente en montaña.

Independientemente del tejido, conviene que sean de manga larga: la nieve, sobre todo si es dura, resulta muy abrasiva sobre la piel desnuda y el Sol puede quemar los brazos. Pueden ser de cuello alto (con o sin cremallera, según gustos personales) pero no olvidarse en caso contrario de usar crema protectora solar.

❏ *4.6.1.2 Camisa*

Aunque nos referiremos a la prenda constituyente de la 2.ª capa aislante como camisa en general, también puede ser un jersey de forro polar, de lana o una camisa de imitación a franela. Aunque como la camiseta, debe ajustarse bien para impedir la pérdida de la capa de aire más próxima a la piel, con la 2.ª prenda ya se puede pasar calor, por lo que conviene que se abra fácilmente; las camisas con sus botones lo permiten muy bien, pero los jerséis deberán tener cremallera, al menos en la parte superior. Las antiguas camisas de franela, por tener algodón en su composición, perdían sus propiedades de abrigo al mojarse, pero actualmente se fabrican también con fibras sintéticas y con un aspecto similar, por lo que habrá que fijarse bien en la etiqueta antes de adquirir una.

Puede emplearse una chaquetilla de chándal, pero aunque sea de poliéster o acrílico, el tipo de tejido y de corte, normalmente demasiado amplio, no resulta muy efectivo contra la convección.

❑ *4.6.1.3 Cazadora de forro polar*

Denominado habitualmente como "forro", está constituido por fibra de poliéster; y se preguntará el lector a qué es debida esta omnipresencia del poliéster, que puede aparecer en camisetas, camisas, guantes, anoraks... y eso que aún no hemos dicho que la mayoría de las denominaciones comerciales (y hay una infinidad) de tejidos aislantes esconden también este tipo de fibra. ¿Dónde está la diferencia, si es que existe, entre unos y otros? En el diámetro y densidad de fibra. Para una misma cantidad de fibra de poliéster, la capacidad de retención de aire será mayor cuanto más obstáculos se opongan al flujo del mismo, de modo que muchas fibras finas entorpecen más que pocas gruesas. Es una cuestión de eficacia en la lucha contra la convección y la pérdida de la capa de aire en general.

Otro aspecto importante en el que la fibra de poliéster muestra un buen comportamiento es la conducción térmica, que es muy baja; de poco serviría conservar la capa de aire, buen aislante, si luego a través de las propias fibras se trasmite el calor. Otra virtud de las prendas fabricadas en fibra de poliéster es que la disminución de propiedades que se produce al mojarse no es demasiado acusada.

La cazadora de forro polar suele tener un grosor importante y un corte más amplio para no restar movilidad, permitiendo, por tanto, que aparezca una capa de aire entre ella y la camisa. Esa capa, es ventajosa cuando se conserva, pero en movimiento es difícil que así ocurra. Estamos hablando de una prenda de cierta entidad, por lo que ya es conveniente que la cremallera recorra toda la altura a fin de proporcionar un buen margen de ajuste antes de necesitar quitársela.

❑ *4.6.1.4 Chubasquero*

Aunque el forro polar ofrezca una aceptable resistencia al flujo por convección del aire, cuando el viento tiene una velocidad determinada, no necesariamente muy alta, penetra con demasiada facilidad causando un intenso enfriamiento. Tan grave problema se resuelve muy bien poniéndose un chubasquero, cuya impermeabilidad al agua y al aire ha de ser total. Basta con el más barato de los chubasqueros para elevar la capacidad de abrigo del forro polar al máximo, pero si nuestro presupuesto lo permite, podremos optar por uno que también transpire. Respecto de los tejidos que presumen de ser simultáneamente transpirables e impermeables conviene hablar más detalladamente. Para empezar, digamos que la sola afirmación de que un tejido transpira, como cualquier otra aseveración absoluta, informa de muy poco. Ningún tejido es absolutamente impermeable (salvo las capas de lluvia, pero no nos sirven) ni absolutamente transpirable (ni siquiera una simple camiseta nos mantendrá secos si la sudoración es elevada). La transpirabilidad se mide por la cantidad de vapor de agua que puede traspasar una determinada superficie durante un cierto tiempo. La impermeabilidad en cambio, se mide por la altura de la columna de agua que el tejido puede soportar sin ser atravesado; el valor de presión al que esa altura equivale se obtiene directamente multiplicándola por la gravedad y por la densidad del agua.

La coincidencia de las dos virtudes, transpirabilidad e impermeabilidad, se ha obtenido mediante la adecuada selección del tamaño de los poros del tejido, suficientemente pequeños para que el agua en su forma líquida no los cruce, pero bastante grandes para permitir un flujo aceptable de moléculas de vapor.

Los tejidos impermeables y transpirables suelen tener una textura demasiado lisa a efectos de deslizamiento sobre la nieve; por esta razón, y para mayor duración, pueden ir protegidos entre un forro interior y una cubierta exterior; es decir, las tres capas con que se suelen caracterizar los chubasqueros de gama más alta.

El crítico tamaño de los poros aconseja cuidar las prendas, absteniéndose de arrugarlas en exceso y evitando que la suciedad tapone los poros y reduzca la capacidad de transpiración. El envejecimiento de este tipo de ropa puede desembocar en una pérdida de propiedades, como se acaba de explicar. También la impermeabilidad puede reducirse, pero en este caso sería debido al deterioro por roce o a la rotura de alguna costura. Precisamente hablando de costuras, a la hora de escoger una prenda, se procurará que tenga la menor cantidad posible, y que las que existan sean termoselladas, aspecto que puede detectarse por la presencia de una película plástica interior fácil de palpar.

Hablemos de otras especificaciones que hay que exigir en un chubasquero que se precie. Una buena capucha, que pueda cerrarse hasta dejar hueco solo para las gafas, se agradecerá ante una ventisca. Es interesante que existan dos cordones, el de cintura y el inferior. El primero es el más importante, pues obliga al forro polar a ceñirse más al cuerpo. El inferior no se usa en movimiento porque reduce la amplitud de zancada, pero estando quieto, ayuda a frenar la convección. Los bolsillos serán amplios y con cierre para que no se salga nada ni entre nieve. La cremallera contará con la protección de una solapa que impida que se hiele. También los bolsillos tendrán sus respectivas solapas, incluso aunque carezcan de cremallera, pues la facilidad con que la nieve puede penetrar en ellos es sorprendente. Sin abandonar el tema de las cremalleras, éstas tendrán unos cordones que faciliten su manejo incluso con guantes. La bocas de las mangas serán elásticas, aunque su importancia dependerá del guante que se use.

❏ *4.6.1.5 Pantalones*

Si a la variedad de pantalones de montaña añadimos la de esquí alpino, nos encontramos con un número tan grande de posibilidades que desbordarían al que tuviese que decidirse por alguna de ellas. Pero que nadie se asuste: al final de este apartado se dispondrá de suficiente información para descartar las desaconsejables, que no son pocas.

Al igual que se ha comentado para otras prendas, el esquiador de montaña es más montañero que esquiador y pasa muchas horas realizando un gran esfuerzo físico, por lo que repetiremos que el equipamiento hay que buscarlo más en una tienda de montañismo que en una de esquí.

Justificando lo anterior, los pantalones de esquí alpino se pueden clasificar, grosso modo, en dos grupos: acolchados y ajustados. Los primeros tienen una estructura de tres capas, forro, aislante y exterior; recordando la de un anorak. Hasta tal punto es así que muchos monos pueden ser considerados como un conjunto de pantalón acolchado y anorak sin solución de continuidad entre ellos. No son recomendables porque resultan demasiado calientes y normalmente débiles frente a roces durante caídas y a cortes con los cantos; en cambio, son cómodos y perfectamente válidos para situaciones estáticas o días muy fríos.

Los pantalones ajustados están pensados más bien para competición de velocidad, por lo que frecuentemente llevan importantes refuerzos protectores. De un tejido compuesto en diversas proporciones por lana, poliéster, poliamida o elastán, tienen las ventajas de ser poco deslizantes en caso de caída y de tener una buena resistencia mecánica, aunque no son tan cálidos como los acolchados. Ciertamente, una prenda ajustada debe ser interior y nunca exterior, sobre todo si es la única capa, como ocurre en este caso. Su tacto no es el más agradable dado que siempre oprimen algo, y por esa misma razón tampoco se recomiendan para esquí de montaña.

Los pantalones de montaña también han experimentado cierta evolución a lo largo de la historia del alpinismo, aunque quizá en los últimos años no se hayan conseguido avances espectaculares por dos razones; una de ellas es que ya hace tiempo que se dispone de prendas de calidad; la otra es que la superficie que debe proteger exclusivamente el pantalón es más reducida de lo que parece: desde la rodilla hasta la parte media o superior del muslo. En efecto, por debajo de la rodilla, la media y/o la polaina se responsabilizan del abrigo, mientras que por encima, y sobre todo si el chubasquero es largo, será éste quien se encargue del resto. Si añadimos que la parte comprendida entre ambos límites corresponde a músculos voluminosos que trabajan enérgicamente generando mucho calor, comprenderemos por qué no es imprescindible un pantalón muy grueso. Con lo que acabamos de ver, queda implícitamente justificado por qué muy poca gente usa leotardos, mallas o medias de mujer bajo los pantalones, aunque no deba descartarse esta opción en días de frío extremo.

Los tejidos empleados (uno muy recomendable es el denominado *láster*: 50% poliamida, 32% acrílico, 15% lana y 3% lycra) son más parecidos a los de los pantalones de pista ajustados, aunque menos elásticos y con el corte holgado. Se trata de conseguir libertad de movimientos, oposición al paso del aire y conservación aceptable de propiedades térmicas, pese a la humedad.

Se usan mucho los petos porque dificultan la entrada de nieve por la cintura en una caída y porque su sistema de tirantes es muy adaptable al uso de diferentes prendas superiores. Aunque el pantalón no sea de peto, sí conviene al menos que su cintura sea alta y que ajuste bien.

Respecto de los pantalones que solo llegan hasta la rodilla, de tipo bávaro, cabe comentar que tienen como ventaja un menor peso, pero exigen siempre el uso de una polaina para impedir la entrada de nieve en la bota; esta costumbre también puede ser aconsejable incluso con los pantalones largos que no la lleven incorporada.

Entre los detalles recomendables, citaremos los bolsillos con cierre, los refuerzos en la rodilla, los protectores contra el canto del esquí y la polaina interior para mejorar el ajuste a la bota.

❏ 4.6.1.6 Medias o calcetines

La antigua recomendación de usar dos calcetines en cada pie no tiene mucho sentido y solo indica que se ha elegido una bota demasiado grande. Aunque pueda admitirse el empleo de otro calcetín interior fino, las mejores prestaciones técnicas para esquiar se obtienen cuando la bota está tan bien ajustada que se usa con un único calcetín; no olvidemos que el botín se comporta ya como un "macrocalcetín". Pero considerando la faceta montañera, bajo la cual se presentan circunstancias más adversas como el frío, las rozaduras o la necesidad de que el pie no vaya demasiado oprimido al caminar, resulta interesante emplear un calcetín más grueso cuya altura llegue bien hasta la rodilla. Las tradicionales medias de lana son perfectamente válidas si carecen de surcos que se claven en la piel bajo la presión de la bota. Más modernamente se van imponiendo las que presentan una textura exterior lisa que facilita las maniobras de inserción y extracción del pie de la bota, mientras que la interior es de bucles, como la de las toallas, permitiendo un cómodo ajuste al pie. El tejido no debe absorber agua, y en ese sentido la lana sin desengrasar tiene un buen comportamiento, pero pierde propiedades con el lavado. En todo caso, hay que elegir minuciosamente la talla para proscribir toda posibilidad de arrugas, pues pueden provocar dolor y problemas puntuales de circulación.

❏ 4.6.1.7 Guantes

La relación superficie/volumen de la mano es tan alta que la convierte en un órgano especialmente vulnerable al enfriamiento; esta relación se acrecienta en los dedos, lo que junto con el hecho de encontrarse en una extremidad del cuerpo y su inherente circulación sanguínea más limitada, explica por qué es una de las partes más expuestas a congelaciones. Por si fuera poco, en los descensos rápidos recibe directamente el aire, sufriendo un enfriamiento mayor que muchas otras zonas del cuerpo.

Además de la función de abrigo, los guantes tienen la misión de proteger mecánicamente ante pequeños golpes y rozaduras. La nieve, sobre todo si es dura, puede resultar muy abrasiva sobre la piel. Y si es tan blanda como la polvo, ¿quién garantiza que en una caída no irá nuestra mano contra alguna capa más dura o alguna piedra subyacente? Incluso durante el mero manejo de las tablas durante su transporte, debe hacerse siempre con guantes para evitar cortes con los cantos.

Es conveniente llevar siempre dos pares, admitiéndose de diferente grosor para que se puedan colocar uno sobre otro. Se respeta así el principio de la multiplicidad de capas. El guante exterior ideal sería impermeable y transpirable, teniendo refuerzos al menos en las zonas de más trabajo. Los refuerzos de cuero no son los mejores porque absorben agua. Por análoga razón, el aislante no deberá ser de algodón, sino de poliéster.

Es interesante que exista un ajuste de diámetro en la muñeca para regular si se lleva un guante interior o no. Hay muchos modelos que presentan una abertura excesiva; toda la sangre que circula por la mano pasa por la muñeca y, si ésta está desprotegida, tendrá un efecto muy negativo, tanto por la propia disipación térmica como por la posibilidad de que entre nieve. Esto se evita mediante un manguito elástico o con una boca larga que se solape ampliamente con la manga del anorak.

Aunque no imprescindible, una cinta elástica alrededor de la muñeca permite quitarse el guante sin que se caiga, posibilitando la realización de alguna maniobra que requiera cierta precisión.

El guante más fino es muy útil en días calurosos o durante la subida. Para que pueda servir de guante de recambio, conviene que tenga cierta entidad, por lo que será de lana (aunque son difíciles de encontrar, los de lana sin desengrasar son muy buenos; se distinguen porque conservan cierto olor a oveja...), clorofibra o poliéster. Los de seda, aunque haya quien los emplee, son más fríos.

En condiciones de frío extremo, o para aquellas personas a quienes las manos se les enfrían con demasiada facilidad, existe la posibilidad de usar manoplas. Aunque menos funcionales, por permitir que el calor perdido por cada dedo se redirija al menos parcialmente hacia los otros, abrigan mucho más. Con las manoplas el bastón se agarra algo peor, pero no es una cuestión grave. Más preocupante es el hecho de que cualquier operación manual exige quitárselas, en cuyo caso la utilidad de un guante interior se pone de manifiesto.

Si nos vemos obligados a quitarnos momentáneamente los guantes, los guardaremos bajo una prenda junto al cuerpo para evitar que se enfríen. Si a pesar de ello lo hacen, un buen truco consiste en inflarlos con la boca e introducir inmediatamente la mano. Si se nos ha enfriado ya, mejor que la absurda costumbre de golpearla, es dar vueltas rápidas con el brazo completamente extendido. Así la fuerza centrífuga es máxima y la sangre fluye rápida y efectivamente hasta la punta de los dedos.

❏ *4.6.1.8 La protección de la cabeza*

Quien desee descender pendientes extremas, y sobre todo si hay muchas piedras saliendo de la superficie de la nieve, deberá llevar un casco, existiendo modelos muy ligeros utilizados en ciclismo. Hecha esta consideración, vamos a centrarnos en la protección térmica de la cabeza, pues pese a no ser un dato muy conocido, lo cierto es que a través de ella se puede perder mucho calor.

Los tradicionales gorros de lana, con sus múltiples formas y modelos, han sido más que suficiente para un abrigo efectivo de la cabeza. Los más completos se podían transformar en pasamontañas e incluso tenían una pequeña visera. Actualmente la lana se va sustituyendo poco a poco por la fibra de poliéster.

Suponiendo que el chubasquero cuente con una buena capucha y un cuello alto, no se necesitará un gorro muy sofisticado. Bajo estas condiciones, y siendo fieles al principio de la máxima multiplicidad de capas, podemos recomendar el uso de una cinta de pelo ancha que cubra bien las orejas, junto con una gorra de visera; entre ambos forman un conjunto completo, pudiendo adaptarse bien a las situaciones calurosas, en las que solo se usaría la gorra. Las hay de poliéster con orejeras incorporadas, pero no son tan versátiles como la combinación de gorra y cinta. Un consejo: cuando se esquíe rápido, girar la visera hacia atrás para que el aire no la levante.

No hace mucho que aparecieron en el mercado unas máscaras de neopreno para proteger a modo de pañuelo la mitad inferior de la cara, dejando una abertura para la nariz. Permiten alcanzar una elevada cobertura sin necesidad de usar la capucha, elemento que molesta a ciertas personas que con ella sienten reducida la visibilidad lateral.

■ 4.6.2 Protectores solares

A más altitud, mayor es la intensidad con que los rayos del Sol llegan hasta nosotros; el menor espesor de la atmósfera inherente a una zona alta implica menos filtrado de los rayos ultravioleta, problema agravado con lo mucho que ha menguado la capa de ozono en los últimos años. Por si fuera poco, el fuerte y multidireccional (cada cara de un cristal de nieve tiene una orientación diferente) reflejo de la nieve, que apenas absorbe radiación, provoca que se reciba ésta desde cualquier punto y en gran cantidad. Los efectos son perniciosos a corto y a largo plazo, pudiendo originar quemaduras en la piel de mucha consideración. Estas quemaduras son menos patentes en días fríos, pero siempre peligrosas y también se producen con el cielo cubierto porque las nubes dejan pasar bastante radiación solar.

La piel descubierta se debe proteger con crema solar. Ésta se caracteriza por un índice o factor de protección que da idea de cuánto se ha multiplicado el tiempo que aguantaría la piel hasta sufrir los efectos de la radiación. La elección del índice de protección dependerá de la sensibilidad de cada cual, aunque para las condiciones típicas de la montaña, conviene que siempre sea alto, superior a 10. La aplicación de la crema es inexcusable, debiendo hacerse con minuciosidad por toda la superficie expuesta, sin olvidar las partes inferiores (bajo el tabique nasal, barbilla, cuello...) ni las orejas. Pueden usarse las gafas como "espejo de tocador" para asegurarse de la correcta extensión de la crema. Si por culpa del calor nos quitamos prendas, hay que prestar atención a las nuevas zonas expuestas, así como renovar la aplicación pasado algún tiempo.

Los labios también son sensibles a la acción solar, protegiéndose mediante barritas de crema de cacao, o con cualquier pintalabios normal. Hay productos específicos muy efectivos, bajo diversas presentaciones; los que vienen en tubo requieren quitarse los guantes para su aplicación. El protector labial debe renovarse cada vez que se coma o beba y cuando haya pasado un tiempo, variable pa-

No hay que escatimar recursos para protegerse de los rayos del Sol, incluso si el día está nublado.

ra cada persona y dependiente de la condensación del aliento. Con las bajas temperaturas, algunos pintalabios se endurecen demasiado, con lo que impregnan menos y obligan a una aplicación más concienzuda.

■ 4.6.3 Gafas

Hay dos tipos básicos de gafas para esquiar: las de sol y las de ventisca. Las primeras tienen una función eminentemente protectora contra los rayos ultravioleta y muy bien podrían haberse incluido en el apartado anterior. Son fundamentales para evitar la conjuntivitis y otras afecciones graves. Entre los muchos modelos existentes, habrá que buscar los que tengan un grado de protección frente a esos rayos del 100%, aspecto que depende solo del cristal. Aunque se siga hablando de cristales, actualmente se trata de ciertos plásticos con menos tendencia a formar añicos cortantes en caso de rotura. El color, el grado de oscurecimiento y la distribución de éste (los hay más oscuros por arriba y/o por abajo para compensar el efecto del sol y la nieve) pueden elegirse según los gustos personales, pero hay ciertos accesorios que conviene tener. Entre ellos, figuran los protectores laterales, muy útiles para evitar deslumbramientos molestos, aunque innecesarios en los modelos de amplio campo de visión, como los de los ciclistas. Las gafas de sol deben asegurarse, bien con unas patillas muy curvas, bien con una cinta o cordón.

En cuanto a las gafas de ventisca, las diferencias son importantes. Aunque abrigan más, su protección solar venía siendo menor, pero suficiente para las circunstancias en las que se usan: mal tiempo o descensos a mucha velocidad. Últimamente ya han aparecido con una protección total contra los rayos ultravioleta. En caso de caída, como son flexibles, es prácticamente imposible que causen heridas. Se deduce fácilmente que estas gafas filtran algo de luz, lo cual no solo no es negativo en días nublados, al contrario, ayudan a visualizar algo mejor la superficie de la nieve, que en esas condiciones meteorológicas se confunde con las nubes provocando una desorientadora ceguera gris. Ajustan bien a la cara mediante una cinta elástica y por tanto, requieren orificios de ventilación para evitar que se empañen. Precisamente la condensación o, mejor dicho, evitarla, es el objetivo primordial de este tipo de gafas. Se consigue mediante un tratamiento químico cuyos resultados pueden someterse a una sencilla prueba en la tienda: echando el aliento sobre las gafas nunca se deben empañar. Las hay de doble cristal, abrigando el exterior al interior que permanece más caliente y se empaña menos, pero no presentan ninguna ventaja frente a las otras, siendo más caras y pesadas.

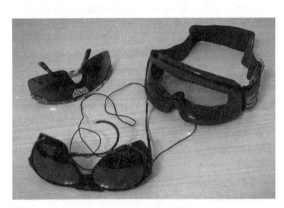

Diversos modelos de gafas de sol y ventisca.

4.7 LA MOCHILA

Si la mochila es el elemento más característico del montañero, su protagonismo no es menor para el montañero-esquiador. Las diferencias entre una mochila de montañismo y otra para esquí de montaña son escasas; toda mochila de esquí de montaña sirve para montañismo, pero esta aseveración no es válida en sentido contrario. En realidad, la única diferencia destacable es que la mochila de esquí de montaña tiene la posibilidad de cargar en ella las tablas, bien mediante unas correas laterales, bien en la tapa superior. Como los accesorios que lo permiten pueden ser útiles para transportar cualquier objeto (esterilla de dormir, crampones...), no nos ha de extrañar que toda mochila de montañismo que se precie, incorpore de serie dichos accesorios.

■ 4.7.1 Funciones

Sería una perogrullada afirmar que la mochila ha de servir para transportar cómodamente aquellos objetos que pueden ser necesarios: todo el mundo lo sabe. Sin embargo, hay algún uso poco frecuente, pero que conviene conocer, como la posibilidad de improvisar una funda para las piernas en caso de tener que acometer un vivac de emergencia, o la de constituirse en un elemento de la camilla con que transportaremos a un accidentado.

■ 4.7.2 Elementos

Básicamente, la mochila esta formada por un cuerpo, que es simplemente un saco al que se unen los demás elementos y que define el tamaño. El cuerpo tiene en su parte superior un cierre ajustable mediante cordón, que sirve para sujetar la carga. Es frecuente que el cuerpo posea una prolongación, de un material más blando, con otro cierre, que sirve para impedir la entrada de nieve cuando hay ventisca, lo que resulta muy útil cuando la mochila se encuentra prácticamente completa y el cierre principal deja una abertura importante. Sobre el cuerpo, hay una tapa abatible, que suele tener uno o dos bolsillos con cremallera donde se pueden guardar objetos pequeños a los que convenga tener acceso rápido y sin necesidad de descolocar el resto de la carga. La tapa posee unas correas o, en su defecto, unos enganches en su parte superior para portar objetos tales como crampones o esquís transversalmente.

El peso de la mochila es soportado mediante tres correas, dos de ellas para los hom-

Que la mochila permita sacar el piolet sin quitársela puede ser crucial en ocasiones como esta que fue verídica: habiendo cedido el puente de nieve sobre la grieta, con la suerte de no haber caído completamente en ella, se pudo autoasegurar hasta la llegada del compañero. De haberse tenido que quitar la mochila, posiblemente se hubiera terminado de romper lo que quedaba del puente.

bros (también llamadas hombreras) y la tercera, la correa lumbar o de cintura, que descansa sobre la cadera. Todas cuentan con un sector acolchado, y con un extremo fino y largo donde se engancha la hebilla correspondiente, permitiendo un buen ajuste de longitud.

La parte del cuerpo que contacta con la espalda cuenta con una almohadilla para impedir que una mala colocación de la carga resulte incómoda. Las almohadillas más modernas tienen unos marcados canales de aireación que reducen la acumulación de sudor.

En cada lateral hay dos, incluso tres, correas portaesquís, con o sin protecciones contra posibles cortes producidos por el canto del esquí. Aunque no es frecuente, algunos modelos poseen unos bolsillos laterales, utilizables cuando no se portean los esquís.

La superficie exterior contraria a la almohadilla muestra uno o dos portapiolets que también pueden usarse para llevar los bastones.

A fin de aumentar la consistencia, puede haber una simple armadura interna constituida por un par de tiras metálicas verticales.

■ 4.7.3 Características

❏ *4.7.3.1 Material*

Como todo, el material también ha evolucionado desde las antiguas mochilas de cuero y lona a las actuales de nylon. Esta última fibra se ha impuesto por su resistencia e imputrescibilidad, aunque no todas son iguales; el más prestigioso para estas aplicaciones recibe la denominación de cordura y está formado por fibras de mayor grosor que las convencionales, lo que conlleva un incremento de peso.

Para lograr impermeabilidad, el tejido lleva un recubrimiento plástico interno, pero con el uso se va deteriorando.

❏ *4.7.3.2 Capacidad*

Es el volumen interior, normalmente expresado en litros.

❑ *4.7.3.3 Talla*

Habitualmente la talla venía asociada al tamaño o capacidad, dejando a las hebillas de regulación de las correas la tarea de adecuación al porteador. En la actualidad se plantea que han de ser parámetros independientes, lo que no carece de sentido, pues el tamaño de la mochila no puede comprometer su adaptación al cuerpo del montañero. Hay fabricantes que llegan incluso más lejos, produciendo modelos especialmente adaptados a la anatomía femenina.

❑ *4.7.3.4 Diseño del cuerpo*

Aunque la descripción realizada anteriormente corresponde a la mayoría de las mochilas, algunos fabricantes no han renunciado al uso de cremalleras, consiguiendo modelos muy versátiles en los que la compartimentalización es más factible, lo que facilita la localización de la carga. Pero seamos realistas, incorporar cremalleras es dar una oportunidad a las averías; en ciertas condiciones ambientales es muy probable que se hielen.

En mochilas de gran tamaño, y sin alejarnos del patrón descrito inicialmente, es frecuente encontrar una única cremallera para facilitar el acceso al fondo sin tener que sacar toda la carga. En todo caso, cualquier cremallera debe tener una solapa que la proteja de la nieve.

A veces, unos complementos de las correas laterales posibilitan comprimir el cuerpo, de modo que cuando la mochila va medio vacía, no queden huecos que le resten consistencia, pues si así ocurriera, a la hora de transportar las tablas sufriríamos la molestia de unas amplias y desequilibrantes oscilaciones.

El fondo del saco debe tener un refuerzo resistente al roce contra las piedras.

Existen modelos de capacidad variable, lo que se logra mediante un suplemento en la boca del cuerpo, que se lleva abatido internamente cuando se quiere menos capacidad, y se extiende al necesitar más. Como contrapartida, la altura de la tapa tiene que regularse, lo que exige un par adicional de correas.

❑ *4.7.3.5 Forma de la tapa*

No conviene ignorar este detalle, pues es un elemento que se maneja mucho y de gran repercusión en la comodidad de uso de la mochila. Es aconsejable que posea dos correas en vez de una, para que garantice la sujeción de algún objeto que nos hayamos visto obligados a llevar entre la tapa y el cuerpo. Mejor aún es que la tapa tenga solo las hebillas, pues así las correas no estorbarán una vez abierta la mochila.

Con uno o dos bolsillos, la tapa debe tener una forma que permita alojar en su interior objetos sin que ello reste espacio al cuerpo.

Tradicionalmente, la cremallera del bolsillo se colocaba, bien en la posición próxima al cuello del porteador, bien al contrario; en ambos casos, si se nos olvidaba cerrarla y, dependiendo de que la mochila fuese muy llena o vacía (con lo que la tapa no iba horizontal), era fácil perder algún objeto. Ya existe un sistema consistente en una forma de perfil triangular, con la cremallera en el vértice superior, lo que palia en parte las consecuencias de un posible descuido.

El borde de la tapa debe ser elástico, para que se ajuste mejor al cuerpo y dificulte la entrada de nieve o suciedad.

❏ *4.7.3.6 Tipo de portapiolets*

Básicamente hay dos sistemas, el tradicional, consistente en un lazo inferior y una hebilla superior, que exige quitarse la mochila tanto para la colocación del piolet como para retirarlo; y el que permite sacarlo con una mano y sin quitarse la mochila. Se usa en pocas ocasiones, pero se agradece disponer de él, y evita que, por un exceso de pereza, se atraviese sin piolet una zona expuesta.

❏ *4.7.3.7 Forma de las correas*

Normalmente todas las mochilas presentan unas correas de hombro suficientemente anchas para que la presión sea soportable. En la actualidad son más frecuentes las correas curvas, que sobre el cuerpo del porteador describen una trayectoria más anatómica y con un mejor reparto de las tensiones. No siempre se ha prestado la misma atención a la de cintura, aunque la tendencia es dotarla de un generoso acolchado porque ha de soportar la mayor parte del peso. Esta correa debe ocupar el extremo inferior del cuerpo de la mochila, pues si su posición es más elevada, el fondo podría molestar al caminar. Según modelos, puede estar formada por dos brazos independientes que parten del cuerpo o ser un cinturón completo.

Algunas correas de hombro llevan asas adicionales para agarrarse durante la marcha cuando no se foquea. Otro accesorio que podemos encontrar en ellas, consiste en una unión opcional que sujeta ambas correas para impedir que se deslicen al exterior del hombro.

En el refuerzo de sujeción de las correas al cuerpo de la mochila, hay también un lazo para ser usado como asa; conviene que sea amplio para poder emplearlo cómodamente incluso con guantes.

Respecto de las correas portaesquís, las hay de varios tipos. Conviene que tengan una placa protectora porque, al colocar o extraer el esquí, el canto podría rajar el lateral. Las hay que permiten ceñir el cuerpo de la mochila cuando el volumen del contenido es pequeño; así se reducen las oscilaciones. Es interesante que las correas inferiores se encuentren retrasadas respecto de las superiores, de modo que las colas de los esquís queden más separadas y permitan más maniobrabilidad al caminar. No es ninguna tontería, pues precisamente en los pasos más difíciles la probabilidad de que el talón tropiece con el esquí es mayor.

La manera más común de llevar los esquís es vertical en las correas; solo hay que tener cuidado al agacharse para no golpear a alguien próximo. Para evitar que se tropiecen con los talones se pueden llevar horizontales, a diferentes alturas según lo permitan

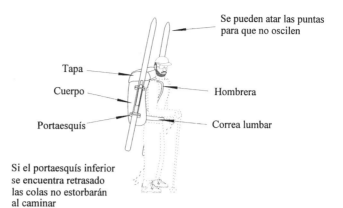

Las mochilas de esquí de montaña se distinguen por las correas potaesquís.

Si el portaesquís inferior se encuentra retrasado las colas no estorbarán al caminar

las otras correas, posición recomendada en pasajes inclinados donde no sea necesario girar ni recorrerlos de lado. En zonas boscosas y para trayectos cortos se pueden llevar al hombro, porque así es más fácil eludir las ramas.

■ 4.7.4 Elección de la mochila

En los párrafos precedentes hemos aportado información suficiente para hacerse una idea de qué requisitos pueden exigirse a la mochila que pretendemos adquirir. Además se ha de satisfacer un aspecto tan importante como la adaptación a nuestro cuerpo. A la hora de probársela, hay que verificar que la correa lumbar tenga un margen de ajuste suficiente, ya que en la montaña, con el esfuerzo, se adelgaza y podríamos encontrarnos con el peso recayendo solo en los hombros, lo que perjudica la columna vertebral, dificulta la respiración y aumenta la acumulación de sudor en la espalda.

La elección del tamaño puede suponer algún quebradero de cabeza, pues no hay uno perfectamente polivalente. Una opción, algo más cara al principio pero rentable a la larga, consiste en tener dos mochilas, una mediana y otra grande. Con un pequeño sacrificio de peso, puede usarse una mediana con suplemento, que cubre perfectamente todas las necesidades. Para excursiones fáciles de menos de un día y en las que no haya que portear las tablas, se puede emplear una pequeña, aunque no sea específica para montañismo.

■ 4.7.5 Consejos de uso

Según la actividad concreta, se pueden recomendar ciertos modos de utilización, que serán expuestos en los capítulos correspondientes a las diversas técnicas, pero como normas más generales, podemos anticipar los siguientes consejos:
- Distribuir la carga de modo que los objetos que se utilizan con más frecuencia se sitúen en posiciones accesibles.
- Apretar la correa de cintura de modo que sobre ella recaiga la mayor parte del peso.

- Cuando se disponga de varios modelos o el que poseamos sea de volumen variable, elegir y/o ajustar el tamaño adecuado para que no bailen los esquís por una escasa consistencia de la mochila, o para que no tengamos que llevar objetos fuera.

- Si se ha producido una raja en el tejido, repararla a la mayor brevedad posible, mediante un parche cosido; el cosido directo, sin parche, no alcanza la misma resistencia.

- Prestar atención a las correas portaesquís: las hay que si se dejan abiertas pueden perderse.

- Acordarse de cerrarla bien, incluso la cremallera de la tapa, antes de ponérsela (error muy frecuente).

- Los objetos cortantes o punzantes (piolets, esquís, crampones...) deben ser colocados con precaución y en posiciones no peligrosas en caso de caída (es desaconsejable poner los crampones sobre la tapa).

4.8 OTRO EQUIPO DE MONTAÑISMO INVERNAL

Vamos a completar el estudio del material, comenzando por el equipo técnico para terreno difícil y siguiendo por el de pernocta. Dedicaremos después un apartado exclusivo para el que se emplea en la lucha contra los aludes. Este último, aunque parezca específico de los esquiadores de montaña, debería ser empleado masivamente por todos los montañeros en general, durante sus actividades en la nieve.

No entraremos en la utilización del material de escalada ya que se dedica un capítulo específico para explicar la técnica alpina invernal.

■ 4.8.1 Equipo técnico para terreno difícil

Aunque la técnica alpina invernal constituye una disciplina montañera en sí misma, que incluiría también la especialidad de la escalada en cascadas de hielo, el esquiador de montaña debe poder acreditar un dominio que aunque no llegue al virtuosismo de vanguardia, sí le permita desenvolverse con garantías. Aspecto básico de ese dominio, es el conocimiento y manejo del material de invierno. Aunque ese material es perfectamente válido para practicar el esquí de travesía, existe una tendencia actual a emplear elementos menos sólidos pero más ligeros, puesto que el nivel de prestaciones exigible no es tan alto. Efectivamente, piolets, crampones o cuerdas son objetos que durante las travesías y ascensiones de esquí se usan a tiempo parcial (incluso en contadas ocasiones) pero se acarrean permanentemente.

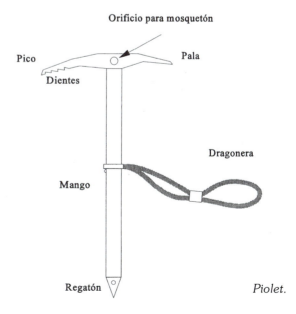

Piolet.

❏ *4.8.1.1 Piolet*

Cabe cuestionarse si es mejor llevar piolet o martillo-piolet, y para resolver la duda hay que tener en cuenta que el piolet es mejor para tallar escalones, construir iglús y setas de nieve desde las que se pueda rapelar, pero si también se llevan crampones, no es necesaria esta tediosa operación. El martillo-piolet es útil como herramienta y si se va a necesitar usar clavos de roca, la elección está clara.

Puestos a llevar piolet, deberá ser ligero y corto, pues la técnica de piolet-bastón, que es la única en la que se necesitaría que fuese largo, no tiene sentido cuando se practica esquí de montaña. También conviene que clave bien en hielo; es decir, con un pico curvo y de punta afilada.

❑ *4.8.1.2 Crampones*

Pese a su sencillez, los crampones han experimentado una notable evolución. Los primeros que se usaron eran pesadas piezas artesanales fabricadas por el herrero, con apenas ocho puntas verticales y sujetos mediante correas de cuero. Aparecieron posteriormente con más puntas, diez, doce e incluso catorce, con dos de ellas frontales. Aún más sofisticados, con puntas frontales intercambiables, se emplean para la escalada en hielo. Las correas de cuero fueron sustituidas por cinta trenzada y también por neopreno, que no se hiela, pero el sistema de enganche que se ha impuesto es el automático, similar al de una fijación de esquí con puntera en estribo y sin regulación. Este sistema, más rápido y cómodo, exigió una adaptación mediante muescas en las botas de marcha y a veces un refuerzo con correas en puntera y/o en talonera pues al golpear el hielo podía salirse; en botas de esquí, gracias al mayor tamaño de sus ranuras, puede prescindirse sobre todo, de la correa auxiliar de la puntera.

La tendencia actual es reducir el número de puntas (más vale clavar pocas bien, que muchas mal) y conseguir un buen plegado. Afortunadamente, dentro de esta línea, ya se dispone de crampones automáticos de ocho puntas cortas, dos de ellas frontales, ideales para el esquiador de montaña. En efecto, la cortedad de las puntas no es ningún problema en hielo, mientras que en nieve se progresa con los esquís o incluso sin ellos y sin crampones. Las puntas frontales son muy útiles, pues la bota de esquí no permite muchas veces cramponear aplicando todas las demás, y las pendientes más inclinadas, precisamente en las que más se necesitan los crampones, pueden subirse y bajarse de un modo fácil y seguro utilizando solo las puntas delanteras; la consistencia de la bota permite permanecer sobre ellas sin tener que aplicar un esfuerzo excesivo con los gemelos.

Crampón automático sólido y ligero con 8 puntas incluidas las 2 frontales.

❏ *4.8.1.3 Cuerda*

Los esfuerzos que se van a exigir de una cuerda cuando se practica esquí de montaña suelen ser muy inferiores a los que ha de soportar cuando se escala. Asegurar algún pequeño paso, rapelar, o las infrecuentes caídas en grietas de glaciares son situaciones que suelen provocar factores de carga bajos. Las caídas de factores altos son las que sufre el primero de la cordada de escalada, pues por una evidente cuestión geométrica, la longitud de caída es el doble de la distancia del escalador al último seguro colocado; para estos casos, las cuerdas están dimensionadas adecuadamente, si son elásticas y tienen un diámetro del orden de 10 ó 11 milímetros.

Las caídas del primero pueden exigir de la cuerda esfuerzos importantes dependiendo de la geometría y la elasticidad; por ello una cuerda tiene una resistencia muchas veces superior al peso del escalador (del orden de 20 ó 30), pero una persona no puede superar deceleraciones que equivalgan a 6 ó 7 veces su peso durante muchos segundos sin sufrir lesiones. Que la cuerda soporte más es debido a un margen de seguridad, que se toma en previsión de algún desperfecto y de su envejecimiento por fatiga, polvo, radiación...

En las caídas sufridas por el segundo, se sobrepasa relativamente poco su peso, con lo que no se necesita una cuerda tan gruesa, pudiéndose utilizar un cordino con un diámetro de 6 ó 7 milímetros (más fino, sería muy vulnerable si es pisado o forzado contra una arista cortante). Tanto el peso como la resistencia de la cuerda se reducen aproximadamente con el cuadrado del diámetro. Es interesante, por tanto, llevar un cordino y, si se quiere para mayor tranquilidad, atarse en doble, que es una técnica muy ventajosa: el caído ya está unido a la cuerda de sujeción y a la de progresión, con lo que la maniobra de rescate puede comenzar en el acto (ver el apartado 12.2.6).

❏ *4.8.1.4 Otro material de escalada*

Mosquetones, cintas, cordino fino, arneses, empotradores, rapeladores, clavos de roca, tornillos de hielo o puños son algunos de los elementos cuya necesidad variará en función de la actividad y de la técnica. Así, el puño puede sustituirse por un mosquetón con nudo autobloqueador; el arnés, por una baga hecha con cinta; un rapelador se puede implementar con un mosquetón de seguridad y un nudo dinámico, mientras que con una cinta anudada puede fabricarse un empotrador, aunque de limitadas prestaciones.

■ **4.8.2 Equipamiento para pernoctar**

Trataremos aquí el material conveniente para pernoctar por nuestros propios medios; es decir, sin disponer de la ayuda de refugios. Ni que decir tiene que siempre que se pueda hay que terminar la jornada en un refugio. En efecto, las posibilidades de supervivencia ante un cambio desfavorable de tiempo son mucho más altas. También suele haber emisoras con las que solicitar ayuda en caso de necesidad y, en su defecto, son puntos frecuentados por otras personas. El tiempo perdido en

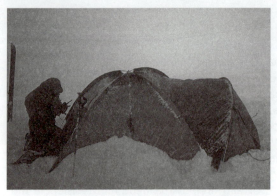

Tienda de campaña con forma de iglú y ábsides.

montar y desmontar la tienda cada jornada, junto con el notorio incremento de peso que implica el material de pernocta, restan movilidad, dominio técnico y en general, limitan el disfrute que se obtiene del esquí de montaña. Pero si para la actividad planificada no queda más remedio que pasar la noche en la nieve, hagámoslo de la mejor manera posible, para lo cual nos vendrá bien conocer el material que a continuación se estudia.

❏ 4.8.2.1 Tienda de campaña

El transporte de una tienda de campaña puede librarnos de la laboriosa construcción de un iglú, luego se trata de un precio bien pagado. Eso sí, no vale cualquier tienda, tiene que ser ligera, que proporcione un buen aislamiento térmico y que además transpire. Aquellas cuya forma recuerda la de un iglú, precisamente son las más empleadas; gracias a su sistema de varillas flexibles soportan bien el viento y se montan rápidamente. La forma de iglú, con sus laterales bastante verticales en la base, suministra un, relativamente, gran espacio interior y resultan muy cómodas para permanecer sentados o durmiendo sin que la tela dé en la cara. Además, al carecer de mástiles, son más seguras frente a los rayos. Es interesante que tengan un ábside donde guardar los objetos de uso esporádico, sin necesidad de salir por ellos. Mejor dos puertas que una, pues así se facilitan muchas maniobras sin molestar al compañero.

La mayoría de las tiendas de alta montaña se adaptan bien al esquí de travesía. Suelen permitir una división en dos o tres paquetes (suelo y paredes, doble techo y varillas) facilitando un mejor reparto del peso entre los usuarios. Es interesante que posean faldones para ajustar mejor a la nieve y evitar que la ventisca forme acumulaciones dentro del doble techo.

Las clavijas no serán en forma de clavo sino de diedro, pues son las únicas que sujetan algo en la nieve. Los vientos principales pueden atarse a rocas próximas o a los esquís y piolets, mucho más fiables que las clavijas. Estas se afianzarán mejor si previamente se ha pisado la nieve.

El lugar de la instalación se elegirá cuidadosamente. Las lomas son más seguras frente a las avalanchas, pero sufren más el azote del viento.

Toda la superficie donde se instalará la tienda deberá allanarse y asentarse; para ello, con los esquís puestos se realizará un primer pisado, continuando después con los pies. Una vez establecida la base y montada la tienda, habrá que evitar que nuestros movimientos en el interior de la misma provoquen acusadas huellas que nos incomoden al dormir.

❏ 4.8.2.2 Saco de dormir

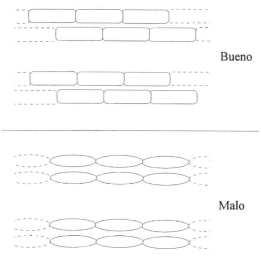

Un buen saco de dormir, además de ser doble, debe tener las células tabicadas y solapadas para eliminar puntos de fuga del calor.

La calidad del saco de dormir depende de muchos aspectos que analizaremos someramente más adelante, pero en general hay que afirmar que cuanto mejor sea la tienda, menos habrá que exigir del saco. Evidentemente, no es lo mismo pernoctar en una tienda, en un iglú o a la intemperie. En este último caso, incluso convendría usar también una funda de vivac.

Aunque existen muy buenos sacos cuyo aislante está constituido por fibras sintéticas, es la pluma, y más concretamente el plumón, el material más apreciado. Ciertamente el plumón pierde drásticamente sus propiedades al mojarse, tardando mucho en recuperarlas, pero como el saco de dormir no es para la lluvia, sino para dormir en sitios protegidos, comprenderemos que éste se use en los sacos pese a haber sido proscrito en los anoraks. Las cualidades del plumón son bien patentes: es ligero, se comprime fácilmente y se expande bien, envolviendo mejor que otras fibras las curvas del cuerpo y proporcionando un agradable acogimiento. El plumón de más calidad se obtiene del pecho o del vientre de gansos y patos marinos nórdicos, como el éider (de ahí viene el nombre de edredón), recolectándose en los nidos que estas aves tapizan con sus propias plumas. Resulta difícil palpar sus cañones de lo fino que es; por eso tiene mucha facilidad para escaparse por minúsculos orificios y se requiere un nylon especial, llamado *antiduvet*, para contenerlo. Su movilidad facilita que se acumule en ciertos puntos dejando otros con poca densidad, por lo que los sacos tienen una estructura celular, siendo recomendable que las separaciones entre células sean tabicadas, para una más uniforme distribución. En los sacos dobles, se procura que las paredes intercelulares de cada capa no coincidan con las de la otra, en un esfuerzo por impedir que el calor encuentre un camino fácil para escapar. Precisamente hablando de sacos de doble capa acolchada, es posible encontrarlos con la exterior de fibra y la interior de pluma, tratando de combinar las ventajas de ambas.

Respecto del tejido exterior, siempre será exigible que transpire bien; la acumulación de humedad entre el cuerpo y el exterior aumenta la conductividad térmica. El tejido interior será preferentemente agradable al tacto, y para una mejor conservación es aconsejable usar una sábana. Con ello se evita tener que lavar el saco con mucha frecuencia, o resignarse a mantenerlo sucio. Contrariamente a lo que se ha pensado durante mucho tiempo, la pluma no solo se puede lavar, sino que se debe; en efecto, pasado un tiempo de uso, va acumulando suciedad y grasilla que la apelmaza, con lo que pierde parte de sus apreciadas propiedades. Por supuesto, para el lavado hay que seguir estrictamente las indicaciones del fabricante, que incluyen la muy importante fase del secado.

❏ *4.8.2.3 Funda de vivac*

Se trata en realidad de un "cubresaco", existiendo varias calidades según lo que se espere de ella. Si lo que se quiere es preservar el saco del roce, bastará con una funda simple y barata, pero siempre transpirable. Si se aspira a vivaquear, la funda tiene que hacerse cargo de parte de las funciones que porporciona la tienda, con lo que convendrá que sea impermeable además de transpirable. Hay fundas que también tienen un acolchado aislante de fibra, pudiéndose considerar como un saco más.

La necesidad de la funda de vivac es muy discutida; hay quien la lleva siempre, incluso en excursiones de una jornada, por si surgen problemas que obliguen a pasar la noche a la intemperie. Sin embargo, la funda no es un saco y pasar una noche con su única protección no es muy halagüeño. Puede suplirse en esos casos utilizando la mochila para las piernas, cubriendo el cuerpo con un anorak o un chubasquero.

❏ *4.8.2.4 Manta térmica o capa de supervivencia*

Recibe este nombre una capa de polietileno aluminizado, muy ligera y de volumen mínimo pero capaz de cubrir a una o dos personas. No transpira, pero refleja prácticamente toda la radiación, lo que combinado con lo poco que cuesta portearla y su bajo precio, aconseja llevarla siempre. Puede ser importante para la supervivencia. Pese a su falta de transpiración, como es un elemento que no se cierra, los problemas de condensación no tienen por qué ser graves.

❏ *4.8.2.5 Esterilla*

Entre el saco y el suelo conviene interponer un elemento que aísle térmicamente y, en la medida de lo posible, de las incómodas irregularidades que existan. Hay varios tipos de esterillas y colchonetas. Las inflables son las más cómodas para dormir, siendo las de lona forrada interiormente por goma, las más resistentes pero muy pesadas, mientras que con las de plástico ocurre lo contrario: ligeras y débiles; ambas ocupan poco espacio en la mochila. Las esterillas son voluminosas pero ligeras y de uso inmediato, pues solo hay que desenrollarlas; tienen otras sencillas pero ingeniosas aplicaciones, tales como asiento improvisado o parapeto para cocinar... En una posición intermedia entre esterillas y colchonetas, tenemos las autohinchables, que solo requieren algo de esfuerzo para extraerles el aire al guardarlas; tienen un grosor mayor que el de las esterillas, aunque pesan más siendo éste su único inconveniente.

❏ *4.8.2.6 Infernillo*

En travesías de fin de semana, en las que a lo mejor solo se pernocta una vez, muy bien se puede prescindir de comer caliente. Otra cuestión es la obtención de agua, para lo que puede ser necesario fundir nieve. La bajísima concentración en sales del agua procedente de la fusión de nieve, puede exigir que se le añada algún producto específico; todo dependerá de la cantidad a ingerir, de si se bebe mientras se come o de si se ha mezclado con más agua que ya hubiera en la cantimplora.

Sometido a temperaturas muy bajas, el gas butano que emplean muchos tipos de infernillos no se vaporiza bien en el quemador, aspecto que habrá que considerar al elegir el modelo.

❏ *4.8.2.7 Linterna frontal*

La necesidad de ver pese a tener las manos ocupadas originó la fabricación de linternas que pudieran llevarse en la cabeza.

Para las necesidades habituales, basta con una frontal sencilla, que siempre se llevará con bombilla de repuesto y se tendrá en cuenta el estado de la pila. El interruptor puede ser difícil de accionar con guantes, motivo por el que muchos modelos se encienden y apagan girando la pieza que contiene la parábola. Las linternas con lámpara halógena y haz variable invitarían a esquiar de noche, pero esto solo es factible por terreno fácil y conocido. Además consumen rápidamente las pilas, incluidas las alcalinas.

En las linternas frontales la pila no se encuentra necesariamente junto a la bombilla, sino que se aloja en un estuche, que puede encontrarse a la altura de la nuca o llevarse colgado del cuello. En este último caso, la pila puede funcionar mejor gracias al calor del cuerpo. En ambos modelos tiene que haber un cable, que deberá ser lo más corto posible para evitar que se disipe en él parte de la energía que la pila debería enviar a la bombilla. Cuando no se use, hay que retirar la pila del estuche o desconectarle al menos una patilla; así se evita que algún pequeño consumo o fuga de corriente pueda agotarla, algo muy frecuente en los modelos de foco variable.

4.9 MATERIAL CONTRA ALUDES

La lucha contra los aludes tiene dos facetas, una a priori: la prevención, y otra a posteriori: el rescate de la víctima. La primera se centra fundamentalmente en evitar ser sorprendidos por la avalancha, mientras que la segunda se basa en el buen uso del material, de modo que éste es el momento oportuno para explicar determinadas técnicas de manejo.

Lo único que nos puede librar de los aludes es el sentido común y la suerte; no existe material alguno que impida el desencadenamiento de una avalancha, pero todo el que vamos a estudiar seguidamente puede resultar crucial en la rápida localización y rescate de la víctima. Dado que la mayoría de los sepultados por un alud permanecen vivos cuando éste se ha detenido, la trascendencia de una urgente intervención resulta bien patente.

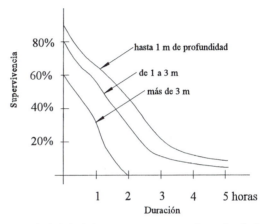

Probabilidad de supervivencia en función de la duración del enterramiento y la profundidad.

El material contra aludes es imprescindible pero insuficiente por sí mismo; suele requerir una buena dosis de pericia, que hay que aprender debidamente antes de que llegue la ocasión de aplicarla. Sería lamentable que, contando con los medios adecuados, una falta de preparación origine un retraso tal que suponga la pérdida de una vida.

■ 4.9.1 Pala

Herramienta versátil de múltiples aplicaciones, su principal función se da a la hora de desenterrar a la víctima de un alud. Aunque se pueden usar las colas de los esquís como pala rudimentaria, el tiempo que se tarda de esa manera es muy prolongado. Las labores de desentierro son mucho más laboriosas de lo que la gente piensa; el apelmazamiento de la nieve contribuye a ello y, dependiendo de la postura y profundidad a la que se encuentre la víctima, pueden llevar más de media hora. El tiempo tardado en desenterrar a una persona puede multiplicarse por cuatro o por cinco si se emplean esquís en vez de palas.

Una pala ligera resulta imprescindible en muchas actividades.

Otras funciones de menor urgencia, pero que se agradecen, surgen cuando hay que construir un iglú, preparar la base donde se instalará la tienda o abrir un acceso a la entrada de un refugio. También sirve para realizar ciertos tipos de anclajes en la nieve, para sacar el coche si ha nevado mucho durante nuestra ausencia y para construir una camilla, función ésta para la que algunos modelos, especialmente diseñados con orificios y mango extraíble, resultan muy adecuados.

Afortunadamente existen varios modelos ligeros y plegables que se transportan fácilmente. El material empleado suele ser plástico o aluminio, siendo este último más duradero. A la hora de adquirir una pala, hay que considerar las prestaciones sin escatimar. Pensemos por ejemplo, que merece la pena pagar un poco más si permite la construcción de una camilla, pues nos ahorraría el costo y el peso de llevar piezas específicas para ese menester.

Si existe riesgo de aludes, lo mejor es no salir, pero si se hace, lo ideal sería que cada miembro del grupo llevara una pala, aunque pueda parecer excesivo. Imaginemos lo que ocurriría si el único que lleva pala es precisamente el que queda sepultado. Una solución de compromiso es que solo la lleven algunos, con un mínimo de dos, y que sean ellos quienes ocupen las posiciones más separadas en el grupo (el primero y el último). Así se reduce la probabilidad de que la avalancha sepulte a todos los portadores de pala.

■ 4.9.2 Sondas

Varillas empalmables, mediante rosca, para sondeo.

Son un conjunto de tubos o varillas empalmables que se introducen en la nieve para localizar un cuerpo sepultado. Son el instrumento a utilizar cuando se carece de detectores electrónicos. Un accesorio en forma de muela dentada que se coloca en la punta, sirve para rasgar y extraer tejidos, lo que permite distinguir una víctima de otro objeto. Existen ciertos bastones de esquí que pueden transformarse en sondas.

Las labores de localización de víctimas mediante sondas suelen ser muy lentas, de modo que solo suelen servir para rescatar cadáveres. Por esa razón apenas se llevan y no las vamos a recomendar salvo para los grupos especializados de rescate.

Existen dos tipos de sondeo. El primero es menos denso pero más rápido porque cada individuo cubre un frente aproximado de un metro. El otro es más minucioso y se aplica cuando el anterior ha fracasado; cada componente del grupo de rescate no cubre mucho más de 25 cm, trabajando, por tanto, hombro con hombro. En ambos casos se avanza simultáneamente; cuando alguien encuentra con la sonda un obstáculo sospechoso, da el aviso para proceder a comprobarlo, sin perjuicio de que el resto de los sondeadores continúen su marcha para no perder tiempo si fuera una falsa alarma, y para buscar a otras posibles víctimas. El rebote que se recibe cuando la sonda choca con un cuerpo es diferente, más elástico, que cuando lo hace contra hielo o roca; se parece más al choque contra la hierba del fondo, aunque es de suponer que el cadáver se encuentre a menor profundidad. En caso sospechoso, se introduce una sonda con punta dentada y se retuerce con fuerza; luego se extrae cuidadosamente para observar si se ha enganchado algún trozo de tela.

El sondeo acometido con poco personal tiene unas posibilidades muy limitadas.

El hecho de necesitar personal para reemplazar a algún sondeador, encargarse de excavar o de vigilar ante posibles nuevas avalanchas, exige que el grupo de rescate sea numeroso. Cuando no se dispone de tanta gente, puede realizarse un sondeo denso, pero con los participantes más separados y clavando cada sonda dos o tres veces antes de avanzar. Evidentemente, la velocidad de progresión se divide en la misma proporción. En todo caso, sondear una hectárea exige muchas horas de trabajo.

■ 4.9.3 Cordino de avalancha

Este ligero cordino suele tener una longitud de unos diez metros, estando numerado y con flechas indicando la dirección en la que se encuentra la víctima. Ha de ser de un color llamativo y si destiñe, mejor. Su fiabilidad es muy baja porque en el caso de llevarlo correctamente desplegado, es posible que quede totalmente enterrado. Su incomodidad de manejo, junto con la pereza que da decidir su despliegue, no nos permite recomendarlo. La única ventaja que tiene frente al detector electrónico es su menor precio.

■ 4.9.4 Detector o ARVA

Se han propuesto diversas denominaciones para referirse al aparato electrónico empleado para detectar y/o ser detectado tras producirse la avalancha. Las siglas ARVA proceden del francés (*Apareil pour Recherche de Victimes de Avalanches*) y se ha sugerido en España la adopción de esas siglas por su fácil y aceptable adaptación al castellano (Aparato para Rescate de Víctimas de Avalanchas). También se ha sugerido LEVA (Localizador Electrónico de Víctimas de Avalanchas). Hay quienes se refieren al objeto en cuestión mediante la mención de la marca del modelo que posee, práctica que induce a confusión ya que hay varias. Aunque todas las denominaciones pueden ser válidas, ninguna es perfecta pues no hacen alusión a la doble función: detector y detectable. Por fijar criterios, en este libro solo se usarán las denominaciones ARVA o detector, porque parecen ser las que más han cuajado en el argot montañero.

❏ *4.9.4.1 Descripción*

En un dispositivo compacto que ocupa poco más que una cajetilla de tabaco y cuyo peso ronda el cuarto de kilo, se encuentran realmente dos aparatos clave para nuestra supervivencia y para la de nuestros compañeros.

Por un lado está el emisor, que trabaja con una frecuencia normalizada de 457 Khz. Tradicionalmente se usaba también otra, la de 2275 Khz, con los consiguientes problemas de incompatibilidad. Se resolvieron mediante aparatos que podían trabajar en ambas, pero por supuesto resultaban más caros y complejos. Finalmente, las normas de homologación han establecido una única frecuencia, la de 457 Khz debido a su mayor facilidad para atravesar la nieve. De hecho, los modelos que disponen también de localizador de esquís (útiles para los enemigos de las correas que frecuenten nieves profundas...) trabajan a una frecuencia de 398 Khz, en la gama de las que atraviesan bien la nieve, pero suficientemente alejada de la principal (457 Khz) como para no interferirla. El funcionamiento como localizador de esquís exige la colocación de un aparato especial (pequeño, compacto y que solo trabaja en emisión) en cada uno.

Por otro lado, tenemos el receptor que, lógicamente, debe dar una salida máxima para esa frecuencia y además, ser muy selectivo para evitar interferencias. El receptor ha de tratar la señal de tensión inducida en la antena para producir otra señal, esta vez audible, proporcional a aquella. Se requiere un gradiente importante en la intensidad de la señal para que se noten claramente las variaciones al desplazarnos respecto de la víctima. Esto puede provocar que antes de acercarnos mucho ya se haya alcanzado el nivel de saturación de la señal audible, por lo que existe un mando de volumen del altavoz, con escala de indicación de la distancia aproximada a la que puede encontrarse la víctima. Una vez alcanzada la saturación, aunque nos acerquemos más a ésta, no subirá el nivel de la señal, por lo que no sabre-

Detector o ARVA.

mos si estamos avanzando correctamente. Algún modelo dispone de un indicador luminoso que avisa cuando se produce esa circunstancia, advirtiendo de la necesidad de reducir el volumen.

Elemento común a los anteriores es la antena; integrada internamente en el aparato, se utiliza para las dos funciones: recepción y transmisión. La antena es la responsable de la forma del lóbulo de radiación, término que describe la distribución espacial de la intensidad de radiación y que sirve para hacernos una idea visual de cómo se está emitiendo. La forma del lóbulo se obtendría teóricamente uniendo todos los puntos donde la radiación alcanza el mismo valor. Cada lóbulo sería, por tanto, una superficie tridimensional correspondiente a un valor determinado de intensidad de señal. A partir de una distancia de muy pocos metros desde el detector, los lóbulos tienen una forma aproximada de esferas concéntricas, siendo las mayores las más alejadas y las que corresponden a puntos de señal más débil. Por tanto, ya podemos establecer una conclusión fundamental en el manejo del aparato: la magnitud de la señal recibida evoluciona inversamente con la distancia al aparato.

La visualización de la forma de radiación mediante el lóbulo es una ayuda en la comprensión del fenómeno ya que relaciona distancia y magnitud de señal electromagnética. Pero suele emplearse otra descripción geométrica basada en el dibujo de unas cuantas líneas de inducción, lo que informa también de la dirección del campo electromagnético. Y es que en un mismo punto, la señal recibida varía dependiendo de cómo se oriente el receptor. Precisamente la acusada curvatura de las líneas de inducción en las proximidades del detector provoca que un pequeño desplazamiento de éste cambie mucho el ángulo que forma con ellas, lo que explica que se pueda dar el caso de un aumento de señal pese a estar alejándose.

El hecho de que la antena se encuentre oculta dentro del aparato por razones de seguridad, junto con el de que es fácil olvidar qué líneas de inducción corresponden a su orientación, aconseja que el aparato tenga una flecha indicando la dirección de las líneas. Resulta de gran ayuda en alguna de las estrategias de búsqueda. La geometría de las líneas origina frecuentemente que, una vez orientado el ARVA para una recepción máxima, la víctima se encuentre en una dirección más bien perpendicular a la indicada por la flecha; este aspecto, aunque en principio sea una dificultad, puede ser aprovechado para una búsqueda más rápida.

La alimentación eléctrica suele obtenerse de dos pilas pequeñas de 1,5 V; el bajo consumo del aparato permite un periodo de utilización incluso de cientos de horas (varía de unas marcas a otras) con pilas alcalinas, con lo que se pueden realizar travesías largas sin problemas. Es conveniente que posea algún modo de averiguar el estado de las pilas; en caso contrario más vale curarse en salud y llevarlas nuevas. También debe tener un testigo de funcionamiento correcto, sin perjuicio de que se realicen las pertinentes comprobaciones antes de salir; más adelante se describe algún protocolo que permite comprobar en poco tiempo todos los aparatos del grupo.

De gran importancia es el sistema de sujeción al cuerpo, que deberá ser seguro y ergonómico. Asimismo, el interruptor de encendido estará a salvo de cualquier maniobra fortuita que pudiera desactivarlo.

Algunas marcas tienen una salida de audio, para la que suelen valer auriculares normales comerciales (mucho más baratos). Son útiles para rescate en ventisca, o en la proximidad de un helicóptero, pero no imprescindibles. Otro accesorio da una indicación visual en vez de acústica, irrenunciable solo para sordos...

❑ *4.9.4.2 Verificación del correcto funcionamiento*

Lo ideal es que cada aparato, de cualquier marca, disponga de algún procedimiento de autocomprobación del correcto funcionamiento, tanto en recepción como en transmisión. Pero el más seguro de todos los métodos, y que debería acometerse siempre justo antes de comenzar la travesía, es el que se explica seguidamente.

Control de recepción: Un componente del grupo pone su aparato en el modo de transmisión; el resto en el de recepción, y se van alejando de él, deteniéndose cuando la señal se pierde. El alcance logrado por cada uno de los receptores debe superar en cualquier caso, y en todas las orientaciones, los 20 m. De este modo han quedado comprobados un transmisor y todos los receptores menos uno.

Control de transmisión: La misma persona que antes se encontraba en transmisión, conmuta ahora al modo de recepción; el resto del grupo, pero solo uno cada vez, lo pone en transmisión (quedando los demás apagados o en recepción) y se acerca al que recibe, verificando éste que detecta la señal antes de que se le aproxime por debajo de 20 m; seguidamente se apaga el aparato y le toca el turno al siguiente. Al final, han quedado también comprobados todos los transmisores y el receptor que faltaban.

Finalmente, todos los participantes se asegurarán de dejar el aparato en el modo de transmisión.

Hay otro protocolo de comprobaciones muy sencillo y rápido aunque, por la posibilidad de solapamiento de señales, es algo menos riguroso que el anterior. Consiste en los siguientes pasos:

- Se colocan todos en hilera, con una separación de unos 5 metros y los detectores en recepción menos el primero que estará en transmisión.
- El primero o jefe de grupo se desplazará hacia atrás manteniendo una separación desde la hilera constante y también de unos 5 metros.
- Todos irán recibiendo la señal del primero mientras éste se les va acercando.
- Al llegar al último, todos, incluido el jefe de grupo, invierten el modo de funcionamiento.
- El jefe de grupo mantendrá una escala más bien baja, para recibir solo la señal del más próximo mientras vuelve sobre sus pasos hacia la posición de cabeza.
- El jefe de grupo se sitúa el primero, coloca su ARVA en emisión y comienza la marcha.

❑ *4.9.4.3 Consejos de uso del ARVA*

- El detector se llevará siempre encendido en modo de transmisión y en el cuerpo, no en la mochila.

- Conviene vigilar el estado de las pilas, llevando un juego de repuesto.
- Se usarán pilas del tipo recomendado por el fabricante, que suelen ser alcalinas.
- En el interior de un automóvil pueden alcanzarse temperaturas que superen el máximo admisible por el ARVA o por las pilas; vigilar este punto.
- Asegurarse de que los contactos no estén sucios ni con óxido.
- Practicar las técnicas de búsqueda enterrando el ARVA en la nieve protegido por una bolsa de plástico, pero ¡sin olvidar encenderlo antes, y sin dejar indicios o huellas aisladas que faciliten la localización visual.

❑ *4.9.4.4 Localización mediante ARVA*

La secuencia de acciones a realizar puede ser dividida en dos partes, hasta y desde la recepción de la primera señal. Según circunstancias tales como el tamaño del alud, el número de participantes o el riesgo de que se produzca otra avalancha, habrá que tomar decisiones rápidas pero acertadas, para lo cual se ofrecen los siguientes criterios en función de la fase en que nos encontremos.

4.9.4.4.1 Estimación de la probable posición de las víctimas

El afortunado que se esté librando debe observar la trayectoria de cada víctima (difícilmente podrá fijarse en más de dos), prestando atención al punto donde desaparece bajo la nieve (el cual deberá marcar después), tratando de imaginar gracias a la evolución de la masa de nieve la posición donde yacerá la víctima tras detenerse el alud. Realmente la velocidad del cuerpo sumergido en la nieve no coincide con la superficial (ésta suele ser mayor), pero puede valer como cálculo aproximado. En la estimación es mejor suponer que la víctima se ha quedado más bien arriba; si esto fuese erróneo, costará poco tiempo descender.

Si hay varios rescatadores y varias víctimas, que cada uno de aquellos se fije en las más próximas a él. Si hay dos observadores juntos, pueden intentar un acuerdo rápido. Se trata de evitar que haya varios rescatadores para una víctima y que otra no tenga ninguno.

4.9.4.4.2 Determinación del área a rastrear

Si se ha visto el lugar de desaparición de la víctima bajo la nieve, ya podemos establecer una delimitación superior. Los límites laterales suelen estar muy claros cuando el alud no es muy ancho, pues coinciden con los de éste; sin embargo, si supera los 40 metros aproximadamente (este valor depende del alcance del detector), habrá que trazar desde el punto de desaparición un ángulo de 90° cuya bisectriz coincida con la posible trayectoria seguida por la

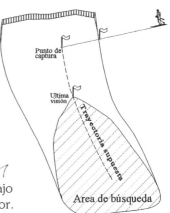

Es muy importante marcar el punto de captura y el de última visión. En principio, es absurdo operar fuera del área de búsqueda.

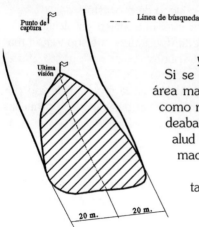

Siguiendo una línea de búsqueda bien centrada, un solo rastreador puede cubrir perfectamente un alud de hasta 40 m de anchura.

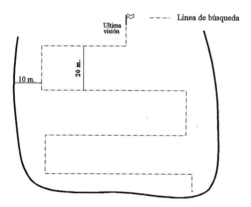

Al mantener una separación máxima de 20m entre barridos horizontales, y al acercarse hasta sólo 10 m de los bordes, nunca se superan los 15 m de distancia a cualquier punto.

víctima. Cuando la separación entre los lados del ángulo alcance los 40 metros, los límites laterales no se extenderán más, siendo paralelos a la trayectoria.

Si se dispone de varios detectores, se puede atacar un área mayor. El límite inferior podrá determinarse tomando como referencia el lugar donde se detenga la nieve que rodeaba a la víctima en el momento de su ocultación; si el alud es de nieve polvo, no resultará nada fácil esta estimación.

Si la trayectoria del alud es curva, se tendrá en cuenta a la hora de estimar los límites laterales.

4.9.4.4.3 Búsqueda de la primera señal

Área a rastrear pequeña: Si por la observación puede preverse la más probable posición de la víctima, dirigirse directamente a ese punto variando la orientación del detector hasta escuchar el primer pitido. El modo sistemático más correcto de aproximarse es dirigirse al punto donde fue observada por última vez, y desde allí descender según una trayectoria igual a la descrita por el alud hasta su extremo inferior. De ese modo, un solo rastreador barre toda el área.

Área grande (de un radio de más de 20 m) y un solo rastreador: Dirigirse al extremo superior e iniciar una serie de rutas horizontales llegando hasta 10 m de los bordes laterales; cada barrido horizontal debe separarse unos 20 m del anterior. Con esta táctica, se encontraría la víctima con cualquier alcance entre aparatos igual o superior a 10 m, valor suficientemente alto para no perder mucho tiempo y, sin embargo, tan bajo que, incluso en malas condiciones de transmisión, cae sobradamente dentro de las prestaciones de distancia del detector.

Es de suponer que la víctima no yazca a una profundidad de muchos metros. De ser así, el alcance necesario sería algo mayor, pero como los detectores trabajan con distancias de varias decenas de metros, aún debe ser perfectamente válida la táctica recomendada. Un enterramiento a mucha profundidad exige tanto tiempo de excavar que aun en el caso de un uso óptimo del detector, las posibilidades de supervivencia son reducidas.

Área grande y varios rastreadores: Aprovechando la ventaja que supone contar con varios detectores, se dispondrán éstos en paralelo, avanzando según la trayectoria del alud y manteniendo una separación constante entre ellos de unos 20 m; entre los de los extremos laterales y el borde del alud se dejarán solo 10 m (para compensar una posible forma sinuosa del lateral). Si con esta disposición se puede cubrir toda el área, y aún sobran detectores, éstos se mantendrán en el modo de funcionamiento de recepción

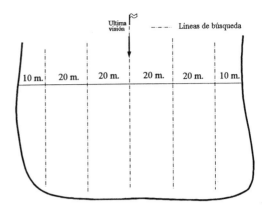

Forma de rastrear un área amplia contando con varios participantes.

(o apagados si no es previsible una nueva avalancha) para no perturbar a los rastreadores activos; así podrán dedicarse a otras tareas como la de marcar puntos clave (recepción de la primera señal, último contacto visual), vigilar si se produce otra avalancha, ir por ayuda o empezar a preparar la camilla; es probable que incluso en el caso de un rescate muy rápido, la víctima necesite cuidados especiales.

Si pese a contar con varios detectores no se logra cubrir toda el área, los participantes en la búsqueda avanzarán mediante barridos horizontales como se describió en el caso de un solo rastreador.

4.9.4.4.4 Detección de la primera señal

Lo primero es marcar el punto ya que si luego se perdiera la señal se podría recuperar. Si solo hay un sepultado, se procederá inmediatamente a su búsqueda siguiendo el método elegido; si hay varios, el resto de los rastreadores buscarán a los demás mientras que quien ha recibido la primera señal se encarga de esa víctima. Conviene reducir en cuanto se pueda el volumen de la señal para recibir solo una, la de la víctima más cercana. Asimismo, los otros rastreadores procurarán evitar del mismo modo, que el pitido de su detector induzca a error a quien ya está siguiendo una señal.

4.9.4.4.5 Método de las perpendiculares

Orientar el aparato para una buena recepción, conservar dicha orientación y seguir la dirección que se llevaba al recibir la primera señal; es de esperar que ésta aumente y, si así ocurre, continuar con el mismo rumbo. En cuanto se detecte una disminución, volver al punto de máxima señal y girar 90° a la izquierda o a la derecha; si la señal aumenta, hemos acertado y seguiremos esa nueva dirección, mientras que en caso contrario daremos media vuelta procediendo de manera análoga a como se ha descrito. A veces, en vez de detectar un punto de máxima señal, se encuentra una zona de varios metros con la señal prácticamente constante, fuera de cuyos límites sí se aprecia claramen-

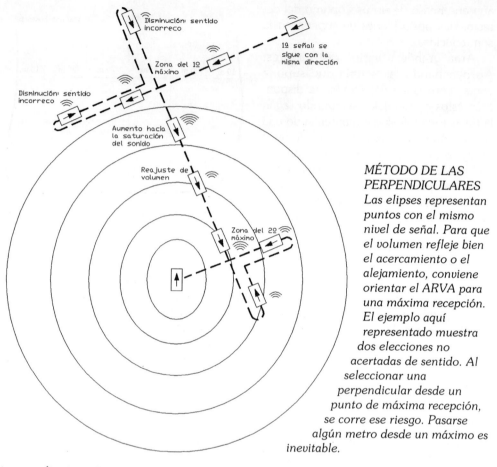

MÉTODO DE LAS PERPENDICULARES
Las elipses representan puntos con el mismo nivel de señal. Para que el volumen refleje bien el acercamiento o el alejamiento, conviene orientar el ARVA para una máxima recepción. El ejemplo aquí representado muestra dos elecciones no acertadas de sentido. Al seleccionar una perpendicular desde un punto de máxima recepción, se corre ese riesgo. Pasarse algún metro desde un máximo es inevitable.

te una disminución; trazaremos la perpendicular desde un punto intermedio entre los mencionados límites. En posiciones muy próximas a la víctima, es posible encontrar dos máximos de señal en un reducido espacio; con toda probabilidad se hallará en el punto medio entre ambos.

Conforme nos vamos acercando a la víctima hay que ir reduciendo el volumen hasta llegar al mínimo de la escala.

Dado que el lóbulo de radiación no es esférico, sino elipsoidal, no hay garantías de que con un único cambio de rumbo de 90° se acierte con la posición de la víctima; sin embargo, a lo sumo se necesitarán uno o dos quiebros más para llegar muy cerca de ella.

Conviene reorientar frecuentemente el detector para conservar el mayor nivel de señal posible; esto permite ir disminuyendo el volumen lo que, como hemos visto, discrimina mejor en favor de la víctima más cercana.

Alcanzada una posición, desde la cual todo desplazamiento origine una disminución de señal, se abordará la búsqueda de precisión.

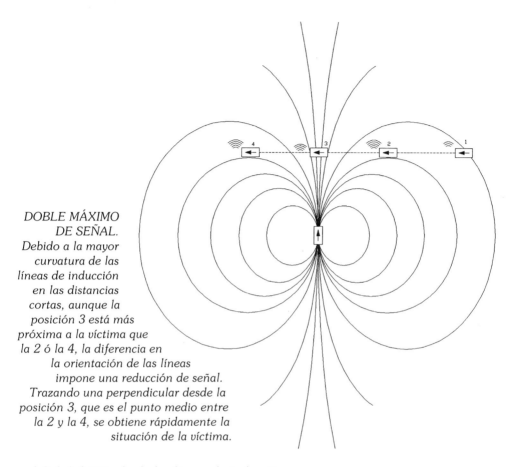

DOBLE MÁXIMO DE SEÑAL. *Debido a la mayor curvatura de las líneas de inducción en las distancias cortas, aunque la posición 3 está más próxima a la víctima que la 2 ó la 4, la diferencia en la orientación de las líneas impone una reducción de señal. Trazando una perpendicular desde la posición 3, que es el punto medio entre la 2 y la 4, se obtiene rápidamente la situación de la víctima.*

4.9.4.4.6 Método de las líneas de inducción

Sistemático y sencillo, es el que recomendamos para quienes no dominen el método mixto que se explicará después.

Al oír la primera señal, orientar lentamente el detector hasta recibir el nivel máximo, y seguir la dirección de la flecha (o exactamente la contraria porque en principio son equivalentes; si no hemos acertado, la disminución del sonido así nos lo indicará). Cada 5 m al principio, y con más frecuencia luego, reorientar el detector. En general, cuanto más se haga, mejor; incluso puede irse orientando conforme se camina. Si al reorientar el detector vemos que el ángulo cambia tanto que surgen dudas acerca de cuál de los dos sentidos elegir, inclinarse por el que forme un ángulo más abierto con respecto de la dirección que se traía. Tras haber hecho una o dos correcciones de rumbo, resulta más fácil prever la forma de la curva y la situación de la víctima.

Con ello conseguimos trazar una ruta de búsqueda tangente a las líneas de inducción, lo que puede obligarnos a describir una curva (más o menos cerrada) que inequívo-

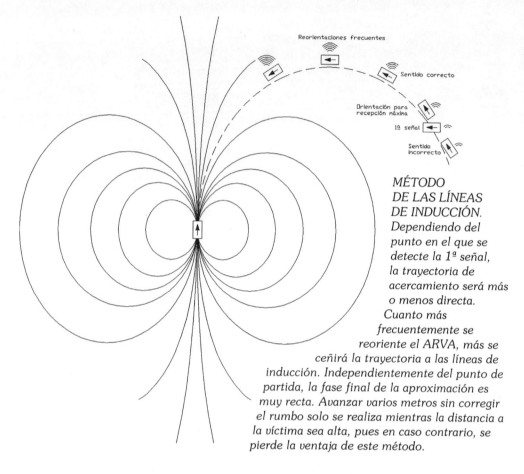

MÉTODO DE LAS LÍNEAS DE INDUCCIÓN. Dependiendo del punto en el que se detecte la 1ª señal, la trayectoria de acercamiento será más o menos directa. Cuanto más frecuentemente se reoriente el ARVA, más se ceñirá la trayectoria a las líneas de inducción. Independientemente del punto de partida, la fase final de la aproximación es muy recta. Avanzar varios metros sin corregir el rumbo solo se realiza mientras la distancia a la víctima sea alta, pues en caso contrario, se pierde la ventaja de este método.

camente nos llevará a la víctima. Al igual que el método anterior, una vez alcanzada una posición desde la cual, todo desplazamiento origine una disminución de señal, se abordará la búsqueda de precisión.

Este método tiene la ventaja frente al de las perpendiculares de no basarse en el tanteo y de no sufrir la imprecisión de dos máximos de señal.

4.9.4.4.7 Método mixto

Las dos propiedades que afectan a la magnitud de la señal, orientación y distancia, son especialmente consideradas en este método, que requiere algo más de práctica y claridad de ideas, pero que garantiza la ruta más corta de aproximación a la víctima. Está basado en el conocimiento de la forma de las líneas de inducción y dependiendo del punto en el que se detecte la primera señal, podremos distinguir tres casos con sendos comportamientos y que seguidamente exponemos:

MÉTODO MIXTO.

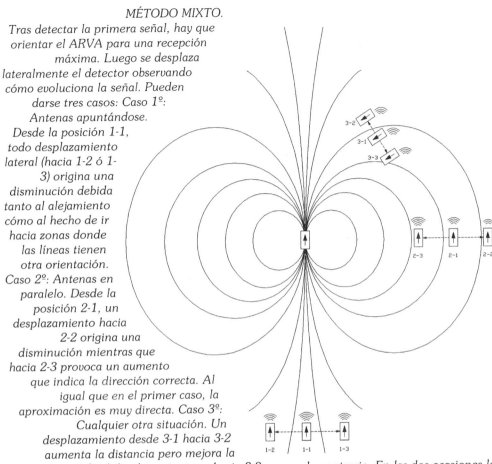

Tras detectar la primera señal, hay que orientar el ARVA para una recepción máxima. Luego se desplaza lateralmente el detector observando cómo evoluciona la señal. Pueden darse tres casos: Caso 1º: Antenas apuntándose. Desde la posición 1-1, todo desplazamiento lateral (hacia 1-2 ó 1-3) origina una disminución debida tanto al alejamiento cómo al hecho de ir hacia zonas donde las líneas tienen otra orientación. Caso 2º: Antenas en paralelo. Desde la posición 2-1, un desplazamiento hacia 2-2 origina una disminución mientras que hacia 2-3 provoca un aumento que indica la dirección correcta. Al igual que en el primer caso, la aproximación es muy directa. Caso 3º: Cualquier otra situación. Un desplazamiento desde 3-1 hacia 3-2 aumenta la distancia pero mejora la orientación. Si el desplazamiento es hacia 3-3, ocurre lo contrario. En las dos ocasiones la magnitud de la señal es casi constante, pero se puede seguir el método de las líneas de inducción sabiendo que no exige un rodeo excesivo. En este ejemplo la orientación inicial es solo aproximada, pero no altera la filosofía del método. Resumen: si la señal varia claramente en una dirección lateral, nos encontramos ante el único caso en el que el método de las líneas de inducción no es muy directo, pero ya está reconocido. Si la variación no está muy clara, podemos seguir ese método sabiendo que la ruta será buena.

Caso 1: Primera señal detectada aproximadamente en la dirección (o en la contraria) de la flecha del detector de la víctima. Estamos de suerte pues nos encontramos ante la opción más favorable, tanto para identificar el caso como para llegar rápidamente a la víctima. Procederemos así:

a) Orientar el detector para una recepción máxima.
b) Desplazarse perpendicularmente a la flecha; si a ambos lados la señal disminuye,

habremos confirmado que la flecha de la víctima nos apunta; volveremos a la zona de máxima recepción.

c) Avanzar siguiendo la dirección de la flecha en el sentido en el que la señal aumente y hasta que deje de hacerlo. Nuestra ruta habrá resultado bastante directa hacia la víctima.

d) Acometer la búsqueda final de precisión.

Caso 2: Primera señal recibida en la perpendicular, o en sus inmediaciones, de la flecha del detector de la víctima. Aunque algo menos preciso que el caso 1, también podremos acercarnos mediante una trayectoria prácticamente rectilínea.

a) Orientar el detector para una recepción máxima.

b) Desplazarse perpendicularmente a la flecha; si la señal aumenta hacia un lado y disminuye hacia el contrario, sabremos que no estamos en el caso 1 y se continuará el desplazamiento hasta que la señal empiece a disminuir.

c) Reorientar el detector para lograr una máxima recepción. Si la flecha ya tenía precisamente ese rumbo, sabremos que estamos en el caso 2 y prácticamente sobre la víctima.

d) Acometer la búsqueda final de precisión.

Caso 3: Primera señal recibida en cualquier posición no situada ni en la dirección de la flecha del detector de la víctima ni en su perpendicular. Nuestro avance requerirá un cambio intermedio de rumbo, pero aun así será muy directo.

a) Orientar el detector para una recepción máxima.

b) Desplazarse perpendicularmente a la flecha; si la señal no varía claramente en ninguno de los dos sentidos, seguir el método de las líneas de inducción.

c) Acometer la búsqueda final de precisión.

El método mixto que acabamos de explicar tiene como finalidad aprovechar las ventajas del método direccional pero eliminando el caso (situación en la perpendicular de la flecha) en el que éste exige un rodeo. Puede resumirse muy fácilmente:

Si tras orientar el detector para una recepción máxima y desplazarse lateralmente, la señal no aumenta con claridad, seguir el método direccional. Si por el contrario, hay un sentido en el que sí aumenta inequívocamente, seguirlo en línea recta.

4.9.4.4.8 Búsqueda final de precisión

Cualquiera que sea el método seguido, llega un momento en el que todo desplazamiento desde nuestra posición origina una disminución de señal. Si la víctima yace muy cerca de la superficie de la nieve y si las pilas de su ARVA se encuentran en buen estado, el nivel de volumen seleccionado estará en la escala mínima. En caso de que no se cumpla alguna de las dos anteriores condiciones, la escala del volumen tendrá que ser algo mayor, pero se seguirá cumpliendo la inequívoca situación de que todo desplazamiento desde un punto determinado origina una disminución de señal. Nos encontramos en una circunstancia bajo la que ya podríamos comenzar a excavar con la pala, pero si perdemos un poco de tiempo en precisar mejor la posición, habremos ganado bastante, porque tendremos que excavar menos. Para ejecutar la búsqueda final de precisión, procederemos así:

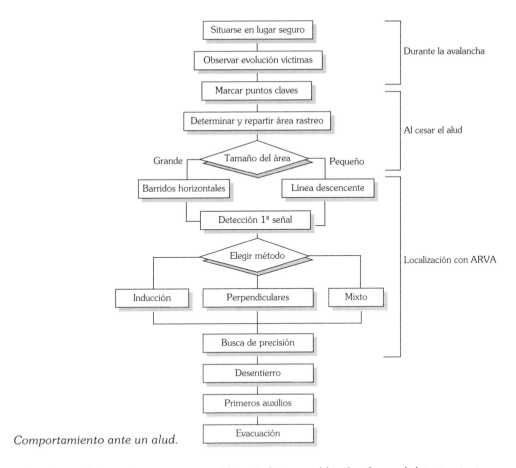

Comportamiento ante un alud.

Con la escala de volumen a un nivel lo más bajo posible, desplazar el detector junto a la superficie de la nieve siguiendo, por ejemplo, el método de las perpendiculares. En distancias tan cortas, ya no es necesario atajar mediante algún método direccional (líneas de inducción o mixto).

Si se detectan dos máximos de señal, colocar el detector entre ambos y moverlo perpendicularmente: el nuevo máximo que se encuentre será el definitivo.

Comenzar a excavar preferentemente en una dirección perpendicular a la superficie de la nieve.

El que sepamos que estamos ya muy cerca de la víctima no debe llevarnos a la precipitación de mover el detector sin seguir un método sistemático, pues se podrían perder unos segundos preciosos en un tanteo sin orden.

Si las pilas del ARVA de la víctima están algo gastadas, habrá que seleccionar una escala mayor de volumen, pero la precisión de esta búsqueda final seguirá siendo buena. En cambio, si la víctima yace bajo una gruesa capa de nieve, también habrá que seleccionar una escala mayor y la precisión será menor; en vez de un punto de máxima señal, tendremos una pequeña zona algo difusa donde la señal varía poco. Escogeremos el punto central de esa zona. Si encontramos dos máximos de señal, también excavaremos en el punto medio entre ambos.

Una vez encontradas todas las víctimas, cada ARVA se colocará en el modo de transmisión. Hemos finalizado las explicaciones del manejo de estos trascendentales aparatos, los cuales se aconseja llevar siempre y no necesitar nunca... Sin embargo, el trabajo no está ni mucho menos completado; quedan por acometer las operaciones de primeros auxilios y de evacuación de heridos, para lo que dedicamos un capítulo específico (el 14) en este libro.

5
ESTÁTICA DEL ESQUÍ

Cualquier situación estática del esquí puede considerarse como un caso particular de un campo más amplio, que denominaremos *Dinámica del esquí*, con la salvedad de que la velocidad es cero. Es interesante comenzar el estudio del comportamiento del esquí desde un punto de vista estático dada su mayor sencillez, para proceder después a extrapolar las conclusiones a las situaciones de movimiento, que al fin y al cabo, van a ser las predominantes en la práctica de nuestro deporte.

5.1 ÁNGULO LÍMITE

Entendido como la inclinación de una pendiente a partir de la cual el esquí no podrá permanecer estático en ella y comenzará a deslizar, va a ser también el límite del campo de estudio del presente capítulo.

Para el caso de un esquí orientado en la línea de máxima pendiente, su valor depende de los siguientes parámetros:
- Tipo de nieve.
- Tipo de suela.
- Tipo de encerado.
- Estado de deterioro de la suela.

En buenas condiciones, el ángulo debe tener un valor muy bajo; aunque siempre será superior al necesario para mantener el deslizamiento una vez producido, pero esa situación será objeto de estudio en el siguiente capítulo.

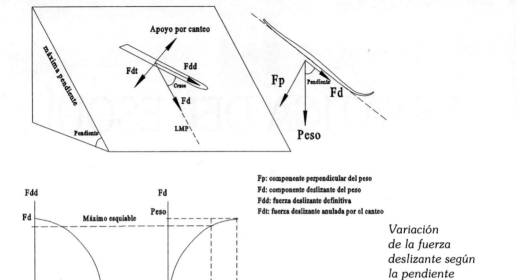

Variación de la fuerza deslizante según la pendiente y el ángulo de cruce del esquí para un canteo máximo.

El ángulo límite se corresponde con la menor fuerza necesaria para provocar el inicio del deslizamiento (fuerza deslizante mínima). Estábamos hablando de una orientación en la línea de máxima pendiente. Si el esquí no tiene esa orientación, y admitiendo que no va a existir derrape alguno, la pendiente necesaria para alcanzar la fuerza deslizante mínima tendrá otro valor, tanto mayor cuanto mayor sea el ángulo formado por el esquí y la línea de máxima pendiente. Lógicamente, cuando el esquí forme 90° con la LMP, por muy grande que sea la fuerza aplicada hacia ésta, no se logrará avance alguno.

Resumiendo, la fuerza deslizante, esa componente procedente del peso que se va a traducir en una tendencia al avance, crece con la inclinación de la pendiente y decrece con el grado de cruzamiento.

Por tanto, habrá dos tipos de situaciones estáticas; por un lado, aquellas en las que la pendiente sea tan baja que no provoque el deslizamiento, independientemente de la orientación del esquí; y aquellas otras en las que, dado el atravesamiento del esquí, pese a contar con una inclinación mayor, tampoco se provoca. Son estas últimas las que requerirán un estudio más profundo, prestando especial atención a la acción de canteo.

5.2 DISTRIBUCIÓN DE PRESIONES

Cuando el esquiador se encuentra erguido y equilibrado sobre los esquís, sin ejercer ninguna fuerza sobre la caña de la bota, su peso recae limpiamente sobre la suela de ésta y se transmite, a través de la fijación, a la parte central o puente. Como la tabla tiene una curvatura más o menos marcada, el peso se va a distribuir a lo largo de la mayor

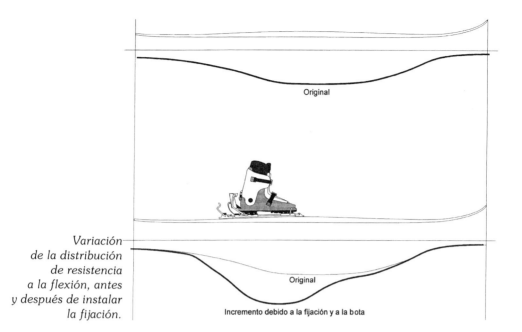

Variación de la distribución de resistencia a la flexión, antes y después de instalar la fijación.

parte de la longitud del esquí. Si la curvatura es muy patente y si el esquí es muy resistente a la flexión, la extensión del peso hacia los extremos será mayor; puede ocurrir, en un caso teórico exagerado en el que el esquiador pese poco y el esquí sea muy curvo y rígido, que el peso recaiga solo en las zonas de espátula y cola, permaneciendo el puente en el aire. Si la superficie de la nieve es blanda, incluso en el caso extremo que acabamos de mostrar, el hundimiento de la tabla terminará por provocar un apoyo en el área del puente. Si la tabla es muy blanda, la presión se concentrará en la zona central y, en general, en aquellos puntos en los que la resistencia a la flexión sea menor. La resistencia a la flexión del esquí se ve condicionada por la presencia de la fijación y la bota: cuando se flexiona la tabla, se produce un estiramiento de la suela y una compresión de las capas superiores; esta compresión se ve obstaculizada por la bota, con lo que en sus inmediaciones la resistencia a la flexión muestra un incremento sobre el valor que tuviera, ya de por sí alto porque el puente es la zona de mayor espesor de la tabla. Como conclusión de todo lo anterior, podemos afirmar que la distribución de presiones a lo largo de la longitud del esquí dependerá inicialmente de:
- El peso del esquiador.
- La forma curva de la tabla.
- La distribución de resistencia a la flexión del esquí.
- La consistencia de la nieve.

Por supuesto, estamos hablando de una distribución a partir del punto donde se aplica el peso; cuando el esquiador se apoya contra la caña de la bota, está alterando la dis-

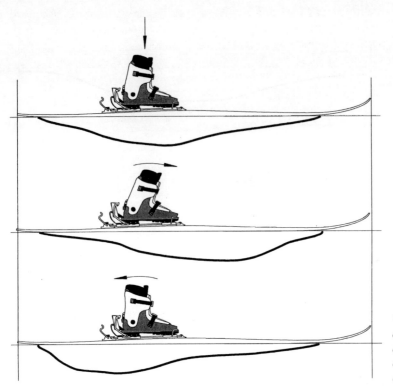

Variación de la distribución de presión en función del par aplicado a la bota.

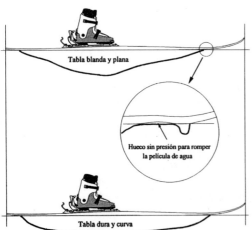

Observando la distribución longitudinal de presiones vemos que la tabla inferior presentará más oposición al giro porque presiona más en los extremos. Su longitud efectiva es mayor.

tribución inicial, concentrando las presiones hacia delante o hacia atrás, lo que va a tener una enorme repercusión en el comportamiento del esquí.

Normalmente, para una tabla en buenas condiciones y un esquiador cuyo peso se corresponda con el adecuado para esa tabla, la distribución de presiones puede representarse mediante una curva, que tiene un máximo situado en una zona próxima al centro, y desde el que la presión va disminuyendo gradualmente conforme nos acercamos a los extremos.

Un esquí presionado desde la fijación contra una superficie dura y lisa cederá hasta que el centro de la suela tope contra esa superficie. Pero no toda la suela estará en contacto; es fácil que justo detrás de la espátula quede una estrecha y corta separación. Precisamente en esa zona, la presión sobre la nieve puede ser menor, o incluso inexistente, de modo que la disminución gradual de la presión hacia la punta sufre una discontinuidad. No se trata de un defecto, antes al contrario, pues tiene una repercusión favorable para el deslizamiento; de hecho, la desaparición de esa separación puede ser un síntoma del envejecimiento de la tabla.

5.3 EL CANTEO

Al hablar del ángulo límite de deslizamiento vimos cómo una orientación del esquí distinta a la LMP reducía la fuerza deslizante; el esquí sólo tenía salida hacia delante al no haber posibilidad de que se produjera un derrape o deslizamiento lateral. Esa falta de derrape la provoca el enclavamiento del canto en la nieve, y para conseguir el deslizamiento lateral deben darse determinadas circunstancias, objeto de los siguientes párrafos.

Supongamos, por sencillez, un esquí sobre la nieve de una ladera inclinada; la orientación del esquí es perpendicular a la LMP y su superficie se encuentra horizontal, con lo que formará con la nieve un ángulo igual al de la inclinación de la ladera. El esquí descansa sobre una huella, que según la consistencia de la nieve, puede alojar la práctica totalidad de la suela o solo una parte de ella, quedando el resto en el aire. En estas condiciones, la base de nieve que soporta al esquí está sufriendo un esfuerzo de compresión que, si está dentro de los límites de su resistencia, no provocará movimiento alguno.

Debido a la geometría del esquí, más estrecho en el centro, se puede producir el fenómeno llamado comba invertida, consistente en una curvatura forzada de la tabla en la que la parte central queda más baja que los extremos. Por razones geométricas, esa deformación puede lograr que el canto asiente sobre la nieve de un modo similar a lo largo de todo el esquí. Pero lo que ahora nos interesa especialmente, es observar qué ocu-

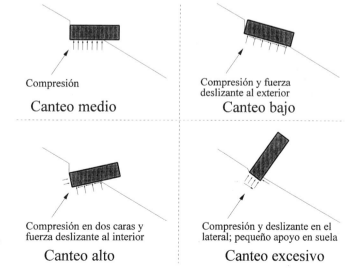

Influencia del ángulo de canteo.

rre cuando el plano del esquí pierde la horizontalidad y se inclina hacia el valle. Inmediatamente aparece una fuerza deslizante lateral que, mientras no se supere el ángulo límite, solo va a tener un efecto en el sentido de aumentar la compresión de la nieve en la zona más externa y reducirla en la interna, esto es, en las proximidades del canto. Si esta alteración de presiones no provoca la ruptura de la capa de nieve, la situación permanecerá estable, de modo que poco importa que el esquí esté horizontal o ligeramente inclinado hacia el monte o hacia el valle. Otra situación muy distinta es la que se produce cuando la inclinación de la tabla sí permite el deslizamiento, tema correspondiente al siguiente capítulo.

■ 5.3.1 El canteo en nieve dura

Cuando el esquí está en nieve dura o hielo, la huella horadada por el canto es muy pequeña; la base sobre la que recae el peso puede tener un tamaño inferior a un milímetro, pero su gran consistencia puede suministrar un apoyo suficiente. Hasta ahora no habíamos hablado del estado del canto; efectivamente, sobre nieve de escasa dureza, la huella tiene unas dimensiones frente a las que el tamaño del canto poco influye, pero en nieve dura, solo si éste está muy afilado puede penetrar y garantizar una huella suficiente. Si el filo del canto no es extraordinariamente agudo, será incapaz de lograr una sustentación apreciable sobre hielo. Cuanto más dura sea la nieve, menor será la huella, pero mayor será la consistencia ofrecida por ella. El problema surge cuando ni siquiera se consigue una mínima huella. Un filo romo presentaría un plano de contacto con el hielo paralelo a su superficie; quizá no sea apreciable a simple vista pero su repercusión es enorme. Es de esperar que si el filo tiene tanta influencia,

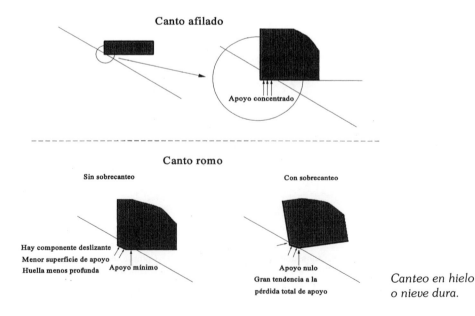

Canteo en hielo o nieve dura.

pese a corresponder a una magnitud bien pequeña, el comportamiento del esquí en hielo pierda, por desgaste, muchas prestaciones rápidamente. En efecto así es; pueden bastar un par de días de uso para que un esquiador note ostensiblemente los efectos del deterioro de un filo que, a simple vista podría incluso seguir mostrando un aspecto impecable.

Veamos lo que ocurre cuando un canto romo se apoya sobre una superficie helada. Para empezar, la falta de filo ocasiona una mayor superficie de contacto, por lo que la presión con la que incide es menor, siéndolo también el tamaño de la huella. Observado desde una perspectiva microscópica, y admitiendo la simplificación de que el borde romo tiene una sección trapezoidal, vemos que al apoyarse surgen unas fuerzas de deslizamiento lateral, efecto que se suma al anteriormente descrito. Afortunadamente, la superficie helada no siempre es lisa, sino que presenta unas protuberancias que se traducen en un conjunto de microplanos, algunos de los cuales tendrán una inclinación inferior a la media de la ladera. Como esas rugosidades tienen la dureza propia del hielo que las compone, pueden ofrecer un apoyo que, en situaciones tan críticas resulta trascendental. Pero para poder aprovecharlo, es preciso que la inclinación de los microplanos sea muy inferior a la de la superficie de contacto del canto, lo que se logrará con mayor probabilidad si éste es muy agudo.

■ 5.3.2 El ángulo límite de canteo

La presión ejercida por el canto sobre la nieve determina una deformación de ésta, que hemos denominado huella, y que puede tener una forma de diedro, cuyas dos caras tienen una influencia muy diferente; la inferior es la más importante, pues sobre ella recaen los esfuerzos tanto de compresión como de deslizamiento. La otra cara del diedro, de una orientación predominantemente vertical, no adquiere relevancia hasta que el ángulo de canteo es tan grande que provoca una presión ejercida entre dicha cara y la nieve. Cuando se produce el fenómeno del sobrecanteo, la presión producida en el lateral de la tabla provoca una reacción tendente a expulsar el borde del canto hacia fuera, con lo que se reduce el apoyo total. Por ello, podemos concluir que la efectividad del canteo aumenta cuando lo hace el ángulo entre la suela del esquí y la superficie de la nieve, pero a partir de cierto valor, se reduce.

■ 5.3.3 La variación longitudinal del ángulo de canteo

Al aplicar cantos, el esquí sufre dos deformaciones debido a su propia geometría, ya que la parte central es menos ancha que la espátula y la cola. En efecto, si la tabla fuese infinitamente rígida y se apoyara sobre una superficie indeformable, el canteo se concentraría en dos únicos puntos, uno próximo a la punta y otro a la cola. La realidad muestra que el apoyo se produce a lo largo de todo el canto, lo que exige la correspondiente deformación de adaptación. La modificación de la geometría de la tabla se logra por la acción de la bota en la parte central y la reacción de la nieve en la cola y la punta, pero estas reacciones solo actúan en el canto del monte, por lo que el del valle no

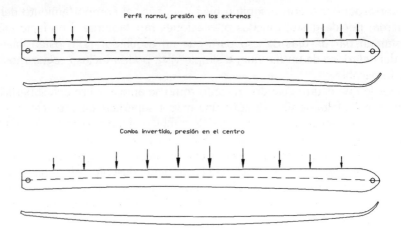

recibe fuerza alguna, lo que ocasiona una diferencia en sus posiciones tanto más acusada cuanto más lejos del centro se encuentre el punto considerado, de modo que en las proximidades de la espátula, se alcanza el mayor ángulo de torsión. En resumen, se produce una combinación de flexión y torsión.

La torsión es menor en la cola por dos razones: hay menos distancia desde la bota y la anchura es menor que la de la espátula, con lo que el par torsor alcanza valores más bajos. Es un efecto deseado porque así se logra un canteo suficiente en la parte trasera del esquí, aminorando la tendencia al sobregiro.

El ángulo de canteo en la parte central es igual a la inclinación lateral de la bota, restando las holguras debidas a la fijación (el mayor número de elementos mecánicos que tienen las fijaciones de travesía acarrea la servidumbre de una holgura más acusada) y al hecho de que la suela sea de goma (este efecto es muy poco notorio con botas de pista ya que su suela, o es de plástico, o es de una goma dura y de poco tamaño). El valor de ese ángulo de canteo en el centro es el máximo que va a presentar la tabla a lo largo de su longitud (admitimos como hipótesis que la superficie de la nieve no es irregular), y va disminuyendo al acercarnos a los extremos, reducción que como hemos visto, será más notoria hacia la espátula. En cualquier caso, la pérdida de ángulo de canteo la sufren en mayor medida las tablas con escasa resistencia a la torsión y las más anchas.

Respecto de la longitud, una tabla más larga acumulará en su punta una pérdida de canteo mayor, pero el efecto negativo que esto tiene en el agarre no empaña la ventaja que ya traía gracias a

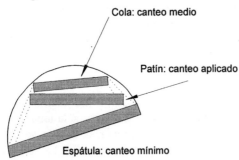

Debido a la torsión de la tabla, el canteo aplicado en el centro disminuye, notándose más el efecto en las proximidades de los extremos.

su mayor longitud. Además, es precisamente en los extremos donde el filo se suele "matar" para favorecer la transición entre giros, por lo que ya no se contaba con el apoyo de esa zona.

5.4 ESTÁTICA DE LA PIEL DE FOCA

En este apartado daremos un repaso al comportamiento de la piel de foca en acción, lo que va a ser el tipo de casos más frecuente ya que las situaciones deslizantes sobre pieles se reducen al mínimo.

Si el modelo teórico que explica el rozamiento entre superficies de textura lisa se basa en sus irregularidades microscópicas, en la piel de foca resulta más gráfica la justificación, pues es fácil comprender cómo cada pelillo se hinca en la nieve, contribuyendo al esfuerzo que hacen los demás para lograr alcanzar una capacidad de apoyo que suele sorprender.

Un tejido típico de piel de foca puede componerse con haces de 30 pelos doblados, dando 60 puntas disponibles; con unas dimensiones por

La gran densidad de pelillos es responsable de las propiedades mecánicas de la piel de foca.

haz para que en un centímetro quepan unos 7, tendremos una densidad de aproximadamente 50 haces por centímetro cuadrado; es decir, 3.000 puntas por centímetro cuadrado en números redondos. Para una anchura de 6 cm y una longitud de 180 cm, nos saldría un valor superior a 300.000 puntas; no es de extrañar que, a poco apoyo que aporte cada pelo, se alcance un nivel más que aceptable. Alguien podría decir: "Sí, pero, flexionar un pelillo de esos cuesta tan poco que, incluso multiplicando por 300.000 difícilmente se soportaría la componente deslizante del peso del esquiador". A esto hay que responder que realmente los pelillos, dada su orientación, trabajan más a compresión que a flexión pura; como además, su densidad es tan alta que se apoyan lateralmente, la compresión no origina una flexión fácilmente. No obstante, los fenómenos de compresión y flexión hacia delante siempre aparecerán simultáneamente al ascender, de modo que cuanto mayor sea la pendiente (por tanto, menor la componente perpendicular del peso y mayor la deslizante), mayor es la tendencia a que los pelillos pierdan su orientación (sufren un esfuerzo que trata de abatirlos hacia delante, en contra de su posición inicial).

Cuando se alcanza el ángulo límite, ya hay muchos pelillos (sobre todo los más largos) que han perdido su orientación y se encuentran perpendiculares a la piel; en ese momento, se ha producido un levantamiento de la tabla (del orden de uno o dos milímetros) causante de la pérdida de apoyo de muchos otros pelillos, lo que aumenta la sobrecarga de aquellos que aún lo conservan, precisamente en una posición en la que la fuerza desli-

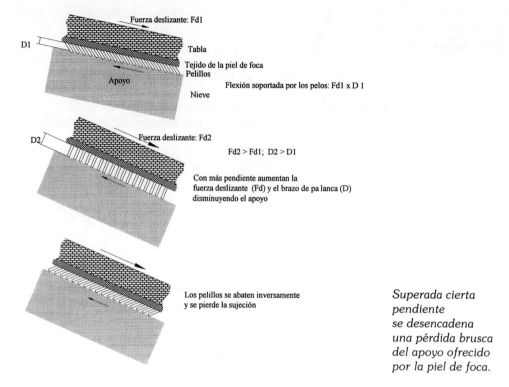

Superada cierta pendiente se desencadena una pérdida brusca del apoyo ofrecido por la piel de foca.

zante es más efectiva por disponer de mayor brazo de palanca (el brazo de palanca es la separación perpendicular entre la punta del pelillo y su punto de inserción en el tejido de la piel, y su valor aumenta cuando el pelillo se abre). Una vez que la resistencia del pelillo ha sido vencida se orienta en sentido contrario, comienza el deslizamiento y no recuperará su posición hasta que se separe de la nieve. Vemos pues, que se produce un círculo vicioso, una realimentación de las consecuencias negativas para el apoyo, de ahí que cuando se alcanza el ángulo límite de la pendiente que podemos ascender, se pierde la sujeción de una manera tan brusca que fácilmente desemboca en caída.

Para unas dimensiones concretas, el apoyo máximo que ofrece una piel de foca depende de la densidad de pelillos (a mayor densidad, más agarre), de su diámetro (cuanto más finos, mejor clavan en nieve dura), de su consistencia (cuanto menos se doblen, mejor) y de su longitud (en nieve dura, los cortos sujetan más que los largos). Estas características no influyen siempre en el mismo sentido. Así, cuanto más largos, mejor se adaptan a texturas rugosas, pero más se doblan, con lo que la longitud está limitada por la consistencia. A su vez, la consistencia está limitada por el diámetro, el cual no podrá ser muy grande porque deslizaría menos al avanzar y no permitiría una densidad elevada. La densidad está limitada porque si su valor es demasiado alto, mostraría una superficie muy lisa, perdiendo agarre. Se ve fácilmente que no se puede averiguar la capacidad de agarre de la piel mediante simple observación. Hay que probarla.

Lamentablemente, la efectividad del apoyo suministrado por la piel de foca se ve disminuida por el hecho de que la distribución de presiones varía a lo largo de la tabla, de modo que hay sectores más cargados que otros, lo que concentra el esfuerzo en una cantidad menor de pelillos.

■ 5.4.1 Variación angular del coeficiente de rozamiento ofrecido por la piel de foca

La orientación de los pelillos que componen la piel de foca determina un rozamiento alto contra el deslizamiento hacia atrás y moderado contra el deslizamiento hacia delante. Entre estos dos valores, que serían el máximo y el mínimo respectivamente, existe toda una gama continua en función del ángulo que forme la tabla con la dirección de la fuerza deslizante. Lo verdaderamente útil de este efecto

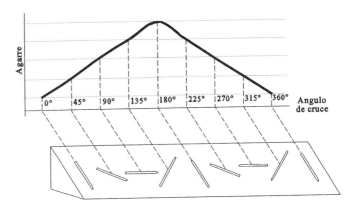

Variación de la adherencia de la piel de foca en función del ángulo de cruce. Se supone un apoyo plano.

es que la piel de foca muestra una resistencia al deslizamiento lateral, que si bien no es tan alta, sí alcanza un valor tal que permite un buen aprovechamiento, especialmente cuando la nieve, dada su dureza, no permite la existencia de una huella cómoda.

■ 5.4.2 Influencia del alza en la distribución longitudinal de presiones

Hay esquiadores que afirman que el uso del alza perjudica el ascenso de pendientes fuertes, porque facilita la pérdida de apoyo; otros, en cambio, no observan tal fenómeno. ¿Quién lleva razón? Es posible que todos, como veremos a continuación.

Ya sabemos que para un agarre máximo es necesario que la superficie efectiva sea la mayor posible, lo que se logra con una distribución más o menos uniforme de presiones. Según esto, al ascender, se produce una sobrecarga de la mitad posterior, siendo más acusada si no se lleva alza ya que precisamente, este accesorio permite al esquiador echarse más hacia delante presionando menos en el talón. Sin embargo, el efecto es poco perceptible porque el desplazamiento longitudinal de la acción del peso es de solo unos pocos centímetros, casi despreciable frente a la longitud del esquí.

Más influencia tiene el hecho de que ese pequeño desplazamiento permite entrar de lleno o salir de la zona en la que se acusa más la curvatura de la tabla: con el alza, el peso se ejerce más cerca del centro, de modo que cuando se va a cambiar de pie y se disminu-

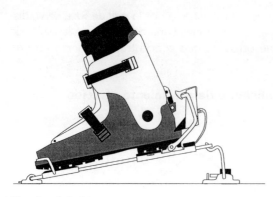

Empleo del alza.

ye la cantidad de peso aplicado, la tabla recupera su curvatura natural como lo haría un resorte, perturbación mecánica que en situaciones de pendiente límite es capaz de desencadenar la pérdida de agarre; de hecho, las caídas se suelen producir al cambiar el peso de pie porque aún no se ha terminado de apoyar en el siguiente cuando ya se está separando parte de la piel de la nieve. Si no se usa el alza, el peso recae más en el talón, en cuya posición, ya alejada del centro, apenas aparece una separación importante entre la piel y la nieve cuando no se presiona, por lo que el apoyo tiene más facilidad para llegar antes de que se pierda en el otro pie.

En tablas blandas y/o de poca curvatura, todo lo anterior puede ser irrelevante ya que ese efecto de resorte capaz de desencadenar el deslizamiento no se produciría. Por tanto, hay que huir de dar un consejo general: cada esquí tiene su comportamiento y ha de ser el esquiador que se encuentre sobre su equipo concreto en una pendiente determinada, el que juzgue por sí mismo en qué medida el alza le beneficia o le perjudica, sin tomar como referencia lo que le ocurra a otro.

El tema de la conveniencia del alza en pendientes límite no queda agotado en este apartado, pues también existe una influencia por acción de canteo, cuyo estudio es objetivo de los próximos párrafos.

■ 5.4.3 Distribución lateral de presiones y la influencia en ella del canteo

Sin menospreciar las conclusiones obtenidas al estudiar la distribución longitudinal, se ha de reconocer que la distribución lateral tiene una gran trascendencia y además, depende tanto de la técnica que su tratamiento no se puede obviar.

Dado que la tabla presenta una importante resistencia a la torsión y su anchura es escasa, cualquier ángulo de canteo va a ocasionar una apreciable pérdida de contacto entre la suela, en este caso cubierta por la piel de foca, y la nieve, de modo que es inmediato comprender que los pelillos más próximos al canto que mantenga el contacto sufrirán una notoria sobrecarga. Aumentando aún más el canteo, se logra que el apoyo se traslade al límite lateral, adonde no llega la piel, que siempre ha de ser más estrecha que la tabla; alcanzado ese punto, la pérdida de apoyo es total, y solo en el caso de que la tabla esté perpendicular a la línea de máxima pendiente, podrá sostenerse gracias al canto.

■ 5.4.4 Repercusión del alza en la distribución lateral de presiones

Apoyar el esquí de la manera más plana posible contra la nieve implica aprovechar al máximo las posibilidades de agarre; sin embargo, que la pierna, desde una perspecti-

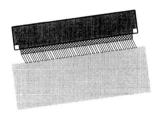 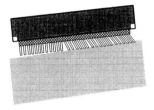 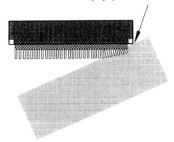

| Canteo nulo | Canteo medio | Canteo alto |
| apoyo máximo | apoyo reducido | apoyo mínimo |

Se aprecia claramente la necesidad de apoyar el esquí plano cuando se foquea.

va frontal o posterior, forme un ángulo de 90° con la superficie de la nieve, no siempre se logra por el esquiador, de modo que puede presentarse una inclinación lateral, lo que conlleva un desvío de la acción del peso hacia el canto.

Cuando la rodilla se encuentra extendida, obliga al talón a situarse en la línea de la pierna, pero si se flexiona algo (el uso del alza así lo impone) se abre la posibilidad de que el talón se desplace a un lado, con lo que el apoyo de la piel de foca dejaría de ser plano.

Resumiendo, el alza reduce la probabilidad de apoyar toda la superficie de la piel de foca; cualquier pequeño error de colocación resulta más grave que si no se usa, pero con una buena técnica, y sin distracciones, se podrá disfrutar de la comodidad del alza incluso en las pendientes límite, precisamente donde más se agradece.

6
DINÁMICA DEL ESQUÍ

El comportamiento en movimiento es el auténtico alma del esquí no solo de montaña, sino en general. La asimilación de las técnicas de descenso, la capacidad para no incurrir en los errores propios y ajenos, incluso la obtención del estilo personal, son objetivos que pueden cumplirse satisfactoriamente si se cuenta con la ayuda ofrecida por una buena comprensión del fenómeno físico, con sus innumerables matices, constituido por el deslizamiento en y sobre la nieve.

La culminación se alcanza cuando el esquiador siente como una prolongación de su propio cuerpo hasta el último milímetro de la tabla. Esa comunión entre material, cuerpo y mente es síntoma de un excelente dominio y queda tan profundamente grabado que, incluso tras prolongados periodos de inactividad, permite aventurarse nuevamente por las pendientes nevadas sin más obstáculo que la falta de forma física.

En este capítulo, como textualmente expresa su título, se explica la dinámica del esquí, pero el objetivo final no es tanto la comprensión como la aplicación de las conclusiones. Saber en qué consisten conceptos tales como el equilibrio o el deslizamiento está bien, pero no es suficiente para proporcionar esa imagen natural e intuitiva de los mismos que solo darán la técnica y la práctica.

6.1 CONCEPTOS Y TIPOS BÁSICOS DE TRAYECTORIAS

Antes de adentrarnos más en este capítulo conviene adquirir o repasar algunas nociones acerca del movimiento.

6.1.1 Línea de máxima pendiente (LMP)

De todas las trayectorias trazables en una ladera inclinada, la LMP es aquella que forma un ángulo mayor con el plano horizontal. Por tanto, se corresponde con la máxima ganancia o pérdida de altura respecto del desplazamiento horizontal, y es la que seguiría un objeto no dirigible si se le dejara deslizar libremente.

6.1.2 Ángulo de cruce

Es el formado por el esquí y la trayectoria que esté describiendo.

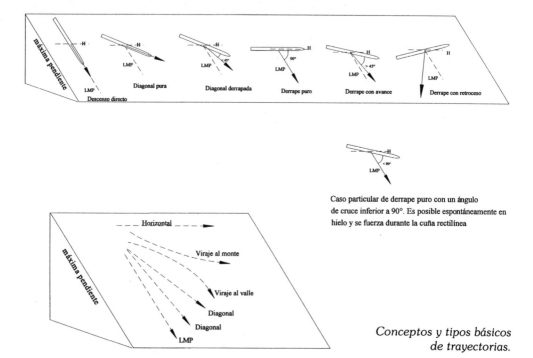

Conceptos y tipos básicos de trayectorias.

6.1.3 Descenso directo

Recibe esta denominación aquella bajada en la que se cumplen los dos siguientes requisitos: ángulo de cruce nulo y discurrir por la LMP. Por tanto, al combinarse máxima pendiente y mínimo rozamiento, se trata del caso de mayor descenso posible.

6.1.4 Horizontal

Toda línea de altura constante. No tiene por qué ser recta; de hecho, en laderas cóncavas o convexas es curva, y será paralela a las curvas de nivel que aparecen en los mapas.

6.1.5 Diagonal

Salvo la LMP y la horizontal, el resto de las líneas trazables en una ladera son diagonales. Diagonal pura es aquella en la que el ángulo de cruce es cero, pero no deja de ser una idealización, ya que solo en casos de un excelente canteo se impide el deslizamiento lateral durante el avance, con lo que se mantiene un ángulo de cruce próximo a cero.

6.1.6 Derrapar

Descender con deslizamiento lateral. Derrape puro es aquel en el que se desciende por la LMP con un ángulo de cruce de 90°. También es una idealización porque es muy difícil que no se produzca algo de avance o retroceso.

6.1.7 Límites entre descenso directo, diagonal y derrapar

Matemáticamente, la diferencia entre el descenso directo y una diagonal de mucha pendiente está muy clara, pues depende del valor de un ángulo, pero a efectos prácticos, aquellas diagonales que estén tan próximas al descenso directo que no requieran un esfuerzo apreciable de canteo para mantenerse, quedarán englobadas bajo la denominación de descenso directo (lo que suele ocurrir para ángulos en torno a unos 5° ó 10° e inferiores).

La combinación de derrape y diagonal puros nos da un resultado que podría denominarse "diagonal con derrape" o "derrape con avance", siendo precisamente este tipo de combinaciones el que más se da. En la jerga del esquí se prefiere el nombre de diagonal para aquellas trayectorias en las que el deslizamiento lateral es pequeño frente al avance (ángulos de cruce inferiores a 45°), asignándose el de derrape para las que muestran un avance (o retroceso) reducido en comparación con el deslizamiento lateral (ángulos de cruce entre 45° y 90°). Este será el criterio seguido en este manual, reservando los nombres de diagonal pura y derrape puro para los casos de ángulos de cruce de 0° y 90° respectivamente.

6.1.8 Eje y punto de giro

Eje de giro es una línea en torno a la que rota el esquiador. Punto de giro sería la intersección de esa línea con la superficie de la nieve, siendo muy útil en algunos dibujos.

La trayectoria descrita por el esquiador es la seguida por su centro de gravedad, pero puede ser más interesante expresarla como una combinación de rotación en torno a un eje y de traslación de ese mismo eje. Esto es porque idénticas trayectorias del centro de gravedad pueden corresponder a distintas combinaciones de traslación y rotación. Hay ocasiones en las que conviene distinguir si el giro se ha logrado desplazando las espátulas en torno a las colas (viraje canguro, vuelta María...), al revés (salto de colas) o ni uno ni otro (colear). En el primer caso el eje de giro se sitúa en una posición trasera; en

⊕ Posición del
punto de giro

Salto de espátulas, canguro... Colear, viraje con salto... Salto de colas, impulso corto.

 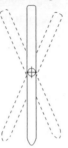 

Menor momento de inercia
por el mayor centrado del
punto de giro

Diferentes situaciones del punto de giro según el tipo de viraje.

el segundo, delantera y en el tercero, intermedia y próxima a la bota. Cada una de estas posibilidades requiere una técnica diferente, pues el eje se sitúa próximo a la zona más cargada.

Al no existir una relación rígida entre trayectoria y orientación del esquí (distintos ángulos de cruce), una rotación en torno a un eje de giro central no implica necesariamente una trayectoria curva.

■ 6.1.9 Cambios de dirección

Viraje al monte es aquel en el que la inclinación de la trayectoria disminuye; por tanto, cualquier cambio de dirección que se realice desde la LMP es un viraje al monte.

Análogamente, en un viraje al valle la inclinación de la trayectoria aumenta. Desde una horizontal se puede virar al monte (si se cuenta con impulso) o al valle (lo más frecuente).

Desde una diagonal caben las dos opciones; en el viraje al monte, no hay cambio de cantos, mientras que si es al valle, sí suele haberlo (salvo que se logre a base de derrapar más). Lo más común es que se gire al valle cambiando de cantos, se cruce la LMP y se prosiga hacia el monte, ya en la nueva diagonal, manteniendo los nuevos cantos.

■ 6.1.10 Fases de un viraje

A efectos didácticos es frecuente distinguir en un viraje tres fases o períodos: preparación, desencadenante y conducción. En el primero, el esquiador adopta unas actitudes tales como la decisión de girar o la flexión, que no tienen repercusión directa en el giro, sino la de facilitar maniobras posteriores. Durante la fase desencadenante, sí se ejecutan gestos que provocan un par de giro. Por último, durante la conducción, y gracias a ciertas ventajas dinámicas adquiridas como la comba invertida o la propia velocidad de giro, el esquiador se dedica a regular requiriendo normalmente un esfuerzo menor.

6.2 DESLIZAMIENTO

Cuando esa fuerza que hemos llamado deslizante, y que no era otra cosa que la componente tangencial del peso del esquiador y su equipo, supera un valor límite, que era función del rozamiento existente entre la suela y la nieve, comienza el movimiento. En primer lugar, y como consecuencia de las dificultades para el enclavamiento de las microrrugosidades que conlleva una situación de desplazamiento, la fuerza de rozamiento adquiere un valor menor que el que tenía en la situación estática. Tenemos pues, una fuerza impulsora (deslizante) y una de rozamiento de un valor inferior, por lo que el balance es positivo. La fuerza resultante, la diferencia de ambas, imprime al esquiador una aceleración, en principio constante, con lo que su velocidad aumenta durante algún tiempo al mismo ritmo.

Cuando la velocidad va alcanzando valores importantes, nuestro modelo simplificado de la situación queda obsoleto, y hay que añadirle elementos para poder explicar lo que está ocurriendo. Hasta ahora solo se había considerado el rozamiento dinámico entre la nieve y la suela del esquí, pues con velocidad baja, el rozamiento contra el aire tenía un valor tan bajo que su omisión no originaba un error apreciable. Y no solo contra el aire aumenta el rozamiento con la velocidad, sino también contra la nieve. Las ondulaciones de su superficie son aplastadas más violentamente por la tabla (si no hay saltos) y, por tanto, se pierde más energía. El resultado se ve venir: la fuerza deslizante seguiría siendo la misma, pero las de rozamiento aumentan, hasta igualar el valor de aquella, momento en el que la velocidad se estabilizará, permaneciendo así hasta que cambie la pendiente, la dirección o fuerza del viento, el tipo de nieve, o la postura del esquiador.

■ 6.2.1 La influencia del peso

La mayoría de la gente admite fácilmente que un cuerpo pesado debe descender más rápidamente que uno ligero; sin embargo, no suele disimular su extrañeza cuando se le dice que en ausencia de aire, bajarían con la misma velocidad. Y es cierto, pues el cuerpo pesado es atraído merced a la gravedad con más fuerza, pero es evidente que también cuesta más mover objetos de gran masa. ¿Cómo se explica entonces que descienda más rápido un esquiador corpulento? La respuesta hay que buscarla en el comportamiento de la creciente resistencia ofrecida por el aire conforme aumenta la velocidad. La fuerza impulsora es siempre la misma: la componente deslizante del peso; la de rozamiento con la nieve, vamos a suponerla, por simplicidad, también constante (aunque no siempre lo es); la de rozamiento con el aire, aunque dependiente de varios factores como la forma y el tamaño, nos basta con recordar que es variable con la velocidad. Llegará un momento en el que la oposición del aire alcance un valor tal que anule la fuerza impulsora disponible que teníamos (la deslizante menos el roce con la nieve); como para el cuerpo pesado, *ese* valor era mayor, tardará más en lograr una velocidad estable, luego permanecerá más tiempo siendo acelerado por la gravedad que el cuerpo ligero.

Un fenómeno muy similar al anterior, en cuanto al resultado se refiere, acontece cuando la nieve es blanda, pues en ese caso el esquí va, al menos parcialmente, hundido en ella, de modo que la pérdida energética por turbulencias también se produce, y ya sabemos que las turbulencias se originan en mayor medida cuanto más rápido vaya el móvil. No obstante, existe una importantísima diferencia que va a depender de la consistencia concreta de la nieve y de la pendiente, y es que el esquiador pesado se va a encontrar con un mayor hundimiento cuyas consecuencias pueden aminorar la ventaja que tenía en virtud de su peso.

■ 6.2.2 Consistencia de la nieve

Sin abandonar el tema de la nieve blanda, sabemos que ésta puede ser de varios tipos y que la cuestión se puede complicar considerando las posibles combinaciones de capas, pero ahora solo vamos a tratar los casos simples cuyo espesor sea suficiente como para que no influya el tipo de base sobre la que se asienta. En general, cuanto más blanda sea la nieve, peor deslizamiento. Los dos grandes grupos de nieve blanda se pueden denominar secas (distintas variedades de polvo) y húmedas (con distintas proporciones de agua). El deslizamiento por nieves secas, cuya densidad es mucho más baja, exige apartar menos masa conforme se va abriendo la huella al avanzar, luego en principio, es más favorable. Como su facilidad para ser compactada es menor, se pierde menos energía por este concepto, lo que es coherente con la sensación de flotabilidad que se experimenta al esquiar sobre ella.

En nieve pesada, cargar peso en colas facilita el deslizamiento porque, siendo el coeficiente de rozamiento bastante independiente del centro de acción (salvo suela irregularmente deteriorada), las pérdidas energéticas por turbulencia y viscosidad, que se producen prácticamente solo en la punta, son menores debido a que la espátula incide menos violentamente en la nieve. Similar ventaja se obtiene si la tabla es de "espátula blanda" (larga, de poca curvatura central y flexible). El aplastamiento que se produce por el paso del esquí (queda bien patente con la huella) es asimismo una pérdida energética, más notoria cuanto menos consistente sea la nieve.

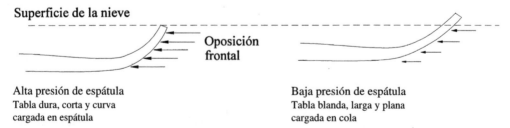

Alta presión de espátula
Tabla dura, corta y curva
cargada en espátula

Baja presión de espátula
Tabla blanda, larga y plana
cargada en cola

El deslizamiento en nieve blanda se ve muy influido por la presión de espátula, que depende a su vez de las características de la tabla y de la postura del esquiador.

■ 6.2.3 Hidroplaneo

Aspecto de repercusión nada desdeñable es la existencia de una fina película de agua que se forma entre la suela y la nieve. Los líquidos, en general, pueden aportar un efecto lubricante debido a que es fácil que una capa o película se deslice sobre otra; la mayor o menor deslizabilidad está relacionada con la viscosidad. Sin embargo, el desplazamiento de una capa líquida sobre otra no está exento de un, cuando menos, pequeño rozamiento cuyo efecto no es despreciable frente a ese otro aún menor que se da entre la suela y la superficie helada de los cristales de nieve. El frotamiento que sufre indefectiblemente la suela, junto con su carácter de aislante eléctrico, facilita la aparición y mantenimiento de una carga electrostática. Como las moléculas de agua son polares (el átomo de oxígeno, que es el componente electronegativo, no se sitúa exactamente entre los dos de hidrógeno), tienden a unirse a la suela por simple atracción eléctrica, con lo que el rozamiento efectivo es el existente entre las capas de agua, que como acabamos de indicar, es mayor. Nos encontramos ante una situación en la que la interacción entre las moléculas de agua es comparable o menor que la que existe entre esas moléculas y la suela. Si observamos esta última, veremos cómo las gotas de agua se extienden ocupando gran parte de la superficie; más que gotas, veremos láminas.

Ciertamente, el rozamiento sobre la película de agua es bajo, y se puede esquiar perfectamente, pero es posible mejorarlo si se utiliza una cera adecuada. Hay diversos tipos, en función de la nieve y de la temperatura, parámetros que van a ser determinantes a la hora de establecer si la película de agua podría formarse de una manera efectiva. La cera, sustancia que no se va a cargar eléctricamente, va a establecer una película microscópica entre la de agua y la suela, de modo que se anula el efecto electrostático que comentábamos. Observando una suela bien encerada, veremos muchas pequeñas gotitas de agua que se resisten a ser extendidas; es como si se negaran a mojar la suela. La interacción entre la cera y el agua es tan baja que no logra alterar la tensión superficial de las gotas, mostrando éstas su forma aproximadamente esférica. El resultado es que habrá menos superficie en contacto con agua y más con nieve, con una consecuencia deseada: mejor deslizamiento.

Una manera bien sencilla de comprobar el estado de encerado de nuestra suela estando seca consiste en frotarla con un paño y esparcir unos minúsculos papelitos sobre ella. Si se quedan pegados, el encerado es escaso; si se caen en cuanto inclinemos la tabla, no necesitamos aplicar cera.

Sin abandonar la cuestión de esa película de agua que tantos quebraderos de cabeza nos está dando, recordemos un procedimiento que aminora sus efectos y que consiste en el grabado de microsurcos longitudinales, apreciables a simple vista; suelen venir ya de fábrica. El agua se aloja en los valles de los surcos, dejando que las crestas se apoyen sobre los cristales de nieve. Es otro método de romper la película acuosa; además, perfectamente compatible con el encerado en frío o en caliente, siempre que se aplique con una temperatura moderada que no funda estas microrrugosidades de la suela. La ranura longitudinal que poseen algunas tablas en el centro de la suela también contribuiría a romper la película de agua, pero su efecto no es tan marcado, pues deja dos grandes superficies susceptibles de sufrir el fenómeno.

Aún no hemos concluido el estudio de la película de agua, pero ya tenemos bastante claro que cualquier mecanismo por el que se rompa, favorece el deslizamiento. Es evidente que una tabla perfectamente amortiguadora va a mantener un contacto permanente con la superficie nevada, de modo que cuando se forme la película líquida, su acción se notará de un modo continuo; pero si tenemos un esquí vibrador, habrá zonas de la suela, más frecuentemente en las proximidades de la espátula, que perderán momentáneamente el contacto con la nieve, de modo que la película de agua no podrá frenar con la misma efectividad. Resumiendo, una tabla vibradora se desliza más.

■ 6.2.4 Influencia de la textura del terreno

Analizando solo el parámetro de la ondulación del terreno, la conclusión que se extrae es que cuanto más irregular sea, menos facilita el deslizamiento. Esto se comprende muy bien si se estudia desde una perspectiva de balance energético bajo la que hay dos aspectos. Por un lado, recorrer un terreno ondulado obliga a las tablas a flexionarse cada vez que se cruza una concavidad; como ello conlleva una disipación energética en la propia tabla debido a su capacidad de amortiguación (si se devolviera toda la energía acumulada en la flexión, tendríamos una tabla indeseablemente vibradora), se deduce inmediatamente la existencia de esa pequeña pérdida. Por otro lado, al abordar las convexidades, se produce una importante incidencia que desemboca en una pequeña destrucción de la forma de la nieve en ese punto; como en terrenos lisos no ha lugar a esa destrucción, vemos que también se produce otra pequeña pérdida energética.

Zona de sobreflexión

El terreno ondulado provoca unas sobreflexiones donde se pierde energía.

■ 6.2.5 Conclusión

Acabamos de dar un completo repaso a las oposiciones al movimiento lineal, pero para simplificar nos quedaremos con el resultado final, y la verdad es que todos los rozamientos, sean del tipo que sean, pueden expresarse con un número, suma de todos ellos, y que llamaremos sencillamente fuerza de rozamiento. Ya conocemos la fuerza impulsora, que era la componente tangencial o deslizante del peso; también la oposición al movimiento. Solo nos falta conocer el peso total del conjunto esquiador-equipo para determinar cuánto se va a deslizar. Y todo ello queda enunciado de la siguiente manera:

"La fuerza deslizante menos la de rozamiento es igual al producto de la masa por la aceleración lineal".

Todo el conjunto de factores influyentes que hemos contemplado en párrafos anteriores ha quedado recogido en una sencilla ley física de breve expresión, que permite determinar el movimiento. Una excelente herramienta de cálculo y descripción. Sin embargo, el estudio del deslizamiento del esquí es solo el punto de partida, pues no sé de nadie que solo esquíe en línea recta y haya sobrevivido mucho tiempo... En consecuencia, nos veremos obligados a tratar de los giros, derrapes y sus más significativos aspectos.

6.3 ESTABILIDAD

Distingamos dos posibles casos que se pueden dar cuando un objeto se desliza:

Caso estable

Cualquier perturbación que sufra el objeto móvil intentando apartarlo de su rumbo, provoca una reacción de sentido contrario tendente a recuperar la dirección momentáneamente perdida.

Caso inestable

Cualquier perturbación provoca unos efectos que influyen en el mismo sentido, produciéndose una realimentación capaz de apartar al móvil de su rumbo muy rápidamente.

Sobre los dos casos que acabamos de definir, cabe ahora considerar otros factores que van a determinar la magnitud de la repercusión de las perturbaciones. Esos factores pueden ser característicos de la tabla, de la bota o de la nieve; de tipo inercial o geométrico. Veamos como afectan.

■ 6.3.1 Factores influyentes

Cuanto mayor sea el momento de inercia, más tiempo tarda la tabla en girar un ángulo determinado para un mismo par, luego la estabilidad es también más alta. Como el momento de inercia depende del cuadrado de la longitud, convendremos que esta magnitud tiene una fuerte influencia estabilizadora por ese motivo. Algo menos trascendente, en el mismo sentido, pero en absoluto despreciable, es la incidencia que tiene la masa. Hay que observar que estos factores basados en la inercia exigen un mayor esfuerzo por parte del esquiador a la hora de salir rápidamente de una inestabilidad.

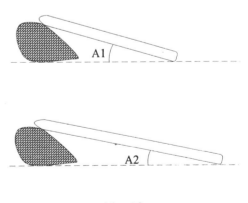

A1 > A2

Frente a un mismo obstáculo, el ángulo de desvío sufrido por la tabla más larga es menor.

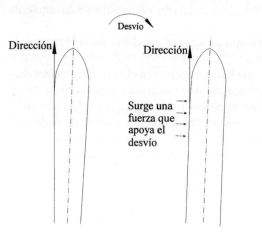

Si el desvío es menor que el ángulo de espátula no surgirá en el canto una fuerza que aumente el efecto desestabilizador.

La amortiguación resulta especialmente relevante, puesto que un esquí vibrador tiene una mayor tendencia a dejar que la espátula salga de la huella, perdiendo el efecto estabilizador que el encajamiento en ella conlleva.

Desde una perspectiva geométrica, la longitud tiene más efectos favorables: el mayor tamaño de la huella obstaculiza su salida de ella y la relativa facilidad de flexión que se tiene en una espátula alejada del centro facilita que pase sobre una protuberancia de la nieve en vez de tender a rodearla; por análoga razón, es más difícil que se clave contra un montículo. Cualquier protuberancia consistente que desvíe la espátula una cierta longitud lateral, determinará un ángulo de desvío que será tanto mayor cuanto más corta sea la tabla: la tangente de ese ángulo es igual al desvío lateral de la espátula dividido por la longitud de la tabla. El ángulo de espátula (también llamado anterior, es el formado por el eje central y el canto) tiene un efecto positivo ante desvíos inferiores a su valor, pues la parte delantera del canto no trataría de conducir la tabla en la dirección del desvío; por encima de ese valor, sí, pero en menor medida que si no existiera ese ángulo.

El ángulo de cola (o posterior), en cambio, actúa permanentemente, se haya producido o no un desvío. Durante el avance rectilíneo, la progresiva separación de los dos cantos conforme nos dirigimos a la cola, ocasiona una expulsión de nieve en ambos lados por igual, por lo que no hay efecto direccional alguno, pero en cuanto se produce un desvío, por pequeño que sea, aumenta la presión en un lado y disminuye en el contrario, de modo que la acción correctora actúa mediante dos procedimientos simultáneos, ayudando el hecho de que el canto exterior tiende a clavarse y el interior a levantarse, con lo que podría dejar totalmente de expulsar nieve. Si el ángulo fuese cero, la reacción estabilizadora tardaría más en producirse.

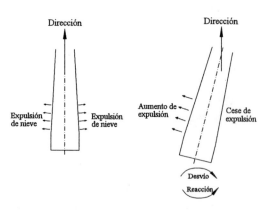

Efecto estabilizador del ángulo de cola.

Esta cualidad del esquí requiere pagar un pequeño precio en forma de rozamiento localizado en la cola y debido a esa expulsión de nieve.

Todo impedimento al movimiento que se aplique en una posición retrasada respecto del centro de gravedad, ejerce un efecto estabilizador. Este hecho puede comprenderse de un modo muy gráfico si imaginamos a un esquiador tratando de descender por una pendiente moderada arrastrando un bulto poco deslizable atado al orificio de la cola; es evidente que tendría serias dificultades para hacer girar la tabla. Ello es debido a que al girar, el centro de acción (localizado en una posición central, en las inmediaciones de la fijación), la fuerza deslizante, el orificio de cola y la tensión de la cuerda constituyen un conjunto geométrico que crea un par opuesto al giro.

Otro factor que influye es la anchura, pues si es mayor, cosa normal en esquís de travesía, el hundimiento en la huella es menor, con lo que se puede afirmar que un esquí estrecho sería más estable.

La curvatura central junto con la resistencia a la flexión nos determinaban un concepto que habíamos denominado longitud efectiva; a la vista de esto, no nos costará admitir que cuanto más curvo y más duro sea el esquí, más estable será su comportamiento, pues tanto la espátula como la cola ejercerán una apreciable presión sobre la nieve, y dada su posición extrema, actuarán con un mayor brazo de palanca oponiéndose al giro. Es obligado hacer una matización, y es que el razonamiento anterior es totalmente válido bajo la hipótesis de que ni la curvatura ni la dureza del esquí le restan capacidad amortiguadora. En caso contrario, nadie negará la menor estabilidad inherente a un esquí vibrador.

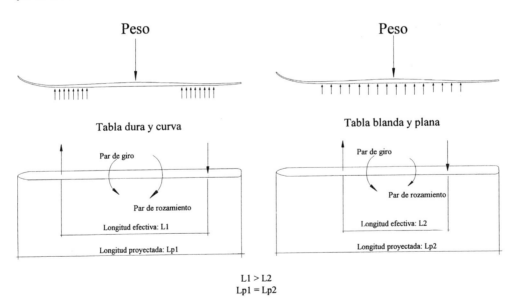

Dos tablas de idénticas longitudes geométricas, presentan diferentes comportamientos, siendo la resistencia al giro mayor en la más dura.

6.4 MANIOBRABILIDAD Y GIRO

Quizás haya observado el lector durante los párrafos precedentes que mientras hablábamos de estabilidad, implícitamente lo estábamos haciendo de maniobrabilidad, pero justamente en sentido contrario. No estaría justificado repetir ahora conceptos tan recientemente tratados; pero sí vamos a dar una visión simple y resumida de algo que constituye el alma de la técnica del esquí. Y es que sin temor a equivocarnos ni a que nos tachen de exagerados, podemos afirmar que esquiar es girar.

Todos los aspectos que hemos considerado en la tabla o en la nieve a efectos de giro se pueden reducir extraordinariamente: solo a dos números que son el momento de inercia y el par de rozamiento. Estos dos números representan los dos tipos de oposición al giro. Conociéndolos, y sabiendo también cuál es el par de fuerzas que actúa sobre nuestro esquí, queda perfectamente determinado el giro. Estamos en condiciones ahora de enunciar una ley física fundamental, eso sí, adaptada al esquí, y que diría lo siguiente:

"El par de giro aplicado al esquí, menos el par de rozamiento opuesto por la nieve, es igual al producto del momento de inercia por la aceleración angular".

El par de giro puede tener dos orígenes: la acción muscular del esquiador y la reacción de la nieve si se da la geometría adecuada. Ambos pueden y deben ser gobernados por el esquiador; su acción muscular es evidente, pero también tiene que observar su trayectoria y el terreno por el que va a pasar, de modo que, conociendo las repercusiones que tendrán en él las diversas irregularidades de la nieve, pueda no solo evitar sus efectos negativos, sino también sacar provecho de ellas. Hay alguna técnica (la cuña) en la que el par de giro se puede producir o mantener con una actitud pasiva por parte del esquiador; pero en la mayoría de los casos se requiere cierta acción. Cuando se aplica el bastón, la reacción devuelta por la nieve crea un par de giro, siendo un típico ejemplo de combinación de acción y reacción en el que el esquiador, además cuenta con una regulación precisa ejercida con el brazo durante un período importante.

No siempre necesita el esquiador ejercer un par para provocar el giro; con su propia inercia siempre aplica una fuerza situada en la bota, en un punto que llamamos centro de acción. Las reacciones que la nieve devuelve al esquí no son necesariamente iguales en toda la longitud, teniendo una resultante que puede encontrarse casi en cualquier punto (centro de reacción). Si ambos centros no coinciden, surge un par de giro aunque el esquiador no realice un esfuerzo específico para ello (ver el apartado 6.11).

El momento de inercia es una característica intrínseca del esquí, por tanto, solo variará si cambiamos de equipo, de modo que no hay técnica alguna que lo modifique. La aceleración angular es la variación temporal de la velocidad de rotación; es decir, la relación entre los cambios en esa velocidad y el tiempo transcurrido. Es el resultado del balance de fuerzas de giro de todo tipo que actúan sobre el esquí; a partir de esa aceleración angular, se determina la velocidad de rotación y de ésta se obtiene la orientación de la tabla en cada momento.

La orientación establece con qué ángulo de cruce va a abordar el esquí la nieve, lo que combinado con otros esfuerzos, como el canteo y la basculación, va a deformar la geometría natural de la tabla, lo que a su vez, condiciona los apoyos y, por tanto, la trayectoria, que al influir en el ángulo de cruce cierra el círculo de realimentación en la secuencia de causas y efectos que acabamos de relatar.

En resumen podría expresarse así: "Las fuerzas que actúan sobre el esquí condicionan su trayectoria, y ésta determina qué nuevas fuerzas recibirá". Todo ello modulado por la acción del esquiador que, cuando domina los recursos técnicos, logra que la trayectoria trabaje para él, ahorrando un esfuerzo considerable.

Independientemente de cualquier otra variable, el rozamiento entre dos superficies es siempre directamente proporcional a la fuerza con la que se presionan. Aplicado esto al caso del esquí, es inmediato deducir que el par de rozamiento depende de la fuerza que la suela ejerce sobre la nieve; esa fuerza no es otra que el peso aparente y su valor puede ser controlado por el esquiador mediante gestos de inicio de flexión o de final de extensión, logrando lo que se llama un aligeramiento. También se puede conseguir como consecuencia de la inercia cuando se llega a lo alto de un montículo. Cabe observar que, debido a la curvatura y flexibilidad de la tabla, variaciones en el peso aparente influyen en la distribución y alcance de presiones en la suela, por lo que el brazo medio de palanca varía también, de modo que la dependencia entre peso aparente y par de rozamiento no es estrictamente lineal.

6.5 DERRAPAR

Ya hemos tratado del deslizamiento lineal y de la rotación. Se acerca el momento de componer ambos movimientos, pero antes hay que hablar del deslizamiento lateral, pues los giros se suelen trazar con deslizamientos laterales diferentes localizados, no exclusivamente, pero sí de un modo más patente, en las zonas de espátula y cola.

El derrape es el nexo de unión entre el avance lineal y el giro; es un movimiento de fácil y completo control, si se tiene la técnica bien aprendida, e interactúa bidireccionalmente con el equilibrio lateral; por lo tanto, su dominio marca importantísimas diferencias entre los buenos y los malos esquiadores.

En el capítulo de *Estática del esquí* vimos la influencia del canteo en la sujeción ofrecida por la tabla. Aquellas conclusiones se pueden extender al caso dinámico haciendo algunas consideraciones para afirmar finalmente que son situaciones muy similares, pero ahora con unos valores de sujeción menores para un ángulo de canteo dado.

Si el esquiador se encuentra parado en una pendiente, con los esquís perpendiculares a la LMP, puede comenzar a deslizarse lateralmente si permite que el ángulo de canteo se reduzca lo suficiente. Una vez iniciado el derrape, aunque recupere el ángulo de partida, seguirá en movimiento ya que el esquí no tiene las mismas facilidades para asentarse en su propia huella; si desea frenarse, tendrá que aumentar el canteo hasta lograrlo y después ya podría adoptar el ángulo inicial sin perder más altura. Esto se cumple siempre que durante el movimiento no se entre en un tipo de nieve distinto o se cambie la pendiente. También hemos supuesto que el esquiador se encuentra equilibrado respecto de la longitud del esquí, de modo que durante el derrape, la tabla ha permanecido perpendicular a la LMP; en caso contrario se habría producido un giro. Cierta-

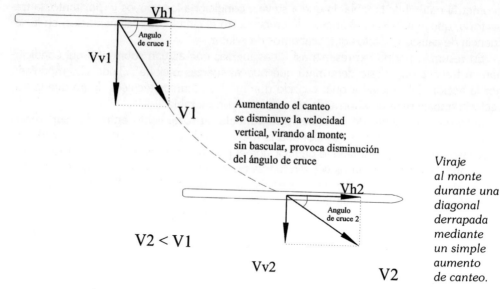

Viraje al monte durante una diagonal derrapada mediante un simple aumento de canteo.

mente, en un derrape puro y sin esfuerzos flexores en la bota, con una correcta instalación de la fijación (coincidencia de marcas de bota y tabla) y con una textura de nieve uniforme, no se deben producir giros.

Combinemos ahora derrape y avance. Bien porque el esquiador se haya impulsado con los bastones, bien porque la tabla haya perdido en algún momento su orientación perpendicular a la LMP, poco importa ahora la causa, tendremos un movimiento que si es rectilíneo describirá lo que llamamos una diagonal. Cuando se combinan dos velocidades, en este caso la lateral y la longitudinal, la trayectoria será recta solo si se mantiene la misma relación entre ellas. Si una varía en proporción distinta a la otra, se trazará una curva hacia la dirección de aquella que tenga ahora un valor relativo mayor. Pero ese cambio de dirección corresponde a la trayectoria y no necesariamente a la orientación de la tabla puesto que en los movimientos combinados de avance y derrape el esquí nunca apunta en la dirección que lleva sino que forma un ángulo con ella.

Variando el ángulo de canteo podemos cambiar también la velocidad lateral de derrape desde un valor mínimo que puede ser cero hasta el máximo que posibilite la pendiente. Esto nos permite, mediante un gesto muy simple de arqueo del cuerpo controlar de un modo muy preciso buena parte de la trayectoria. Añadiendo la capacidad que tenemos para echar el cuerpo hacia delante o hacia atrás, desplazamos el centro de acción, con lo que, al mantenerse inicialmente la reacción de la nieve, vamos a cambiar el rumbo de los esquís. Así se altera el ángulo entre el esquí y la trayectoria, lo que va a tener una repercusión en la velocidad longitudinal.

Resumiendo, con dos gestos muy sencillos, como son el canteo y la basculación, controlamos perfectamente el movimiento combinado de derrape y avance. Estas situaciones dinámicas se producen en las fases finales de todo giro y en las diagonales. Constituyen la base de la importantísima técnica del paralelo o cristianía, cuya ejecución se explicará más adelante. Sus posibilidades son ciertamente potentes, permitiendo mediante un aumento del ángulo entre el esquí y la trayectoria (y la pertinente regulación de canteo) invertir gradualmente el sentido de ésta y comenzar a esquiar hacia atrás. La potencia de esta técnica radica en la capacidad de controlar simultáneamente trayectoria y velocidad sin cambiar de cantos.

6.6 FUERZAS DE FRENADO Y DE DESVÍO

Para un esquí y un tipo de nieve determinados, el frenado suministrado por el rozamiento tiene un valor que es función de la orientación del esquí respecto de la dirección de desplazamiento, siendo de un valor máximo cuando el ángulo de cruce es de 90° (situación de derrape puro) y mínimo para 0° (situación de *schuss* o descenso directo).

La fuerza de desvío, entendida como aquella que provoca el trazado de una trayectoria curva, tiene que ser forzosamente perpendicular al desplazamiento, y también depende del ángulo de cruce, siendo mínima para 90° y 0° y máxima para un valor en torno a 45°.

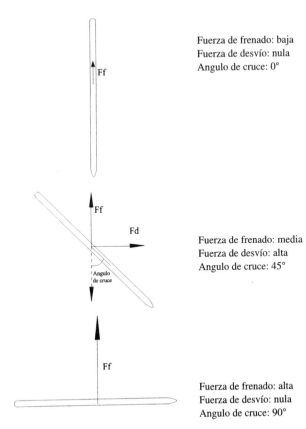

Influencia del ángulo de cruce en las fuerzas de frenado y de desvío.

En función del ángulo de canteo, tanto la fuerza de frenado como la de desvío son tanto mayores cuanto más alto sea, siempre que no se rebase el ángulo límite.

Como consecuencia tanto del peso del esquiador como de la inercia debida a su movimiento, va a ejercer una fuerza sobre las tablas que podrá ser mayor, igual o menor que el peso, y que denominamos peso aparente, siendo exactamente la que soportan las piernas. Su valor va en función de los ángulos de cruce y canteo, de la velocidad, del tipo de nieve, del peso, de la inclinación de la pendiente y de la geometría del esquí. En definitiva, es la reacción que la nieve da al esquí. Si su valor es muy bajo, como ocurre en hielo, la capacidad de control en el sentido de poder determinar la trayectoria siguiente es igualmente baja, pues tanto la fuerza de frenado como la de desvío no son más que la descomposición del peso aparente.

6.7 EQUILIBRIO LATERAL DEL ESQUIADOR

La conservación de la cantidad de movimiento, plasmada en la expulsión de agua, proporciona buena parte del apoyo necesario en la curva, mientras la inclinación al interior aporta el equilibrio lateral. Dos aspectos comunes de la motonáuticva y del esquí en nieve polvo.

El esquiador en acción, como todo móvil cuya base sea estrecha en comparación con su altura (motos, bicicletas...), es inestable lateralmente, por lo que las curvas debe trazarlas con una inclinación hacia el interior que compense la fuerza centrífuga. Antes de profundizar, vamos a suponer que durante el trazado de la curva el esquiador se encuentra equilibrado longitudinalmente; es decir, sin tendencia a caerse ni hacia atrás ni hacia delante.

El grado de curvatura puede describirse a la perfección mediante el radio de una circunferencia que contuviera la trayectoria. La fuerza centrífuga tiene dos expresiones (una angular y otra lineal, usándose la que más convenga) absolutamente equivalentes que recogen lo rápido que se va y lo cerrado de la curva. Al abordar este tipo de problemas, es casi obligado acudir al concepto de centro de gravedad, que era un punto donde, a efectos de cálculo, podía suponerse concentrada toda la masa.

Como la base del esquiador está formada por los esquís, cuya separación es muy variable, vamos a tomar como referencia el valor límite, es decir, la posición del esquí exterior, pues será éste el que determine si el esquiador va a ser o no vencido hacia fuera por la fuerza centrífuga.

La fuerza centrífuga siempre lleva la dirección perpendicular a la de la velocidad, en la mayoría de los casos paralela al plano de la nieve; la dirección del peso es aún más evidente, de modo que ya nos falta muy poco para averiguar cuál es el grado de inclinación adecuado para una trayectoria curva determinada. Digamos que el par de vuelco provocado por la fuerza centrífuga ha de ser igual al creado por el peso; todo respecto del esquí exterior. Si el par de vuelco fuese menor, aún tendríamos un buen margen de maniobra ya que contamos con el esquí interior y con el bastón para evitar caernos hacia el interior de la curva; pero en caso contrario, la caída hacia el valle puede ser inminente, espectacular y sin remisión. En una situa-

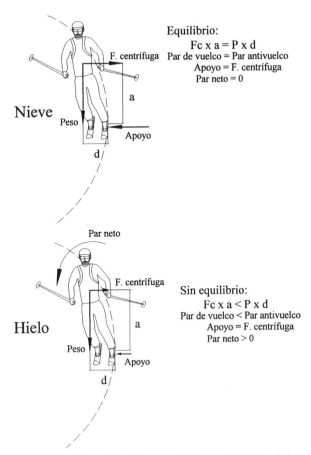

Equilibrio lateral del esquiador y su pérdida al entrar en hielo.

ción así, caben dos soluciones de reacción inmediata. Por un lado, se puede reducir el canteo para que la tabla derrape más; esto altera la geometría en el sentido de reducir el par de vuelco y aumentar el del peso simultáneamente. Si este recurso ha fallado, un esquiador ágil puede impulsarse en el pie del monte y saltar desplazando lateralmente el exterior. Si, y solo si, el grado de inclinación era bajo, se podría contar también con la ayuda del bastón exterior. Normalmente, las situaciones en las que un esquiador es vencido hacia el exterior de la curva se dan cuando éste no tiene una buena técnica, con lo que suelen acompañarle otros defectos (cuerpo excesivamente retrasado, falta de contrarrotación) que desembocan en una caída con sobregiro, terminando por darse un buen costalazo que, como la caída es hacia el valle, puede no ser el único de una cómica y peligrosa serie.

Otra situación que puede producirse, aunque en principio menos espectacular, es que la fuerza con que se traza la curva sea tal que se venza la resistencia de la nieve, o que se supere el ángulo límite de canteo, iniciándose una rápida caída hacia el monte. Sin embargo, ahora no es tan grave puesto que la distancia del cuerpo al monte cuando se está muy inclinado no puede ser muy grande y cabe la posibilidad de apoyarse en el puño. Si finalmente se produce la caída, nos deslizaremos por la pendiente rozando con la cadera (por eso es muy importante no llevar pantalones de chubasquero), pero con los pies por delante, lo que permite parar cualquier golpe, incluso posibilita una incorporación sobre la marcha.

El canteo es uno de los factores más relevantes en el equilibrio lateral.

Existe una limitación a la fuerza centrífuga debido al valor máximo de rozamiento ofrecido por la nieve o, dicho de otra manera, a la máxima resistencia al derrape. Esa resistencia máxima se logra para un valor determinado del ángulo de canteo. Si las condiciones de velocidad y trayectoria deseada exigen una fuerza centrífuga mayor que la máxima resistencia al derrape, se originará (o aumentará si ya existía) una deriva lateral, con lo que el radio de curvatura será mayor y la fuerza centrífuga menor.

La técnica de angulación (arqueo lateral del cuerpo) es un excelente elemento para el equilibrio lateral porque actúa sobre dos parámetros fundamentales: inclinación y apoyo. En curvas fuertes, llevando las caderas al monte se baja el centro de gravedad y se

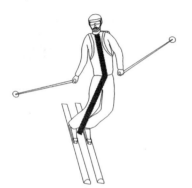

Concepto de angulación.

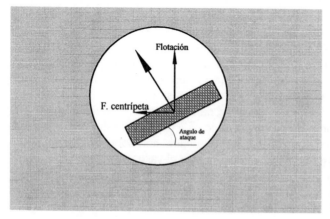

Gracias a la velocidad y al ángulo de ataque, el canteo también tiene efecto en nieve polvo.

aumenta el canteo simultáneamente, compensándose el mayor par de vuelco inherente a la fuerza centrífuga con el mayor par contrario debido a la menor altura del centro de gravedad.

En nieve polvo, con una consistencia tan baja, el apoyo se produce en buena parte por rebote contra los copos que son despedidos; su movimiento se obtiene a costa del que lleva el esquiador; las espectaculares nubes de nieve que se levantan en los virajes fuertes delatan la situación de derrape.

Para concluir, solo resta considerar el ángulo de ataque de la suela del esquí, que es el formado por ella y la dirección de desplazamiento en el interior de la nieve. Este ángulo, al igual que en las alas de los aviones, produce una fuerza ascendente con tendencia a sacar la tabla de la nieve, con lo que disminuiría el apoyo y aumentaría el derrape.

■ 6.7.1 Sobreinclinación y subinclinación

La sobreinclinación lateral previa (o anticipación de inclinación) es un excelente recurso técnico que se encuentra con una oposición psicológica que hay que vencer teniendo en cuenta que ese exceso de inclinación no tiene por qué llevarnos a la caída; antes de que ésta se consume han de pasar unos instantes breves y suficientes para que se inicie el giro; con la llegada de éste la fuerza centrífuga vendrá en nuestra ayuda y, casi sin esfuerzo, recuperamos el equilibrio. Es una cuestión de confianza y experiencia.

Una subinclinación durante el viraje podría tirarnos hacia fuera; puede evitarse extendiendo más para que el aumento de acción sobre el esquí le obligue a derrapar; además, se reduce la velocidad angular de basculamiento lateral. Si falla este recurso, habría que dar un paso lateral.

6.8 LA COMBA INVERTIDA

Para concluir la visión del movimiento del esquiador que hemos ido componiendo a lo largo de las páginas anteriores, vamos a estudiar un fenómeno que se produce siempre que exista algo de canteo; es decir, si existe un grado determinado de inclinación lateral, haya o no haya derrape o avance.

La tabla, merced a su geometría más estrecha en el centro, puede combarse por la acción del peso del esquiador en el patín y la reacción de la nieve en los extremos. Esta deformación, de la que ya hablamos al tratar el tema del canteo, consiste en una curvatura contraria a la natural de la tabla, por eso se denomina comba invertida y además de su trascendencia para el correcto aplique del canto, tiene dos importantes consecuencias. Durante un derrape puro, sin avance ni retroceso, suponiendo que no se produjera la comba invertida, el esquí proporcionaría un apoyo más turbulento, con tendencia a engancharse, oscilar o encarrilar el canto; en una palabra, inestable. Cuando la tabla se deforma correctamente, adopta una postura más penetrante, por lo que, sin perder apoyo, cederá altura de un modo más suave. En efecto, cualquier variación de orientación colocará el extremo que haya descendido más (por ejemplo, la espátula) en un ángulo perpendicular al avance, siendo su oposición, por tanto, máxima y tratando

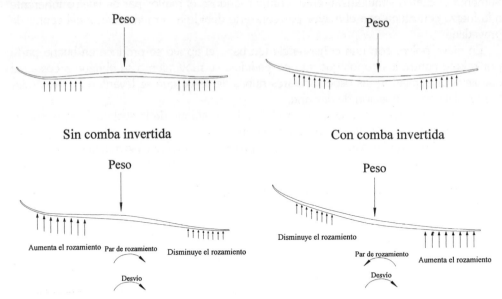

La comba invertida permite la aparición de un par de rozamiento contrario a los desvíos al derrapar, siendo, por tanto, una reacción estabilizadora.

de rectificar ese exceso de avance. Aunque cuantitativamente no es demasiado, vemos cómo toda alteración de orientación ocasiona una reacción de efecto contrario, y eso se llama estabilidad.

La otra consecuencia dinámica de la comba invertida se manifiesta al avanzar trazando una curva, incluso si el derrape es despreciable. La propia geometría adoptada por la tabla en este tipo de deformación coincide bastante con la trayectoria curva, de modo que el esquí tendería a seguir la forma de su huella de un modo parecido al de un tren cuando describe las curvas obligado por los raíles. Evidentemente es un efecto que favorece el giro una vez iniciado, lo que explica por qué muchos esquiadores encuentran dificultades para girar, pero no para continuar haciéndolo.

6.9 EFECTOS "CUCHILLO"

Aunque el apoyo basado en el rozamiento estático es mayor que en el dinámico, existe un caso que, solo aparentemente, contraviene esta afirmación. Cuando el canto se desliza firmemente apoyado sobre la nieve o el hielo, horada un pequeño surco aumentando el tamaño de la huella que tenía, efecto que resultará más acusado si se dispone del canto aserrado que tienen algunas tablas. Tenemos pues, tres posibles situaciones cuyas diferencias, no tan apreciables en nieve, son importantísimas en hielo. Por un lado, el derrape, en el cual el apoyo es mínimo; por otro, la situación estática, donde es mayor; por último, el avance sin derrape, que es una situación estática desde la perspectiva del descenso, pero dinámica desde la del avance, por lo que a efectos de pérdida de altura, y gracias al aumento de tamaño de la huella, resulta ser la de mayor apoyo. No obstante, si durante el avance la espátula encuentra irregularidades que la hagan vibrar, puede ocasionarse la salida de la huella y pasar al caso de derrape.

Realmente lo que acabamos de ver tiene una aplicación muy útil cuando hay que atravesar una pendiente helada, hasta tal punto que nos sorprenderá el grado de sujeción obtenido; solo deberemos mantener la atención para soslayar cualquier irregularidad que nos saque de la microhuella. Por supuesto, en estos casos resulta muy favorable contar con una tabla bien amortiguada. Permítasenos anticipar un consejo técnico: las pendientes heladas conviene atravesarlas lo más horizontalmente posible y reservar las pérdidas de altura para cuando se llegue a la nieve.

6.10 VIRAJES CONDUCIDOS Y DERRAPADOS

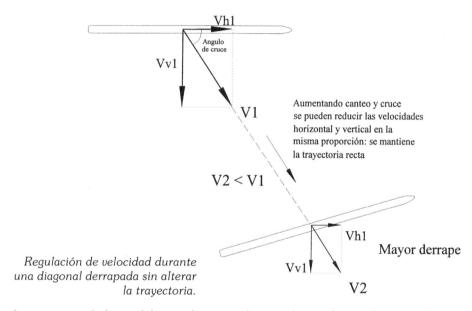

Regulación de velocidad durante una diagonal derrapada sin alterar la trayectoria.

De lo expuesto a lo largo del capítulo se puede sacar la conclusión de que todo viraje se compone de un movimiento de traslación y de otro de rotación. Existen infinitas combinaciones de ángulo de canteo y ángulo de cruce (recordemos: el formado por la tabla y el desplazamiento) cuyo resultado sea una misma trayectoria, eso sí, con diferentes velocidades. Veamos un claro ejemplo consistente en el caso de un esquiador que desciende en diagonal hacia un punto concreto; su movimiento se compone de derrape y avance, y suponemos que domina la técnica de cristianía. Cuando se acerca a dicho punto, decide ir frenando, pero sin alterar su trayectoria. Si aumenta el canteo, la componente de derrape de su movimiento se reduce, con lo que habrá reducido su velocidad a costa de perder menos altura y su trayectoria se habrá curvado hacia el monte,

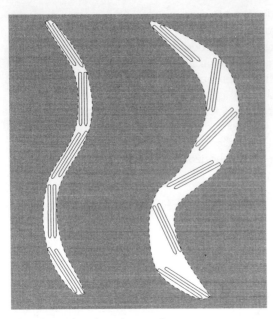

Virajes conducido y derrapado.

efecto no deseado; tiene entonces que aumentar el ángulo formado por el esquí y el desplazamiento, es decir, subir la espátula y bajar la cola retrasando el cuerpo. Atención a este punto, porque podría dar la sensación de que giraría aún más hacia al monte y no es necesariamente así; en efecto, si el giro de la tabla es el adecuado, se habrá colocado casi perpendicular al desplazamiento, con lo que la componente de avance se habrá reducido mucho quedando un derrape casi puro. Esto ocasiona una curva hacia el valle, que correctamente ejecutada, compensa exactamente el efecto del aumento de canteo. Resumiendo, tenemos un mayor canteo, un mayor ángulo entre tabla y desplazamiento, y una menor velocidad, pero la trayectoria sigue siendo rectilínea.

Si para una trayectoria determinada existen infinitas combinaciones, que se diferencian en el atravesamiento (ángulo de cruce) de la tabla y en el canteo, es fácil admitir que cualquier viraje puede trazarse de muchas maneras. Cuando el atravesamiento es alto, se habla de un viraje derrapado; cuando es bajo, es decir, cuando el esquí mantiene una orientación tangente a la curva, se denomina viraje conducido. En realidad, todo viraje tiene algo de derrapado, pues incluso en una marcada comba invertida es normal que la cola derive algo hacia el exterior; de no ocurrir así, difícilmente se estaría girando. Es posible que dos esquiadores tracen sendas secuencias de giros con trayectorias idénticas; desde lejos, se observaría el mismo número de "eses" con el mismo tamaño. Sin embargo, uno de ellos podría haber descendido más despacio que el otro, en cuyo caso sus virajes habrían sido más derrapados. Observando ambas trazas con más detalle, se comprobaría que la anchura de huella de este esquiador es mayor. No se trata de detectar quién lo ha hecho mejor, pues ambas trazas pueden ser perfectamente válidas.

6.11 LOS CAMBIOS DE ZONA Y SU REPERCUSIÓN DIRECCIONAL

Fuera de la homogénea textura de la nieve preparada de una pista, el esquiador de montaña ha de estar preparado no solo para esquiar cualquier tipo de nieve, sino también para evitar que los frecuentes cambios que encuentre no constituyan la causa de una desagradable sorpresa.

Imaginemos un esquiador que, siguiendo una diagonal en la que experimenta las conocidas situaciones combinadas de avance y derrape, está a punto de entrar en una zona de nieve más pesada. Sabemos que jugando con el canteo y el basculamiento del cuerpo no tendrá problemas para seguir su diagonal cuando haya entrado en la nueva nieve, pero ¿qué ocurre durante el breve instante en el que el límite de ambas zonas se encuentra bajo la suela de sus tablas? Durante la diagonal, la acción del peso se ejercía en un punto de la tabla (centro de acción) prácticamente coincidente con el lugar donde se pueden suponer concentradas las fuerzas de reacción que la nieve devuelve a la suela del esquí (centro de reacción); de ese modo no se produce ningún par de giro en la tabla hasta que el esquiador decida bascular. Pero al adentrarse la espátula en la zona de nieve más pesada, se modifica la distribución de presión, aumentando ésta precisamente en la parte anterior del esquí, y desplazando el centro de reacción hacia delante. Si el esquiador no ha previsto esta cuestión, sufrirá las consecuencias de la aparición de un par que le hará girar al monte. Similar razonamiento llevaría a la conclusión de que al entrar en una zona de nieve más liviana, el desvío se produce hacia el valle.

Se podría haber evitado de varias maneras. Una solución consiste en desplazar el centro de acción lo mismo que el de reacción para que no surja entre ellos un brazo de palanca. En otras palabras, echándose hacia delante al entrar en la nieve pesada; siempre que el cambio no sea muy brusco, no saltará la talonera. Sin embargo, a fin de eliminar el riesgo, es más recomendable absorber el impacto recogiendo las rodillas. De este último modo, se impide que surja una reacción hacia arriba en la espátula (no es posible reacción sin acción).

Repercusión direccional de la entrada en una zona de nieve más pesada.

7
TÉCNICAS DE DESCENSO

Una gran diferencia entre el esquiador de pista y el de montaña es que éste debe dominar muchas otras técnicas, que le permitan afrontar los variopintos tipos de nieve que se va a encontrar. Cuando el esquiador de pista ha adquirido suficiente nivel para girar bien en paralelo, prácticamente no necesita otros recursos para desenvolverse en las pendientes de nieve preparada que constituyen las pistas. A partir del viraje paralelo se pueden deducir otras variantes, normalmente más enérgicas, que permitan superar muchas de las dificultades ofrecidas por la nieve fuera de pista. El camino más corto para adquirir un buen nivel en el esquí de montaña pasa primero por aprender bien en pista y después ampliar el dominio a las nieves vírgenes.

Conseguir que un esquiador novel adquiera un nivel elevado si su aprendizaje se realiza desde el principio por nieves difíciles de esquiar, no es tarea asequible por varias razones: los ejercicios sencillos de iniciación no son tan sencillos en nieves no preparadas, las caídas frecuentes y a baja velocidad aumentan el riesgo de lesiones articulares aunque parezca sorprendente, (ya se justificó en el capítulo de material que a velocidades mayores la fijación salta antes de provocar tensiones lesivas) y por si fuera poco, el retraso en la progresión prolonga la duración de la fase más penosa del aprendizaje con el consiguiente desánimo. La solución a estos inconvenientes pasa, paradójicamente, por aprender en pista, aprovechando la bonanza de la nieve pisada y el hecho de que los remontes permiten dedicar mucho tiempo a practicar el descenso.

Una de las características que crea más adición al esquí es que, con un poco de suerte, se puede disfrutar mucho desde el primer día. Sin embargo, no es necesario esperar a obtener un excelente nivel en pista ni a que la carestía de los remontes y los tiempos de espera en las colas nos vayan expulsando paulatinamente hacia el esquí de montaña, pues con un nivel mínimo y la conveniente prudencia, ya podemos aventurarnos fuera de las pistas.

Si bien este manual va dirigido a quienes quieren comprender y practicar el esquí de montaña y, por tanto, parten de un nivel básico de esquí (que suele alcanzarse tras una temporada), no por ello vamos a olvidarnos de aquellos que comiencen ahora, motivo por el que daremos escuetamente algunos consejos y ejercicios básicos para iniciarse. En cualquier caso, las técnicas elementales que se superan e incluso se olvidan cuando se va progresando, vuelven a utilizarse al afrontar determinados tipos de nieve. El buen esquiador no desprecia cualquier recurso técnico, por simple que parezca, pues tiene superado el complejo típico de los esquiadores intermedios, quienes a menudo consideran el uso de ciertas técnicas elementales (la cuña, por ejemplo) como una muestra de falta de dominio.

7.1 EL GIRO FÍSICO Y EL GIRO MENTAL

Si se ha aprendido un esquema mental de una técnica, en el que se conocen tanto la geometría exacta de la secuencia de movimientos como las fuerzas de los músculos que intervienen, no se olvidará ni siquiera tras largos períodos sin practicarla. Más aún, el dominio mental de la técnica va acompañado de una buena dosis de seguridad en uno mismo, lo que posibilita una ejecución decidida, sin atenazamientos y, por tanto, con prácticas garantías de éxito.

Con la buena comprensión de unos pocos conceptos físicos, con una explicación detallada de la técnica y con un esfuerzo de imaginación, puede lograrse el esquema mental. Hasta tal punto resulta útil, que es posible realizar correctamente un tipo de viraje por primera vez y sin haber recibido clases.

Por supuesto que será la práctica la que aporte sensaciones y matices para enriquecer y completar el esquema mental, además de servir de entrenamiento y perfeccionamiento, pero es innegable que, en el peor de los casos, el estudio previo de una técnica acelerará su aprendizaje.

7.2 ANTES DE EMPEZAR

Este deporte requiere una inversión inicial nada despreciable y un cierto período de aprendizaje, por lo que el principiante, ante la duda de si le gustará o no, opta frecuentemente por alquilar el material imprescindible y dirigirse a un terreno fácil para tomar su primer contacto con el elemento blanco. Daremos a continuación una serie de consejos básicos destinados a impedir que la primera sesión de esquí se convierta en un mal recuerdo.

- Proveerse de una vestimenta adecuada (consultar el capítulo de material), teniendo en cuenta que es muy peligroso ponerse pantalones de chubasquero, por su capacidad deslizante. Al caernos, la cadera es una zona que puede friccionar bien contra la nieve y frenarnos, por lo que es importantísimo que no esté cubierta por un material deslizante.

- Elegir una bota que se ajuste bien al pie, pero sin oprimir en ninguna parte y sin dificultar la circulación sanguínea.

- Entre todos los esquís que se adapten a nuestra bota, elegir el más corto.

- Pedir al empleado de la tienda de alquiler que nos regule las fijaciones considerando que somos principiantes, es decir por debajo de la graduación correspondiente a nuestra talla. Si el empleado tiene que atender a muchos clientes en poco tiempo, es posible que no dedique mucha atención a este menester, por lo que comprobaremos que, con el esquí puesto, somos capaces de hacer saltar la fijación con nuestro único esfuerzo muscular y sin causarnos la más mínima molestia articular. Esta prueba la haremos tanto para basculamiento hacia delante, como para torsión. Quizá necesitaremos la ayuda de alguien que sujete la tabla. Hemos de ser intransigentes a la hora de exigir que la fijación salte correctamente, especialmente en el caso de la torsión, pues nos jugamos la integridad de algún ligamento, cuya lesión puede alcanzar mucha gravedad.

- Llevar un destornillador de punta plana y otro de punta en estrella por si necesitamos regular sobre la marcha la tensión de salto de la fijación. Aumentaremos dicha tensión en intervalos muy pequeños y solo si observamos que la fijación se sale en movimientos suaves sin caída.

- Escoger unos bastones de longitud algo inferior a lo normal. Valga como ejemplo el siguiente criterio: tocando con la punta en el suelo y asiendo el bastón por la empuñadura, el antebrazo debe quedar horizontal.

- Dirigirnos a una zona de poca inclinación, sin hielo y sin obstáculos, que esté limitada por laderas cuesta arriba donde pudiéramos frenarnos espontáneamente. En otras palabras, preferir los fondos de valle y descartar las mesetas. Rechazar las zonas de nieve pesada, nuestro esquí corto apenas debe hundirse.

7.3 EJERCICIOS PRELIMINARES

En este apartado propondremos unos ejercicios encaminados a servir como calentamiento y comenzar a adquirir ciertas nociones de equilibrio.

■ 7.3.1 Caminar en línea recta

Sirve para acostumbrarse a arrastrar los esquís, realizar transferencias de peso entre ambas piernas manteniendo el equilibrio, coordinar el manejo del bastón y poder ejecutar desplazamientos cortos.

Ejecución: Lo haremos de dos maneras; en los primeros pasos levantaremos el esquí que queremos avanzar, pero en los siguientes lo deslizaremos sin elevarlo, aunque mantendremos el peso en el otro. En cualquier caso, mantendremos una separación de piernas cómoda y natural. Hasta ahora no hemos hablado de los bastones, los cuales deben moverse sincronizadamente con el esquí opuesto, es decir, cuando avancemos el esquí derecho, haremos lo propio con el bastón izquierdo. Simultáneamente nos estaremos apoyando con el bastón derecho y en la pierna izquierda.

Comentarios adicionales

La bota nos impide todo movimiento del tobillo y también nos limita el margen de maniobra de la rodilla por lo que solo disponemos íntegramente del movimiento ofrecido por la articulación de la cadera. Seamos consecuentes con ello y conformémonos con dar pasos muy cortos.

Es fundamental tener en cuenta que el rozamiento estático es mayor que el dinámico, por lo que no debemos impulsarnos con brusquedad, pues una vez superado el límite de rozamiento estático, la suela del esquí perderá apoyo y se irá hacia atrás sin que logremos avanzar.

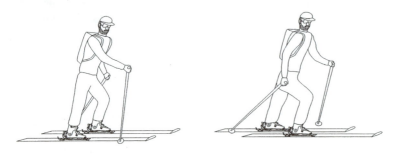

Avance simultáneo de miembros alternos

Caminar en línea recta.

■ 7.3.2 Giro en estrella

Sirve para fortalecer los músculos que giran la pierna y maniobrar.

Ejecución: Siendo una versión estática del ejercicio que veremos a continuación, consiste en girar primero un esquí y después el otro, sin moverse del punto en que se encuentra el esquiador. Hay dos variantes, una se basa en desplazar las espátulas; la otra, en hacer lo propio con las colas.

■ 7.3.3 Caminar cambiando de dirección

Otras denominaciones: Serie de aperturas y cierres de espátulas, giro mil pasos, pasos divergentes. Ascendiendo con pieles se llama vuelta progresiva.

Este ejercicio complementa al anterior, permitiendo desplazarse en cualquier dirección, pudiéndose considerar como el primer viraje. Ahora prentendemos aprender a levantar y mover el esquí bien orientado, sin que se trabe contra la nieve, los bastones o el otro esquí.

Ejecución: Procederemos girando y abriendo hacia fuera el esquí que estemos avanzando (evidentemente, si lo giramos hacia dentro solo lograremos pisar la parte delantera del otro esquí y caernos). La razón de desplazar hacia fuera el esquí, es evitar pisar la cola del otro. El siguiente paso es transferir el peso al esquí que acabamos de desplazar y seguidamente, mover el otro para situar ambos paralelos. Todos los desplazamientos del esquí conviene realizarlos manteniéndolo paralelo a la superficie de la nieve pues requeriremos elevarlo menos y será más difícil que se trabe con ella. Al principio, lo practicaremos sin preocuparnos demasiado de los bastones que, no obstante, mantendremos suficientemente separados para que no obstaculicen el movimiento del esquí. Los giros serán suaves, es decir, abriendo el esquí un ángulo pequeño. Si queremos girar más, bastará con repetir la secuencia descrita. Cuando vayamos dominando esto, trataremos de girar más rápido y de modo simultáneo al avance, coordinando el movimiento de los bastones tal y como habíamos descrito en el primer ejercicio, pero teniendo en cuenta que ahora el bastón ha de mantenerse más separado para impedir que le pisemos la roseta.

Volveremos a hablar de este tipo de giro cuando abordemos el tema de las nieves pesadas.

■ 7.3.4 Desplazamiento lateral en escalera

Sirve para ascender o descender pendientes breves de cualquier inclinación. Su empleo como técnica de bajada se reserva a esquiadores noveles pues normalmente siempre es sustituible por el derrape. No obstante, puede ser útil para franquear algún obstáculo pequeño.

Ejecución: Estando situados en una pendiente y con los esquís perpendiculares a la línea de caída, consiste en desplazar un esquí lateralmente hacia fuera, sin girarlo ni avanzarlo, para después hacer lo propio con el otro, pero esta vez hacia dentro. En esta ocasión la coordinación de los bastones es diferente. Comenzaremos por desplazar antes el bastón, después el esquí del mismo lado, a continuación realizaremos el cambio de peso, luego se desplaza el otro esquí y finalmente el último bastón. Cuando hayamos practicado, seremos capaces de desplazar simultáneamente cada bastón con su esquí más próximo y transferir el peso de un modo gradual y continuo.

Comentarios adicionales

Mientras desplazamos el primer esquí y el bastón, también podemos ir inclinando lateralmente el cuerpo, de modo que al apoyarnos en ese esquí, aprovechando la inercia adquirida, recuperemos la verticalidad y aproximemos el otro esquí. Esta sofisticación del ejercicio mejora su rendimiento pues al asumir la inclinación durante el desplazamiento del cuerpo, dispensamos a la columna vertebral de un esfuerzo de flexión lateral, y además exigimos también

Desplazamiento lateral en escalera.

Escalera diagonal.

menos esfuerzo al músculo encargado de abrir la pierna. Este músculo, situado en la cadera y, por tanto, próximo al punto de giro, sufre un brazo de palanca muy grande, teniendo que arrastrar todo el peso de la bota y el esquí, situados al extremo de la pierna.

Cuando este ejercicio se ejecuta con fluidez, resulta muy dinámico, de modo que siempre exige un gran esfuerzo, aunque en este caso se aproveche mejor. Se puede combinar con el primero, manteniendo la coordinación de bastones. De ese modo, al realizar trayectorias diagonales, se pueden acometer pendientes mayores.

■ 7.3.5 Ascenso en tijera

Otras denominaciones: Raspa de pescado.

Debe su nombre a la huella que deja en la nieve. Puede ser considerado como una introducción al paso de patinador, aunque sea más estático.

Su finalidad es abordar frontalmente pendientes de inclinación suave o moderada.

Ejecución: Elegiremos una pendiente muy suave, que intentaremos ascender con pasos cortos, pero en vez de apoyarnos en los bastones para no retroceder, imprimiremos un cierto grado de separación de espátulas en cada paso, realizando transferencias violentas de peso. Al detenernos, mantendremos ese ángulo de abertura para que la cuña así formada impida el retroceso. La coordinación de bastones consistirá en simultanear el movimiento de cada esquí con el del bastón de su mismo lado. Cuando se aprende bien, no se necesita un apoyo excesivo en el bastón. Es fundamental realizar la secuencia de pasos de una manera rítmica y decidida.

Ascenso en tijera.

En vez de agarrar el bastón de un modo normal, es interesante hacerlo totalmente por arriba, apoyando el tope de la empuñadura contra la palma de la mano.

Comentarios adicionales

La capacidad de ascenso en este ejercicio radica en la inercia lateral asociada a las transferencias violentas de peso y al ángulo de la tabla.

Esas inercias provocan una reacción entre el esquí y la nieve que, gracias al ángulo de aquel, podemos descomponer en una fuerza horizontal, que frena esa inercia, y otra ascendente, que permite el avance cuesta arriba. En estas condiciones, ¿es autosuficiente este sistema? La respuesta es sí pues podríamos prescindir de los bastones. Un buen ejercicio sería precisamente hacerlo sin usar los bastones ya que esto nos obliga a refinar la técnica de equilibrio y transferencia de peso. Una vez practicado esto, por supuesto que es recomendable utilizar el bastón para potenciar el ejercicio. Es un movimiento muy dinámico en el sentido de que es difícil ejecutarlo bien si se pretende realizar muy lentamente. De hecho requiere una maniobra de interrupción consistente en adoptar la postura de cuña con colas convergentes. En otros ejercicios, como en el de desplazamiento lateral en escalera, se puede interrumpir la ejecución en cualquier momento y permanecer sobre un solo pie sin que nos caigamos. Si pretendiéramos hacer lo propio durante un ascenso en tijera, o bien nos deslizaremos hacia atrás, o bien tendremos que apoyarnos enérgicamente en los bastones.

■ 7.3.6 Levantarse tras una caída

Quizá debería ser el primer ejercicio en explicarse, máxime cuando existe una diferencia abismal entre ejecutarlo correctamente y sufrir repetidas caídas tras los vanos intentos basados en una defectuosa colocación de los bastones.

Ejecución: Según la posición en que hayamos quedado tras la caída, se pueden dar los siguientes casos:

- Terreno horizontal, pies juntos, esquís paralelos y cuerpo de costado. Veamos un primer procedimiento; por ejemplo, el caso de que tengamos debajo el costado derecho; apoyaremos sobre la nieve, y cerca de la cadera, la roseta del bastón izquierdo (has leído bien, el derecho no interviene y solo estorbaría); pondremos la mano derecha junto a dicha roseta; la mano izquierda permanece en la empuñadura del bastón izquierdo, el cual deberá estar perpendicular al plano de la nieve y a los esquís; recogeremos los pies acercándolos a la cadera; presionaremos decididamente con ambos brazos y nos apoyaremos preferentemente en el pie derecho para requerir menos esfuerzo inicial; mientras nos izamos, cuidaremos que el cuerpo permanezca lo más perpendicular posible a los esquís, pues en caso contrario, volveremos a caernos al recuperar la verticalidad.

Otro procedimiento permite utilizar ambos bastones sin tener que soltar ninguna correa, consiste en apoyarlos paralelos uno a cada lado del cuerpo y, con los brazos extendidos, incorporarse tirando de ellos.

- Terreno inclinado, pies juntos y más bajos que el cuerpo. Procederemos de un modo análogo al del apartado anterior tratando de adoptar la misma postura, pero haciendo hincapié en que los esquís deben orientarse perpendiculares a la línea de máxima pendiente para evitar deslizamientos indeseados. Cumpliendo este requisito, levantarse desde una ladera inclinada es mucho más fácil que desde terreno llano porque se parte de una posición menos horizontal.

- Terreno inclinado, pies juntos y más altos que el cuerpo. Es peligroso que la cabeza quede por debajo, tanto por la gravedad intrínseca de los golpes que sufra como por la mayor

Procedimiento para levantarse con la ayuda de ambos bastones.

probabilidad de deslizamiento que tienen las posiciones en las que los esquís quedan por arriba. Dado que es dificilísimo incorporarse a partir de esa postura, lo más recomendable es encoger las piernas y, ayudándonos con los brazos si se puede, intentar rodar lateralmente sobre nuestra espalda para invertir la posición y dejar los pies más bajos que el cuerpo; si no podemos usar los brazos (por haber caído sobre los bastones y tener dificultad para soltar las correas), se puede tomar impulso con la pierna superior primero y, una vez conseguido, aprovechar la inercia para trasladar la otra pierna mientras el cuerpo sigue rotando hacia la posición deseada. Es muy importante dominar esta rotación porque es frecuente que cuando el cuerpo queda por debajo de los pies no sea factible impedir el deslizamiento hacia abajo mientras que cuando los pies se encuentran por debajo, puede frenarse gracias a los cantos, lográndose incluso una incorporación sobre la marcha.

Pero esperar esto de un esquiador novel es ilusorio, de modo que conformémonos con situarnos detenida y correctamente y atengámonos a lo indicado en los párrafos precedentes.

- Terreno horizontal, posados de espalda. Hemos de colocarnos de costado; para ello situaremos primero las tablas paralelas y de canto, comenzando a mover la superior si una ha quedado por encima de la otra (aunque parezca una perogrullada, para algunas personas y tras la caída, no resulta tan evidente), girando después el cuerpo para proceder como ya sabemos.

- Terreno inclinado, de espalda, cabeza arriba. Igual que en el caso anterior, pero ahora es más fácil, tan solo recordar la necesidad de colocar los esquís perpendiculares a la línea de máxima pendiente.

- Terreno inclinado, de espalda, cabeza abajo. Es muy probable que en esta postura se continúe descendiendo por lo que habrá que reaccionar con rapidez. Si lanzamos las rodillas hacia el vientre para tratar de bascular en torno a un imaginario eje horizontal, podríamos golpearnos en la cabeza con las tablas. Es mejor girar respecto de un eje vertical, sin despegar la espalda de la nieve, ayudándonos con las manos. Podemos combinar el giro en ambos ejes logrando una mayor efectividad.

- Terreno horizontal, boca abajo, piernas abiertas. La solución estriba en doblar las rodillas levantando y girando los pies, para que las tablas queden paralelas y juntas, de modo que podamos colocarlas de nuevo en la nieve; a continuación, apoyándonos en ellas, giraremos el cuerpo para situarlo de costado y proceder según sabemos.

- Terreno inclinado, boca abajo, cabeza abajo. El caso más desfavorable ocurre cuando las piernas están abiertas, teniendo un esquí a cada lado y nos deslizamos cabeza abajo. La solución estriba en doblar las rodillas levantando y girando los pies, de modo que las tablas queden paralelas y con las colas próximas a las nalgas; a continuación giraremos y lanzaremos las tablas hacia un lado y hacia abajo con energía, al mismo tiempo que tratamos de girar el cuerpo siguiendo a las tablas; si sale bien, podremos apoyar las colas en la nieve y con la propia inercia nos incorporaremos sobre los esquís.

- Terreno inclinado, boca abajo, cabeza arriba. Si la pendiente es suave, procederemos como si fuera horizontal; si es algo acusada, colocaremos los esquís perpendiculares a la línea de caída o en cuña invertida (colas juntas, espátulas separadas). Luego presionaremos con las manos para separar el pecho de la nieve mientras nos apoyamos en los cantos. Si la pendiente es suficiente, con estirar los brazos bastará para alcanzar la verticalidad, en caso contrario podemos ayudarnos con el bastón.

- De espalda, tumbado sobre la

Preparación para poder levantarse si se estaba de espalda.

cola de los esquís, con o sin movimiento. El experto es capaz de izarse tomando un violento impulso hacia delante mediante una enérgica acción de los músculos abdominales, sobre todo si catapulta previamente los brazos para acumular más inercia. El principiante puede conformarse con girar el cuerpo hacia un lado para pasar a la posición de costado y elevarse desde ella como se explicó antes.

Preparación para levantarse si se estaba boca abajo.

Procedimiento para levantarse mediante un solo bastón.

Quizá pueda parecer excesivo aprender todas estas técnicas tan solo para poder levantarse. Nadie pretende tanto y menos al principio, lo importante no es tanto saber incorporarse como poder interrumpir una situación de descenso incontrolado cabeza abajo. Cuando ya se sabe esquiar, las reincorporaciones se realizan de manera sistemática, sin pararse a pensarlas.

Hemos estudiado estos ejercicios preliminares enfocados principalmente al principiante, pero en determinadas situaciones será interesante recurrir a ellos sin ningún complejo. Continuaremos ahora describiendo técnicas más avanzadas. El principiante autodidacta no deberá aventurarse por la nieve hasta conocer el contenido de los próximos apartados, especialmente el descenso directo y la cuña.

■ 7.3.7 Recursos para frenarse

En el apartado precedente se han explicado técnicas para levantarse, incluso desde una situación de deslizamiento, que se basaban en pasar los esquís a una posición inferior. Pero hay ocasiones en las que no se logra, pudiéndose dar una circunstancia muy peligrosa si la nieve es dura y hay obstáculos o cortados en la trayectoria. Aún se puede intentar agarrar el bastón con una mano por encima de la roseta y la otra algo más arriba, a modo de escoba, y apoyar la punta con fuerza sobre la nieve. Como poco, se logrará aminorar la velocidad, o provocar un giro en torno al bastón para que las piernas pasen abajo y sean ellas las que absorban un eventual impacto. Aunque se hayan soltado los esquís, si las piernas van por delante, se puede intentar frenar raspando la nieve con las botas, recurso perfectamente compatible con el del bastón.

Es aconsejable practicar todo esto en una ladera suave, de nieve dura, que termine en un llano donde el frenado esté garantizado aunque se ejecute mal.

7.4 DESCENSO DIRECTO

Otras denominaciones: *Schuss*, descenso rectilíneo.

Ejecución: Es la forma más simple de descenso porque en apariencia no hay que realizar prácticamente nada. Consiste en deslizarse hacia delante con los esquís paralelos entre sí y a la trayectoria. No hay, por tanto, deslizamiento lateral alguno y las tablas van encajadas en su propia huella. El peso debe ir repartido lateralmente entre ambas piernas y, en nieve no problemática, es irrelevante que el esquiador se incline hacia delante, hacia atrás o que vaya relajadamente vertical. Evidentemente, no sufre más freno que la resistencia ofrecida por el aire y el escaso rozamiento existente entre la nieve y la suela, por lo que la aceleración es la máxima posible. Por esa razón se usa en pendientes suaves o cuando conviene tomar impulso para superar una cuesta (o cuando se tiene prisa...).

Dada su aparente sencillez, no hemos hecho aún algunas consideraciones importantes e ineludibles cuando la velocidad sea elevada y el terreno difícil. Comencemos por hablar de la postura: si vamos muy rápidos, deberemos llevar las rodillas flexionadas, el torso agachado, los bastones aproximadamente horizontales y bajo las axilas, los brazos próximos al cuerpo con los codos cercanos a las rodillas y las manos a la cabeza que deberá, aunque cueste, mantener la mirada al frente. Acabamos de describir lo que se denomina postura del huevo. Si la textura de la nieve presenta irregularidades de cierta consistencia, además tendremos que cargar el peso en las colas, notando permanentemente la presión de la bota en los gemelos.

Incluso en terreno sencillo es aconsejable mantener algo de flexión durante un descenso directo.

La mirada al frente

Cuanto más agachado más aerodinámico

Algo de carga en colas

Descenso directo: preparándose para adoptar la "postura del huevo".

Comentarios adicionales

La resistencia que sufre un objeto móvil en un medio líquido o gaseoso depende de varios parámetros como la naturaleza del medio en que se mueve, su viscosidad, la forma del objeto y la superficie vista desde la dirección del movimiento. La postura del huevo presenta dos ventajas aerodinámicas: mejora la capacidad de penetración en el aire por una cuestión de forma y reduce casi a la mitad la superficie frontal de resistencia al avance. También presenta otras ventajas desde el punto de vista de la seguridad ya que la propia postura es de autoprotección, debido a su carácter compacto; existe una capacidad de absorción de baches tanto en las rodillas, como en la cadera y en la columna vertebral, que no se ve obligada a sufrir compresiones bruscas. La posición retrasada de la punta de los bastones les impide engancharse contra la nieve con lo que se elimina el efecto de pértiga, que podría provocar una grave lesión prácticamente en cualquier parte del cuerpo.

He observado, frecuentemente, una enseñanza errónea consistente en recomendar una cierta inclinación hacia delante durante el descenso directo y esto entraña un nada desdeñable peligro de caída. Ya insistimos en ello en el capítulo de *Dinámica del esquí*. En efecto, cualquier irregularidad de forma y consistencia adecuadas (por ejemplo, una huella cruzada de un esquiador anterior) podría desviar la tabla hacia dentro, con lo que se montaría sobre la otra, o hacia fuera, con lo se abrirían las piernas; se produce, en cualquier caso, una caída hacia delante. A veces decimos en estos casos que se nos ha enganchado el canto. De permanecer retrasados, cargando colas, el desvío inicial de la

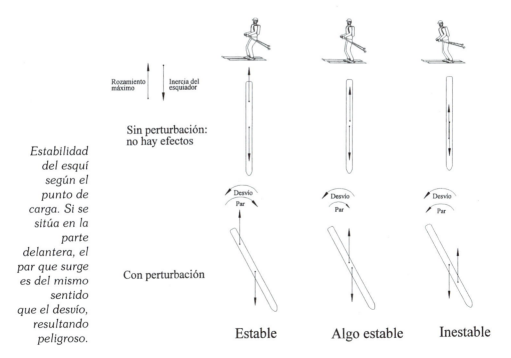

Estabilidad del esquí según el punto de carga. Si se sitúa en la parte delantera, el par que surge es del mismo sentido que el desvío, resultando peligroso.

211

tabla implica una geometría en la que aparece un par de giro compensador que reorienta rápidamente la tabla con la dirección del movimiento, sufriendo, a lo sumo, un pequeño susto. En otras palabras, como cada perturbación provoca una compensación, el sistema es estable, y la estabilidad, si bien es recomendable siempre, durante los períodos de elevada velocidad (tales como en un descenso directo) es imprescindible.

7.5 LA CUÑA

Otras denominaciones: *Stem*, quitanieves.

Elemento fundamental en numerosas etapas, especialmente durante el aprendizaje, a la que muchos recurren solo cuando nadie les mira y a la que tanto se desprecia cuando la usan otros (absurdos complejos). Debe su popularidad a varias razones: es fácil de aplicar incluso por principiantes, permite girar a ambos lados y es la única técnica que proporciona capacidad de regulación de velocidad en línea recta. No obstante, salvo en este último aspecto en el que aventaja claramente a cualquier otro recurso, sus posibilidades son ciertamente limitadas si las comparamos con las ofrecidas por otros virajes. Además, sirve de plataforma técnica para abordar el aprendizaje de otros tipos de giro más avanzados.

Aumentando el ángulo de cuña se reduce la velocidad.

Ejecución: Partiendo de un descenso suave y rectilíneo con los esquís paralelos y algo separados, los giraremos convergentemente, es decir: apartaremos las colas y aproximaremos las espátulas sin que lleguen a cruzarse, pero sin que permanezcan muy separadas (no se trata de avanzar incómodamente "espatarrados"). Observaremos cómo la velocidad se reduce y, si el peso está igualmente repartido entre ambos pies, mantendremos nuestra trayectoria rectilínea. Abriendo más el ángulo formado por ambas tablas reduciremos la velocidad, pudiendo llegar a frenar si la pendiente no es muy fuerte; si, por el contrario, reducimos dicho ángulo, acercándonos a la posición paralela, la velocidad aumenta. Lógicamente, se ha de tener muy en cuenta la inclinación del esquiador para conservar el equilibrio: durante una cuña a velocidad constante, se debe permanecer cómodamente er-

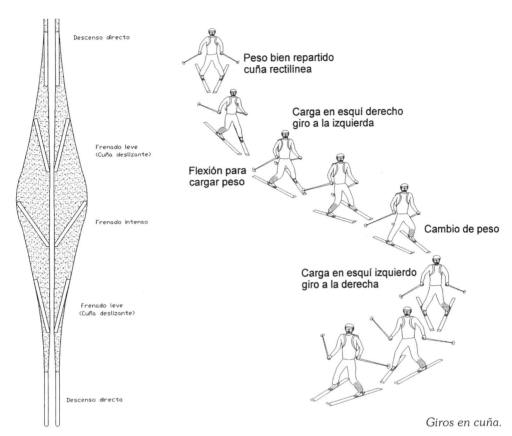

Giros en cuña.

Regulando el ángulo de la cuña se logra controlar la velocidad sin alterar la trayectoria rectilínea.

guido sin presionar la bota hacia delante o hacia atrás, solo hacia fuera lo suficiente para mantener la geometría de la cuña.

Ya sabemos regular la velocidad de descenso, aprendamos ahora a girar. Una de las condiciones para avanzar en línea recta mediante la cuña es repartir el peso equitativamente entre ambas piernas; la deducción de que para girar basta con descompensar esa distribución de peso es inmediata. El giro se producirá en la dirección a la que apunta el esquí que va a soportar más peso de los dos; así, si presionamos más el esquí derecho, que dada su orientación señala a la izquierda, nos desplazaremos hacia este último lado. Análogamente procederemos para girar a la derecha, presionando más con el esquí izquierdo. Resumiendo, hay que cargar con más peso aquel esquí del lado contrario hacia el que queremos virar.

Provocar la transferencia de peso puede resultar problemático para el principiante pues al presionar más con una pierna, la reacción provocada le inclinará hacia la otra y no conseguirá su objetivo; esto se resuelve de dos maneras: una consiste en flexionar la rodilla del lado contrario al que se quiere girar, para que el cuerpo se incline hacia ese lado cargándolo, pero no demasiado, pues la fuerza centrífuga podría vencernos. El otro método, recomendado para cuando ya se domina un poco más, se realiza tomando un pequeño impulso con el cuerpo hacia el lado del esquí que se desea presionar; una vez iniciado el viraje, la propia fuerza centrífuga mantendrá el giro, puesto que obliga a cargar precisamente el esquí exterior. Para cambiar de dirección, será necesaria una nueva transferencia de peso, esta vez al lado contrario, lo que requerirá un nuevo impulso que tomaremos aprovechando el apoyo que tenemos en el esquí exterior, el cual va a convertirse a continuación en interior. Si partimos de una situación rectilínea con cierta velocidad, no será necesario imprimir ese impulso lateral, pues la fuerza centrífuga alcanza un valor suficiente tan pronto, que la reacción no llegará a tiempo de cortar el inicio del giro.

Respecto de los bastones, comentar que no son muy importantes ahora, no obstante, y al objeto de adquirir buenas costumbres para las siguientes técnicas, conviene apoyar el bastón interior en cada viraje, es decir aquel del lado contrario al del esquí más cargado. Con esto conseguimos potenciar la acción de giro mediante dos caminos: se ayuda a la correcta transferencia de peso y se crea un par de rotación en el sentido deseado. A la vista de lo anterior, se concluye que el bastón no se usa para impulsarse hacia delante (lo que requeriría apoyar el bastón exterior) sino para frenar. El movimiento del bastón no se hace a costa de mover mucho el brazo y el hombro, sino mediante un giro de muñeca.

Comentarios adicionales

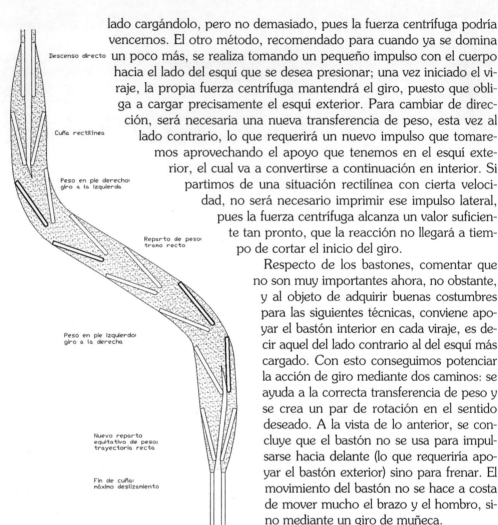

Uso de la cuña como técnica de giro. En el dibujo se parte de un descenso directo, pero valdría también desde una diagonal.

Puede resultar chocante que en la cuña se gire al lado contrario del esquí más cargado, pues lo lógico, en apariencia, es que el punto donde exista más rozamiento se quede más retrasado, provocando un giro en torno a él. Esto ocurriría en caso de llevar unos esquís extremadamente cortos y con una cuña exagerada en la que el ángulo que forman los esquís se acercara a 180°. Durante el avance rectilíneo, ambos esquís derrapan y ninguno experimenta el más mínimo avance en dirección a su eje longitudinal; se trata de uno de los casos en los que el esquí, con un ángulo de cruce distinto de 90°, puede descender por la LMP sin transformar su movimiento en diagonal ya que el otro se lo impide. Como el derrape se produce con un cierto ángulo entre el esquí y la dirección de avance, se provoca una fuerza tendente a aproximar las tablas (es distinto aproximar las tablas que cerrar la cuña, esto último es reducir el ángulo formado por los dos esquís) que ha de ser compensada con un esfuerzo muscular. Cuando se aumenta el peso incidente en uno de los esquís, aumenta su disposición a enclavarse, reduciendo su derrape y elevando su tendencia a deslizarse en la dirección a la que apunta; como el otro esquí ha sido aligerado, se rompe el equilibrio anterior en favor del más cargado de modo que éste se impone. Cabría esperar un cambio de dirección brusco, sin embargo se produce un giro curvo y poco quebrado. La razón estriba en que el esquí más aligerado mantiene algo de peso y además, debido a que la cola conserva algo de carga y se comporta como un timón. Entonces, para que se produjera ese cambio brusco, tendríamos que levantar el esquí interior y no se trataría de una cuña.

Dado que la articulación de la rodilla no puede girar lateralmente (sin causar destrozo de ligamentos), la postura de la cuña implica ineludiblemente cierto grado de canteo, lo que explica, junto con el aumento de la superficie opuesta al avance, la capacidad de dirección y frenado.

La cuña tiene un campo de aplicación cuantitativamente muy limitado: no admite virajes con una gran fuerza centrífuga (el esquiador no puede adoptar una elevada inclinación lateral para compensarla); la pendiente máxima a la que es operativa no es tampoco muy elevada, porque el tiempo de transición de un viraje a otro es relativamente largo, con lo que se sufre mucha aceleración durante la permanencia en la línea de caída, sufriendo además el inconveniente de tener un único canto verdaderamente efectivo (el canto interior del esquí exterior). La capacidad de frenado rectilíneo es muy inferior a la de otros virajes que terminen en derrape, aplicar la cuña a gran velocidad es innecesario y suicida; la propia postura adoptada normalmente para ejercer la cuña es poco propicia para amortiguar adecuadamente los baches que nos encontremos y, por último esquiar todo un día usando exclusivamente la cuña es agotador. Sin embargo, desde un punto de vista cualitativo, hemos de reconocer que no se comporta mal en las nieves difíciles y pesadas que se encuentran frecuentemente fuera de las pistas y donde otros virajes más sofisticados pierden efectividad. En cualquier caso, la capacidad para recorrer pasos estrechos de pendiente moderada con un aceptable control de velocidad y una trayectoria precisa, es excelente.

7.6 VIRAJE FUNDAMENTAL

Otras denominaciones: Giro elemental, cristianía básico, giro básico.

Hay dos novedades importantes al pasar de la cuña al giro elemental: el uso del bastón y el hecho de que durante la segunda parte del viraje los dos esquís trabajan en colaboración, en vez de oponerse mutuamente; empezamos a entrar en el dominio del paralelismo.

Ejecución: Partiendo de una cuña típica, clavemos el futuro bastón interior claramente hacia delante y comencemos a girar según la técnica de cuña que ya sabemos hasta completar aproximadamente medio viraje; en ese momento, y dado que el peso cae predominantemente en el esquí exterior, no nos costará girar y desplazar el interior

El bastón se coloca con un simple giro de muñeca, mientras la fase desencadenante en cuña ya ha dado comienzo.

hasta acercarlo y ponerlo paralelo a aquel, máxime cuando podemos aprovechar el apoyo del bastón como complemento del equilibrio. Resultará más fácil si llevamos cierta velocidad. Si nos cuesta realizar esto, podemos levantar el esquí interior para colocarlo en el aire y posarlo, ya paralelo, a continuación.

Comentarios adicionales

Llevar una velocidad relativamente elevada presenta una serie de ventajas en la ejecución de este viraje: el enclavamiento de la tabla en su huella es menor, lo que facilita su desplazamiento; la fuerza centrífuga es importante, lo que posibilita depositar el peso en el esquí exterior y aliviar el interior cuanto sea necesario, permitiéndole además, deslizarse espontáneamente a la posición paralela. Por el contrario, se corre el riesgo de girar en exceso dado que es frecuente tener el vicio de ir echado hacia atrás y aún no se suelen conocer elementos de estilo como la rotación de la cadera respecto del pecho.

Al reducir la anchura de separación de colas, la superficie de la base es menor, lo que obliga a mantener un equilibrio dinámico lateral (recordemos las bicicletas).

■ 7.6.1 Ejercicios

Aprender de una vez todas las innovaciones que una técnica desconocida muestra al principiante es a menudo inviable, por lo que el viraje fundamental puede practicarse primero sin obsesionarse por el bastón ya que el inicio en cuña permite girar por sí mismo. Llevando un poco de velocidad, la terminación en pa-

Viraje fundamental.

ralelo es muy factible incluso sin el apoyo del bastón, pero en cuanto se haya cogido un poco de confianza, no hay que demorar más su utilización; pues luego es más difícil inculcarlo como un gesto automático.

❑ 7.6.1.1 Diagonal

La segunda parte de un viraje fundamental suele consistir en una diagonal. Dado que quienes se basan en este viraje son a menudo principiantes, es factible que fallen en esa fase que, en prácticamente cualquier técnica, es más fácil que la de preparación.

Para aprender la postura correcta, se buscará una ladera amplia que se recorrerá mediante diagonales a cada lado, prestando especial atención a los siguientes puntos:

- El pecho mirará a la pendiente, lo que se comprueba observando la posición retrasada del hombro del valle.
- El peso, centrado longitudinalmente, recae más en la pierna del valle que en la del monte, la cual va algo más adelantada y flexionada que la otra.
- Se mantiene un canteo suficiente para que el derrape, de existir, sea escaso frente al avance. Precisamente un defecto que a veces ocurre es cantear tan poco que se enganche el canto exterior.
- Mediante el apoyo en el bastón del monte, se ejecutan los toques necesarios para conservar la postura correcta.

❑ 7.6.1.2 Guirnaldas cuña-diagonal

Tras haber aprendido la diagonal, y dado que un momento clave en el viraje fundamental es la transición de la cuña al paralelo, conviene practicar buscando una ladera larga de pendiente moderada y encadenar cuñas y diagonales; al llegar al final, se gira y se repite el ejercicio. Insistimos en la necesidad de practicar hacia los dos lados porque al principio se suele aprender a girar antes a uno que a otro.

VIRAJE FUNDAMENTAL.
En este caso la apertura en cuña no comienza junto con el paso del peso al esquí derecho; de ahí que el primer tramo de la trayectoria sea recto. Obsérvese que la estrecha huella de la fase final indica que se ha ejecutado con un acusado canteo que ha impedido todo derrape. El ejemplo aquí dibujado es solo uno de los diferentes casos posibles de viraje fundamental. Podría haberse suprimido la cuña deslizante inicial, con lo que el giro habría comenzado antes; o haber reducido el canteo, eliminando el carácter conducido que presenta el final.

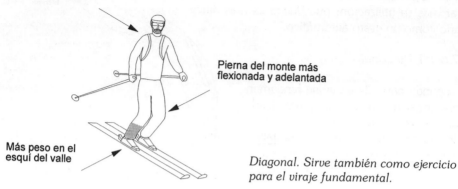

Diagonal. Sirve también como ejercicio para el viraje fundamental.

7.7 DERRAPAR

Otras denominaciones: Derrapaje, deslizamiento lateral.

Su finalidad es lograr la máxima disipación de energía cinética, especialmente útil en pendientes fuertes y para frenadas urgentes. También permite un control preciso de velocidad lateral.

Antes de avanzar en otras técnicas más elaboradas, y dado que ya hemos aprendido las primeras situaciones de paralelismo, convendrá dominar lo antes posible el derrape pues aparece en la mayoría de los virajes, y como ya se ha apuntado, constituye el ele-

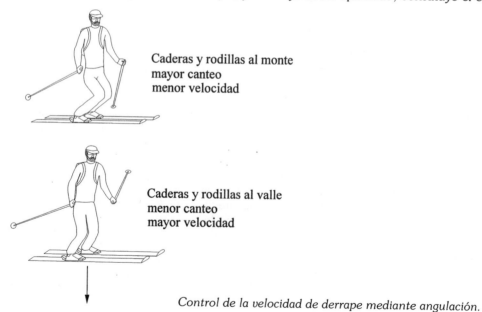

Control de la velocidad de derrape mediante angulación.

mento más potente a la hora de reducir urgentemente la velocidad o de evitar que ésta se incremente descontroladamente en una pendiente acusada.

Ejecución: Recordemos ese final de viraje elemental que habíamos aprendido en el cual las tablas ya se situaban paralelas; posiblemente, conforme seguíamos completando el giro, ya se producía un deslizamiento lateral de las tablas hacia el exterior de la curva, pero ese breve período de tiempo no es suficiente para dominar la técnica del derrape, así que buscaremos una ladera de cierta pendiente y penetraremos horizontalmente en ella hasta detenernos. El ejercicio consiste en variar el ángulo de canteo y las articulaciones que lo lograrán serán la cadera, la columna vertebral y la rodilla si está flexionada, –en caso contrario carece de juego lateral–. El tobillo apenas se mueve dentro de la bota. Reduciendo el ángulo, es decir orientando el plano de la suela más paralelo a la superficie de la pendiente, aumenta la tendencia a descender; esto se logra arqueando el cuerpo lateralmente de modo que la cadera se aleje de la nieve, hacia el valle. Aumentando el ángulo de canteo, se aumenta el apoyo, lo que se consigue mediante el gesto de acercar la cadera a la nieve, hacia el monte. Mediante estos dos movimientos descritos, ya sabemos regular la velocidad durante el derrape; ni que decir tiene que debemos considerar el grado de inclinación lateral para compensar equilibradamente las variaciones de velocidad. Ha llegado el momento de refinar el derrape: el peso ha de recaer mayormente sobre el esquí del valle, pero no tanto como desperdiciar la acción de canteo del esquí del monte, debiendo además estar centrado, sin cargar en colas ni en espátulas; las tablas paralelas y con una separación natural, cómoda; el pecho orientado preferentemente hacia el valle, así se observa mejor la trayectoria; el bastón del monte bien apoyado, complementando el equilibrio dinámico y el del valle horizontal, para que no estorbe.

Estando erguidos, no era posible desplazar las rodillas lateralmente, por lo que el derrape aprendido hasta ahora tenía un ángulo de canteo limitado; flexionando rodillas y caderas, y mediante giro lateral del fémur, las rodillas pueden ser desplazadas lateralmente, lo que no tiene por qué variar apreciablemente la dirección del esquí (gracias a cierta flexibilidad del tobillo) pero sí el ángulo de canteo, recurso que potenciará el control del derrape en situaciones comprometidas.

Para potenciar su utilidad, y como ejercicio de cara al aprendizaje de las técnicas del paralelo, se recomienda derrapar sucesivamente hacia delante y hacia atrás, cruzando la LMP, lo que requiere bascular ligeramente cada vez en un sentido.

La velocidad al derrapar está limitada. Nunca se debe adoptar un canteo tan bajo que permita el enganche del canto del valle.

Comentarios adicionales

El equilibrio lateral se conserva pese a variar el canteo mediante la técnica llamada angulación, consistente básicamente en arquear lateralmente la columna y las caderas. Se consigue así que el centro de gravedad se mantenga en una posición correcta sin que la inclinación necesaria en el canto se vea reducida por ello.

Por razones de precisión, estrictamente llamamos derrape puro a aquellas situaciones en las que los esquís se desplazan perpendicularmente a sí mismos, lo que se da en pocas ocasiones, apareciendo el derrape normalmente combinado con otros desplazamientos, de modo que los esquís forman con la trayectoria un ángulo de cruce comprendido entre, pero distinto de, 0° y 90°. Es decir, cuando el ángulo es de 90°, hablaremos de derrape puro, circunstancia que se da por ejemplo, cuando perdemos altura sin avanzar ni retroceder (cuando el ángulo es de 0° se trata de un descenso directo).

La potencia del derrape, es decir, su capacidad para disipar energía durante un período de tiempo, depende entre otros factores de dos ángulos: el ya mencionado de cruce y el de canteo. La repercusión en la potencia de derrape del primero es clara: a 90° es máxima. En cambio, la influencia del de canteo merece la siguiente reflexión: si fuéramos capaces de variarlo entre 0° y 90° habría un valor intermedio para el que esa influencia es máxima, pero el caso de 90° corresponde prácticamente a la caída, es decir, existe una limitación anatómica que impide alcanzar ángulos de canteo muy elevados, por lo que el margen de grados disponibles suele quedar por debajo del ángulo de canteo para el que la capacidad de frenada es máxima, de modo que podemos simplificar el problema afirmando que cuanto mayor sea el ángulo de canteo aplicado, mayor será la potencia del derrape. Pese a la limitación anatómica mencionada, en circunstancias extremas tales como en superpendientes o en derrapes a gran velocidad junto con una determinada consistencia de nieve (y muy especialmente en hielo) se puede superar el ángulo de canteo de máxima efectividad y encontrarnos con una respuesta mediocre justamente cuando más se necesitaría contar con un buen apoyo. Será la habilidad del esquiador para no superar ese ángulo límite la que le permitirá "capear el temporal", pero será su experiencia la que le impedirá caer en esas situaciones de control reducido. Volveremos a hablar de estas situaciones y sus soluciones en los capítulos correspondientes al esquí extremo y a las técnicas sobre hielo.

7.8 SEMICUÑA O *STEM*

Este viraje constituye un avance respecto del fundamental en el sentido de que aporta una mayor agilidad en su inicio, lo que unido al dominio que podamos tener ya del derrape, amplia el campo de acción a terrenos de cierta dificultad.

Semicuña o stem: solo se abre convergentemente el nuevo esquí exterior, levantado en la foto con fines didácticos.

Ejecución: En esta ocasión, y a diferencia del viraje fundamental que se comenzaba desde una cuña leve, partiremos de una posición de avance con esquís paralelos (por ejemplo un descenso directo o una diagonal) y abriremos en cuña solo aquel del lado contrario al que pretendamos girar; a continuación depositaremos el peso en dicho esquí (tal y como se ha venido haciendo en la cuña y en el viraje fundamental) con lo que se iniciará el giro; una vez logrado esto, recogeremos el otro esquí ayudándonos del apoyo en el bastón interior de modo que se coloque paralelo al que habíamos abierto. Habremos quedado en una situación de diagonal derrapada.

No nos cansaremos de insistir en el tema del bastón, sobre todo porque conforme vamos entrando en el dominio de las pendientes más fuertes y las velocidades más elevadas, conviene no desperdiciar ese recurso. Recordemos: hay que avanzar el bastón interior de modo que simultáneamente con la abertura del esquí exterior, ya dispongamos (y lo usemos) de su apoyo.

Comentarios adicionales

Habíamos mencionado que este viraje proporcionaba cierta agilidad, cierta rapidez de realización. En efecto, la posibilidad de ejecutarse desde una posición de paralelismo y desplazando un solo pie así lo permite, máxime cuando podemos incluso levantar descaradamente el esquí exterior para que el movimiento sea más rápido. Podemos hacer lo propio con el esquí interior para colocarlo paralelo al exterior, ya metiéndonos en la fase de conducción, de modo que en un intervalo de tiempo del orden de un segundo o menos ya se haya resuelto el viraje. Este tipo de ejecución, que ampliaremos después, se conoce a menudo como tip-tap y, cuidando otros aspectos como el equilibrio y el bastón, es muy operativo en terrenos difíciles.

7.9 PARALELO O *CRISTIANÍA*

La palabra cristianía proviene de la ciudad noruega (actualmente Oslo) donde surgió esta técnica. El cristianía, más que un viraje, es la regulación de un viraje ya comenzado por otro procedimiento (*stem*). El aprendizaje del cristianía nos introduce en el mundo del equilibrio y la elegancia, es la frontera de estilo entre el principiante y el experto.

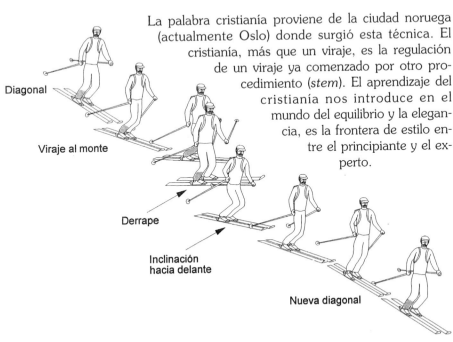

Ejercicios de guirnaldas en paralelo.

El objetivo es controlar el ángulo de cruce (esquí-trayectoria) para regular y ajustar el trazado en la fase de conducción de un viraje.

Ejecución: Antes de incorporar esta técnica a los virajes, puede aprenderse mediante el trazado de diagonales cruzando una ladera inclinada. Para ello penetraremos en la pendiente de un modo similar al que usamos para aprender el derrape: con los esquís paralelos, manteniendo ahora una línea levemente descendente, el peso predominantemente en el esquí del valle pero centrado, el pecho orientado al valle (por tanto, no tiene la misma orientación que la cadera) y el bastón del monte bien apoyado y avanzándolo siempre que sea necesario. Ha llegado el momento de actuar, comencemos por girar al monte para lo que tendremos que cargar el peso en las colas (relajando los músculos gemelos); no vendrá mal arquear lateralmente la columna vertebral acercando la cadera al monte y apoyarnos en el bastón del monte que previamente habremos avanzado. Los esquís han girado como esperábamos y posiblemente nos hemos detenido ya que el ángulo de cruce ha aumentado. Hagamos ahora la operación contraria: carguemos el peso hacia las espátulas (accionando los gemelos) de modo que éstas se desplacen hacia abajo y giremos al valle; nos impulsaremos con el bastón del monte para lo que deberemos situarlo más retrasado; el ángulo de cruce se ha reducido y nuestra velocidad aumenta por ello. En dicho ángulo no solo influye la distribución del peso a lo largo de la tabla, sino también el ángulo de canteo, por lo que habrá que controlar tanto uno como otro para lograr un buen dominio del cristianía. En efecto, con la distribución del peso determinamos la orientación del esquí mientras que con el canteo controlamos el deslizamiento lateral, pero lo más interesante es que ambas acciones se realizan simultáneamente y con gestos poco ostensibles que requieren un esfuerzo pequeño.

Pero aún hay más, si el resultado no es el esperado, siempre podremos complementar nuestra técnica con un gesto de torsión de la columna vertebral y/o de los muslos, para lo que resultará muy útil aprovechar el toque de bastón, tanto actuando de freno como de impulso (si deseamos aumentar el giro al monte, pondremos el bastón adelantado y nos apoyaremos en él; si queremos lo contrario, lo situaremos algo retrasado y remaremos).

Comentarios adicionales

Las excelentes posibilidades reguladoras del cristianía se ven facilitadas porque no hay cambio de cantos y no solo permiten ajustar con absoluta precisión el punto hacia el que queremos ir o en el que queremos detenernos, sino que además ofrecen infinitas combinaciones secuenciales de cruce-canteo para lograrlo.

Ya sabemos que toda acción origina una reacción opuesta, de modo que al tensar los gemelos para provocar un descenso de espátulas podemos impulsarnos hacia atrás perdiendo el equilibrio y apoyándonos en las colas con lo que se desperdicia el esfuerzo realizado. La manera general de evitar las reacciones consiste en anticiparse a ellas, en este ejemplo procederíamos inclinando previa y suavemente el cuerpo hacia delante, de modo que al accionar los gemelos logremos dos efectos: recuperar el equilibrio vertical y desplazar las espátulas hacia abajo. Puede darse una situación similar cuando se pretende desplazar las colas hacia el valle, por lo que anticipadamente podemos inclinarnos muy ligeramente hacia atrás. Podría parecer que el realizar dos maniobras consecutivas y contrarias debería tener como resultado una neutralización, un efecto neto nulo y, sin

TENDENCIAS MÁS PROBABLES AL BASCULAR Y CANTEAR DURANTE LA CONDUCCIÓN							
Diagonal derrapada A<45°	C ↑	C =	C ↓	Diagonal con avance A<45°	C ↑	C =	C ↓
↙B↖	V ↓ / T al monte / A ~	V ↓ / T al monte / A ↑	V ↓ / T al monte / A ↑	↙B↖	V ~ / T al monte / A ↑	V ~ / T al monte / A ↑	V ↓ / T al monte / A ↑
B =	V ↓ / T al monte / A ↓	V = / T = / A =	V ↑ / T al valle / A ↑	B =	V ↓ / T al monte / A ↓	V = / T = / A =	V ↑ / T al valle / A ↑
↗B↘	V ↑ / T ~ / A ↓	V ↑ = / T al valle / A ↓	V ↑ / T al valle / A ~	↗B↘	V ~ / T al monte / A ↓	V ~ / T al monte / A ↓	V ↑ / T ~ / A ~

↙B↖: bascular hacia atrás
↗B↘: bascular adelante
V: velocidad
↑: aumenta
T: trayectoria
↓: disminuye
A: ángulo de cruce
~: indeterminado
C: canteo
=: no cambia

embargo, funciona (por ejemplo: para incidir en el antepié hemos de echar el cuerpo hacia delante, pero ello exige previamente sobreapoyarse en el talón) ¿cómo se explica esto? La clave reside en que la maniobra inicial (sobreapoyo en talón) es suave y relativamente prolongada con lo que no tiene una repercusión notoria, mientras que la maniobra final (apoyo en antepié) es más breve pero muy brusca, con lo que sí tiene poder desencadenante. Un ejemplo muy ilustrativo consiste en la capacidad para desplazarnos sobre una silla de despacho (con ruedas pequeñas en las patas), estando sentados en ella y sin tocar nada más que la propia silla.

Ya sabemos que el aumento del canteo reduce la componente lateral, con lo que desde una diagonal derrapada se giraría al monte, habiéndose actuado sobre todo el esquí, de modo que su orientación podría no haber variado. Durante el final paralelo de un viraje se produce otro fenómeno adicional, y es que las espátulas están deslizando menos (incluso nada) que las colas, con lo que al aumentar el canteo aquellas apenas lo notan mientras que en éstas se produce una disminución apreciable de derrape; el resultado es que los esquís viran menos aunque la trayectoria gire más; la clave, el ángulo de cruce que se ha reducido.

7.10 SEMICUÑA-PARALELO O *STEM-CRISTIANÍA*

De la combinación de las dos técnicas precedentes surge este viraje del que poco tendremos que comentar pues su descripción acaba de ser realizada en los dos apartados anteriores. Con este tipo de giro nos podremos desenvolver en muchos terrenos,

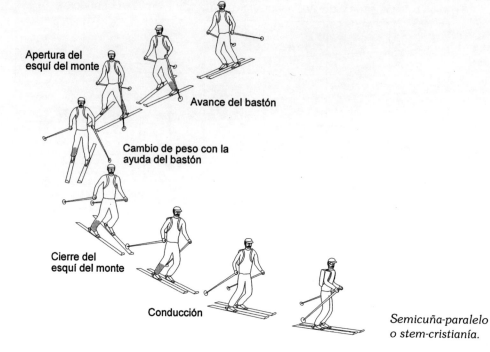

Semicuña-paralelo o stem-cristianía.

incluso de fuertes pendientes. Llegar a dominarlo no suele ser muy costoso pues se sigue empleando la apertura en semicuña como elemento desencadenante del giro. De hecho muchos esquiadores se estancan en este nivel encontrando dificultades para progresar técnicamente hacia el dominio del paralelismo.

■ 7.10.1 Ejercicios

❐ *7.10.1.1 Guirnaldas en semicuña*

Diagonal, apertura convergente del esquí superior y viraje paralelo al monte; permite ejercitar la coordinación de ambos bastones.

❐ *7.10.1.2 Guirnaldas en paralelo*

Se pueden encadenar en el siguiente orden: diagonal pura, viraje al monte, derrapar y diagonal derrapada. O ejercitar basculamientos alternativos adelante y atrás para cambiar el ángulo de cruce.

◻ *7.10.1.3 Cambio de peso*

Levantar el esquí interior; si es preciso, apoyarse algo más en el bastón.
Trazar diagonales puras y derrapadas con el esquí del monte levantado.

7.11 ESQUIAR EN PARALELO

Aunque ya conocemos situaciones de paralelismo (derrape, diagonal y cristianía), los virajes expuestos hasta ahora carecían de la orientación paralela de los esquís al menos en la fase desencadenante del giro. Se basaba la fuerza de rotación en una orientación previa de un esquí (apertura en cuña), con lo que quedaba clara y visible la existencia de un elemento provocador del viraje. Esa evidencia visual no ocurre cuando los esquís permanecen paralelos durante la totalidad del tiempo de giro. Un observador que contemple la evolución de un buen esquiador puede recibir la sensación de que los esquís giran y se desplazan solos, sin esfuerzo aparente aplicado por parte del esquiador. Esta sensación es engañosa solo en parte, puesto que sí se realiza un cierto esfuerzo, aunque éste sea considerablemente pequeño gracias al dominio técnico.

Los procedimientos para provocar la rotación simultánea de ambos esquís manteniéndolos paralelos durante todo el tiempo son tan numerosos como sutiles. Muchos de ellos son perfectamente compatibles entre sí, y de hecho colaboran mutuamente. También es cierto que, según las exigencias de la nieve, puede no ser necesario aplicarlos todos, pero siempre es recomendable conocerlos y dominarlos. Por estas razones, más que del viraje paralelo se suele hablar de esquiar en paralelo.

SEMICUÑA PARALELO O STEM-CRISTIANÍA.
Muy similar al viraje fundamental, se distingue de él porque ahora solo se abre en cuña el nuevo esquí exterior. El resto de las fases coinciden.

■ 7.11.1 Del stem-cristianía al paralelo: Transferencia de peso o viraje paralelo alternativo

Hay dos elementos fundamentales desencadenantes del giro en la técnica del *stem-cristianía*: la apertura convergente del, y la transferencia de peso al, nuevo esquí exterior. El primer elemento es el que deberemos ir reduciendo hasta eliminarlo

Levantar el esquí del monte es un ejercicio para practicar el cambio de peso, pero no constituye una técnica en sí mismo.

para conseguir un paralelismo a lo largo de todo el giro.

Ejecución: Elegir una zona de nieve fácil y realizar giros en *stem-cristianía* como ya sabemos; mantener una velocidad relativamente elevada, un nivel moderado de flexión en las articulaciones y probar a girar con un ángulo de apertura en semicuña cada vez más reducido; ayudarse con un decidido apoyo del bastón interior y marcar claramente la transferencia de peso al pie exterior, incluso levantando si fuera necesario el interior. El resultado obtenido debe caracterizarse por una secuencia de aperturas y cierres de piernas, pero manteniendo en todo momento una orientación paralela de las tablas. Lo que hemos hecho ha sido invertir el orden: en el *stem-cristianía* primero se giraba abriendo en semicuña y luego se transfería el peso; en el viraje paralelo alternativo primero se transfiere el peso y luego se gira el esquí mediante un gesto como el golpe de talón o expulsión de cola. El cambio de cantos se logra comparativamente más tarde. La dificultad estriba en el hecho de que con el peso aplicado, la resistencia por rozamiento al giro es mayor. El viraje puede considerarse prácticamente resuelto una vez conseguido el cambio de cantos.

Comentarios adicionales

Si bien la transferencia de peso es imprescindible (el peso debe recaer siempre en el pie exterior al final de todo viraje, salvo en algunos casos de esquí artístico o en nieve muy blanda), por muy marcadamente que se realice, solo ofrece una limitada capacidad para provocar el derrape del nuevo esquí exterior, siendo también su par rotor muy reducido. De hecho sería nulo si la posición de la fijación en la tabla no estuviera algo retrasada (recordemos que la puntera coincide aproximadamente con el centro del esquí). Por esa razón se debe elegir una nieve muy fácil, con una oposición al derrape lo más reducida posible. La velocidad alta disminuye el enclavamiento de la tabla y por eso también ayuda. El par de giro se obtiene mediante el apoyo en el bastón y los músculos torsores del tronco del esquiador han de hacer el resto. La separación inicial de las tablas es un parámetro determinante a la hora de provocar el giro, precisamente durante el instante más crítico; cuanto mayor sea, menores requerimientos de velocidad, apoyo en bastón, esfuerzo de los músculos torsores y calidad de nieve se necesitarán.

El estudio vectorial del gesto del cambio de peso, muestra cómo el par creado provoca una reacción derrapante en el nuevo esquí exterior e impulsa el cuerpo en el sentido correcto para dotarlo de una adecuada inclinación lateral; como la referida reacción está aplicada, lógicamente, en la posición de la bota, y ésta se encuentra retrasada respecto del centro del esquí, también se provoca un pequeño par de giro, precisamente del sentido que nos interesa: cola hacia el exterior. Evidentemente, la magnitud de estos efectos depende directamente de la fuerza con que se ejecute la transferencia y de la separación inicial de los esquís (recordemos que el valor del par es directamente proporcional a la fuerza y al brazo de palanca).

Resultará factible realizar esta técnica con una apertura paralela mínima, es decir, con una transferencia de peso pura, si los otros factores mencionados están presentes con suficiente magnitud.

Dado que en cada final de viraje la pierna exterior se encuentra retrasada respecto de la interior, tenemos que durante una secuencia de virajes hay que ir invirtiendo las posiciones relativas de ambas piernas, lo que requiere la aplicación de un par de giro. El sentido de ese par de giro es tal que su reacción provoca en el cuerpo del esquiador un par favorable al viraje deseado, por lo que simultaneando la transferencia de peso con el avance y retraso alternativo de cada pierna, se logra un efecto muy positivo. Pero aún hay más, la alternancia de posición relativa de las piernas facilita por razones anatómicas (si no la anulamos torpemente con las rodillas), una leve extensión durante el cambio, lo que, como veremos al hablar del factor flexión-extensión, también resulta favorable.

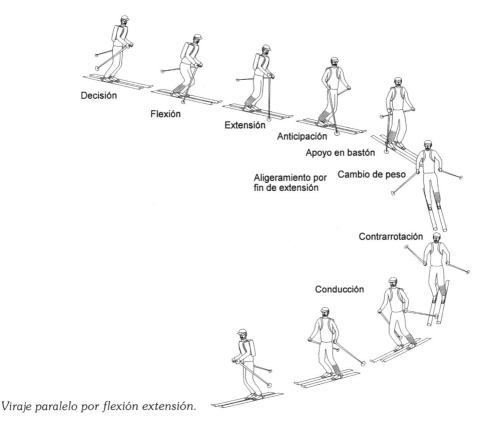

Viraje paralelo por flexión extensión.

❒ *7.11.1.1 Ejercicios*

Realizar virajes semicuña-paralelo incorporando la flexión-extensión (ver apartado siguiente), evolucionando hasta eliminar la apertura en semicuña y sustituirla por el mero cambio de peso.
Levantar el pie interior para forzar la transferencia de peso.

■ **7.11.2 Aligeramiento o liberación de la presión en la suela del esquí: flexión-extensión**

Ya sabemos provocar giros paralelos puros gracias a la transferencia alternativa de peso, pero dicho recurso está limitado a situaciones muy favorables dada su escasa potencia. Ha llegado el momento de ampliar esa potencia mediante un nuevo elemento: flexión-extensión.

Ejecución: Partiendo del *cristianía* de la fase final de un viraje, realícese una flexión de tobillos, rodillas, caderas y tronco (si es que no se estaba ya flexionado) que permita tomar impulso para la inmediata extensión, la cual podrá ser ayudada mediante el apoyo en el bastón interior. Cuando los músculos que están provocando la extensión comienzan a relajarse y el cuerpo ya posee una velocidad ascendente, su peso efectivo

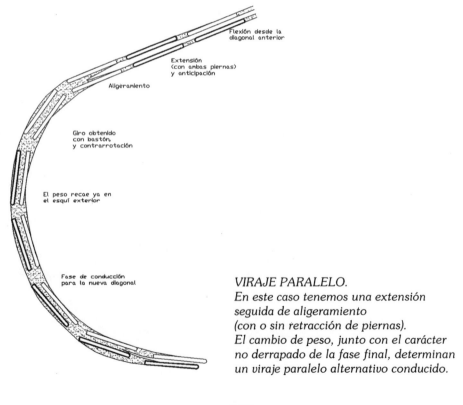

VIRAJE PARALELO.
En este caso tenemos una extensión
seguida de aligeramiento
(con o sin retracción de piernas).
El cambio de peso, junto con el carácter
no derrapado de la fase final, determinan
un viraje paralelo alternativo conducido.

sobre los esquís es muy reducido, lo que facilita durante una décimas de segundo cualquier maniobra que se requiera. Es el momento idóneo para realizar la transferencia de peso al nuevo esquí exterior y expulsar ambas colas.

Comentarios adicionales

Es conveniente estudiar la evolución de la extensión, en la que tendremos que distinguir dos períodos muy diferentes; durante el primero de ellos, y partiendo de una posición flexionada, los músculos comienzan a elevar el cuerpo que va incrementando su velocidad ascendente, el peso efectivo en los esquís es mayor que el peso del esquiador; en el segundo período, las piernas se han acercado al límite de su capacidad de extensión mientras el cuerpo, por inercia, continúa ascendiendo, ahora con velocidad decreciente y el peso efectivo sobre los esquís es menor que el del esquiador, pudiendo incluso llegar a anularse; los esquís han perdido su enclavamiento y parecen flotar. Es precisamente durante el segundo período cuando deben acometerse las maniobras de desplazamiento lateral, pues la resistencia al mismo es mínima, lo que incrementa la eficiencia del esfuerzo del esquiador.

Respecto de si es más correcto denominar a esta técnica "flexión-extensión" o "extensión-flexión", todo dependerá de la situación de partida. Si se acomete un viraje aislado, lo más normal es que antes se esté más bien cómodamente erguido, con una muy ligera flexión de las rodillas; en ese caso, la extensión disponible es pequeña y convendrá aumentar antes la flexión. No perdamos de vista que nos encontramos ante un aligeramiento por final de extensión. Si el viraje forma parte de una secuencia encadenada de ellos, o si por cualquier otra causa ya se está flexionado antes de iniciarlo, la denominación "extensión-flexión" es perfecta. La flexión que aparece en segundo término puede ser la amortiguación final del viraje precedente.

■ 7.11.3 Optimización del aligeramiento: Flexión-extensión lateral

El alivio del peso efectivo en el esquí, que hemos aprendido, se basaba íntegramente en un ejercicio de esfuerzo muscular, eso sí, muy interesante puesto que tras la extensión se facilitaban mucho las cosas. Pero aún podemos rentabilizar más esa inversión de esfuerzo si durante la extensión se requiere un gasto energético menor, lo que se consigue dirigiendo el cuerpo no hacia arriba, sino hacia un lado.

Ejecución: La única diferencia respecto de la flexión-extensión convencional consiste en aplicar más tensión a una pierna que a otra con lo que el cuerpo no se izará sino que será proyectado hacia arriba y a un

La extensión lateral proporciona un aligeramiento en todo el esquí.

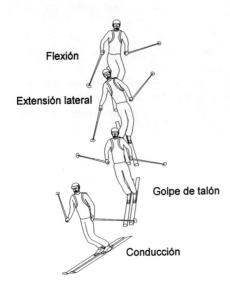

La extensión lateral hacia el interior de la curva potencia el aligeramiento.

lado; ¿a cuál?, al del interior de la curva que queramos trazar, evidentemente. Deberemos tener en cuenta que ahora el bastón se clavará más separado a fin de no estorbar la maniobra.

Comentarios adicionales

Las ventajas obtenidas con una aparente sutileza como es la de extendernos lateralmente, ya se apuntaron en el capítulo de *Dinámica del esquí* (donde se habló de sobreinclinación y subinclinación lateral) y carecen de desperdicio: el esfuerzo de extensión es menor porque no nos impulsamos directamente hacia arriba en contra de la fuerza de la gravedad; de paso, adquirimos por anticipado la inclinación lateral correspondiente a la curva; esa misma inclinación lateral provoca que, en todo momento el peso efectivo sobre el esquí sea menor, con lo que el período óptimo para provocar el deslizamiento lateral es más prolongado. Únicamente habrá que cuidar que no nos inclinemos tanto que la fuerza centrífuga no logre reincorporarnos, pero esto no es muy factible porque la tendencia psicológica del esquiador es a no fiarse mucho de la reincorporación automática por inercia, de modo que no suele pasarse con la inclinación previa.

Como en la extensión lateral se adquiere por adelantado la inclinación necesaria para compensar la fuerza centrífuga, podemos hablar de anticipación de inclinación, para distinguirla de la anticipación de torsión. Cuando mencionamos la palabra anticipación sin más, solemos referirnos a la de torsión.

Hemos visto los efectos de la extensión lateral provocadora de una anticipación de inclinación; podemos omitir la extensión e inclinarnos directamente a un lado con lo que perderemos potencia de giro, pero captaremos cómo esa inclinación resulta muy interesante por sí sola. En algunos virajes especiales (como el de inercia de tronco) se usa la anticipación de inclinación sin formar parte de la extensión, y conviene ir conociendo este concepto.

La inclinación lateral previa facilita el cambio de cantos; hay un momento en que el esquí se apoya plano, siendo muy propicio para desencadenar el giro.

■ **7.11.4 Aligeramiento parcial por redistribución de la presión en la suela del esquí: Flexión-extensión avanzada**

Los dos aligeramientos explicados hasta ahora concernían a toda la tabla, pero en muchas ocasiones basta con liberar solamente aquella zona del esquí que vaya a desplazarse en mayor medida. Así aumentamos la eficiencia ya que no desperdiciamos esfuerzo en liberar innecesariamente ciertos tramos de la longitud del esquí.

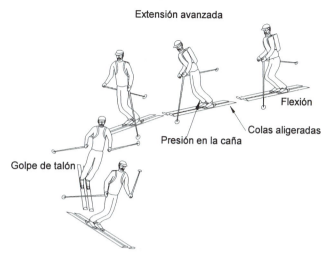

La extensión hacia delante aligera las colas y favorece la efectividad del golpe de talón durante la contrarrotación.

Ejecución: Si ya dominamos la flexión-extensión convencional, no nos costará introducir la variante de extensión avanzada, la cual requerirá una cierta inclinación hacia delante obtenida al agacharse mediante flexión de tobillos, rodillas y caderas. La clave reside en aprovechar la postura para impulsarse no solo hacia arriba, sino también hacia delante, sintiendo el aumento de tensión en la parte anterior de la caña de la bota. Observaremos cómo el aligeramiento en colas es notorio mientras que en la zona de las espátulas no se produce, pudiendo incluso darse un aumento de presión, pero no nos debe preocupar puesto que nuestra situación en la tabla es más bien retrasada, y las colas están tan aligeradas que podremos desplazarlas con facilidad. Por supuesto, conviene no olvidarse del uso del bastón, que tendremos que clavar un poco más adelante que en una extensión pura hacia arriba.

Comentarios adicionales

El hecho de extenderse hacia delante acarrea un mayor apoyo en la parte delantera de la caña de la bota, lo que crea un par de basculamiento hacia delante responsable del aligeramiento en colas y de la carga en espátulas. Una bota con holgura en la caña malamente transmitirá ese par al esquí. Si la resistencia a la flexión de la bota es muy elevada, el par se trasmite con gran efectividad, incluso con inmediatez; si dicha resistencia es baja, se tardará más en alcanzar un determinado valor de dicho par, pero lo importante es que no existan "tiempos muertos", como ocurre con una bota floja o demasiado grande y que, por tanto, muestre holguras. En estos casos de exceso de juego de la pierna dentro de la bota, se produce una evolución del par poco deseable, pues es prácticamente nulo en los primeros grados del ángulo de flexión, mientras que crece bruscamente cuando la pierna hace ya tope con la caña, originando una situación propicia para el descontrol, puesto que el retraso inicial invita a un movimiento más ostensible del cuerpo y cuando finalmente se consigue el apoyo, las tensiones que aparecen tendrán un valor excesivo, con una posible desestabilización y un mayor esfuerzo puntual en las articulaciones.

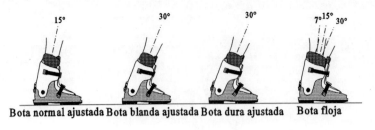

Bota normal ajustada   Bota blanda ajustada   Bota dura ajustada   Bota floja

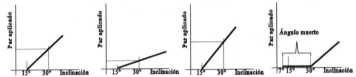

Efectividad del par flector aplicado según el ajuste de la bota y su dureza de flexión.

■ 7.11.5 Aligeramiento parcial por redistribución de la presión en la suela del esquí: Juego de tobillos

Existen dos modos fundamentales de traspasar la carga de peso a la parte delantera del esquí. Ya hemos visto la extensión hacia delante, en la que los músculos que doblan la rodilla tenían un gran protagonismo favoreciendo la flexión de la caña de la bota. Pero la bota se compone de dos líneas principales: la de caña y la de pie; es precisamente esta última la que aún no hemos tratado pese a tener una repercusión extraordinaria.

Ejecución: Cualquiera de las técnicas anteriores, incluso las no paralelas, puede potenciar enormemente su capacidad de rotación con un gesto, tan sencillo como desapercibido, que consiste en accionar los músculos gemelos, como intentando ponerse de "puntillas", en el momento de desencadenar el viraje. Su simplicidad permite aplicarlo en cualquier circunstancia, siendo compatible con las otras extensiones estudiadas, por lo que podemos aprenderlo y utilizarlo antes de esperar a dominarlas.

Como ejemplo de aplicación, bajemos según una diagonal y dispongámonos a realizar una flexión-extensión normal para virar al valle; durante el período de la extensión, iremos tensando los gemelos para estirar los pies, de modo que la carga se traspase a la parte delantera. Gracias a los efectos combinados de aligeramiento por extensión y por juego de tobillos, el desplazamiento de los esquís (sin olvidar la ayuda del bastón interior) queda muy facilitado.

Comentarios adicionales

Hemos de diferenciar dos pares provocadores de basculamiento hacia delante: el transmitido desde la caña por flexión de rodilla o por avance general del cuerpo, y el transmitido mediante el empeine por accionamiento de los gemelos. En el primero de ellos, la articulación del tobillo se comporta como un mero eje de giro para la tibia, pero en el segundo, dicha articulación se convierte en la auténtica transmisora del esfuerzo muscular que, procedente del gemelo, hace bascular el pie contra la plantilla de la bota y contra el empeine. Tanto en un caso como en el otro, el sentido del par es el mismo: basculamiento hacia delante, por lo que no son incompatibles, pero mientras el de caña depende mucho de las inercias del cuerpo y de su situación de equilibrio, el de empeine permite una regulación excelente ya que está en función, casi exclusivamente, de lo que tensemos voluntariamente nuestros gemelos.

No es difícil saber si un esquiador está flexionando la caña de la bota, pero averiguar si está accionando los gemelos no es factible por simple observación dado el carácter oculto del pie: no obstante se puede deducir en parte a partir de sus efectos.

¿Cómo el juego de tobillos, siendo tan reducido geométricamente, provoca un efecto tan importante? La explicación radica en la propia consistencia de la bota, lo que implica una relación entre fuerza aplicada y deformación producida muy alta, con lo que pese a lo poco conspicuo del gesto, la tensión mecánica lograda y transmitida a todo el esquí alcanza un gran valor.

■ 7.11.6 Incremento de aligeramiento por recogimiento de piernas

Las extensiones provocaban en su final un aligeramiento gracias a la inercia adquirida por el cuerpo, pero ese aligeramiento puede potenciarse enormemente si en el punto de máxima extensión comenzamos un gesto por el que plegamos las piernas.

Ejecución: Realizar un giro con extensión de modo que al final de la misma, y preferentemente con el bastón bien apoyado, recojamos las piernas flexionando caderas y rodillas. El resultado es un mayor aligeramiento pudiendo, si se realiza fuertemente, provocar un salto. Esa flexión puede aprovecharse para expulsar las colas antes y tener, por tanto, más tiempo para amortiguar la siguiente fase del viraje. Este recurso es compatible con cualquier extensión y con el juego de tobillos, potenciando mucho la capacidad de giro incluso en nieves muy pesadas.

El repliegue de piernas potencia y prolonga el aligeramiento. Si se aprovecha un montículo y se ejecuta enérgicamente, provoca un salto.

Comentarios adicionales

Al introducir una flexión más, podemos aumentar la complejidad del viraje pues habría una flexión previa, una extensión, otra flexión por recogimiento de piernas, otra extensión al girar los esquís y luego vendría la flexión previa del siguiente giro. Si la flexión por recogimiento es poco notoria, las piernas se mantendrán bastante extendidas hasta alcanzar la fase de amortiguación (que sería una parte de la de conducción), que puede hacerse coincidir con la de flexión previa del siguiente giro, pero si el recogimiento es muy marcado, como puede ocurrir en un salto de colas, tendremos una cadencia de tres flexiones por giro aislado y de dos si es en secuencia.

En un viraje aislado se pueden dar hasta tres gestos de flexión.

■ 7.11.7 Minimización de las inercias de giro: Anticipación y contrarrotación

Ya hemos aprendido una serie de recursos para provocar el viraje usando nuestro esfuerzo físico y técnico para vencer la oposición al giro del conjunto formado por nuestro cuerpo y el material. Parte de esos recursos ya reducían la oposición al giro debida al rozamiento con la nieve, pero la oposición debida a la propia inercia queda por resolver.

¿Por qué empeñarse al principio en girar todo el sistema a la vez cuando puede hacerse por partes? ¿Por qué empeñarse en que al final del giro todo el sistema complete el mismo cuando ya no es necesario? Estas preguntas ya introducen el tema de la eficacia (capacidad provocadora de giro) y la eficiencia (con el mínimo esfuerzo).

Ejecución: Elijamos, como siempre al aprender algo nuevo, un terreno fácil y avancemos según una diagonal; mediante torsión del tronco giremos el cuerpo fuertemente al valle antes de iniciar cualquier viraje (anticipación de giro); a continuación viraremos en paralelo hacia el valle, por ejemplo con una flexión-extensión, y conforme se va produciendo el viraje, giraremos el cuerpo en sentido contrario (contrarrotación) al de los esquís, produciéndose un cruce entre éstos y la línea imaginaria hacia la que apunta el pecho. Practíquese en ambos sentidos y combinado con otras técnicas que ya dominemos (juego de tobillos, extensión avanzada y lateral...). Hágase rítmicamente de modo que la contrarrotación de un viraje sea la anticipación del siguiente.

El ángulo rotado por el pecho durante el viraje ha sido muy pequeño y, por supuesto, considerablemente inferior al de los esquís, puesto que parte de él ya la habíamos girado antes, y otra parte fue compensada durante el propio viraje. En algunos casos, el pecho no habrá girado nada y las caderas muy poco, pese a que los esquís sí lo hayan hecho apreciablemente, lo que evidencia que nuestro esfuerzo se ha limitado prácticamente a rotar los esquís, con lo que, además de disfrutar de un mayor dominio, nos hemos cansado menos.

Avanzar el futuro bastón interior y realizar anticipación de torsión son movimientos contrarios, por eso se logra más mediante el giro de muñeca que por adelantar el brazo.

Comentarios adicionales

La rotación del cuerpo, y no de los esquís, se debe a la capacidad de giro del fémur en la cadera y a la de la espina dorsal en cada vértebra. Por esa razón, es el pecho lo que menos gira. Dado que en cada vértebra habría una orientación diferente, cuando hablemos de la dirección del cuerpo, a efectos de contrarrotación, nos estaremos refiriendo a la del pecho. También influyen los hombros, los brazos y la cabeza en el juego de las contrainercias, aunque no es necesario rizar el rizo. Cabe distinguir el llamado cruce de rodillas, debido exclusivamente al movimiento del fémur en la cadera, y el cruce de caderas, debido a la torsión de la columna, aunque ambos pueden y deben venir unidos porque hacer recaer todo el esfuerzo en un solo elemento anatómico aumenta su sobrecarga y el riesgo de lesiones.

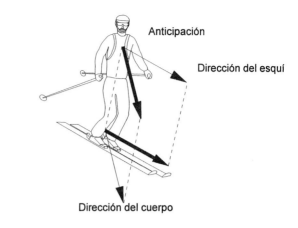
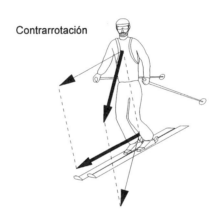

Las dos facetas del concepto de torsión.

Por el hecho de girar el cuerpo anticipadamente, cuando íbamos en una recta diagonal, hemos adquirido una posición ventajosa y si en ese momento provocáramos un alineamiento brusco entre el cuerpo y los esquís, la reacción desembocaría en un cierre de ambas líneas, orientando cuerpo y tablas en un mismo rumbo, intermedio entre los que tenían uno y otras antes del brusco realineamiento. Es decir, además de tener ganada ya parte del giro, la inercia de posición adquirida con el cuerpo sirve de apoyo para "tirar" de las tablas. Un nuevo caso de acción-reacción se produce en la fase de conducción del viraje: mientras los esquís siguen girando, rotaremos el cuerpo en sentido contrario de modo que, para un observador, el esquiador girará solo un ángulo igual a la diferencia existente entre el ángulo de giro del esquí y el rotado por el cuerpo respecto de aquel. El efecto resultante es favorecedor de la continuación del giro de las tablas, a costa precisamente del contragiro del cuerpo, razón por la que difícilmente se produciría un exceso de rotación en el conjunto cuerpo-esquís.

Para un mismo ángulo de giro de todo el sistema, la contrarrotación establece una diferencia entre la orientación del cuerpo y la de las tablas, en el sentido de que éstas quedan más atravesadas respecto de la trayectoria, lo que es extraordinariamente útil y efectivo en pendientes fuertes. Además, el hecho de tener que mover solo los esquís y no todo el cuerpo, acorta la duración del viraje en general y el tiempo de permanencia en la línea de caída en particular.

Las contrarrotaciones presentan otras ventajas: cada contrarrotación puede constituirse en la anticipación de giro para el viraje siguiente, con el consiguiente ahorro de esfuerzo y una lógica conclusión: el esfuerzo de una serie rítmica de virajes es menor que la suma de los esfuerzos de un mismo número de virajes aisladamente realizados. Ya se ha apuntado que al contrarrestar la inercia neta de viraje, es más improbable que se produzca un sobregiro con el presumible descontrol que puede conllevar; el hecho de mantener el cuerpo sobre una trayectoria poco ondulada pese al marcado desplazamiento de las tablas, proporciona una excelente perspectiva para observar el terreno y planear la ruta a seguir; el final de viraje contrarrotado forma parte del *cristianía* (incluyendo la angulación), cuyas prerrogativas de control son bien conocidas.

❐ *7.11.7.1 Ejercicio*

Realizar lo siguiente: diagonal sin torsión de tronco, flexionar, clavar bastón del monte, extender y dar un golpe de talón al valle; surgirá una contrarrotación.

■ 7.11.8 Hacia el dominio del paralelismo

La utilización de muchos recursos técnicos para el viraje tiene como ventajas un mayor dominio y un menor cansancio, por lo que procede tratar ahora de la integración de todas esas técnicas explicadas separadamente en las páginas anteriores.

No vendrá mal recordar antes aquellos factores que favorecen la acción de giro.
Factores técnicos
- Terminación equilibrada del giro anterior.
- Flexión previa.
- Anticipación de torsión (con o sin estado previo de rotación dinámica del cuerpo).
- Apoyo en el bastón interior.
- Extensión hacia arriba.
- Extensión hacia delante.
- Extensión hacia el interior o anticipación de inclinación lateral.
- Extensión potenciada por alzamiento violento del nuevo brazo exterior.
- Apoyo en la parte delantera del pie al comienzo (juego de tobillos).
- Recogimiento de piernas.
- Transferencia de peso al esquí exterior.

- Esfuerzo de torsión (expulsión de colas).
- Inversión de la posición de avance o retraso de cada pie.
- Aprovechamiento de las inercias del giro anterior.

Factores tácticos
- Elección previa de la trayectoria.
- Elección de una nieve y terreno adecuados.
- Girar en las convexidades.
- No quedarse sin velocidad.

Analizaremos por separado la realización de un giro aislado y la de una secuencia de giros, puesto que en este segundo caso la situación dinámica de comienzo del viraje puede diferir, ya que se aprovecha el movimiento del giro precedente para iniciar el otro.

Observando la foto se aprecian varios aspectos de interés:
- *La estela de nieve indica el final de un giro en el sentido de las agujas del reloj.*
- *A diferencia de los esquís, el pecho mira al valle: anticipación y contrarrotación.*
- *El esquiador aprovecha la convexidad para disfrutar de un aligeramiento extra.*

■ 7.11.9 Secuencia completa del giro paralelo aislado

Partimos de una situación de deslizamiento rectilíneo, ya sea en línea de máxima pendiente, en diagonal o en llano. Los pasos a realizar pueden ser los siguientes:

Fase preparatoria:

1.º Decisión mental de la trayectoria a seguir, eligiendo aquella donde la textura y forma del terreno sea más favorable tanto para el inicio (convexidades) como para su final (ausencia de obstáculos, placas de hielo...).

2.º Flexión de tobillos, rodillas y caderas.

3.º Avance del bastón interior mediante juego de muñeca.

4.º Torsión anticipada de tronco y hombros, de modo que el pecho se oriente al interior del nuevo giro.

Fase desencadenante o activa:

5.º Apoyo del bastón interior.

6.º Extensión con inclinación lateral hacia el interior y hacia delante.

7.º Apoyo en la parte delantera del pie.

8.º Presión en la parte delantera de la caña de la bota.

9.º Recogimiento de piernas.

10.º Transferencia de peso al pie exterior. Comienza el giro.

11.º Aplicación de torsión (golpe de talón o expulsión de colas) para que caderas y piernas adquieran la orientación que ya tenía el pecho y la rebasen.

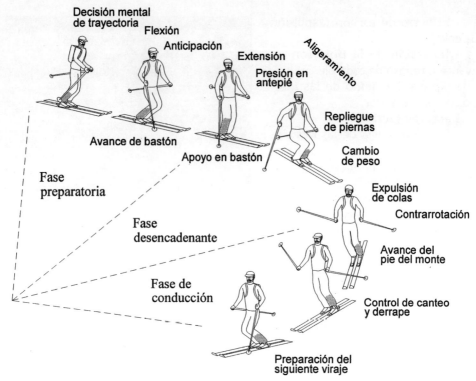

Viraje paralelo aislado incluyendo muchos de los recursos técnicos disponibles.

Fase final de conducción y control:
12.º Avance del pie interior.
13.º Control de derrape y deslizamiento mediante flexión, canteo, acción de gemelos, bastón, desplazamiento de rodillas y torsión de tronco.

Esta división en trece pasos, así como el orden elegido, tiene un valor exclusivamente orientativo y explicativo a fin de ayudar a distinguir los diversos recursos técnicos aplicados. Por ejemplo, los pasos 5.º al 8.º pueden y deben ser prácticamente simultáneos; el 3.º podría invertirse con el 4.º, incluso se puede retrasar el 3.º incluyéndolo en la fase desencadenante, pero por supuesto, retrasando también el 5.º.

Con todos estos recursos se puede acometer el viraje en prácticamente cualquier circunstancia no extrema; una extensión fuerte, acompañada de una marcada tensión de gemelos (pasos 6.º y 7.º), puede convertirse en un salto de colas de gran efectividad, especialmente si ejecutamos también el recogimiento de piernas (9.º).

Las tres extensiones combinadas (paso 6.º) pueden recordarse fácilmente con la siguiente consigna: "Lanzar el cuerpo por encima del centro de giro previsto"; el cuerpo puede ser lanzado junto con el avance del bastón, lo que requiere retrasar en el tiempo los pasos 3.º y 5.º. La torsión anticipada puede no ser tan anticipada y realizarse junto con la extensión, con lo que se consigue inercia de giro y aligeramiento al mismo tiempo.

Se puede incluir una separación de piernas en el final de la fase preparatoria que facilite la transferencia de peso posterior, para nuevamente unirlas tras el avance del nuevo pie interior (paso 12.º).

En situaciones muy fáciles, pueden omitirse la mayoría de los pasos; por ejemplo, podría girarse solamente con una transferencia de peso entre ambos pies. Los recursos técnicos de la fase desencadenante requieren un esfuerzo muscular superior al de los del resto; cuanto más se incida en uno de los pasos, menos aplicación se necesitará en los otros, lo que permite intuir a priori la infinidad de combinaciones posibles y perfectamente válidas. En condiciones difíciles, que iremos abordando más adelante, habrá que seleccionar una combinación de recursos técnicos determinada que pueda ser superior a otra en un caso concreto, cuando en otra circunstancia podría no ser así. Cada combinación define un estilo diferente. Una combinación se distingue de otra por el número y tipo de pasos que utilice, por la magnitud de cada paso o por el orden secuencial en que se ejecuten.

Puede llegar a ser conveniente aplicar otras técnicas especiales, incluso fuera del paralelismo, pero dominando los trece pasos descritos, se puede estar seguro de ser un buen esquiador. Piénsese que con ellos se puede girar en paralelo prácticamente desde una situación de parada, sin necesitar, por tanto, la ventaja de la velocidad.

■ 7.11.10 Aprovechamiento de las inercias del giro anterior: Secuencia de virajes encadenados

Si somos capaces de realizar un giro aislado totalmente en paralelo, nos resultará mucho más fácil ejecutar una secuencia de ellos. No obstante, existe algún requerimiento extra; por ejemplo, el cálculo previo de la trayectoria debe extenderse a un área mayor, lo que exige incrementar la concentración mental. No es necesario esperar a aprender el paralelo para practicar el ritmo en los giros; desde un nivel de *stem-cristianía*, por ejemplo, ya podemos empezar a familiarizarnos con ellos.

Al girar rítmicamente, es como si las decisiones de iniciar cada viraje estuvieran tomadas de antemano; cada cierto tiempo, muy breve, se ha de producir el giro; esto impide que surjan dudas que nos entorpezcan. Por repetir movimientos similares, se logra una cierta sistematización de los gestos, un automatismo que se convierte en una acción natural y no pensada, por lo que la atención puede dedicarse exclusivamente a proyectar la trayectoria. Una trayectoria bien elegida facilita mucho las cosas, con lo que el esfuerzo realizado será menor ya que no se producirán situaciones que nos sorprendan (un bache inesperado, por ejemplo) provocando desequilibrios de costosa recuperación. En otras palabras, el ritmo logra que la técnica se aplique por aquella sección del cerebro más intuitiva, dejando solo la táctica a nuestra atención. Hasta tal punto es así, que el esquiador llega a olvidarse de los esquís.

No solo hay razones psicológicas por las que esquiar rítmicamente resulta ventajoso, también las hay dinámicas. En efecto, teniendo en cuenta que (gracias a las contrarrotaciones y a la angulación) los esquís giran y se desplazan más que el cuerpo, nos encontramos con que hacia el final de un viraje, las tablas nos están adelantando, con lo que

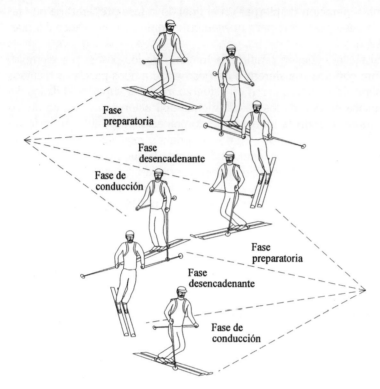

Se pone de manifiesto claramente cómo la fase de conducción de un viraje se superpone con la de preparación del siguiente, de modo que se ahorra esfuerzo por encadenar giros.

tienen una inercia respecto del tronco que podemos aprovechar, ¿cómo?, simplemente dejando que sigan adelantándonos y canalizando esa velocidad para cambiarlas de dirección, lo que no será difícil ya que el cuerpo se ha de encontrar orientado hacia el siguiente giro y disponemos del bastón; de hecho es algo que hemos estado haciendo durante toda la secuencia sin pararnos a pensar en ello. No obstante, donde se aprovecha mejor es en el encadenamiento de virajes de flexión-recuperación.

Otra razón por la que resulta más fácil el giro en las secuencias rítmicas de virajes encadenados es que al final de cada viraje se produce un rebote (la disminución de velocidad lateral permite un aumento del tamaño de la huella), y siempre es más fácil rebotar que impulsarse. Para que no se produjera, se requeriría un esfuerzo amortiguador logrado con los músculos de las piernas principalmente. En cierto modo se aprovecha la elasticidad de la tabla, de los músculos y de los tendones, amén de las otras consideraciones dinámicas ya comentadas e inherentes al propio movimiento que se está siguiendo.

Cada amortiguación y cada contrarrotación se constituyen en la flexión desde la que se lanza el siguiente viraje y en su anticipación respectivamente, por lo que se ahorran dos gestos por giro.

7.11.11 Estabilización de la fase de conducción: Adelantar los pies

Un final de viraje muy derrapado reduce el apoyo disponible para el siguiente, lo que puede ocurrir pese a cantear correctamente, siendo más frecuente en nieve dura.

Esto se resuelve adelantando los pies de modo que aumente la presión en los talones y en los gemelos con lo que se transfiere carga a la parte trasera del esquí.

Aunque resulte paradójico que al cargar más las colas agarren, no ha de extrañar. Estamos acostumbrados a pensar, por lo que sabemos del *cristianía* y del derrape, que cuando cargamos una parte de la tabla esa es la que más se desplaza. Pero ahora hay una diferencia trascendental: al adelantar los pies durante la conducción, las colas reciben una presión no deslizante, sino hacia el interior de la nieve, con lo que los cantos muerden mejor.

Al aumentar el agarre de las colas y no el de las espátulas, se reduce el ángulo de cruce con lo que el viraje se vuelve más conducido y aumenta el radio de curvatura.

Adelantando los pies al final del viraje se puede ejercer una presión hacia abajo en las colas, obligándolas a agarrar, como se aprecia en la foto.

El apoyo en las colas se puede constituir en plataforma de lanzamiento hacia delante, con lo que se encadenaría muy bien el siguiente viraje al recibirse a continuación la presión en el antepié.

7.12 VIRAJES PARALELOS ESPECIALES

Vimos cómo una combinación de recursos técnicos concreta determinaba un tipo de viraje o un estilo de esquí. Según las necesidades de cada caso será más recomendable una u otra combinación. Incluso puede ser útil conocer alguna técnica en la que se ejecuten gestos contrarios a los descritos, y que en circunstancias normales se considerarían vicios. Algunas combinaciones, especialmente indicadas para resolver situaciones concretas que se dan con cierta frecuencia, se han popularizado recibiendo por ello diversas denominaciones, pero deben ser consideradas como estilos concretos dentro del paralelismo.

■ 7.12.1 Virajes breves de radio largo (colear)

Otras denominaciones: *Wedeln, godille,* (aunque ésta se suele reservar para cuando los esquís se alejan más de la LMP, pareciéndose al impulso corto).

En pendientes suaves, o a lo sumo moderadas, con nieve fácil y poca anchura para pasar, existe además de la cuña, otra técnica que permite bajar sin sufrir la aceleración de un descenso directo ni los marcados desvíos de otros giros.

Ejecución: Escojamos una pendiente suave, con nieve muy fácil, y comencemos una secuencia de virajes paralelos siguiendo la LMP; conforme adquiramos ritmo, iremos aumentando la frecuencia de los virajes y reduciendo su duración individual, de modo que al final, estaremos describiendo una serie de ligeros desvíos de la trayectoria. Como la duración de cada viraje llegará a ser muy breve, puede que no dé tiempo a usar muchos recursos técnicos, por lo que tendremos que seleccionar aquellos que se puedan ejecutar con gran rapidez: toque de bastón, transferencia de peso, acción de gemelo y contrarrotación. Cuando la frecuencia deseada de los giros sea muy alta, deberemos prescindir de las flexiones-extensiones, del recogimiento de piernas e incluso de las angulaciones y de la alternancia en el avance relativo entre ambos pies, de ahí que solo sea aplicable en condiciones muy favorables.

■ 7.12.2 Viraje por extensión con salto

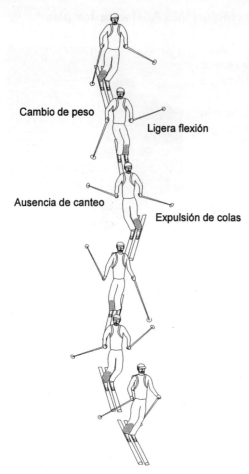

Virajes breves de radio largo: colear (wedeln).

Cuando la nieve es tan blanda que el esquí se hunde algo en su huella y tan consistente que ofrece una importante resistencia al deslizamiento lateral, cualquier aligeramiento que provoquemos, merced a los conocimientos técnicos que tengamos, será insuficiente para provocar el giro. Una solución es elevar las tablas sobre la nieve, de modo que el giro se inicie y se ejecute en parte por el aire.

Provocar un salto no requiere incorporar nuevos elementos técnicos a lo ya aprendido al practicar todo lo concerniente al paralelismo; basta con exagerar el énfasis puesto en determinados gestos.

Ejecución: Si recordamos lo explicado al hablar de la extensión simple (ni avanzada ni lateral, para no complicar el aprendizaje) no nos costará entender cómo provocar el salto, pues bastará con realizar la extensión con suficiente energía, apoyarse bien en el bastón y recoger las piernas a continuación si fuese necesario. Aprovechando el apoyo del bastón cuando estemos en el aire, será muy fácil desplazar y girar los esquís a voluntad. El aterrizaje debe ser amortiguado mediante una flexión, que puede constituirse en la preparación del siguiente viraje. Un aterrizaje no amortiguado puede provocar un enclavamiento excesivo en nieve blanda o un rebote de las tablas en nieve dura. Es interesante no olvidar las contrarrotaciones ya que en el aire no hay resistencia apreciable a la rotación y se puede incurrir en el error de sobregiro. El esfuerzo aplicado en el salto puede verse muy aminorado si aprovechamos algún montículo que nos catapulte gracias a la velocidad que llevemos.

¿Cuánto elevar las tablas sobre la nieve?, solamente lo imprescindible para garantizar su movilidad; bastaría con separarlas muy poco si la textura fuese lisa, pero si muestra protuberancias, convendrá aumentar el margen para evitar que se traben los esquís. Un exceso de salto crea problemas al aterrizar, aumenta el tiempo de pérdida de contacto con la nieve (con la consiguiente disminución de control), exige un mayor esfuerzo de amortiguación y reduce la vida del material. La potencia del salto deberá ser tanto más grande cuanto mayor sea el ángulo que pretendamos girar y menor nuestra capacidad para mover las tablas en el aire: esquiadores expertos son capaces de rotar grandes ángulos con elevaciones moderadas.

Comentarios adicionales

Un defecto frecuente que se comete al aprender a realizar los virajes con salto es el de mantener el tronco

Las tres imágenes muestran un viraje por extensión con salto, un salto de colas y un salto de espátulas. En el 1º el eje de giro se sitúa en el centro, en el 2º delante y en el 3º atrás.

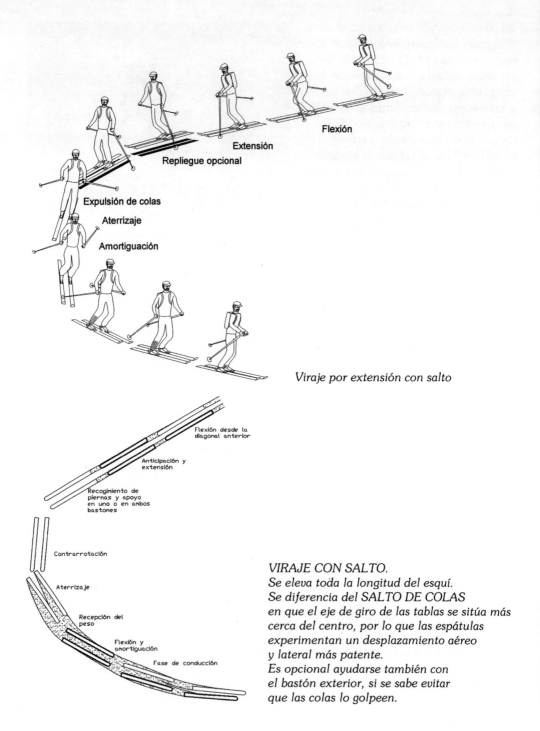

Viraje por extensión con salto

VIRAJE CON SALTO.
Se eleva toda la longitud del esquí.
Se diferencia del SALTO DE COLAS
en que el eje de giro de las tablas se sitúa más
cerca del centro, por lo que las espátulas
experimentan un desplazamiento aéreo
y lateral más patente.
Es opcional ayudarse también con
el bastón exterior, si se sabe evitar
que las colas lo golpeen.

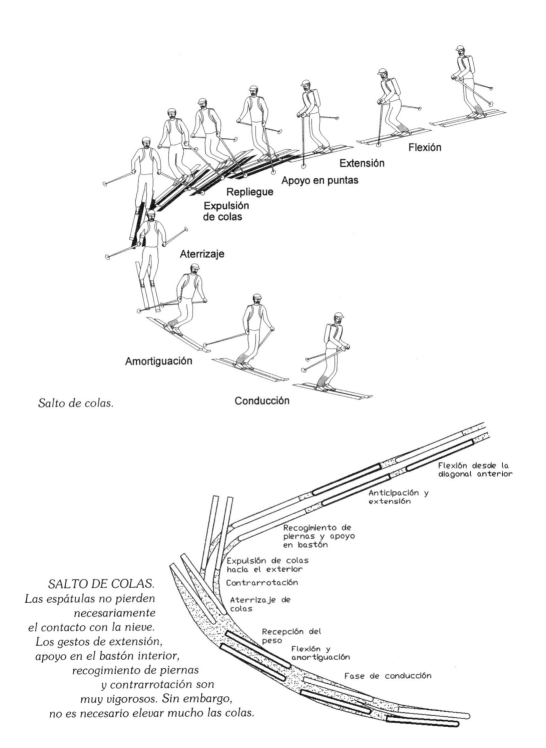

Salto de colas.

SALTO DE COLAS. Las espátulas no pierden necesariamente el contacto con la nieve. Los gestos de extensión, apoyo en el bastón interior, recogimiento de piernas y contrarrotación son muy vigorosos. Sin embargo, no es necesario elevar mucho las colas.

muy flexionado durante la fase aérea, de modo que las inercias de giro resultan elevadas, lo que provoca un retraso en el viraje y un exceso de energía de rotación en el cuerpo; dicho exceso, como no se empieza a disipar hasta el aterrizaje, puede descolocar y desequilibrar al esquiador. Además, el tronco excesivamente flexionado dificulta las contrarrotaciones, por lo que tenemos dos factores negativos que favorecen el sobregiro. Curiosamente, gracias al salto estaremos resolviendo el inicio del giro, pero dificultando su control, justamente el tipo de problema contrario al que se suele padecer al esquiar: dificultad para iniciar y facilidad para regular.

Una tabla rígida y con gran curvatura inicial favorece el salto, pero los extremos (cola y espátula) permanecen menos tiempo en el aire; la amortiguación del aterrizaje es mejor porque comienza antes de que se apoye la parte central.

■ 7.12.3 Salto de colas

Nuestro afán por mejorar la eficiencia del esfuerzo al esquiar nos ha de llevar a mover solo aquella parte del esquí verdaderamente imprescindible para lograr el objetivo deseado. La situación retrasada de la fijación en la tabla nos coloca más cerca de las colas que de las espátulas, de modo que nos resulta más fácil desplazar aquellas. ¿Para qué saltar arrastrando todo el esquí si es suficiente con elevar las colas?

Ejecución: Al explicar el salto normal, recurríamos a la extensión simple como elemento fundamental para alzar las tablas. A fin de elevar solo las colas, combinaremos la extensión avanzada con el juego de tobillos (tensando los gemelos), pero sin olvidar ni el apoyo en el bastón ni el recogimiento de piernas. El resultado ha de ser un salto de colas, permaneciendo las espátulas en contacto permanente con la nieve o muy próximas a ella. Aunque parezca una complicación respecto del viraje anterior (de hecho lo es, pues incorporamos dos elementos más: extensión avanzada y juego de tobillos), es más fácil de ejecutar pues solo movemos aquella parte del esquí más cercana a nuestra bota.

Comentarios adicionales

Raramente se hace necesario saltar con toda la longitud del esquí, por lo que el mantenimiento del contacto de la parte delantera con la nieve, además de requerir un menor esfuerzo, favorece la rotación ya que ese contacto se configura como eje de giro y colabora con el bastón en la provocación de un par de reacción. La amortiguación también sale mejorada porque el aterrizaje se produce gradualmente desde la espátula hasta la cola, gracias a la flexión de la mitad anterior de la tabla.

Una visión idealizada de una secuencia de virajes mediante saltos de colas nos mostraría el pecho del esquiador orientado permanentemente hacia el frente, teniendo delante y en una posición relativamente fija las espátulas, mientras las caderas y las piernas se desplazan alternativamente de un lado a otro provocando un movimiento que recuerda al de un limpiaparabrisas.

❏ *7.12.3.1 Ejercicios*

Se puede comenzar saltando en línea recta, con flexiones amplias y amortiguadas. Después se añade el repliegue de piernas para prolongar la permanencia en el aire. Finalmente, se van incorporando ligeros desvíos con la ayuda del bastón.

■ 7.12.4 Doble salto de colas

El salto de colas simple es un viraje efectivo y vigoroso, que requiere un importante esfuerzo, tanto de impulsión inicial como de absorción final, cuando se dan algunas de las siguientes circunstancias: que se tenga que girar mucho en poco espacio, que se portee una mochila muy pesada y que la nieve sea difícil. En esas condiciones puede ser interesante conocer otro recurso técnico, consistente en la ejecución del salto de colas por tiempos, para lo que el movimiento se divide en dos saltos consecutivos más pequeños que pueden aplicarse tanto premeditadamente, como por reacción ante un resultado no satisfactorio del primer salto.

Ejecución: Básicamente es igual que en el salto de colas simple, pero ahora la fase preparatoria en la que se decide cómo va a ser el viraje incluirá la determinación de dónde se sitúa el punto intermedio; es decir, en qué lugar se va a aterrizar la primera vez. Cuando se han posado los esquís, desde la propia flexión amortiguadora se iniciará una extensión rápida seguida de un recogimiento que ayude a sacar las colas de la nieve para enviarlas al exterior. El segundo aterrizaje, normalmente menos violento, no debe carecer de amortiguación.

Comentarios adicionales

La división no se suele realizar en dos virajes iguales, sino que el segundo salto es más pequeño que el primero, limitándose a añadir el desplazamiento que quedó pendiente.

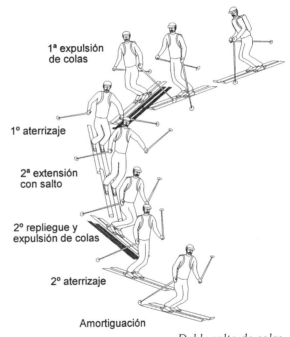

Doble salto de colas.

La anticipación y la contrarrotación serán de la misma magnitud que en el salto simple, puesto que de lo que se trata es de girar el mismo ángulo, pero en dos partes. Por la misma razón, el apoyo en el bastón sigue siendo igual.

Cuando el segundo salto se decide sobre la marcha, al comprobar, una vez se amortigua el aterrizaje, que no se va a lograr derrapar, la reacción ha de ser rápida. Para tener tiempo suficiente, es aconsejable que la amortiguación del primer salto sea ostensible, comenzando con las piernas aún casi estiradas. Como este caso se da en nieve pesada, la amplia amortiguación es algo obligado incluso para un salto simple. Este segundo salto improvisado se acomete cuando el enclavamiento subsiguiente al aterrizaje está siendo tan grande que la inercia amenaza con llevar el cuerpo del esquiador al valle. En esas críticas décimas de segundo en las que el esquiador sufre una aceleración angular lateral en torno a las tablas, es importantísimo sacar las colas al exterior enseguida, cuando aún no se ha adquirido una elevada velocidad de abatimiento lateral. Si se tarda en reaccionar, puede que el esfuerzo compensador tenga que ser muy alto o que llegue a ser imposible evitar la caída. En el momento en que las colas han salido, cesa el par de caída, de modo que con el bastón nos impulsaremos al exterior. Si nuestro esfuerzo no es suficiente, se puede enviar solo el pie del valle al exterior del giro, al principio, pero teniendo en cuenta que, dada nuestra situación, sobre nieve pesada, conviene tener el peso repartido en ambos pies el mayor tiempo posible.

Cuando la necesidad de un segundo salto procede del hecho de llevar una pesada mochila, pero la nieve no es muy blanda, puede bastar con un mero recogimiento de piernas. Se agradece no tener que saltar otra vez con tanto peso encima.

No solo el de colas, sino cualquier viraje con salto puede hacerse doble; especialmente el de espátulas, pues dado el carácter complementario del segundo salto, es difícil que exista margen para uno doble con el esquí entero. Es más factible completar un viraje con salto mediante uno de colas que con otro viraje por extensión con salto de esquí entero.

■ 7.12.5 Salto de espátulas

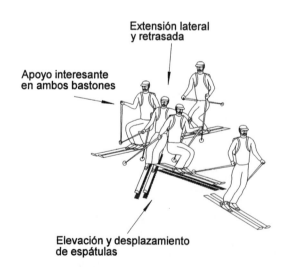

Salto de espátulas.

Es la antítesis del salto de colas y presenta frente a él varias desventajas que lo hacen absolutamente desaconsejable como técnica habitual, pero puede resolver una situación determinada provocada por un error anterior o por un estilo defectuoso, de modo que lo explicaremos como recurso para aplicar aisladamente cuando no quede más remedio. Al igual que aquel, también suele recibir la denominación de limpiaparabrisas.

Ejecución: Partiendo de una posición retrasada, agachada y muy anticipada, extenderse hacia arriba y hacia el lado al que pretendamos girar (si nos extendemos también hacia atrás, aumentará la eficacia). Al terminar la extensión, hacer un gesto que trate de acercar las rodillas al pecho mientras procuramos estirar éstas. Si se intenta levantar el antepié dentro de la bota flexionando el tobillo, se mejora la ejecución. Con el bastón exterior empujaremos hacia atrás pues con el interior no podremos hacer mucho, ya que si lo clavamos adelantado (y si no, es muy poco efectivo), puede que las tablas golpeen contra él. Se producirá una elevación de espátulas permaneciendo las colas apoyadas, momento en el que imprimiremos un esfuerzo de giro con las piernas para que las espátulas se desplacen hacia un lado.

Este viraje se aplica en situaciones en las que estemos frente a un obstáculo (por ejemplo con las espátulas muy próximas a la pared de un tubo), en una posición muy retrasada y sin tiempo para hacer otra cosa. También se puede usar en nieves muy pesadas, en las que de un salto de colas se pueda esperar demasiado enclavamiento al aterrizar.

SALTO DE ESPÁTULAS.
Es un viraje duro que requiere cargar en colas y desplazar el cuerpo hacia el interior antes de la extensión.
El apoyo en el bastón exterior es fundamental.
El eje de giro se sitúa cerca de las colas, por lo que es difícil tropezar con alguno de los bastones.

Comentarios adicionales

Ya hemos anticipado que el salto de espátulas presentaba múltiples desventajas si lo comparamos con el salto de colas. Para empezar, tomando como referencia la fijación y dada su situación retrasada en la tabla, en el salto de espátulas se gira una mayor longitud de esquí que en el de colas; en cambio el desplazamiento lateral de las botas es menor, con lo que necesitamos un mayor esfuerzo torsor (que es siempre el más crítico) pero un menor esfuerzo deslizante lateral (que suele costar menos); el balance final es negativo. Para una misma velocidad angular de giro, la espátula adquiere más velocidad lineal que cualquier otra parte de la tabla; como además es la más ancha, puede golpear en la nieve dura sufriendo un indeseable rebote.

Tanto el gran sector barrido por la espátula en su giro, como la posición atrasada y agachada desde la que se aborda este viraje, se constituyen en dos inconvenientes para la utilización del bastón interior; el primero porque de colocar el bastón debidamente adelantado, podría ser alcanzado por la tabla; el segundo porque nos obliga a tener el brazo incómodamente levantado. En cambio, se puede aprovechar el bastón exterior para tomar impulso ya que no puede ser alcanzado por la cola. Como es menos costoso frenar que impulsar, el balance en este aspecto también es desfavorable.

Una bota con caña vertical o poco inclinada dificulta este viraje por exigir una posición más retrasada para transmitir un par de basculamiento hacia atrás. Asimismo, una bota blanda también resulta poco adecuada porque se requiere un gran apoyo para mantener el cuerpo retrasado y conseguir un buen aligeramiento de espátulas.

■ 7.12.6 Viraje desde la situación de parada mediante bastón interior: Impulso corto

Es muy difícil y además poco práctico, realizar este viraje sin que se despeguen las colas de la nieve, por lo que podemos considerarlo como una variante con comienzo estático del salto de colas. La situación de parada debe entenderse, bien como una detención absoluta, bien como un movimiento muy lento que no altere las condiciones de partida.

Ejecución: Si incorporamos con gran énfasis varios elementos de los estudiados cuando hablábamos de esquiar en paralelo, podremos obtener este viraje de gran utilidad. Partimos de una situación estática, con las tablas perpendiculares a la LMP; la secuencia a seguir será: anticipación, avance del futuro bastón interior, flexión, apoyo en el bastón, extensión lateral y avanzada, carga en el antepié, recogimiento de piernas y giro con contrarrotación. Si todos estos gestos se realizan extraordinariamente marcados, incluso con cierta violencia, el resultado será infalible.

Si suprimimos la flexión avanzada y el apoyo en el antepié, en vez de saltar solo de colas, alzaremos todo el esquí, modalidad válida frente a obstáculos muy próximos o cuando la pendiente sea tan fuerte que el tiempo de transición deba reducirse al máximo.

Si en vez de lograr una situación de partida de parada absoluta nos encontramos derrapando levemente, también podemos acometer el viraje, pues al flexionar dejamos de

Impulso corto.

romper la superficie de la nieve momentáneamente para acto seguido, al extender, romperla bruscamente y obtener un apoyo por rebote, que será más efectivo si hemos adoptado el mayor canteo posible. Teniendo en cuenta esto, es posible encadenar secuencias de impulsos cortos haciendo coincidir la flexión amortiguadora del giro precedente con la preparatoria del siguiente. Como la situación de derrape no terminado quizá no aporte demasiado apoyo, podemos aprovechar el bastón del valle para compensar esa carencia.

Comentarios adicionales

Puede observarse que no hemos mencionado la transferencia de peso, pese a que se ésta se produce de hecho ya que al partir de una situación estática, estamos apoyados en el pie del valle, y al terminar el giro también, que ahora corresponde precisamente al pie contrario. Estando parados, la transferencia de peso carece de par rotor apreciable; además, como el viraje se fundamenta en un fuerte y aéreo barrido de colas, no tiene sentido hablar de cambios de peso en elementos que están en el aire.

El gran desplazamiento de colas es debido a que se comienza con las tablas perpendiculares a la línea de caída y han de girar casi 180° para colocarse otra vez así al final del giro pues es la única manera de conseguir nuevamente una situación de parada o equivalente. De ahí viene la necesidad de ejecutar muy enérgicamente los recursos técnicos de este viraje.

Si la anticipación se está completando (por tanto, existe una energía cinética de rotación ya acumulada en el cuerpo) y en ese momento ejecutamos el viraje sin esperar a que el pecho deje de girar, obtendremos un resultado mucho más potente, ya que el juego de anticipación y contrarrotación habrá pasado, de ser un elemento pasivo a activo.

■ 7.12.7 Viraje a dos bastones desde la situación de parada

En situaciones en las que no podemos dejar nada al azar, existe un recurso que no suele usarse en condiciones normales porque constituye más bien un estorbo; se trata del bastón exterior.

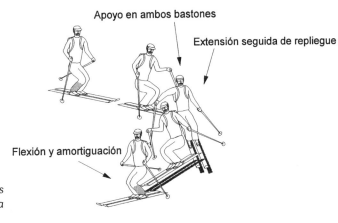

Viraje a dos bastones desde la situación de parada

Viraje apoyado en dos bastones; están muy separados para no estorbar la maniobra.

Hay que cuidar la inclinación y el recogimiento de piernas para que las colas no tropiecen con la nieve.

Ejecución: Nos colocaremos con las tablas perpendiculares a la línea de caída, el bastón del valle (que se va a convertir en el interior) algo retrasado y el del monte algo avanzado, pero ambos bien separados y muy apoyados; vamos a proceder como en el viraje anterior, pero ahora con una importante aportación: la extensión y la rotación serán ayudadas por el apoyo tanto en el bastón del valle (que empujaremos hacia delante y hacia abajo) como en el del monte (que empujaremos hacia atrás y hacia abajo); no habrá apoyo en el antepié y la extensión será simple, pero la anticipación sigue siendo muy necesaria, así como el recogimiento de piernas. Cuando las tablas estén girando en el aire, puede que golpeen algún bastón, especialmente el del monte, si no ha sido bien colocado.

El apoyo en ambos bastones reduce el énfasis que se necesita aplicar a los otros gestos, pero éste continúa siendo importante, pues de lo contrario, podríamos girar menos de 180° y quedarnos más o menos orientados hacia la pendiente, resultado muy negativo en muchas de las situaciones en las que se recomienda este viraje.

Otra modalidad consiste en saltar, más bien, de colas, para lo que no sería necesario suprimir el apoyo en el antepié ni la flexión avanzada, pero en ese caso es importante aligerar enseguida el bastón del monte (nuevo bastón exterior) porque al haber un mayor desplazamiento lateral de las colas, se le podría alcanzar muy fácilmente, trabándose el giro.

Comentarios adicionales

El punto de giro de la tabla no se encuentra tan centrado al saltar de colas como al hacerlo con todo el esquí; en aquel caso se sitúa más cerca de la parte delantera. Tenemos, pues, una mayor dificultad para girar 180° porque parte de la energía aplicada se ha invertido no solo en rotar sino también en trasladarse; una rotación pura se produce cuanto el punto o eje de giro se sitúa en el centro del objeto, siendo el momento de inercia mínimo. Por tanto, si se requiere un giro crítico, garantizado y aislado, es mejor saltar con todo el esquí, pero en caso contrario, podemos usar una secuencia de saltos de colas doblemente apoyados en los bastones que nos permitirá descender una ladera difícil de un modo muy eficaz; los giros podrían ser de menos de 180°, completándose el resto del ángulo ya sobre la nieve mientras derrapamos algo.

■ 7.12.8 Virajes de extensión retardada (I): Flexión-recuperación

Otras denominaciones: Giro en compresión.

Cuando las variaciones en la altura a la que se va situando el cuerpo pueden ocasionar problemas (coincidencia del comienzo de una extensión con la llegada a un montículo, aterrizaje en costra...), es interesante emplear una técnica que mantenga el cuerpo a una altura más uniforme, eliminando o reduciendo esas variaciones, pero disponiendo de la conveniente flexibilidad y movilidad de las piernas. Este viraje termina con una ex-

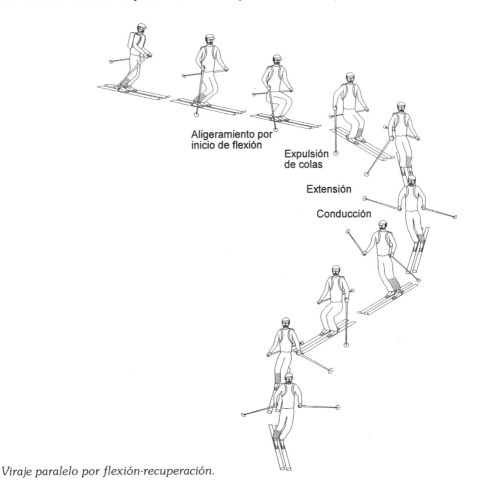

Viraje paralelo por flexión-recuperación.

tensión que nos saca de la posición agachada de partida, lo que justifica su nombre. La clave reside en el aligeramiento por inicio de flexión.

Ejecución: Aprovechando el final de un viraje cualquiera, o desde una diagonal, adoptemos una posición erguida, si no la teníamos ya, y sin olvidar las anticipaciones ni el apoyo en el futuro bastón interior, realizaremos un recogimiento de piernas como único elemento liberador de peso en los esquís. Aprovecharemos el aligeramiento para, mediante el apoyo en el bastón, expulsar las colas hacia el exterior y extender las piernas mientras se consuma el viraje (resultará mejor para aprender si es de radio grande). Finalizado éste, y con las piernas ya bastante extendidas, pueden volver a replegarse para encadenar el siguiente viraje. Observado desde fuera, da la sensación de que el esquiador evoluciona sentado en una silla invisible mientras va colocando las piernas convenientemente.

Comentarios adicionales

Es lógico pensar que al omitir recursos técnicos tan influyentes como la flexión-extensión o el apoyo en el antepié, el par de giro de este viraje se vea limitado. Sin embargo, la posición un poco retrasada desde la que se ejecuta concentra la carga del peso en la zona de las colas, con lo que el par resistente al giro presentado por la tabla es relativamente pequeño ya que el brazo efectivo de palanca es corto. Cuando se usa para recorrer un terreno de bañeras, el enorme aligeramiento que se produce por inercia al salir de la zona del montículo permite girar con poquísimo esfuerzo. La propia geometría de la postura media (semisentada) proporciona un margen equivalente, tanto para la flexión como para la extensión, de modo que su aplicación puede ser muy rápida al no necesitarse tantos preparativos (flexión-extensión previa y apoyo en antepié) como en otros giros paralelos; se comienza ya con el recogimiento de piernas.

Las anticipaciones, tanto de torsión como de inclinación lateral, sí deben ser elementos presentes en este viraje, además de la angulación. Precisamente la angulación de la segunda mitad del viraje, con su implícito canteo, establece un ángulo de ataque lateral de la suela del esquí con la nieve, promoviendo una cierta flotabilidad muy de agradecer en nieves pesadas. La flotabilidad se ve favorecida también en sentido longitudinal debido al aligeramiento permanente de las espátulas que, por si fuera poco, colabora a la hora de rom-

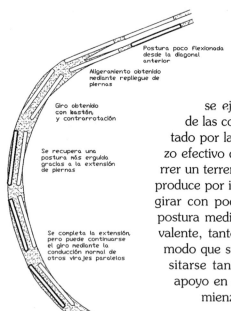

VIRAJE PARALELO POR FLEXIÓN-RECUPERACIÓN.
Aunque las huellas pueden ser muy parecidas a las del giro por flexión-extensión, la altura del cuerpo evoluciona de modo diferente. La fase final de conducción se sustituiría por un nuevo repliegue de piernas si se desea encadenar más giros.

COMPARACIÓN DE ALGUNOS VIRAJES PARALELOS				
	Aligeramiento por fin de extensión	Aligeramiento por inicio de flexión	Duración del aligeramiento	Obtención de rebote
Flexión - extensión	SÍ	NO	MEDIA	PROVOCADA
Flexión - recuperación	NO	SÍ	MEDIA	ESPERADA
Flexión - extensión con repliegue	SÍ	SÍ	ALTA	PROVOCADA
Viraje con salto	SÍ	SÍ	MÁXIMA	PROVOCADA

per menos la nieve, con lo que hay menos pérdidas por rozamiento y se gana antes una velocidad que siempre ayuda.

El mantenimiento de una altura media con variaciones de poco valor es debido a que la extensión de las piernas, que aquí denominamos recuperación, se realiza con un desplazamiento lateral, mientras que la flexión coincide con una situación de los pies bajo el cuerpo. En estas circunstancias, aunque el peso medio sobre la tabla siempre sea parecido en cada tipo de viraje, los pesos máximos y mínimos en un período de tiempo difieren menos, siendo determinante que el peso máximo supere solo ligeramente el valor del medio, con lo que la probabilidad de superar la resistencia a la compresión de la nieve que nos sustenta es pequeña. De ahí viene la utilidad de este viraje en ciertas nieves blandas, como la costra y la nieve húmeda, ya que elimina o reduce los períodos en los que las tablas permanecen excesivamente enclavadas, dificultando tanto el giro como el derrape. Sin embargo, a partir de cierto valor de los parámetros mecánicos de la nieve, este viraje agotará sus posibilidades y dejará de ser ventajoso frente a otros recursos.

Quizá resulte paradójica su aplicación con éxito en situaciones tan diferentes entre sí como la nieve pesada y las zonas de montículos. El caso es que en él cabe distinguir dos facetas: la flotabilidad y la capacidad amortiguadora. Aunque los movimientos sean visualmente similares en los dos terrenos, la extensión al salir del montículo es más bien relajada mientras que en nieve pesada es activa, incluso costosa. Existe una similitud visual pero una gran diferencia mecánica.

El final de la extensión de piernas puede provocar un rebote, sobre todo en nieve pesada, que aprovecharíamos para impulsar las tablas al lado contrario, pasando bajo nuestro cuerpo, mientras estamos a punto de ejercer la nueva extensión; es fácil comprender que, aunque fatigoso (como todos) en nieve pesada, este viraje se puede ejecutar rítmicamente.

■ 7.12.9 Virajes de extensión retardada (y II): Viraje canguro

Otras denominaciones: Viraje austriaco potente.

En aquellas nieves tan pesadas en las que el recogimiento de piernas típico del viraje anterior no sea capaz de liberar las colas, se puede adoptar una modalidad que suprima ese gesto para concentrar todos los esfuerzos en la recuperación.

En el viraje canguro se cargan las colas para liberar las espátulas.

Ejecución: Aunque es un viraje apto para nieves muy pesadas, conviene aprenderlo en un terreno fácil, pues su incorrecta aplicación exige demasiado de las rodillas. Partiremos de una posición extremadamente agachada y retrasada a fin de cargar exclusivamente en colas (una bota con gran inclinación será más apropiada); la anticipación de torsión también ha de ser exagerada, así como la anticipación de inclinación lateral; en el momento en que hayamos adoptado estas posturas, habremos colocado el bastón interior necesariamente adelantado y apartado por culpa de la posición tan baja que tenemos, y nos apoyaremos decididamente en él mientras procedemos a extender gradual pero firmemente las piernas. Si todo es correcto, conforme extendemos, nos iremos levantando al mismo tiempo que se produce el giro, y procuraremos que coincidiendo con el final del mismo, se alcance la recuperación total. Puede reforzarse la potencia del giro con un golpe de talón o expulsión de colas, pero solo si disponemos de una muy acusada inclinación lateral y angulación que proporcionen un gran canteo; en caso contrario, y a fin de no lesionar las rodillas, prescindiremos del golpe de talón.

Comentarios adicionales

Un aspecto fundamental de este viraje, que le distingue del anterior, es que el desplazamiento hacia el exterior de los esquís se debe al esfuerzo realizado durante la extensión, sin recibir la ayuda del aligeramiento de colas. La potencia del giro se ve favorecida porque el peso se concentra mucho en las colas, con lo que buena parte de la longitud del esquí se encuentra ya aligerada. Esta liberación dota a las espátulas de una excepcional capacidad para encaramarse a la superficie de la nieve y además, para hacerlo de un modo suave gracias a su flexibilidad, con lo que las pérdidas energéticas por compresión de la nieve se ven reducidas, redundando en un mejor deslizamiento que también facilita el giro.

El golpe de talón no debe realizarse al principio, pues es el momento en el que aún no se ha conseguido una buena flotabilidad sobre la costra y se recargarían las rodillas.

Gracias a una exagerada inclinación lateral previa, al realizarse la extensión se establece un ángulo de ataque entre la suela de la tabla y la nieve permitiendo una mayor flotabilidad precisamente en la zona más cargada, la posterior; por esa razón el viraje se desencadena como consecuencia de la extensión (a lo que contribuye la superco-

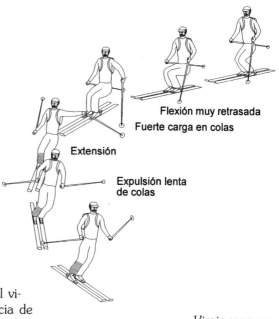

Viraje canguro.

nocida situación retrasada de la fijación respecto del centro de la tabla), por lo que se necesita cierta fe en el viraje para adoptar una fuerte inclinación lateral previa, elemento fundamental en esta técnica. Es ésta una de las mayores dificultades de su aprendizaje, pues si en otros giros la inclinación lateral previa era un elemento opcional cuya omisión no impedía la realización del viraje, ahora es imprescindible su adopción, y no solo para una eficaz ejecución, sino para evitar daños articulares (con una buena inclinación los ligamentos de las rodillas no trabajan tanto; si es escasa, soportan un enorme esfuerzo de torsión). El golpe de talón (que puede potenciar el viraje ya iniciado), más que una expulsión de colas, significaría la provocación de un par cuyo resultado sería desplazar las espátulas.

La fuerte extensión puede romper por cizalladura el lateral de la huella, que es precisamente lo que se persigue en aquellas nieves pesadas que queremos dominar con este viraje. No hay duda de que una vez agotado el margen de maniobra de las piernas en la extensión, es decir, cuando ya estamos recuperados, la capacidad rotora de este viraje se ha consumido, por lo que convendrá aplicar esa extensión de un modo gradual y duradero. Aquí reside la clave para comprender el límite a partir del cual nuestro viraje será inoperativo: si la nieve es muy pesada, se requerirá un esfuerzo intenso, pero esto agotará enseguida la longitud disponible para la extensión; si el esfuerzo se aplica con cierta lentitud, puede que las tablas ni se inmuten, siguiendo una trayectoria recta que, al estar ya inclinados, dará con nuestros huesos en el suelo, incluso a pesar del bastón. Puede ocurrir que determinados valores de las características mecánicas de la nieve impidan el éxito del viraje al exigir una duración e intensidad elevadas, parámetros que, como acabamos de ver, son contrapuestos ya que todo el margen disponible se ha de repartir entre ellos.

En aquellas costras en las que la capa subyacente es muy blanda y profunda, junto con una determinada consistencia superficial (elevada, pero no tanto como para poder esquiar permanentemente sobre ella), la extensión puede mostrarse incapaz de sacar a flote la tabla, que se apoya e intenta ascender gracias al ángulo de ataque que tiene en esa nieve tan poco consistente, por lo que no adquiere suficiente potencia para romper la capa superior y se introduce bajo ella. También puede ocurrir, en nieve muy mojada, que la sobrecarga de colas supere su resistencia a la compresión, de modo que se produzca un hundimiento tan marcado que imposibilite cualquier giro. En resumen, aunque este viraje funciona mejor que otros en ciertas nieves de baja calidad, a partir de cierto punto resulta inoperante.

Sería muy deseable que, dado el importante esfuerzo que se ha de realizar en nieves pesadas, las piernas se repartieran lo más equitativamente posible la carga de la extensión, por lo que es recomendable no permitir que estén separadas; lamentablemente, simultanear las dos piernas en el esfuerzo de izarse es utópico, la exterior tiene que hacer casi todo el trabajo, sobre todo si hay un defecto por subinclinación.

La inclinación con la que se clava el bastón es grande (hay que agacharse antes de colocarlo, pues si lo intentamos clavar demasiado pronto, lo superaremos sin podernos apoyar en él); a veces una roseta rígida (como las de esquí de pista) obstaculiza la penetración de la punta en la costra. Un bastón más corto sufriría menos este problema.

Una diferencia del viraje canguro con el de flexión-recuperación es que aquel presenta más dificultades de ejecución rítmica, ya que la extensión final no permite aprovechar un rebote e iniciar un giro igual; el esquiador termina de pie, y tendrá que agacharse de nuevo antes de comenzar otro giro. Resumiendo, puede ejecutarse rítmicamente, pero la frecuencia nunca podría ser tan alta como en otros virajes más ágiles. Sin embargo, se puede pasar de un canguro a una flexión-recuperación, muy fácilmente.

■ 7.12.10 Viraje por inercia de tronco

Aplicable en nieves profundas para mantener cierta flotabilidad y deslizamiento, y también esquiando con esquí corto, para evitar el exceso de hundimiento de colas que puede producirse más fácilmente debido a la mayor presión que soportan, existe la posibilidad de mantenerlas permanentemente cargadas a un nivel medio y constante, sin aligeramientos ni sobrecargas, en una postura que recuerda la del esquí acuático.

Ejecución: La posición de partida será algo retrasada para que el peso recaiga fundamentalmente en las colas; al tomar la decisión de virar, giraremos y angularemos el cuerpo en el sentido del viraje deseado, con la ayuda opcional del bastón exterior, y en cuanto el tronco tenga cierta velocidad de giro, moveremos las espátulas en el mismo sentido, con lo que el tronco se frenará pero los esquís rotarán. Como estábamos apoyados en las colas, el desplazamiento de las espátulas no ha de exigir un gran esfuerzo muscular. Aunque nos hayamos apoyado en el bastón exterior para impulsar la rotación

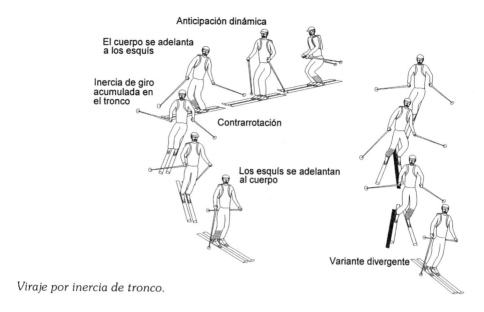

Viraje por inercia de tronco.

de hombros, no por ello tenemos que prescindir del uso del bastón interior, que nos puede servir para la fase de conducción.

Una cierta extensión que aligere las espátulas puede ayudar y su aplicación es perfectamente compatible, pues en cierto modo estamos ante una versión suave del salto de espátulas.

En nieves pesadas, puede ser aconsejable desplazar las espátulas no simultáneamente, sino primero una y seguidamente la otra; así se cuenta con el apoyo de un pie para mover el otro, con lo que se aumenta la potencia del giro. Se ha perdido algo de paralelismo pero no vamos a llorar por ello.

Comentarios adicionales

En las anticipaciones de los virajes paralelos convencionales se daba un posicionamiento previo del pecho en la dirección del inminente viraje; con la subsiguiente contrarrotación, se neutralizaba el exceso de giro de las tablas, de modo que el pecho mantenía una orientación prácticamente constante y coincidente con la línea de caída. Tomando como referencia el terreno, el pecho no tenía rotaciones muy apreciables, por lo que la energía cinética de rotación era mínima. Este juego de anticipación y contrarrotación servía para reducir las inercias que había que vencer al girar, y el viraje activo se fundamentaba en otros recursos como el bastón, cambio de peso, etc.

El planteamiento de este nuevo viraje es muy diferente, pues se basa en la acumulación de energía cinética de rotación en el cuerpo que, antes de desencadenar el giro está rotando, y no rotado; es decir, respecto del terreno se encuentra girando cuando los esquís aún no lo hacen. Con la inmediata y algo enérgica contrarrotación, esa energía se transfiere a los esquís, que inician el viraje mientras el cuerpo cesa en el giro para luego comenzar a hacerlo en sentido contrario si se desea encadenar varios virajes. La acumulación de energía cinética de rotación en el cuerpo es algo que ya habíamos visto en ciertos virajes, como los que arrancaban de la posición de parada, normalmente con salto.

En resumen, en unos tipos de virajes el juego de anticipación y contrarrotación se usa para facilitar el giro mientras que en otros sirve para provocarlo, y la diferencia estriba en que en el primer caso el cuerpo se encuentra rotado y parado mientras que en el segundo se encuentra rotando.

Al mantenerse una presión aproximadamente constante y concentrada en las colas, no se producen altibajos que pudieran ser capaces de romper la resistencia a la compresión de la nieve; es, por tanto, un viraje adecuado para nieves pesadas y/o con esquí corto.

Otro aspecto interesante es la angulación, que en el caso que nos ocupa es muy peculiar (caderas al exterior), porque el cuerpo se dobla hacia el interior del giro, con lo que el canteo es inferior al normal facilitando el dezplazamiento lateral del esquí. Lo atípico de esta angulación contraria está motivado porque no se pretende aumentar el canteo para impedir el derrape excesivo de un final de viraje, sino reducirlo para iniciarlo facilitando el cambio de cantos.

En nieves no profundas cabe una variante que no requiere cargar en colas y que recordaría a un viraje paralelo con extensión lateral durante la anticipación. Su ejecución puede reforzarse acumulando inercia mediante los brazos extendidos, sin olvidarse del cambio de peso.

7.13 VIRAJES AVANZADOS NO PARALELOS

El esquiador principiante sueña con la elegancia y belleza plástica de los virajes en paralelo, con las piernas juntas aparentando ser una sola y una evidente armonía en los movimientos; sueña con ser capaz algún día de esquiar así, pero ignora que ese idealismo que anhela y desea alcanzar está tan lejos de él como de la perfección en el arte de esquiar. Efectivamente, basta con echar una ojeada a las técnicas usadas en competición para darse cuenta de que el paralelismo está más cerca de lo tópico que de lo utópico y lo mismo puede afirmarse de la costumbre de juntar las piernas. El paralelismo es la manera razonable de esquiar si la nieve es también "razonable", pero hay otras nieves y situaciones en las que aplicar una técnica tan estilizada se encuentra con tales limitaciones que su uso puede ser desaconsejable. Para convencerse de ello basta con observar el alarmante bajón que sufren muchos buenos esquiadores de pista en cuanto un despiste les lleva fuera de la nieve pisada y acondicionada por las máquinas de la estación.

■ 7.13.1 Paso de patinador

Dos son las utilidades principales de esta técnica: aumento de velocidad y rectificación de trayectoria. Su facilidad de iniciación, prácticamente sin requerimientos previos, le convierte en un recurso ideal para esquiar obstáculos.

Cuando al tratar de los ejercicios para principiantes hablábamos del ascenso en tijera, estábamos explicando un caso particular del paso de patinador en el que no se producía un avance con deslizamiento longitudinal del esquí.

Ejecución: Partiendo de una trayectoria más o menos recta y en un terreno de poca pendiente, levantaremos un esquí y, abriendo la espátula, lanzaremos el cuerpo y el esquí hacia fuera y hacia delante de modo que al apoyarnos en el esquí abierto el cuerpo se encuentre equilibrado sobre él; a continuación recogeremos la otra pierna levantándola, momento oportuno para realizar con ella una maniobra similar hacia el lado contrario y encadenar una secuencia. Los patinadores carecen, obviamente, de bastones y por eso no los pueden aprovechar, pero eso no es motivo para que nosotros desperdiciemos su uso. En el instante de la toma de impulso reforzaremos éste mediante el bastón exterior principalmente, aunque también podemos ayudarnos con el otro si se sitúa convenientemente retrasado. Un buen asentamiento del canto interno del esquí exterior impedirá su derrape y la consiguiente pérdida de impulso.

Si nuestro objetivo es incrementar la velocidad, convendrá impedir todo derrape tanto al tomar impulso como al incorporarnos al otro esquí, pero si únicamente queremos hacer un cambio de dirección, cantearemos solo en la impulsión y, una vez situados sobre el esquí interno, nos limitaremos a colocar el otro en paralelo.

Al encadenar sucesivos pasos, convendrá cuidar los movimientos de modo que no nos pisemos las colas ni nos topemos con los bastones por una mala coordinación. Como siempre que se encadenan virajes (de cualquier tipo), hay que convertir la fase final de uno en la fase inicial del siguiente; aplicado a nuestro caso, en el momento de incorporarnos al pie desplazado lo haremos sin rebasar su posición, incluso manteniendo cierta inclinación interior para posibilitar el nuevo impulso; las tablas siempre se encuentran abiertas, independientemente de en qué fase de la secuencia nos encontremos, hasta que se decida finalizar la misma. Las aceleraciones que imprimimos en cada paso deben preverse de modo que nuestro equilibrio longitudinal no se vea perjudicado. Adaptaremos el ángulo con que se abre el esquí a las necesidades concretas, es decir, unos 45° para mayores aceleraciones, menos de 45° para requerimientos menores pero con velocidades elevadas y más de 45° para arrancar o remontar un breve repecho cuando no se cuenta con velocidad. Tengamos en cuenta que cuando los ángulos de apertura son elevados, es más fácil pisarse las colas por una defectuosa coordinación de movimientos.

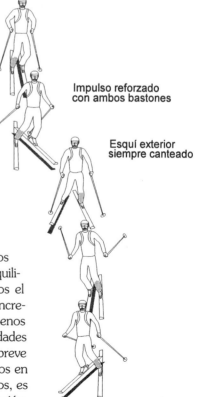

Paso de patinador.

Comentarios adicionales

Un aspecto a considerar en las cuestiones de ángulo es que para mayores aberturas de esquí y para mayores velocidades, se agota antes el margen de movimiento de la articulación de la cadera. Esto tiene dos lecturas: al abordar cuestas mediante pasos de patinador necesitaremos abrir mucho los esquís para impedir que éstos retrocedan (con lo que no se distingue mucho de la subida en tijera o raspa de pescado); en el caso de velocidades elevadas, como lo que se pretendería es solo mantenerlas, no se requiere un impulso muy fuerte (conseguido con ángulos en torno a 45°) con lo que podemos abrirlos menos y no agotar muy pronto nuestra capacidad de maniobra. Resumiendo, para subir cuestas hay que aumentar la abertura y el número de pasos para una misma distancia recorrida; para avanzar rápidamente, hay que reducir el ángulo y no se necesitará aumentar la frecuencia.

La fuerza que se transmite al esquí en cada paso procede de la inercia adquirida al habernos impulsado con el otro pie, pero no toda se invierte en avanzar, pues parte de ella (normalmente la misma cantidad) ha de ser devuelta mediante inercia también al otro esquí a fin de continuar la secuencia; si el balance final es positivo ¿de dónde sale la aportación neta al avance? Evidentemente del esfuerzo muscular; durante la secuencia de pasos hay un trasvase alternativo de impulso entre ambos pies y un flujo constante de impulso aportado muscularmente, y ambos se superponen. Un esquiador que domine esta técnica logrará que ese flujo sea lo más continuo posible mediante el aprovechamiento de las inercias del cuerpo, de los pies y de los bastones. La continuidad en el flujo reducirá el valor de los picos de esfuerzo que siempre reducen el rendimiento (sobrecargas musculares y posible derrape).

Ayuda disponible en el bastón exterior

Pasos divergentes.

7.13.2 Serie de aperturas y cierres de espátula: Pasos divergentes

Si hay algún viraje verdaderamente infalible, con total independencia del tipo de nieve, no hemos de buscarlo en las más extrañas y sofisticadas técnicas sino en el origen de nuestro aprendizaje: el tercer ejercicio preliminar que se explicó al comenzar con las técnicas de descenso. En aquella ocasión la finalidad era bien distinta: girar cuando no se conocían otros métodos; ahora pretendemos un perfeccionamiento que nos permita resolver situaciones en las que otros virajes exijan un esfuerzo excesivo. Veremos que a veces la solución está en lo más sencillo; sin embargo, la ejecución de este recurso durante el avance requiere cierta coordinación que debe ser aprendida y practicada antes de obtener resultados en nieves muy pesadas.

Ejecución: El terreno será de pendiente moderada a baja; el tipo de nieve es secundario aunque para aprender, cuanto más fácil mejor. Descenderemos con una pequeña velocidad y levantaremos un esquí abriendo la espátula; apoyándonos en el pie que quedaba sobre la nieve, nos impulsaremos hacia el esquí abierto y, una vez con el peso sobre él, elevaremos el otro para cerrarlo; así hemos girado un cierto ángulo. Repitiendo la operación las veces necesarias, completaremos un viraje a base de pequeños pasos divergentes y sucesivos cierres. Los cambios de peso pueden ser facilitados con la ayuda del bastón. Como el viraje se realiza con cierta velocidad, se puede producir algún derrape del esquí exterior, lo que no es impedimento para una correcta ejecución ya que lo único que hace es facilitarlo; ese derrape no se producirá en nieves muy pesadas pero si aparece, podemos intentar interrumpir la secuencia de pasos ya que probablemente haya dejado de ser necesaria y se pueda continuar en paralelo.

Comentarios adicionales

Si sabemos dar pasos de patinador, dominaremos esta nueva técnica en seguida pues las dos maniobras que la constituyen son similares a las de inicio y cierre de una secuencia de patinaje: si suprimimos todos los pasos intermedios, logramos un cambio de dirección simple. La diferencia fundamental es que ahora no perseguimos un aumento de velocidad.

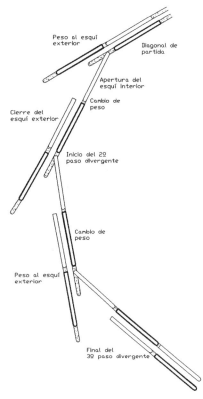

PASOS DIVERGENTES. Viraje infalible independientemente de las condiciones de la nieve. Sin embargo, no es aconsejable para pendientes fuertes. Requiere una buena coordinación de movimientos. La huella muestra la carencia de conducción, razón por la que puede aplicarse a cualquier nieve. También sirve como corrección de rumbo.

La aplicación a nieves pesadas es coherente con la ausencia de derrape; precisamente son esas nieves las que con el enclavamiento que producen, originan serias dificultades al deslizamiento lateral, por lo que se desaconseja empeñarse en esquiar en paralelo. El enclavamiento ayuda a la obtención del apoyo para trasladar el peso al esquí que se está abriendo, con lo que una vez bien aprendida esta técnica, se realizará con mayor facilidad en nieves difíciles, característica tan infrecuente como útil.

En pendientes fuertes, y por tanto menos estables, es más improbable encontrar nieves muy pesadas (hay diversas razones, por ejemplo: las costras pueden haberse caído ya), pero si a pesar de ello existen, la dificultad que ofrecen al giro no es tan patente, por lo que no necesitaremos recurrir a los pasos divergentes que, por otro lado no son adecuados en grandes inclinaciones porque la relativamente gran duración del tiempo en la línea de caída (según el número de pasos que se precisen), origina un incremento de velocidad que conlleva dos inconvenientes: el peligro intrínseco de acelerarse mucho en una gran pendiente y la falta de tiempo para coordinar los movimientos. La solución puede encontrarse en el siguiente apartado.

■ 7.13.3 *Stem-cristianía* avanzado: "Tip-tap"

Nuestro polivalente y bien conocido *stem-cristianía* corresponde a un nivel técnico en el que a menudo se estancan los esquiadores durante su aprendizaje. Evolucionar después hacia el salto de colas es como cruzar la frontera que separa al esquiador intermedio del experto; pero no es un paso fácil (si lo fuera, no se atascaría tanta gente en él). A lo largo del libro, hemos ido explicando cómo mejorar la técnica recurso a recurso para alcanzar un buen nivel en nieves fáciles y luego extrapolar los conocimientos a otros terrenos. Es muy frecuente que, pese a dominar el paralelismo en las pistas, cuando el alumno de un cursillo de esquí de montaña tiene que salir de ellas, recurra al inicio del giro en cuña olvidándose, por nerviosismo, de muchos de sus conocimientos, preci-

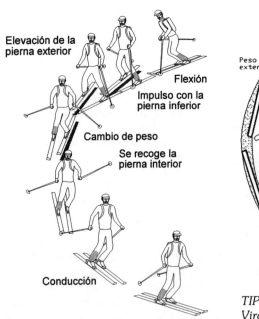

Tip-tap.

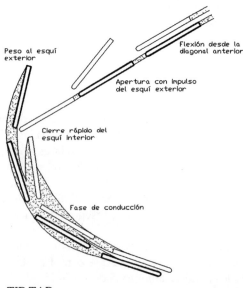

TIP-TAP.
Viraje efectivo que equivale a un salto de colas ejecutado en dos tiempos.

samente cuando más le convendría su aplicación. Es como un círculo vicioso en el que cuanto más problemático sea el terreno, más recursos se olvidan, con lo que se añaden dificultades a las ya existentes. Se puede desembocar en una situación casi de parálisis. ¿Cómo pasar de un viraje fundamental a un salto de colas si en ese momento no se quiere ni oír hablar del paralelismo? Realizando un tip-tap. El propio nombre permite intuir en qué va a consistir.

Ejecución: Con una postura algo flexionada y desde una diagonal, abriremos en cuña el esquí del monte hasta ponerlo paralelo a la línea de caída (incluso más, si somos capaces); rápida y decididamente, con la ayuda del bastón interior y apoyándonos en el pie del valle, trasladaremos el peso al otro esquí, recogiendo enseguida el nuevo esquí interior para colocarlo paralelo. Es como un *stem-cristianía* ultrarrápido o como un salto de colas ejecutado en dos tiempos; interprétese como se quiera, pero inclúyase en el repertorio de recursos técnicos porque es de una aplicación sencilla, polivalente y eficaz. Además, puede perfeccionarse con flexión-extensión, anticipación, contrarrotación... No en vano estos recursos favorecían el *stem-cristianía* y el salto de colas, y acabamos de ver que se trata de una variante de éstos.

Comentarios adicionales

Dado que buena parte del giro de la tabla se hace en el aire, resulta aplicable a nieves pesadas. También es útil para comenzar una secuencia posterior de giros paralelos pues la falta de velocidad con que se aborda el primero se compensa con la apertura en cuña.

Aunque pueda encadenarse una secuencia de aperturas y cierres que recuerde lo que llamamos giro mil pasos o serie de pasos divergentes (la diferencia sería que ahora la apertura es convergente), no se recomienda porque, durante el trazado de la curva, el peso recae más en el esquí exterior, por lo que no es factible abrirlo sin derivar hacia el exterior al perder su apoyo. Equivaldría a un viraje menos conducido: con la apertura convergente durante la fase final del giro se aumenta el radio aunque los esquís permanezcan más cruzados. Sí se aconseja hacerlo con el interior divergentemente (si abriéramos el interior convergentemente, invertiríamos el sentido del giro). Debido a que una serie de pasos convergentes exige unas transferencias alternadas de peso entre ambos pies, más alejadas del reparto típico (predominio del esquí del valle) de la fase de conducción que en el caso de los divergentes, admitiremos que se trataría de un conjunto de giros diferenciados. La sensación de continuidad obtenida con los pasos conver-

Pasos convergentes.

gentes es algo inferior porque en cada uno el esquí exterior se posa y recibe el peso estando más cruzado.

Sin embargo, es muy interesante contar con la posibilidad de una apertura convergente siempre que se produzca un enclavamiento excesivo (como en nieve pesada) que amenace con vencernos hacia el exterior de la curva.

Una apertura muy marcada, puede reducir mucho el tiempo de permanencia en la línea de caída, de ahí su utilización en pendientes fuertes donde no se aconseja el encadenamiento de una serie de pequeñas aperturas y cierres, por lo que el viraje se ha de resolver rápidamente y con un solo paso; de ahí viene la necesidad de iniciarlo algo flexionado y así poder acometer esa especie de salto por tiempos. Cuando se explicó la ejecución, se habló de abrir en cuña incluso más allá de la línea de caída; esto se podrá conseguir con mayor facilidad si se parte de una diagonal más alejada de la horizontalidad, pero en pendientes fuertes esas diagonales solo pueden mantenerse durante muy poco tiempo, de modo que la decisión y rapidez de reflejos serán requisitos inexcusables para aprovechar esa posibilidad. Una vez más, la técnica consiste en hacer fácil lo difícil.

❐ *7.13.3.1 Ejercicio*

Realizar virajes semicuña-paralelo exagerando, cada vez más, los gestos de apertura convergente, flexión-extensión y cambio de peso.

7.13.4 Alternar sobre el esquí del monte

Otras denominaciones: Paso lateral, proyección lateral.

Las filosofías del esquí de montaña y del alpino de competición difieren tanto que pocas aplicaciones pueden extraerse de éste; sin embargo, hay un recurso empleado por los corredores alpinos cuando se ven en la necesidad de corregir urgentemente su trayectoria para no saltarse una puerta y ser descalificados. Según la colocación de las puertas, pueden incluso necesitar usarlo en cada viraje (*slalom* especial), no siendo tanto un recurso de corrección como una técnica sistemática destinada a reducir los períodos de derrape y, por tanto, ganar tiempo. A nosotros nadie nos va a descalificar ni a cronometrar, pero nos puede venir muy bien saber ejercer esa opción para esquivar un obstáculo.

El apoyo en el esquí del valle permitiría dar un paso lateral para ajustar la trayectoria.

Ejecución: Supongamos que mientras vamos descendiendo, quizá en la fase final de un viraje, nos encontramos inesperadamente con un árbol de tal modo que, por muy bien que conduzcamos los esquís no logremos soslayarlo. Procederemos así: flexionaremos y, mediante el mejor apoyo que podamos obtener del esquí exterior (conseguido con mayor canteo, por ejemplo), saltaremos lateralmente lanzando el otro esquí hacia el exterior de modo que se posicione lo más alejado posible; si ese alejamiento es suficiente (para esquivar un árbol no se necesita mucho), al incorporarnos sobre el esquí que acabamos de abrir, habremos logrado separar la trayectoria y nuestro cuerpo del obstáculo. Solo resta recoger el otro esquí con la suficiente rapidez para que también sortee el árbol. La apertura podrá ser convergente (parecida a un tip-tap), divergente o paralela, dependiendo de qué ruta se desee seguir después de esquivar el obstáculo. Por ejemplo, si se quiere conservar la dirección, la apertura será paralela, aunque si nos equivocamos y abrimos divergentemente, podremos corregir después; lo importante es no chocarse contra el obstáculo. Una apertura de espátula aumenta las posibilidades de esquivar ya que además de contar con el margen lateral de un paso, se dispone del desvío aportado por la nueva dirección divergente.

Comentarios adicionales

Estos virajes típicos de *slalom*, especialmente el de apertura divergente, tienen algunos elementos comunes con el paso de patinador. Si en el momento de pasar el peso al nuevo esquí exterior, éste tiene ya la dirección del descenso (aperturas paralela o convergente), se perderá menos energía en su giro; pero, ¿cómo se obtiene entonces el desplazamiento lateral necesario para ir esquivando las puertas? Ya lo hemos visto: dando un fuerte paso lateral impulsado con una pierna y lanzando la otra al exterior. La energía perdida en el derrape procede de dicho impulso y de la energía cinética del descenso.

La necesidad de acometer un modo activo de esquivar (decimos activo porque exige un esfuerzo muscular extra) viene del hecho de que la capacidad de desvío de un viraje está físicamente limitada. Efectivamente, admitiendo que ya se cuenta con el máximo canteo posible, tendremos que actuar determinando el ángulo de cruce de modo que si éste es muy alto (situación próxima al derrape puro), avanzaremos desacelerada pero directamente hacia el obstáculo; si el ángulo tiene un valor bajo, la capacidad de desvío no se desperdicia en derrapes, pero al ser pequeña, tampoco nos resuelve el problema. El ángulo de cruce óptimo tendrá un valor intermedio (al existir algo de derrape, su cálculo se complica) para el que la probabilidad de sortear el obstáculo será la máxima. Ese es el límite que no podemos sobrepasar y, si sigue siendo insuficiente para evitar el choque, no quedará más remedio que recurrir al modo activo.

Sobre todo en aperturas paralelas, y si se pretende cerrar el giro a continuación, un apoyo plano en el esquí cuando reciba el peso junto con la inclinación al interior favorecerían mucho, pero no es aplicable en nieves blandas, donde si realmente se quiere cerrar el giro conviene usar la apertura convergente.

La diferencia entre una proyección lateral convergente y un tip-tap sería únicamente la mayor rapidez de ejecución de éste último y su menor radio de giro.

7.13.5 Viraje con salto desde el pie del monte: Pedaleado

Cuando nos encontramos en una pendiente elevada, el impulso corto se acomete mediante un salto obtenido con ambas piernas, aunque predomine la del valle; el apoyo para el rebote se obtiene con la flexión-extensión. En pendientes aún más acusadas, y por imposición de la propia geometría de la fuerte inclinación, la pierna inferior se encuentra muy estirada en tanto que la del monte está muy flexionada, por lo que no es factible saltar apoyándose en la del valle. Una manera de resolver este problema fue puesta en práctica por esquiadores extremos franceses y los resultados se pusieron de manifiesto al descender famosas laderas alpinas mediante un tipo de viraje que explicamos a continuación.

Ejecución: Aunque sea un viraje apto para superpendientes, puede aprenderse en laderas de poca inclinación; sin embargo, cuanto mayor sea la pendiente, más fácil será la ejecución. Antes de ponerlo en práctica en laderas peligrosas, habrá que aprender a dominarlo en zonas poco expuestas, por lo que elegiremos una ladera muy inclinada y corta, que termine en una zona llana; por ejemplo, el talud superior de una carretera, donde solo tendremos espacio para realizar un giro, pero será suficiente para ir aprendiendo.

Una vez elegido el terreno, entremos en la ejecución propiamente dicha: con una fuerte anticipación y el cuerpo agachado, casi con la rodilla del monte a la altura del pecho, el bastón del valle ya apoyado pero atrás y el del monte también (la ladera podría no permitirlo cómodamente), nos impulsaremos con la pierna del monte y saltaremos hacia fuera y hacia arriba al mismo tiempo que la pierna del valle, que estaba estirada,

Si la pendiente obliga a mantener estirada la pierna del valle, habrá que lanzar el giro desde la del monte.

se pliega y se gira como si se tratara de un salto de espátulas; con dicha pierna ya en marcha, y el cuerpo siguiéndola, llega el momento de recoger también la del monte (punto a partir del cual este viraje con salto pedaleado ya se parece al impulso corto), que va a dejar de serlo en seguida, y de prepararse para el aterrizaje que puede que se inicie antes con la antigua pierna del valle, ahora del monte, si aún no ha sido alcanzada por la otra.

Existe una sutil variante, algo más paralela, en la que la pierna del valle se recoge hasta ponerse a la altura de la otra, incluso rebasándola ampliamente según estilos; a partir de ese punto se realiza el salto, en el que ambos esquís giran simultáneamente gracias al apoyo de los bastones y a la inercia adquirida con el tronco; en ambos casos el recogimiento ha de ser muy patente para que las colas no tropiecen con la nieve del monte. La intensidad del derrape aconseja que ambas piernas trabajen simultáneamente lo antes posible y que la toma de cantos sea inmediata, gradual y amortiguada para evitar un rebote. Como en todos los virajes extremos, la contrarrotación es importantísima pues si sufriéramos sobregiro, caeríamos hacia atrás fácilmente. Tras la fase de aterrizaje posiblemente descendamos bastante derrapando hasta obtener la parada. Un nuevo viraje puede obtenerse sin detenernos, pero en las pendientes en que nos movemos conviene pararse a estudiar el siguiente giro, y no encadenarlos a no ser que no quede otro remedio. Por ejemplo, si vemos que los esquís no agarran lo suficiente y vamos directos hacia una barrera rocosa, hay que virar de nuevo aunque no estemos parados; otra opción sería convertir el derrape en un deslizamiento hacia atrás, pero no está exenta de peligro.

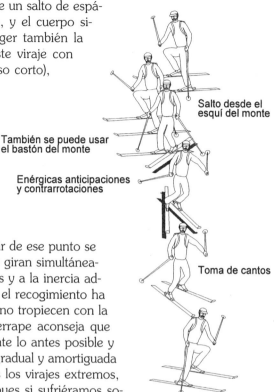

Salto desde el esquí del monte

También se puede usar el bastón del monte

Enérgicas anticipaciones y contrarrotaciones

Toma de cantos

Pendientes extremas: viraje desde el pie del monte (pedaleado).

Comentarios adicionales

La denominación de pedaleado viene del gesto de plegar la pierna del valle, lo que recuerda al movimiento de los pies en una bicicleta. La segunda variante explicada, en la que el giro del esquí del valle no se iniciaba hasta haber sido plegada la pierna, deja menos tiempo disponible para su rotación, por lo que el esfuerzo ha de ser más breve e intenso, ya que ambos esquís se rotarán simultáneamente a costa de la inercia adquirida con la anticipación y del apoyo de los bastones.

Al elevar el pie del valle se adquiere una energía cinética ascendente que va a reducir la tendencia al descenso por gravedad que se producirá en cuanto tengamos ambas piernas en el aire, con lo que se tiene más tiempo para girar y se pierde menos altura, lo que conlleva una mayor suavidad al aterrizar y reduce el riesgo de descontrol.

Diferencias en el momento del giro del esquí del valle o de la finalización del plegado de la pierna correspondiente, marcarán diversos estilos de realizar este viraje. Una de las posibilidades consiste en plegar al máximo la pierna del valle antes de que se produzca el salto, a fin de que la tabla del monte tenga más espacio libre; la postura adoptada, con una pierna plegada en el aire y la otra aún apoyada, recuerda por un instante a la de garzas y cigüeñas.

7.14 LISTA DE DEFECTOS TÉCNICOS

1.- Durante la fase final del viraje el esquí exterior es inestable.
Causa: Escasez de apoyo en dicho esquí y demasiado en el interior.

Esquí exterior inestable.

Solución: Aliviar el peso del esquí interior mediante una mayor flexión de esa pierna. Aumentar el grado de canteo acercando la cadera al monte.

Causa: Holgura excesiva del pie dentro de la bota (origina inestabilidad direccional).

Solución: Apretar el ajuste de empeine; recordemos que aunque la presión en la caña sea correcta, proporciona control de basculamiento más que de torsión. Si ya está el empeine apretado al máximo y es insuficiente, usar otro calcetín grueso o introducir una plantilla (la plantilla solo resuelve la holgura superior pero no la lateral).

Causa: Holgura excesiva en la caña de la bota (origina inestabilidad por basculamiento).

Solución: Apretar el ajuste de caña. Si ya estaba al máximo, doblar la boca de la media sobre sí misma para duplicar su espesor.

2.- Se cruzan las colas en la fase final del viraje.
Causa: Esquí interior mal colocado, incluso con exceso de peso.

En cuanto la cola del monte se monta sobre la del valle se desvía con rapidez hasta la bota.

Solución: Avanzar el esquí interior de modo que la rodilla exterior se introduzca en la otra y se junten las botas; aproximar lateralmente las espátulas para que se lleguen a tocar; si esto resulta difícil, mantener los esquís más separados cuidando el paralelismo, es cuestión de habilidad. ¿Están bien abrochadas las botas?

3.- Al iniciar un giro paralelo la nueva cola exterior no se ha deslizado lateralmente y no hemos podido girar.

Causa: Insuficiente o tardía transferencia de peso al nuevo esquí exterior.

Solución: Concentrarse en el cambio de peso, levantando si es necesario el esquí interior.

Causa: Colas demasiado cargadas de peso.

Solución: Acentuar el movimiento de extensión ayudándose incluso con los gemelos; echar el cuerpo adelante para provocar el inicio del giro.

4.- Exceso de giro, terminando a veces de espalda.

Causa: Se está girando con todo el cuerpo con lo que la inercia adquirida prolonga el viraje.

Solución: Anticipación y contrarrotación: giros compensadores con el tronco en sentido contrario al movimiento de la tabla. Si el hombro del valle se encuentra adelantado durante la fase de conducción, la ejecución es incorrecta. Recordar que solo han de girar las caderas y las piernas.

Causa: Cuerpo demasiado retrasado.

Solución: Además del cuidado de la postura, evitar los tiempos de transición prolongados que puedan permitir un avance excesivo de las tablas respecto del cuerpo; esto es probable en pendientes fuertes. Vigilar la presión de la caña de la bota.

Levantar el esquí interior asegura la transferencia de peso.

Causa: Tronco demasiado agachado, casi horizontal con el consiguiente exceso de energía de giro acumulada.

Solución: Flexionar más las rodillas y menos la cadera, de modo que el tronco permanezca más vertical (posición de sentado). Depurar el estilo de la extensión, haciendo que el tronco recupere verticalidad durante la misma.

Tronco agachado en exceso y sin contrarrotación: una invitación al sobregiro.

5.- En la fase final del viraje se abre la cola del esquí exterior.

Causa: Mal estado del canto en su mitad posterior.

Solución: La única solución es afilar los cantos; no obstante, si solo hay un canto romo, puede resolverse cambiando las tablas de pie de modo que el canto defectuoso se encuentre siempre en el exterior.

Causa: Exceso de peso en el esquí interior.

Solución: Cuidar la alternancia de peso, flexionando más la pierna del monte.

6.- Los esquís giran y derrapan demasiado durante la fase de conducción.

Apertura indeseada de la cola del valle.

Cruce indeseado de espátulas.

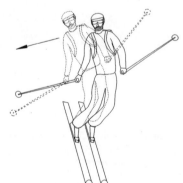

Vencimiento al exterior por exceso de canteo.

Causa: Las colas enganchan poco.
Solución: Adelantar los pies aumentando la presión hacia abajo en los talones, pero no la lateral.

7.- Se cruzan las espátulas durante el viraje.
Causa: Incorrecta colocación del esquí interior con posible exceso de carga en él.
Solución: Si el peso recae claramente en el esquí exterior, es fácil recolocar el interior.

8.- Durante un avance rectilíneo nos vemos sorprendidos porque se engancha un canto en la nieve y caemos.
Causa: La pierna presiona hacia delante la caña de la bota.
Solución: Recordar la postura del huevo, especialmente en lo referente a cómo se cargaba el peso en colas para estabilizar. Hay que notar cómo la bota presiona en la parte trasera de la pierna.

9.- Durante un viraje la fuerza centrífuga tiende a vencernos hacia el exterior.
Causa: Los esquís han entrado en una zona de nieve menos deslizante o han encontrado un obstáculo lateral (montículo de nieve, zona de costra, copa de arbusto...).
Solución preventiva: Observar y decidir por anticipado la trayectoria a trazar para evitar esas sorpresas.
Solución sobre la marcha: Realizar una rápida maniobra de sobreflexión y extensión para tomar impulso, incluso saltando si es preciso.
Causa: Exceso de canteo.
Solución: Reducir la angulación o arqueo lateral de la columna vertebral desplazando la cadera hacia el valle.

10.- Durante un viraje los esquís derrapan en exceso tendiendo a provocar una caída del esquiador hacia el interior de la curva.
Causa: Los esquís han entrado en una zona de nieve más deslizante, por ejemplo una placa de hielo.
Solución preventiva: Al igual que en el caso anterior observar y decidir por anticipado la trayectoria a trazar.
Solución sobre la marcha: Liberar el peso del esquí exterior levantando la pierna correspondiente.
Causa: Canteo insuficiente.
Solución: Aumentar la angulación desplazando la cadera y las rodillas flexionadas hacia el

monte. Esto no es aplicable en hielo duro si no se cuenta con un canto muy afilado.

11.- En una zona bastante inclinada y/o expuesta, el giro nos sale de radio muy amplio, con una permanencia prolongada en la línea de caída.

Causa: La preocupación por la inclinación crea una indecisión que retarda o anula los movimientos correctos.

Solución: Practicar en una zona menos expuesta, pero inclinada, haciendo hincapié en recursos como la flexión-extensión, juego de tobillos...

12.- No se obtiene avance en el paso de patinador.

Causa: Falta de energía en los impulsos.

Solución: El paso de patinador no esta exento de pérdidas energéticas, por lo que exige un determinado flujo de esfuerzo; si se está muy cansado, lo único que se logra es un débil vaivén que no aporta capacidad de avance. Es mejor descansar o, si el trayecto es largo, ponerse las pieles.

Causa: Las tablas derrapan.

Solución: Aumentar el canteo.

13.- Falta de soltura en nieve polvo.

Causa: Al no poder ver los esquís se carece de confianza.

Solución: Acostumbrarse en nieves más duras a esquiar mirando varios metros por delante y despreocupándose de los esquís.

Causa: Exceso de cruce.

Solución: Aminorar la velocidad en varios virajes y no en uno solo; procurar no perder el ritmo.

En nieve polvo lo normal es que no se vean las tablas; no importa, hay que mirar al frente.

Causa: Sobrecarga del esquí del valle.

Solución preventiva: Esquiar con un reparto de peso más simultáneo, sobre todo en la conducción.

Solución sobre la marcha: Salir al siguiente viraje desde la pierna del monte aprovechando que se habrá quedado flexionada.

Las dos últimas causas suelen venir juntas, provocando hundimiento, vencimiento al valle o un retraso de postura, con la consiguiente pérdida de ritmo. El rebote que se produce se puede aprovechar para ejecutar un viraje por flexión-recuperación si se reacciona con rapidez.

Exceso de cruce típico en nieve polvo. Aún se puede recuperar el ritmo si se sale con extensión desde la pierna del monte.

ALGUNOS CRITERIOS PARA AUTOEVALUAR EL NIVEL TÉCNICO			
CRITERIO	NIVEL		
	BAJO	MEDIO	ALTO
Uso de las técnicas elementales	Son las únicas que conoce	Procura evitarlas	Las emplea como recurso
Dependencia del estado de la nieve	Alta	Media	Baja
Velocidad habitual	Baja y descontrolada	Alta y parcialmente controlada	Media y muy controlada
Tendencia al cansancio y a dolores musculares	Alta	Media	Baja
Dependencia general del material	Incapaz de apreciarla	Atribuye al material las causas de sus errores	Compensa las limitaciones del material con técnica y táctica
Características preferidas en la bota	Carece de criterio	Dureza de flexión	Comodidad

8 APLICACIÓN DE LAS TÉCNICAS CONOCIDAS

La polivalencia técnica que todo buen esquiador de montaña debe acreditar tiene como objeto resolver el giro en cualquier tipo de nieve y pendiente. Además la elección de una técnica debe ser tan rápida como impongan los cambios que se encuentren, a menudo de una manera imprevista.

Como norma general ante cualquier situación incierta, se aconseja mantener una posición semiflexionada, puesto que se ignora qué va a ser más conveniente, si absorber una irregularidad o reaccionar con una extensión. Veamos ahora lo que debe hacerse en los diversos terrenos difíciles que se pueden encontrar.

8.1 SUPERPENDIENTES: ESQUÍ EXTREMO

Girar en fuertes pendientes requiere un esfuerzo relativamente pequeño debido a la menor fuerza perpendicular que ejercen los esquís sobre la ladera. Por ejemplo para 45°, la fuerza perpendicular ejercida por el esquiador equivale solo al 70% de su peso. Sin embargo, la gran rapidez de giro necesaria obliga a desarrollar la mayor parte del esfuerzo de manera casi instantánea. En cambio, el control técnico que se precisa es muy grande en estas pendientes, por lo que se puede afirmar que esta facultad es la más importante para desenvolverse de manera segura en ellas.

La inclinación máxima esquiable viene determinada por el más limitante de los si-

Pese a su imponente aspecto, el famoso tubo de la Zapatilla es más peligroso que difícil.

El dominio de las pendientes extremas se ha de adquirir allí donde la exposición es mínima.

guientes factores: la dureza de la nieve, el dominio técnico del esquiador, la capacidad de agarre del esquí y el grado de exposición. Este último va asociado al riesgo que se desee asumir, mientras que los tres primeros son más objetivos; sin embargo, hemos de admitir que una gran sensación de exposición puede repercutir psicológica y efectivamente en el dominio técnico. Contando con niveles óptimos de los cuatro factores, se pueden esquiar pendientes del orden de 60°. Inclinaciones superiores no permiten detenerse ni controlar la velocidad, pero pueden ser abordadas si su longitud es corta y terminan en zonas de menor pendiente.

Nieves blandas y pesadas difícilmente se sostienen en pendientes fuertes y si lo hacen, no pueden aportar el apoyo que necesita el esquiador. Descender en esas condiciones supone arrastrar la capa superficial de nieve e incluso provocar una avalancha. Por el contrario, si la nieve es demasiado dura o está helada, los cantos no morderán con efectividad. Las pendientes extremas solo se esquían cuando la consistencia de la nieve está garantizada y empleando esquís de excelente agarre en hielo o nieve dura.

Dado que aparte del canteo, en las pendientes extremas se requiere una máxima capacidad de frenado y ésta se corresponde con un ángulo de atravesamiento de 90° respecto de la LMP, se deduce que las transiciones entre giros han de ser muy breves, debiendo iniciarse y terminarse con ese ángulo, lo que obliga a giros muy ágiles de 180°. Vemos que cada giro no procede de la diagonal con que termina el anterior, por lo que no se usa la inercia de uno para iniciar el siguiente. Hablaremos, entonces, de giros independientes que a menudo comienzan desde la situación de parada, lo que resulta ventajoso para concentrarse suficientemente.

Pero no siempre da tiempo a pararse, siendo interesante entonces adelantar la fase de conducción del siguiente giro, de modo que antes de que los esquís se pongan paralelos a la LMP ya se encuentre el peso en el exterior y derrapando, logrando que la acción de frenado se ejerza también en las componentes horizontales del movimiento.

Puede ocurrir que durante el derrape final de un giro nos encaminemos hacia un obstáculo y que no podamos o queramos transformarlo en diagonal (hacia delante o hacia atrás) para esquivarlo, ni que sea posible detenerse antes. En casos como ese, se impone ejecutar un nuevo giro desde la situación de derrape, pero el problema que se presenta es el menor apoyo que ofrece el esquí, precisamente cuando más se requiere dada la necesidad de girar muy rápidamente. Afortunadamente la solución es fácil; basta con flexionar las piernas (de todos modos había que hacerlo para tomar impulso) y extender seguidamente para iniciar el giro. El rebote obtenido no es muy intenso, pero bastará si se tiene la precaución de exagerar la anticipación y la contrarrotación.

Cualquiera de los virajes rápidos conocidos (viraje con salto, salto de colas, de espátulas, impulso corto, tip-tap, pedaleado) es aplicable en pendientes de 45°, 50° o más grados, si bien cuando, por las características de consistencia de la nieve e inclinación, la pierna del valle se encuentra muy estirada, la toma de impulso depende más de la del monte, siendo el viraje pedaleado el máximo exponente de tal hecho (imaginemos lo difícil que es aplicar un tip-tap en esos casos).

El apoyo en ambos bastones garantiza la necesaria rapidez de giro.

Dirigir el impulso hacia el vacío durante la extensión facilita la maniobra al permitir un apoyo más efectivo, pues la fuerza de impulsión es menos tangencial a la superficie de la nieve, y además aporta más espacio disponible para la maniobra de las colas, pero si dicho impulso se exagera hacia el vacío, la fase aérea durará tanto que provocará un extraordinario incremento de velocidad.

En las situaciones límite de adherencia, es importante observar aquellas zonas de nieve que, por su mayor rugosidad puedan aportar más apoyo, de modo que los finales de viraje se hagan coincidir con ellas.

Cuando en el transcurso de una travesía sea inevitable descender un corto tramo de gran pendiente, no hay que atascarse por ello; incluso esquiadores medianos pueden resolver una situación así derrapando. Para mayor seguridad, puede emplearse una cuerda, solución válida que puede evitar la siempre engorrosa maniobra de rapelar.

Los bastones largos vienen muy bien para superpendientes; el del valle permite un apoyo sin necesidad de agacharse tanto, mientras que el del monte, usado en el final del viraje, podría estorbar por culpa de la gran inclinación, pero en esos casos el toque se puede hacer con el puño manteniendo la roseta hacia arriba.

Si por la dureza de la nieve existen dudas acerca de la capacidad de agarre, puede reemplazarse el bastón del valle por un piolet, empleándose entonces exclusivamente la técnica de derrapar (al no girar, se evita tener que cambiarse constantemente el piolet de mano) y corrigiendo la trayectoria de bajada mediante ligeros avances o retrocesos.

8.2 CAMBIOS DE PLANO O PENDIENTE

El equilibrio longitudinal es imprescindible en todo cambio de pendiente; más aún si se salta.

Encontrados durante una diagonal, pura o derrapada, afectan al equilibrio lateral y pueden resolverse perfectamente mediante la técnica del paralelo o *cristianía*, donde el canteo juega un papel fundamental.

En cambio, si durante un descenso directo se llega a un aumento brusco de pendiente, se pueden producir dos efectos indeseados: un salto y un avance excesivo de los esquís. Para compensarlos, basta con flexionarse más y avanzar el cuerpo antes de entrar; una vez en la nueva pendiente, y con carácter inmediato, se extienden las piernas hasta alcanzar el grado de flexión adecuado a la nueva situación. El equilibrio longitudinal ha sido salvaguardado gracias al avance previo del cuerpo. Pre-

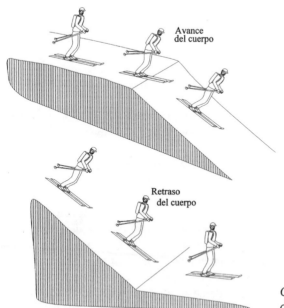

Compensación de cambios de inclinación.

cisamente muchas caídas se producen por quedarse excesivamente retrasados. Para el principiante resulta un problema vencer el miedo psicológico a adelantarse justamente cuando se va abordar una pendiente mayor.

Análogamente, si se llega a una pendiente menor, habrá que extenderse antes para lograr un margen que permita absorber el impacto; también, y para compensar el inminente frenado, hay que retrasarse.

8.3 BACHES Y MONTÍCULOS AISLADOS

Básicamente, un bache o un montículo constituyen dos cambios de inclinación consecutivos y se resuelven técnicamente de modo similar; solo cambia el orden de la secuencia de movimientos. El objetivo es impedir que perturben el equilibrio del esquiador, y dado su carácter aislado, en ambos casos se pueden abordar en línea recta sin embalarse demasiado.

Como los cambios de inclinación son seguidos, uno neutraliza el efecto del otro, en cuanto al equilibrio longitudinal se refiere, por lo que no hay que adelantar o retrasar el cuerpo.

Antes de llegar a un bache, conviene flexionarse; en cuanto se entre en él, hay que extender las piernas y prepararse para un inminente repliegue (activo o pasivo, según la velocidad e inclinación) que concluirá al salir del bache. En ese momento, ya se puede erguir uno tranquilamente.

La técnica para sobrepasar un montículo es exactamente la inversa: antes de llegar, hay que erguirse; en el momento de abordar la subida, se ejerce el repliegue; al iniciar

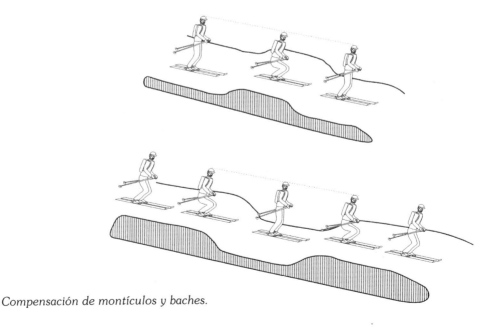

Compensación de montículos y baches.

la bajada, se extienden las piernas; por último, tras rebasar el obstáculo, ya se puede adoptar una postura semiflexionada si se desea.

Durante el paso del obstáculo (bache o montículo), la altura del cuerpo del esquiador ha debido permanecer prácticamente constante, siendo las piernas las que han absorbido la irregularidad.

Cuando la altura del obstáculo supera el margen de maniobra de las piernas, la técnica es la misma; lo único que varía es que ahora solo se logra aminorar el impacto, en vez de anularlo totalmente; si el grado de aminoramiento es insuficiente, habrá que plantearse entrar con menos velocidad.

8.4 CAMPOS DE MONTÍCULOS: BAÑERAS

Este terreno a base de montículos es propio de zonas que soportan el paso de muchos esquiadores, por lo que se encuentra con más frecuencia en las pistas que fuera de ellas. Dependiendo del tamaño o densidad de las bañeras, de la inclinación y de la presencia de otros esquiadores, habrá que adoptar diferentes actitudes. El problema que se presenta respecto del caso de baches o montículos aislados es que ahora se necesita ir girando para evitar un aumento descontrolado de la velocidad.

Resulta fundamental escoger acertadamente la trayectoria, ya que un montículo mal abordado puede desequilibrar extraordinariamente. Los modos de atacar un campo de bañeras pueden clasificarse en dos, según la actitud del esquiador. Si éste prefiere controlar perfectamente y en todo momento la situación, lo mejor es pasar por los laterales, donde la altura de los montículos suele ser menor. Aprovechando la facilidad para girar en las cimas de los montículos (las colas y las espátulas se encuentran en el aire y no ofrecen rozamiento), se pueden iniciar los virajes estando casi parados, y luego detenerse en el siguiente montículo para estudiar el próximo; se tiene así tiempo para observar que no haya placas de hielo, piedras u otros obstáculos. La rapidez al girar en las cimas permite tener enseguida los esquís bastante atravesados respecto de la LMP, con lo que la velocidad no desbordaría la capacidad de reacción.

Cuando las bañeras son pequeñas, resultan amenas y no requieren una técnica muy especial.

Esquiadores de más nivel, pueden solventar un campo de bañeras de un modo fluido, divertido y espectacular. Si bien hay que admitir que obrar así resulta más cansado, lo cierto es que con una buena técnica el incremento de esfuerzo no es tan grande. En todo caso la clave está en detenerse antes de que las piernas se queden sin fuerza. Dentro de este segundo modo, hay dos estilos principales de esquiar las bañeras, pero en ambos la capacidad para decidir la trayectoria de los siguientes metros es trascendental.

En uno de los dos métodos, la trayectoria elegida discurre por los valles, de modo que los montículos van quedando a los lados y, al menos parcialmente, se puede decir que se eluden. Pero esquiar los valles requiere un buen dominio de los virajes paralelos, que exista un mínimo de espacio entre bañeras para posibilitar la maniobra y saber aprovechar las faldas para aminorar la velocidad.

El otro método se basa en que la trayectoria una las cimas, donde se aprovecha para girar rápidamente y sin esfuerzo de modo que al abandonarlas ya se tengan los esquís algo atravesados. Desde cada montículo se puede ir normalmente a dos o tres, por lo que el esquiador debe tener la agilidad mental suficiente para escoger el próximo, eludiendo aquellos que por su tamaño o forma puedan perturbar demasiado.

El gran problema que se presenta cuando se aborda un montículo con cierta velocidad es que al rebasar la cima se sufre un aligeramiento que, tanto si da lugar a un salto como si no, va a impedir frenar durante algún metro. Para evitar o aminorar esta consecuencia, caben dos posibilidades parecidas: relajar las piernas para que se replieguen espontáneamente al llegar al montículo o forzar activamente esa flexión. Esta última opción es más efectiva y se ha de aplicar obligatoriamente a partir de cierta velocidad.

Curiosamente, si siempre hemos hablado de aligerar para facilitar el giro, en lo alto de un montículo nos encontramos con que sobra aligeramiento, de modo que hay que reducirlo mediante la técnica de amortiguación descrita.

Precisamente el repliegue o recogimiento de piernas, aunque aplicado ahora con la intención de reducir aligeramiento, es el movimiento que caracteriza los virajes de flexión-recuperación, razón por la que se adaptan bien y se recomiendan para los campos de bañeras.

8.5 TERRONES Y PENITENTES

La gran diferencia entre este terreno y el de las bañeras es que ahora las protuberancias son tan pequeñas y están tan próximas que no pueden resolverse una por una. Recuerda a los terrones que se forman en un campo recién arado. La mejor estrategia es atravesarlos en línea recta por la LMP si la pendiente es suave o en diagonal en caso contrario. Se mantendrá un grado medio de flexión en todas las articulaciones, se evitará ir rígido y las piernas mantendrán una cierta separación que dificulte el cruce de tablas. Los virajes que se realicen serán los imprescindibles, aunque si la nieve es muy blanda, los terrones se pueden romper sin perturbar demasiado la conducción.

8.6 IRREGULARIDADES OCULTAS

Cuando una nevada cae sobre una base muy irregular, pero es tan poco copiosa que solo alcanza a ocultar de la vista las protuberancias, habrá que seguir los consejos dados en el apartado anterior. El mayor problema es detectar a tiempo que bajo una superficie de aspecto inocente se esconde otra de incómodo esquiar, cuyas irregularidades sí se notan dado que la capa superficial no es muy gruesa.

8.7 SALPICADO DE AFLORACIONES DE ROCA

En aquellas zonas en las que por su escasa innivación afloran las rocas, se exige un esquí de alto control y gran precisión. El dominio del derrape, con inclusión de avance y retroceso, permite discurrir por pasillos verdaderamente estrechos. Otros recursos, como un salto o un paso divergente pueden aplicarse para superar una piedra o corregir una trayectoria que se encaminaba hacia ella. En ocasiones habrá que detenerse y dar un paso lateral en escalera; en otras, bastará con separar los esquís para que rodeen una piedra.

Pero el principal consejo que puede darse es mantener una velocidad muy baja, para tener tiempo de reaccionar y para que las consecuencias de una eventual caída no sean tan graves.

Siempre que existan piedras, visibles o no pero contra las que pueda chocar el esquí, habrá que pensar que es preferible esquiar lento a que por evitarlas suframos una caída. Si es cierto que el buen esquiador siente sus tablas como una prolongación de su propio cuerpo, no lo es menos que son la parte menos dolorosa...

8.8 ARISTAS

Lomas estrechas o aristas pueden esquiarse en paralelo fácilmente permaneciendo en uno de los flancos, siendo igualmente sencillo cambiar de lado gracias al carácter convexo de estas formaciones. Si son afiladas, habrá que prestar algo más de atención al cambio de vertiente, porque puede ser más brusco y facilitar cierta tendencia a encarrilarse el esquí; al igual que en montículos, se resuelve bien con un viraje de flexión-recuperación. En muchas ocasiones, el propio traspaso de peso de un pie a otro coincidiendo con el cambio de vertiente bastará para girar.

8.9 CORNISAS Y SALTOS

Algunas cornisas, por sus dimensiones y poca exposición pueden ser descendidas sin sufrir accidentes ni provocar avalanchas. Lo primero que hay que hacer es comprobar la pendiente de la base de la cornisa; si fuese horizontal, el impacto va a ser muy fuerte, por lo que solo deberían afrontarse alturas inferiores a un metro. Si el tamaño es mayor, se requiere una pendiente inclinada para que el aterrizaje sea suave. Pero si esa inclinación es muy acusada, y con el fin de impedir un embalamiento excesivo, conviene adoptar otra técnica consistente en bajar en diagonal. Salvo casos en los que la pendiente sea muy fuerte y el paso de la cornisa a la ladera de su base muy gradual, no se debe bajar derrapando; se sufriría un enclavamiento muy brusco. En fin, considerando la altura de la cornisa y la inclinación de la base, se decide el ángulo con que se acomete.

Independientemente de todo lo anterior, en el punto en que se abandona el filo de la cornisa se debe estar totalmente flexionado (se reduce así la altura efectiva de salto), mientras que en el momento de llegar a la base, ya se habrá uno extendido, estando preparado para amortiguar el impacto.

8.10 VAGUADAS

Dada su forma cóncava, las vaguadas ofrecen, en general, más dificultades al giro que otros terrenos, pero ello no implica que no puedan resolverse; es más, llegan a ser divertidas.

Una de las tácticas válidas consiste en ir cruzando la vaguada y encaramarse alternativamente a las laderas que la conforman. Al ganar altura sobre ellas y perder velocidad, llega el momento de girar; precisamente en ese punto existe un pequeño problema, consistente en virar al valle en una situación muy peraltada, que se resuelve exagerando la inclinación lateral al interior del giro. Funcionan bien los saltos de colas, el tip-tap y el semicuña-paralelo. Viene después un descenso diagonal o directo rumbo a la otra ladera; habrá que prestar atención únicamente al cambio de plano en el cruce de la vaguada, pudiéndose despreocupar uno de la velocidad ya que se reducirá espontáneamente a continuación.

Otra táctica más conservadora se basa en reducir al mínimo el número de cruces, para lo que las permanencias en las laderas se prolongan mediante diagonales más o menos derrapadas según la pendiente. Es la más recomendable para las vaguadas de cauce afilado o irregular.

Cuando la anchura y la pendiente lo permiten, también cabe la opción de permanecer en el fondo y controlar la velocidad mediante cuña o coleando (*wedeln*).

Las vaguadas anchas se pueden esquiar muy fácilmente...
... pero las estrechas exigen "hilar muy fino".

8.11 TUBOS

El aspecto adicional que presentan los tubos o corredores frente a otras situaciones como vaguadas y pendientes fuertes (un tubo viene a ser la combinación de ambas) es la existencia de paredes rocosas delimitándolos. Por lo tanto, no es cuestión de emplear una técnica específica, sino de evitar errores que nos dirijan hacia las rocas.

Un recurso técnico interesante, ya apuntado al hablar de pendientes extremas, consiste en adelantar la fase de conducción de cada giro, de modo que antes de que los esquís se pongan paralelos a la LMP ya se encuentra el peso en el exterior y derrapando. Además de la ya mencionada ventaja de que el frenado se ejerce también en las componentes horizontales del movimiento, se evita mejor un acercamiento excesivo a las paredes laterales.

8.12 ESTRECHAMIENTOS

Un estrechamiento muy pendiente también se recorre en schuss, frenando en cuanto se pase.

Incluso un pequeño hilo de nieve de unos 20 cm de anchura puede ser cruzado sin grandes problemas. El procedimiento lógico consiste primero en frenar y luego eliminar cualquier deslizamiento lateral de los esquís para pasar por el estrechamiento. Si hay que frenar mucho, tendremos que hacerlo derrapando, con lo que al llegar al paso estrecho nos veremos obligados a girar los esquís 90° para que quepan. Se puede resolver muy bien este problema con cualquiera de los siguientes virajes: salto de colas (el de espátulas no es tan preciso), tip-tap o mediante un paso divergente o convergente.

Si no se precisa frenar tanto, se puede aplicar una cuña rectilínea, pasando a descenso directo (o diagonal según proceda) justo antes del estrechamiento.

Y para aquellos casos en los que solo quepa un esquí, está muy claro: se levanta el otro.

8.13 SALTO DE OBSTÁCULOS: TRONCOS, ARBUSTOS, CORREDORES DE HIERBA...

Una condición imprescindible para saltar un obstáculo pequeño e inevitable es contar con algo de velocidad para que todo el esquí pueda pasar.

La técnica no es complicada: flexión, extensión vigorosa ayudada con ambos bastones y recogimiento de piernas en el momento de pasar por el obstáculo.

8.14 ESQUÍ EN BOSQUE CERRADO

Además de evitar el choque contra los troncos, el cuidado especial que se debe tener al esquiar en un bosque se debe al peligro que suponen las ramas bajas y partidas de los árboles. Otro problema lo crean los arbustos y las raíces aéreas cuando la nieve es blanda; el esquí puede pasar por debajo sin percatarnos de ello hasta sentir el frenazo en la bota.

En este terreno se impone un esquí lento y controlado, con las trayectorias cuidadosamente elegidas. Si la nieve es blanda, habrá que observar aquellos montículos que hagan sospechar de la presencia de arbustos ocultos.

La necesidad de giros muy cerrados y a baja velocidad da una utilidad especial a virajes como saltos de colas o pasos divergentes.

8.15 ESQUÍ EN CUNETAS DE PISTAS O CARRETERAS

Bien por su carácter cóncavo, sombrío en algunos casos, o por el efecto de las máquinas quitanieves, se puede producir una acumulación de nieve en las cunetas que permite prolongar el esquí y evitar a veces una incómoda caminata. Se puede esquiar en diagonal derrapada con un buen nivel de control. Atención a las carreteras, pues si están abiertas al tráfico, además de la posible prohibición implican un notorio peligro.

8.16 GRANDES ESTRÍAS Y ONDULACIONES

Propias de zonas venteadas, estas formaciones son muy incómodas. Lo mejor es reducir el número de giros a los imprescindibles, aplazándolos hasta salir, y surcarlas en línea recta, recurriendo a la diagonal para evitar embalarse demasiado. Es interesante cargar en colas para estabilizar el esquí, reduciendo así el efecto encarrilante que tienen las estrías sobre las espátulas. Los choques se absorben mediante repliegues activos o pasivos, según la velocidad y el tamaño de las irregularidades.

Como en muchas ocasiones no se podrán eludir los giros, podremos emplear el salto de colas, con las piernas algo más separadas de lo normal para dar estabilidad lateral frente a las brusquedades. Al aterrizar, hay que absorber mucho con amplia flexión, o dar un doble salto de colas si no es suficiente. Si el tamaño lo permite, se puede girar en las partes altas, como recomendábamos en las bañeras. Dada la fuerte tendencia al encarrilamiento en este terreno, el deslizamiento lateral del esquí es muy difícil, por lo que son muy útiles los pasos divergentes.

8.17 GLACIARES

Aunque las avalanchas producidas por caídas de seracs son uno de los peligros de los glaciares, el principal es el riesgo de caer en una grieta.

Ciertamente el esquiador tiene grandes ventajas frente al caminante a la hora de recorrer un glaciar. El hecho de ir sobre esquís divide la presión que puede ejercer sobre un puente de nieve, sobre todo bajando porque el peso se reparte entre las dos ta-

Mantener una velocidad media y el peso bien repartido reduce la probabilidad de caer en grietas.

blas. La propia longitud del esquí, mayor que la de muchas grietas, impide materialmente caer en ellas si se cruzan transversalmente. Por descender con algo de velocidad, la misma inercia posibilitaría pasar al otro lado de una grieta moderada incluso si el puente termina cediendo. Pero para aprovechar estas ventajas hay que seguir ciertas normas.

La primera de ellas es de sentido común: evitar las grietas. Suelen ser más frecuentes, mayores y profundas en las convexidades y en el centro. Aunque en el final de la lengua y por la escorrentía superficial del verano, se forman vaguadas que constituyen grietas longitudinales igualmente peligrosas, la mayoría son transversales y producidas por la insuficiente plasticidad del glaciar. Por consiguiente, hay que esquiar en la LMP conservando una velocidad relativamente alta pero muy controlada, para evitar caídas que pudieran coincidir con los puentes; los ángulos de cruce, pequeños y el peso lo más repartido posible. La postura será poco flexionada: si cediera un puente, puede bastar un recogimiento de piernas para encaramarse al borde casi sin darse uno cuenta.

■ 8.17.1 Esquiar en cordada

Hay circunstancias especialmente peligrosas en las que los consejos de los párrafos anteriores no bastan y conviene encordarse: nieve fresca capaz de esconder las grietas, abundancia de éstas o mala visibilidad.

Habrá que considerar ciertas normas:

- Se procurará que la cuerda no forme cocas sobre las que podría pasar el esquí cortándola; en otras palabras, una separación regular y constante entre dos componentes consecutivos de la cordada.

- El primero puede usar ambos bastones, pues al llevar la cuerda por detrás, no se estorban. Los demás deberían saber esquiar sin bastones.

- Mínimos virajes y de radio amplio, enlazados con diagonales derrapadas para mantener la velocidad constante y no sorprender con tirones o frenazos a los demás.

- Los puentes de nieve sospechosos se cruzan de uno en uno, permaneciendo los demás parados y atentos; si es necesario, se hace pasar la cuerda por un seguro (el piolet, por ejemplo).

- De producirse una caída en una grieta, el siguiente reaccionará rápidamente poniendo los esquís perpendiculares a la cuerda e inclinándose hacia el lado contrario para aplicar suficiente canteo.

Esquiar en cordada es una técnica que debería practicarse bien antes de necesitarla. Un ejercicio consiste en descender una ladera en hilera manteniendo la separación constante pese a no llevar cuerda. Un grupo encordado descoordinado bajando un glaciar es muy peligroso.

8.18 NIEVE COSTRA

Esta nieve puede ofrecer unas dificultades que van desde una cierta incomodidad adicional, hasta convertirse en un serio problema capaz de amargar la existencia. Todo dependerá de las características de la costra propiamente dicha y de la base.

Cuando la costra tiene una consistencia apreciable, es posible esquiarla mediante movimientos muy suaves, con amplias flexiones y extensiones, y manteniendo el peso muy repartido entre ambos pies, para no romperla. La cuña y el viraje fundamental pueden servir.

Si la costra se rompe inevitablemente, puede que el hundimiento no sea muy grande, de modo que con un esfuerzo mayor de lo normal se consiga deslizar lateralmente el esquí. Conviene aumentar y anticipar la inclinación al interior del giro porque el derrape será siempre menor que el normal; cuidando ese aspecto, el viraje por flexión-recuperación suele funcionar.

Si el hundimiento es mayor, se hará imposible el deslizamiento lateral, por lo que tendremos que girar con saltos, sabiendo que el aterrizaje tendrá que ser muy amortiguado y que si no resulta, se puede aplicar el doble salto de colas. Tampoco hay que olvidarse del tip-tap.

Si la pendiente no es excesiva, da tiempo para aplicar pasos divergentes, que en esos casos suelen ser la solución más descansada. Esta técnica no es operativa si la espátula se sumerge bajo la costra, pero se puede paliar cargando el peso en la cola.

Un procedimiento agotador, pero espectacular y efectivo mientras se pueda mantener, consiste en descender por la LMP mediante saltos, manteniendo una posición algo retrasada para absorber los rebotes y recogiendo las piernas para posibilitar la elevación de las colas. La traza obtenida, de aspecto más angular que sinusoidal, es una sucesión de quiebros. Antes de cansarse demasiado, conviene reservar energía para un atravesamiento completo que permita pararse de una sola vez; el encarrilamiento no va a permitir una detención gradual.

Ante la duda sobre qué técnica aplicar, puede seguirse el siguiente criterio: si desde una diagonal no se puede conducir al monte, conviene olvidarse de virajes vistosos (salto de colas) y pasar a lo práctico (pasos divergentes); esta norma es válida ante cualquier tipo de nieve difícil.

Durante una diagonal, si pasamos algo de peso al esquí del monte, podemos perder más altura; maniobra interesante en toda nieve pesada porque se reduce el enclavamiento del esquí del valle. Este esquí se va a comportar como un elemento rompedor de la costra, dejando un canal de nieve pisada hacia el que se va deslizando lateralmente el esquí del monte. Por eso, esta técnica permite un ligero viraje al valle; como el giro al

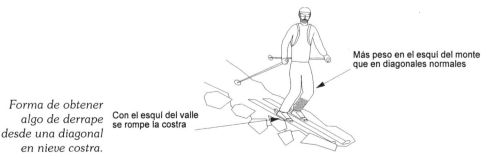

Forma de obtener algo de derrape desde una diagonal en nieve costra.

Con el esquí del valle se rompe la costra

Más peso en el esquí del monte que en diagonales normales

monte siempre es más fácil, incluso en costra, tenemos la opción de ondular la diagonal, lo que conlleva una mayor disipación energética que se agradece mucho en ese tipo de nieve.

8.19 NIEVE HÚMEDA

A diferencia de las costras, la nieve incluso muy húmeda se deja trabajar bastante aceptablemente si se elige y aplica bien la técnica.

Cuando aún no se ha reblandecido demasiado, resulta una nieve fácil con cualquier técnica, pero conforme pierde consistencia, hay que ir adaptándose y cuidar más la suavidad al esquiar, aumentando las flexiones y extensiones, sobre todo si las circunstancias imponen un giro con salto.

En nieve muy blanda el bastón nos puede traicionar hundiéndose más de lo esperado.

Los virajes por flexión-recuperación y el viraje canguro dan un buen resultado. El esquí debe ser más simultáneo, para evitar concentraciones de peso que claven el del valle. Giros amplios, sin abusar del atravesamiento para conservar cierta velocidad y encadenados con aligeramientos por flexión, permiten disfrutar de nieves más próximas al agua que al hielo.

Atención al bastón, pues no conviene (ni se necesita realmente) esperar mucho apoyo de él, especialmente si la roseta no es grande; además si se hunde mucho, puede empotrarse con más facilidad que en otro tipo de nieve.

Si la pendiente es acusada, a la tendencia a derrapar que ya tenía el esquí del valle, se añade la geometría de la inclinación favoreciendo la flexión de la pierna del monte, lo que invita a usar el viraje pedaleado.

8.20 NIEVE POLVO

Cuando se sabe esquiar este tipo de nieve, deslizándose por un medio de textura algodonosa como si se flotara, resulta una de las experiencias más recomendables y de las que crean más adicción.

Se necesita, aproximadamente, un espesor de polvo virgen de unos 20 cm sobre base lisa o de más de 30 si es irregular, para disfrutar plenamente de la sensación de suavidad de ensueño que esta nieve permite.

Al ser una nieve relativamente poco deslizante y menos coherente, exige unas servidumbres técnicas, basadas en el mantenimiento de la velocidad, que requieren vencer más una inhibición psicológica que física. Es una nieve agradecida con quien se confía a ella. Para ayudar a vencer el miedo, basta pensar que es muy difícil hacerse daño al caerse en un medio tan suave.

Llevando algo de velocidad, se obtiene una flotabilidad que reduce al mínimo los esfuerzos necesarios para girar. Otra ventaja radica en que los apoyos de los virajes, al no ser suficiente la consistencia de la nieve, tienen que ser aportados por expulsión lateral de nubes de polvo (recuérdese el Principio de la Conservación de la Cantidad de Movimiento), lo que sería imposible sin una velocidad cuyo efecto consiste en transformar un medio casi etéreo en algo coherente. Un fenómeno similar ocurre en el esquí acuático.

Por deslizar menos que otras nieves, es recomendable retrasarse ligeramente, para compensar ese efecto y mantener un correcto equilibrio longitudinal. Esto también ayuda a que las espátulas floten mejor. Como la oposición al deslizamiento es tanto mayor cuanto más rápido se vaya, el grado de atrasamiento ha de ser consecuente con esto y aumentarse con la velocidad. Sin embargo, esquiar esta nieve excesivamente retrasado, como si se fuera sentado, es sobrecompensar el efecto y crea una tendencia al sobregiro por cargar demasiado las colas.

El viraje paralelo por flexión-extensión, sin requerir modificaciones especiales, resulta el más recomendable. El de flexión-recuperación da también un resultado muy aceptable, mientras que el viraje canguro tiende a sobregirar y no facilita llevar un ritmo óptimo.

Los mejores resultados se obtienen descendiendo por la LMP, eludiendo las huellas que hubiera, ejecutando giros acompasados, con el cuerpo relajado y el peso en general bastante repartido. Para regular la velocidad, se modifica el ángulo de cruce, pero sin pretender lograrlo de una vez y romper el ritmo, sino a lo largo de varios giros. Precisamente este es un aspecto que confirma la necesidad de confiar en la nieve; quien no lo hace así y se impacienta por frenar, se atraviesa demasiado, cae en el sobregiro y traspasa demasiado peso al esquí exterior, que se hunde aumentando la retención o provocando un vencimiento del cuerpo hacia el valle. A veces se puede evitar la caída, incluso recuperar el ritmo, mediante un viraje de flexión-recupe-

La buena técnica extrae todo su jugo de la nieve polvo, permitiendo disfrutar de fantásticas sensaciones.

El ritmo es fundamental en nieve polvo, y la huella deja constancia de si se ha mantenido bien.

ración al valle muy rápido. Este recurso es muy interesante ante cualquier enclavamiento, esperado o no, pues transforma la inercia que amenazaba con tirarnos en una fuerza equilibrante; la energía para corregir rápidamente el rumbo se obtiene justamente del rebote.

La poca cohesión de esta nieve aumenta la tendencia al sobregiro, por lo que la compensación de inercias mediante anticipación y contrarrotación debe ser muy cuidada.

Como en cualquier otra circunstancia, el canteo actúa en función del ángulo, pero ahora, que el canto esté afilado o romo es irrelevante porque, al ir el esquí sumergido, el apoyo se obtiene en toda la suela.

Cuando la pendiente es suave y la nieve profunda, puede que no se deslice nada. Para avanzar hay que colocarse en la LMP y realizar flexiones y extensiones, pero por supuesto, sin girar los esquís; en cada aligeramiento así obtenido se conseguirá avanzar y quizá llegar a zonas de más pendiente, donde se podrá comenzar a virar aprovechando que ya se lleva un ritmo.

Quizá el momento más crítico para lograr un esquí ideal en esta nieve sea el comienzo, precisamente cuando no se cuenta con la ayuda de la velocidad. Para orientarse inicialmente en la LMP y comenzar una secuencia de giros, podemos usar un paso divergente, un salto de espátulas o cualquier técnica que se desee, para pasar a los giros paralelos en cuanto podamos y no desperdiciar ocasión de disfrutar de una nieve que, por las transformaciones que sufre, no encontraremos muy a menudo.

La nieve polvo se conserva en vaguadas y caras norte bastante tiempo y aunque se haya transformado algo, aún ofrece gratas experiencias. Tras sufrir algo de metamorfosis destructiva, su textura puede ser incluso mejor que estando recién caída.

8.21 NIEVE POLVO VENTEADA

Aun sin llegar a transformarla en placas de viento o en estrías, el viento resta a la nieve polvo esa textura inicial que la hacía tan atractiva para el esquiador.

Una mayor consistencia, no exenta de una apreciable tendencia a enclavarse los esquís, aconseja recordar las técnicas para nieve costra, aunque normalmente no será tan difícil.

Dado que se habrán producido acumulaciones en las concavidades, nos encontraremos con una nieve muy cambiante, pudiendo pasar de una especie de costra a una capa de polvo excelente. Se impone la necesidad de elegir muy bien la trayectoria, aunque no siempre es distinguible la nieve buena de la mala. En general, aquélla se encontrará en las concavidades, con un aspecto superficial más liso, pero no es una regla infalible. Si ha pasado un esquiador antes, la observación de su huella desvelará el secreto.

La nieve venteada encarrila el esquí, exigiendo gran inclinación lateral.

8.22 NIEVE GRANULOSA SUELTA

Tanto si es una capa espesa como si no, esta nieve mantendrá una cohesión mínima hasta que se experimente el metamorfismo de deshielo-rehielo. El apoyo que ofrece es tan bajo que incluso el derrape resulta demasiado deslizante, aspecto a considerar si la pendiente es expuesta.

Esta nieve se esquía mediante virajes muy conducidos, procurando no cargar lateralmente las colas (útil adelantar los pies) al final de los mismos, y manteniendo el peso repartido entre ambos esquís. Para disipar más energía, se puede adelantar la fase de conducción, y permitir cierto derrape ya antes de que los esquís se orienten con la LMP.

Cuando sobre nieve primavera se funde mucho la capa superficial, pero a muy pocos centímetros de profundidad sigue estando dura, se da durante algunos minutos un tipo de nieve que requiere la misma técnica de esquí.

En pendientes importantes, vale lo dicho para la nieve húmeda, donde se sugirió el viraje pedaleado.

8.23 NIEVE HELADA

Siendo muy fácil girar en ella, coexisten el riesgo de sobregiro y la necesidad de disipar energía, por lo que conviene anticipar la fase de conducción tal y como ya se ha aconsejado para la nieve granulosa suelta y en ciertas pendientes.

Como en toda situación de deriva excesiva de esquís, se pueden adelantar los pies en la fase de conducción para cargar las colas hacia abajo y no lateralmente, obligando al canto a presionar.

Contar con un canto muy afilado es fundamental, pero no conviene confiar demasiado en él, porque en cuando pierda apoyo, la caída será inevitable. Cuando el canto no proporciona un buen agarre, hay que girar con más suavidad y menos inclinación, dejando que la suela contacte con la superficie helada: sus duras irregularidades dan algo de sujeción aunque muy limitada; también, la posibilidad de arrastrar una pequeña cantidad de nieve presionada entre la suela y el hielo consume energía cinética.

Como el apoyo disponible es necesariamente bajo, lo mejor es no esperar demasiado de él y aplazar las maniobras hasta llegar a una zona más propicia. Con un buen canteo se pueden cruzar placas heladas en diagonal sin deslizamiento lateral; en cuando éste comienza, es más difícil sustentarse, pero existe la posibilidad de levantar el esquí del valle y golpear el hielo para ver si la huella así creada es suficiente.

En pendientes en las que una caída no se puede controlar, pero donde el esquí permite un apoyo aprovechable, hay que resolver los giros con garantías, para lo que un salto de colas de altura y desplazamiento limitados (para evitar un sobregiro) y marcado cambio de peso, impide que el esquí se trabe inoportunamente en cualquier protuberancia.

8.24 ESQUÍ RÁPIDO CON ESFUERZO MÍNIMO

El cálculo de la trayectoria influye mucho. Por ejemplo, si se divisa un llano en el que hay zonas de nieve dura y otras de nieve blanda, habrá que encaminarse a las primeras.

En los descensos directos y diagonales, se logra deslizar más si se recorren las huellas de los esquiadores precedentes. Análogamente, una manera de frenar algo sin tener que esforzarse en girar, consiste en salirse de la huella.

Antes de abandonar una pala que termina en llano, conviene lanzarse en descenso directo desde una altura que, sin dar lugar a una velocidad incontrolable, permita avanzar lo más posible.

Si la nieve es blanda y podemos elegir entre una superficie irregular y otra lisa, iremos por esta última: se pierde menos energía por turbulencia en aplastar las irregularidades y resulta más descansado.

Se ahorra esfuerzo reduciendo el número de virajes, por lo que las diagonales derrapadas durarán porcentualmente más. Se dispone así de más tiempo para pensarse la trayectoria, a lo que ayuda el hecho de que el campo de visión cambia menos.

Los virajes serán amplios; si hay que derrapar para reducir velocidad, se procurará hacerlo antes del final del giro, con el fin de evitar un frenado excesivo por sobregiro que nos deje sin inercia aprovechable para el siguiente.

Si no se quiere perder energía en un giro o durante una diagonal, hay que aumentar el canteo para impedir el deslizamiento lateral.

Cuando se lleve una velocidad relativamente elevada, se aplicarán virajes paralelos alternativos o flexión-recuperación, pero yendo despacio, el semicuña-paralelo o el tip-tap exigen menos esfuerzo que el salto de colas. El paso por las convexidades aporta, por inercia y sin gasto energético alguno, el aligeramiento necesario para girar.

8.25 ESQUÍ EN SITUACIONES DE AGOTAMIENTO FÍSICO

Cuando no hay tiempo para detenerse a descansar y alimentarse, se puede esquiar con gasto energético mínimo. Para ello, se reduce el número de giros, prolongando las diagonales y procurando que sean muy derrapadas para perder más altura sin esfuerzo. Las diagonales se encadenan con vueltas María (ver también el capítulo siguiente) cara al valle.

En nieves difíciles y poca pendiente, se girará con pasos divergentes. Cuando sea necesario un giro paralelo, el de flexión-recuperación es menos exigente que el de flexión-extensión o el salto de colas. El viraje fundamental, el semicuña-paralelo y el tip-tap son también más relajados.

La elección de trayectorias no requiere ningún esfuerzo físico, solo mental, pero la capacidad de concentración puede estar demasiado reducida. En ese caso es interesante que el más fuerte se encargue de trazarlas, procurando que los giros coincidan en las convexidades; si se mete en una zona mala, puede avisar y ahorrar un esfuerzo extra a quien le sigue.

Vuelta María cara al valle.

VUELTA MARÍA CARA AL VALLE EN DESCENSO.
Antes de ejecutarse, conviene colocar los esquís perpendiculares a la LMP para evitar deslizamientos que entorpezcan la maniobra.
Se usa para unir dos diagonales en nieves difíciles y para girar $180°$ sin saltar. La pérdida de altura es mínima en esta técnica. Aunque puede ejecutarse sin esperar a detener los esquís, eso solo está permitido a los expertos. Con un poco de práctica, resulta una maniobra segura, rápida y precisa.

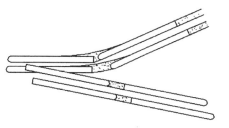

8.26 ESQUÍ SIN BASTONES

Hay muchas circunstancias en las que por necesitar utilizar las manos (rastreo de víctimas de aludes, colocación de señales...) o por rotura, hay que esquiar sin bastones.

Todos los virajes de apertura convergente como la cuña, el fundamental, el semicuña-paralelo o el tip-tap mantienen una buena dosis de operatividad sin bastones, especialmente los dos primeros.

También los pasos divergentes y de patinador cumplen esta consigna. Si se requiere un salto de colas, puede ejecutarse exagerando la anticipación y la inercia de tronco, pero la fase final nunca será buena porque se producirá algo de sobregiro.

8.27 ESQUÍ SOBRE UNA SOLA PIERNA

¿Qué necesidad puede haber de esquiar sobre una pierna? Poca, y rara vez preferible a bajar andando. Solo en los casos de que se haya perdido una tabla, o que un esquí tenga alguna avería que no permita obtener un apoyo útil. En esta última circunstancia, se calzará también el esquí averiado, aunque procurando que sea siempre el del monte. En caso de lesión, habrá que abstenerse de intentar esquiar ya que, al ser el riesgo de caída mayor, se podría aumentar su gravedad. Hemos de admitir que si la nieve es difícil o el terreno expuesto, habrá que renunciar a esquiar sobre una pierna.

El equilibrio lateral sobre una sola pierna es más difícil, especialmente cuando ésta se encuentra en el lado del monte, pues requiere incrementar la inclinación hacia allí. Si el esquí activo es el del valle, resulta mucho más fácil, porque la carga que recibe se parece mucho a la habitual. Por tanto, ya podemos sacar una conclusión: prolongar, todo lo que se pueda, las diagonales derrapadas sobre el esquí activo en el valle. Cuando no quede más remedio que girar, tenemos varias opciones; la más sencilla, pararse y dar una vuelta María cara al valle. En condiciones favorables, se puede hacer un giro normal por flexión-extensión si se dispone de fuerza suficiente en la pierna y se cuida el equilibrio de la nueva diagonal. Tenemos ahora el esquí activo en el monte, situación que conviene no prolongar, por lo que se realizará otro giro como el anterior, o bien, apoyarse en el pie del valle (aunque no tenga esquí) y ejecutar una especie de tip-tap.

8.28 ESQUÍ EN GRAN ALTITUD

Tanto si se esquía a una gran altitud (más de 6.000 m), como si se hace en cotas inferiores pero con una deficiente aclimatación, el cansancio motivado por la falta de oxígeno aconseja un esquí económico, para lo que resulta válido lo explicado en los apartados 8.24 y 8.25. Las circunstancias que más esfuerzo suelen exigir al esquiar son el exceso de carga, la pesadez de la nieve, la agresividad y la falta de técnica. Si se tiene la suerte de encontrar buena nieve y de llevar un peso razonable, se puede esquiar con un flujo de esfuerzo tan bajo que permita desenvolverse perfectamente a cualquier altitud. Tan solo hay que cuidar que si el entusiasmo nos lleva a esquiar agresivamente con virajes rítmicos encadenados, hay que detenerse antes de notar el cansancio, pues podría sobrevenir una asfixia incluso después de parar; tengamos en cuenta que el oxígeno tarda un tiempo en llegar desde los pulmones a los órganos donde se consume.

# 9
TÉCNICAS DE ASCENSO Y AVANCE

Este capítulo trata fundalmentalmente de los procedimientos en los que el avance se logra merced a la participación del esfuerzo del esquiador y no a la acción de la gravedad. Como por ejemplo, para ascender grandes longitudes y desniveles; es decir, cuando la duración es tal que el empleo de las pieles de foca resulta inexcusable. Para esas pequeñas remontadas que apenas interrumpen el curso de un descenso, bastará con aplicar los conocidos recursos del paso de patinador, la raspa de pescado, la escalera o una vigorosa remada para evitar tener que colocar las pieles. También hablaremos de los largos desplazamientos horizontales, donde el empleo de las pieles de foca se va a decidir, en buena medida, en función de si estaban ya puestas o no. Por último daremos algunos consejos para esos inevitables descensos breves con pieles que rompen la marcha de una ascensión.

Una vez elegida la línea de avance, lo que se hará en función de una serie de parámetros (seguridad, comodidad...) cuyo estudio se acomete en el capítulo 10, *Tácticas de progresión*, será el momento de abordarla basándose en las distintas técnicas que se desarrollan seguidamente.

9.1 SUBIR POR LA LÍNEA DE MÁXIMA PENDIENTE (LMP)

En este caso, el más simple, vamos a describir la técnica con cierta minuciosidad para ceñirnos en el resto a lo que constituya novedad.

Para valores reducidos de inclinación lo más sencillo es ascender directamente por la LMP, para lo que, con la comodidad añadida por el hecho de tener liberada la talonera,

Manera de foquear.

se caminará sincronizando alternativamente brazos y piernas; por ejemplo, se apoyará la pierna izquierda y el bastón derecho mientras se avanza la derecha y el bastón izquierdo.

A fin de ahorrar energía y de no someter los tornillos de la puntera a esfuerzos inútiles de tracción ni a vibraciones, la tabla se impulsará sin despegarla de la nieve; tan solo se aligerará lo justo para que no roce de modo apreciable. Quien sabe subir sobre pieles no camina, acaricia la nieve.

El apoyo será lo más plano posible, manteniendo un canteo nulo y sin descuidar este aspecto en ningún momento, sobre todo al impulsarse, pues se podría deslizar la tabla hacia atrás.

Los pasos serán todo lo amplios y relajados que permita la pendiente y la comodidad de marcha.

Los bastones se colocan cerca del pie. Más adelante no permiten apoyarse en ellos durante todo el comienzo del paso; más retrasados, pierden el apoyo antes.

Las botas se llevarán flojas para facilitar los pasos, pero no tanto que baile el pie dentro. Si esto ocurre, se pierde sensibilidad y control. Además, se pueden producir rozaduras con más probabilidad.

Si la pendiente crece, pero se pretende seguir por la LMP, se colocará el alza para mantener la suela de la bota más horizontal y que no nos eche hacia atrás. Los pasos serán más cortos y los bastones se adelantarán menos.

Para pendientes mayores y próximas al límite de la capacidad de agarre (en torno a 30° ó 35°), los pasos serán más cortos; se golpeará suavemente al apoyar la tabla para que asiente mejor la piel y se forme más huella; los bastones se apoyarán aún más retrasados, asiéndose por la cabeza de la empuñadura; el cuerpo se mantendrá más adelantado y quien lo necesite, según el comportamiento de su esquí y sopesando pros y contras, podrá quitar el alza (ver el apartado 5.4, *Estática de la piel de foca*). También hay que extremar el cuidado del canteo, que será nulo: cuanto más coincidan el plano de la huella y el de la piel, mejor. El momento más crítico se produce durante el cambio de peso, por lo que recibirá máxima atención. Acometer pendientes fuertes es algo válido solo durante períodos breves, pues además de exponerse más tiempo a una caída, resulta agotador.

Las cuchillas tienen como misión fundamental evitar el deslizamiento lateral, pero también aportan algo de sujeción longitudinal, por lo que pueden ayudar cuando se sube por la LMP. Su presencia se agradece mucho en nieve dura, pero pierden parte de su efectividad con el alza, especialmente si su situación en la fijación se encuentra alejada del eje de basculamiento.

9.2 SUBIDA DE DIAGONALES

Cuando la diagonal está recorrida por la huella de un esquiador que ha pasado antes o si la nieve no es muy dura de modo que permite ir abriéndola fácilmente, y en ambos casos, con unas dimensiones que comprendan toda la suela, el comportamiento de la piel es equivalente al del ascenso por la LMP; esto es así porque su apoyo es plano y no requiere esfuerzo de canteo. Es como si se subiera por la LMP de una ladera constituida exclusivamente por la huella. En cambio sí existen diferencias en otros aspectos, como el hecho de que el bastón del monte quede muy alto y el del valle muy bajo, pudiéndose reducir este inconveniente manteniéndolos lo más cerca posible de las tablas respectivas, pero sin consentir que se pisen y aumentando el cuidado del equilibrio lateral ya que hemos reducido la anchura de nuestra base de apoyo. Otra diferencia radica en la posición relativa de los esquís, inevitablemente más baja en el del valle, lo que obliga a cojear; puede paliarse, dentro de ciertos márgenes de pendiente, llevando el alza solo en el esquí inferior.

Si dada la consistencia de la nieve la anchura de la huella es menor que la de la suela, se pierde el apoyo suministrado por los pelos que quedan al aire. Si la nieve es aún más dura, el apoyo puede reducirse a las inmediaciones del canto, por lo que se podría deslizar y habría que tomar medidas. Una solución bien fácil es llevar las rodillas al valle para aumentar la superficie de pelo en contacto con la nieve, aprovechando que la resistencia que tienen al deslizamiento lateral impedirá derrapar. Si vemos que pese a todo, la sujeción no está garantizada o que este tipo de situaciones se va a dar durante períodos largos o frecuentes, lo mejor será poner las cuchillas antiderrapantes. No nos debe dar pereza colocarlas y más vale hacerlo, aunque luego no hubieran hecho falta, que encontrarnos en la disyuntiva de subir sin ellas o ponerlas en una pendiente expuesta donde el riesgo de caerse o perderlas es bien patente.

En las diagonales largas conviene que el brazo del monte no se lleve muy alto porque la mano se enfría por la dificultad que la sangre tiene para circular hasta ella; en esos casos habrá que posar la arandela más atrás y por supuesto próxima a la tabla. Hay que recordar que el bastón ha de ser una ayuda y no un estorbo;

En las diagonales largas conviene evitar que la mano del monte permanezca muy alta; una segunda correa en el bastón puede solucionar el problema.

si la pendiente de la diagonal obliga a ello, no hay que empeñarse en apoyar el bastón del monte; se puede usar el puño. La posibilidad de llevar unas segundas correas más bajas, o la de reducir la longitud del bastón si se dispone de esa opción, pueden ser una solución válida aunque no la panacea.

9.3 PASOS DIVERGENTES Y CONVERGENTES PARA CAMBIAR DE DIRECCIÓN: GIRO EN ESTRELLA Y VUELTA PROGRESIVA

El cambio de rumbo en sí no resulta complicado mediante pasos divergentes; basta con tener en cuenta que al abrir la espátula podemos pisar la arandela del bastón, por lo que durante la maniobra llevaremos el interior más separado.

Los pasos divergentes son los más utilizados pues, aunque las colas contacten con la nieve al elevar la espátula, son perfectamente factibles y además permiten un avance más fluido siguiendo una técnica similar al paso de patinador. No obstante conviene conocer también los pasos convergentes; es decir, con apertura de cola, pues en ciertas situaciones entre rocas o arbustos es útil disponer de un margen de maniobra adicional. Este último tipo de pasos puede resultar engorroso si no hay tensión de muelle en el eje de la puntera, pues en tal caso la cola puede colgar obligando a arrastrarla lateralmente por la nieve.

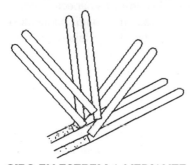

GIRO EN ESTRELLA MEDIANTE APERTURA
DE ESPATULAS.
Es utilizado por principiantes antes de aprender la vuelta progresiva.

El cambio de rumbo con pasos divergentes no permite pasar de unos 20° ó 30° en cada uno si no se quiere sufrir el problema de pisarse las colas, de modo que virajes de más ángulo, como un marcado cambio de diagonal, requieren una permanencia prolongada en la LMP. Por esa razón su aplicación se limita a pendientes suaves o llanos.

9.4 LA VUELTA MARÍA

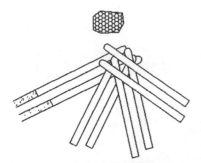

GIRO EN ESTRELLA MEDIANTE APERTURA DE COLAS.
*Supone un retroceso respecto de la nueva dirección,
por lo que solo se usa cuando hay obstáculos al desplazamiento de las espátulas.*

Aunque en principio se trata de un giro estático alternativo de descenso cara al valle, por extensión y similitud se aplica esa denominación a los pasos divergentes exagerados en los que el ángulo de apertura se encuentra entre 90° y 180°, lo que exige situar la cola del esquí abierto por delante de la puntera de la fijación del otro. Se trata, por consiguiente, de una variación ostensible de rumbo empleada para cambios de diagonal en pendientes acusadas. En todos los casos resulta un movimiento muy elaborado, con diversas variantes explicadas seguidamente.

■ 9.4.1 Cara al monte con cierre exterior

Es la más típica de las vueltas María.

Ejecución: Se acomete finalizando una diagonal con el peso en el pie del valle y dejando bien apoyado el bastón inferior; a continuación, tras apartar hacia atrás el bastón del monte, se levanta el esquí del mismo lado para abrirlo mucho, de modo que la cola pase delante de la bota del valle y, sin pisar el otro esquí, posarlo en la nieve tras aproximar las piernas. Con la práctica, puede ejecutarse con rapidez y decisión, pero durante el aprendizaje, es conveniente hacerlo por tiempos, pudiendo abrir solo unos 90° al principio para luego pasar el bastón del monte al interior, y completar la apertura sin ese estorbo; una vez posado, hay que bajar ese mismo bastón, con lo que los dos se encontrarán por debajo del esquí del valle. Sea cual sea el procedimiento seguido hasta este punto, ha llegado el momento crucial de cambiar el peso, lo que resultará muy fácil con un mínimo de decisión e impulso hacia el nuevo esquí del valle. Lo ideal sería que con el mismo impulso se tirara del antiguo esquí del valle y que de un solo movimiento se colocara paralelo al otro, pero los principiantes se conformarán con hacerlo también por tiempos, con una parada intermedia en la que posarán el esquí aproximadamente en la LMP. Se aprovechará entonces para asegurar el mantenimiento del equilibrio y para descansar si es necesario. Lo más difícil ya está hecho y solo resta completar el cierre del nuevo esquí del monte, recolocar el bastón y proseguir la marcha a lo largo de la nueva diagonal.

VUELTA PROGRESIVA. Es una combinación de avance y giro en estrella, requiriendo por tanto cierta coordinación de movimientos. Se utiliza en pendientes suaves y en llanos para corregir el rumbo. Se emplea la apertura de espátulas porque la de colas, aunque factible, implica una pérdida de terreno y es algo más incómoda.

Vuelta María con cierre exterior. Se inicia con el bastón del monte retrasado.

Llegó el momento de pasar el bastón al otro lado.

Si la pendiente es tan acusada o la nieve tan dura que surgen dudas sobre si el esquí va a sustentarse durante la maniobra, la diagonal previa se terminará prácticamente horizontal y se apoyará el esquí con más canteo; el giro será de casi 180° para que la nueva diagonal se inicie también horizontal y luego, mediante pasos ligeramente divergentes se acentuará su inclinación hasta donde se considere oportuno. En cuanto comience la marcha y se pierda horizontalidad, el esquí se volverá a posar plano sobre la nieve; el canteo solo es necesario y admisible con la tabla horizontal pues de lo contrario, deslizará fácilmente.

La ejecución se ve favorecida por la presencia del alza ya que, para un mismo movimiento de pierna, la espátula permanecerá más elevada y será menos probable que roce contra la nieve. Una tensión baja del muelle de la puntera puede permitir un ángulo entre bota y tabla aún mayor que el impuesto por el alza, con lo que también resultaría favorable al cerrar, pero perjudicial al abrir y pasar la cola delante de la bota. Todo dependerá de la pendiente exacta, siendo el caso ideal que seamos capaces de mantener el esquí paralelo a la ladera para que ni la cola ni la espátula se traben.

❑ *9.4.1.1 Errores más frecuentes*

Toda técnica elaborada exige un aprendizaje, con su correspondiente práctica, para que los movimientos se ejecuten de un modo sistemático, sin tener que pensarlos. De hecho, muchos de los problemas de los principiantes se deben a una mala coordinación que desemboca en el estorbo que el bastón supone para el giro del esquí. La falta de equilibrio les obliga a poner los bastones en posiciones que la compensen, pero precisamente suelen coincidir con el espacio que requiere el esquí para ser manejado ya que los sitúan en el lado del monte debido a que la inseguridad y el miedo a la pendiente les impulsa a inclinarse hacia allí.

Otro error muy frecuente es dejar las piernas separadas antes del cambio de peso, con lo que no hay quien pueda culminar la transferencia. Este error puede estar originado por un ángulo de apertura reducido (próximo a 90°), lo que impone esa separación o que la cola pise la tabla del valle.

Es desaconsejable también llevar un bastón corto para el monte y otro largo para el valle, pues a la pérdida de ritmo propia del giro, se añade la del cambio de bastón de una mano a la otra. Es mejor llevar una longitud correcta en ambos, y jugar con la inclinación y el margen de maniobra permitido por el brazo; como se está cambiando frecuentemente de dirección y además se está ejerciendo un gran esfuerzo, es difícil que la mano se enfríe por ir muy alta durante mucho tiempo.

Comentarios adicionales

Cuando se domina esta técnica es posible ejecutarla sin que ello suponga una rotura apreciable del ritmo de subida. Para lograrlo pueden seguirse los siguientes consejos: al adelantar el esquí del valle en el último paso de la diagonal, suprimiremos el avance correspondiente del bastón del monte, con lo que nos ahorramos un movimiento y lo dejamos ya colocado; en cuanto hayamos echado el peso al esquí del valle, ya estaremos abriendo el del monte con un gesto vigoroso y decidido que acompañaremos con el cuerpo para, en el momento de posarlo, inmediatamente transferirle el peso; con la inercia de los movimientos precedentes, no costará mucho traerse el antiguo esquí del valle, lo que requerirá elevar la pierna lo suficiente para que la espátula ni roce ni se trabe en la nieve. Al posar el nuevo esquí del monte, ya nos habremos impulsado en el del valle para que la marcha esté iniciada de modo que el hecho de posarlo vaya acompañado de avance y se constituya en el primer paso de la nueva diagonal. Hay que mantenerse bien equilibrado dinámicamente en todo momento, en particular al final para poder, apoyándose solo en el nuevo esquí del valle, avanzar el bastón inferior acompañando al esquí del monte; este gesto se puede ver dificultado porque el otro bastón quizá no se haya apoyado aún, de ahí la necesidad de cuidar el equilibrio.

Si la pendiente de la nueva diagonal es pequeña y el giro se realiza con gran vigor, es posible obtener un avance adicional al transferir el peso al nuevo esquí del valle y provocar su deslizamiento, en un gesto que recuerda en algún aspecto al paso de patinador.

■ 9.4.2 Cara al monte con cierre interior

Cuando la pendiente es tan fuerte, o la nieve tan profunda, que resulta muy difícil cerrar el nuevo esquí del monte porque apenas queda espacio para maniobrar, existe una opción consistente en que la espátula evolucione muy próxima a la bota del valle.

Ejecución: La apertura es idéntica a la del caso precedente; el cierre, se acomete doblando la pierna por la rodilla, pero con ésta retrasada; es decir, con el muslo vertical. De ese modo la espátula rodeará la bota por detrás pero muy próxima a ella, circulando después hacia delante discurriendo junto al esquí del valle. Si la espátula se traba con la nieve, como la rodilla está doblada, se puede extender bruscamente para que se desencaje; sin embargo, esto es una solución limitada: si la espátula se traba en cada vuelta puede ser porque la tensión del muelle de la puntera sea muy alta, forzando la espátula a incidir en la nieve cuando se lleva la cola al valle al doblar la rodilla. En ese caso, hay que abstenerse de trazar este tipo de giro.

Comentarios adicionales

El hecho de tener que pasar la espátula por el reducido espacio que queda entre la bota del valle y la pendiente exige mucha precisión a lo largo de todo el movimiento, y no solo al posar el esquí, como ocurre con el cierre exterior. Por ello no se trata de un viraje muy propicio para ser realizado con rapidez.

La sacudida que se le da cuando se quiere desencajar la espátula de la nieve, no es recomendable ni para las articulaciones ni para la fijación. Si se va a necesitar aplicar este viraje con frecuencia, puede ser aconsejable aflojar la tensión del muelle de la puntera de la fijación si dicho ajuste está disponible.

■ 9.4.3 Cara al valle

Cuando la pendiente sea tan alta que maniobrar cara al monte resulte muy complicado, aún queda otro recurso antes que quitarse las tablas y subir andando. Ya tuvimos contacto con él, en el capítulo anterior, al hablar de las situaciones de agotamiento en descenso.

A veces la espátula se traba.

Vuelta María con cierre interior.

Ejecución: Hacia el final de la diagonal, girar al valle para dejar las tablas en una posición totalmente horizontal; a partir de este punto, la técnica es idéntica a la que se emplea bajando. Dejando el peso en el esquí del monte y los dos bastones por encima de éste (en su defecto, el del valle puede quedar debajo pero muy próximo para que no se tropiece el esquí del valle que va a ser girado), orientar el pecho a la pendiente y abrir 180° el esquí del valle, pudiendo hacerlo con parada intermedia para descansar apoyando la cola mientras permanece perpendicular a la tabla del monte; seguidamente se completa la apertura, se posa y se cambia el peso; solo resta cerrar el otro esquí quedando ambos paralelos y horizontales. Se reanuda la marcha con pasos divergentes al monte hasta adquirir la inclinación de diagonal deseada.

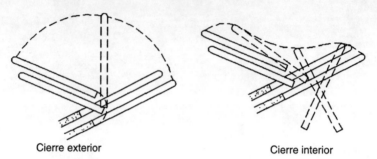

Cierre exterior   Cierre interior

VUELTA MARÍA CARA AL MONTE. En los dibujos tenemos los dos tipos de cierre. En ambos casos se trata del esquí derecho, mostrando las figuras de trazos ejemplos de posiciones intermedias. El cierre exterior es más rápido. El cierre interior se recomienda en pendientes acusadas o en nieves profundas. Las ventajas de uno u otro método dependen del tipo de fijación, de la longitud del esquí y la anatomía del esquiador.

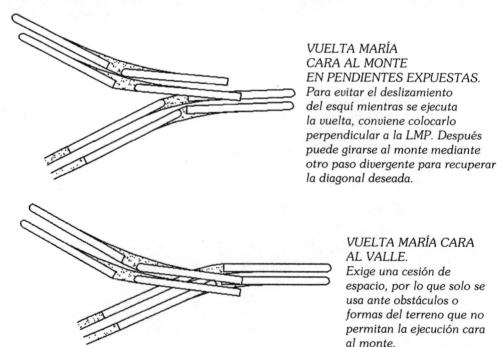

VUELTA MARÍA CARA AL MONTE EN PENDIENTES EXPUESTAS. Para evitar el deslizamiento del esquí mientras se ejecuta la vuelta, conviene colocarlo perpendicular a la LMP. Después puede girarse al monte mediante otro paso divergente para recuperar la diagonal deseada.

VUELTA MARÍA CARA AL VALLE. Exige una cesión de espacio, por lo que solo se usa ante obstáculos o formas del terreno que no permitan la ejecución cara al monte.

Comentarios adicionales

El sector más largo de la tabla es el que va desde la puntera hasta la espátula, y siempre evoluciona fuera del monte en estos virajes cara al valle. Por ello, resulta factible con independencia de lo inclinada que esté la ladera. Únicamente en zonas de bosque puede encontrarse alguna traba que obstaculice la rotación de la espátula. Aunque se realice en pendientes moderadas, siempre convendrá poner las tablas horizontales para evitar un cruce de colas; esta exigencia también existía al acometer la vuelta María cara al monte en pendientes acusadas, pero su finalidad no era evitar el cruce de tablas, sino el deslizamiento hacia atrás.

La necesidad de ponerse horizontal, junto con el hecho de que por ser el pie del valle el primero en moverse, estará siempre debajo, demuestra que este tipo de vuelta es el menos indicado cuando se pretende ir ganando altura, por lo que se aplicará solo en aquellas condiciones que desaconsejen la utilización de otras vueltas.

■ 9.4.4 Vuelta "tirolesa"

Este tipo de viraje se explica con la única finalidad de que el lector sepa reconocerlo y se abstenga de aprenderlo. Se recomienda no ponerse debajo de alguien que lo esté realizando (afortunadamente es muy difícil verlo).

Vuelta tirolesa: es patente cómo se fuerzan las articulaciones.

Ejecución: Al final de la diagonal, cargar el peso en el pie del monte, apartar el bastón del valle y pasar el esquí del valle por delante y por encima del otro, ¡asombroso si se consigue hacer sin pisárselo y sin romperse una rodilla o la cadera! Supongamos que ha habido suerte y hemos podido transferir el peso; se apartará el bastón interior, se doblará la rodilla inferior para pasar la espátula por debajo de la otra bota, siendo el resto más fácil.

Comentarios adicionales

No existe ningún caso en el que este viraje presente alguna ventaja frente a cualquiera de las otras vueltas; en cambio muestra innumerables inconvenientes. Para empezar, iniciarlo con el peso en el esquí del monte no es muy aconsejable en situaciones comprometidas porque la huella del esquí del valle resta consistencia a la nieve, esto se admite en la vuelta María cara al valle solo porque es inevitable. Además, la anatomía de la mayoría de las personas impone como postura natural de los pies un cierto ángulo de apertura divergente, que suele ser mayor en los hombres que en las mujeres; de modo que este viraje comienza por forzar muchísimo la rotación del fémur en la cadera. Por otro lado, para impedir que la cola pise el esquí de apoyo, hay que avanzar mucho el nuevo esquí del monte, lo que exige un recorrido adicional equivalente a la anchura de la cadera. Este exceso de avance obliga a un desequilibrio, inadmisible. Si nos pisamos la tabla con la cola y caemos, lo haremos con lentitud y las fijaciones no sufren esfuerzos que provoquen la liberación, de modo que la probabilidad de una lesión de ligamentos en la rodilla no es desdeñable. Por si fuera poco, tan aparatosa maniobra rompe todo ritmo de subida.

9.5 LÍMITE ENTRE PASO DIVERGENTE Y VUELTA MARÍA: ÁNGULOS DE APERTURA PROHIBIDOS

Uno de los problemas de decisión que se encuentra el esquiador que asciende no se da precisamente en las pendientes más fuertes, sino en las intermedias, donde tiene que elegir entre el paso divergente o la vuelta María justamente en un terreno en el que ninguna de las dos técnicas es especialmente buena. La diferencia fundamental entre ambas radica en que la cola del esquí que se abre permanece detrás de la otra bota en el paso divergente, mientras que se pasa delante en la vuelta María. Cuanto más abierto sea el paso divergente o más cerrada la vuelta María, más cerca quedará la cola de la bota. En pendientes medias, los pasos divergentes son muy abiertos porque el cambio de diagonal (del orden de 90°) así lo exige; sin embargo, las vueltas María son más cerradas de lo normal porque son virajes pensados para giros de hasta 180°. Resumiendo, con un paso divergente, un giro de 90° colocaría la cola junto al talón de la otra bota y una vuelta María junto a la punta, pero en ambos casos sobre la tabla que permanece apoyada.

Una posible solución muy dinámica, no siempre aplicable, consiste en hacer un paso divergente con impulso, como un paso de patinador, de modo que el esquí abierto se pose tan separado del otro que la cola no lo pise.

Otra opción sería, si las condiciones de agarre lo permiten, ejecutar dos o más pasos divergentes cuya suma de ángulos equivalga a los 90° que se pretende girar.

Una tercera solución, factible siempre, se basa en terminar la diagonal tras haber girado con pequeños pasos divergentes al valle, seguir con una vuelta María normal, con lo que terminaremos con las tablas giradas pero muy atravesadas respecto de la LMP; después se reanuda la marcha y se va girando de nuevo con pequeños pasos divergentes al monte hasta alcanzar la orientación deseada. Lo que ha ocurrido es bien sencillo de explicar: como la vuelta María para ser ejecutada con comodidad requiere un giro de muchos grados, ese exceso en el cambio de rumbo ha sido compensado mediante un viraje previo y otro posterior, siendo el balance neto igual al giro deseado y que de acometerse directamente supondría, como se ha visto, una difícil maniobra.

9.6 ¿SUBIDA EN TIJERA CON PIELES?

La subida en tijera o raspa de pescado tenía la facultad de posibilitar el ascenso pese a la facilidad deslizante de la suela; con pieles, resulta innecesario acudir a este recurso. Además, por llevar la talonera suelta, los esfuerzos laterales se aplican teniendo como brazo de palanca aproximadamente la longitud de la bota, pudiendo sobrecargar los tornillos de sujeción. También la piel es sometida a un esfuerzo lateral que perjudica su adhesión a la suela. Por todo lo que se acaba de exponer, se aconseja reservar esta técnica para cuando no se llevan pieles.

9.7 SUBIDA EN ESCALERA

Respecto de la subida en escalera que puede hacerse sin pieles para superar un pequeño resalte que interrumpe un descenso normal, solo hay que añadir algunas consideraciones cuando se acomete durante el curso de un ascenso.

La subida en escalera es un movimiento costoso que se emplea únicamente para aquellas pendientes breves que no admiten una progresión en diagonal, siendo obligado mantener los esquís perpendiculares a la LMP para impedir su deslizamiento. En esos casos se aconseja abatir el alza, especialmente la del monte, porque no es necesaria y además puede inducir a error acerca de la orientación real de la tabla al no coincidir con la de la suela de la bota; no obstante, esquiadores expertos pueden mantener el alza inferior con tal de que se conserve la tabla horizontal, lo que exige inclinar algo la bota hacia delante. Con este truco se progresa más cómodamente ya que la separación de altura entre los dos pies queda reducida exactamente en la longitud del alza; no es mucho, pero se agradece. El alto grado de canteo que se debe aplicar para sujetarse reduce, incluso anula, el contacto de la piel con la nieve, por lo que hay que prestar atención especial para impedir cualquier movimiento que provoque una fuerza deslizante longitudinal (sobre todo las de retroceso porque al estar la talonera suelta es imposible aplicar un par que frene el deslizamiento).

En esas pendientes límite, sobre todo si la nieve es dura, se agradece llevar la cuchilla antiderrapante, lo que no debe ser pretexto para relajar la atención. De hecho, la situación centrada de la cuchilla, junto con su escasa longitud comparada con la de la tabla y el hecho de que solo se están clavando los dientes del monte, hacen que ofrezca un par de rozamiento al giro más bien pequeño. Si como consecuencia de lo que se acaba de indicar, se produce un giro, el esquí perderá su grado de atravesamiento con la LMP, si bien, para variaciones pequeñas, el limitado efecto antiavance de la cuchilla puede impedir el deslizamiento. Afortunadamente, en nieve dura, que es cuando la situación resulta más crítica, la acción de la cuchilla es muy efectiva.

9.8 INFLUENCIA DE LA TENSIÓN DEL MUELLE DEL EJE DE LA PUNTERA

Disponer de una tensión apreciable en el muelle del eje de la puntera (esa tensión es ajustable en algunas fijaciones) exige un esfuerzo adicional al elevar el talón, pero esa energía es devuelta casi íntegramente al avanzar el esquí, con lo que no constituye un inconveniente, mientras que permite controlar mejor el esquí en todos los casos, salvo en el de vuelta María cara al monte en pendiente fuerte, ya que, como vimos, facilita el trabado de la espátula. Esta tensión de paso, incluso siendo alta, no dificulta la marcha, pues su valor es despreciable frente a la magnitud de los esfuerzos y brazos de palanca que intervienen. En realidad, las únicas pérdidas energéticas están asociadas a los rozamientos y no a las acumulaciones y descargas alternativas de energía elástica que tienen lugar en el muelle.

El centro de la tabla coincide con la puntera, pero solo aproximadamente, siendo posible, por tanto, que al levantarla con la talonera suelta, la cola se quede abajo; esto obstaculiza mucho el manejo del esquí, por lo que en esos casos se necesita contar con la acción del muelle.

9.9 UTILIDAD DE LAS CORREAS DE SEGURIDAD DURANTE LA SUBIDA

La verdad es que su utilidad es bien poca. Al llevar la talonera suelta, es imposible que la fijación salte por basculamiento. Que se produzcan esfuerzos de torsión capaces de liberar la bota es altamente improbable. Más fácil es en cambio que al tener que quitarse la tabla, por ejemplo para poner las cuchillas, se cometa una torpeza y se la deje caer; en ese caso sí conviene tener la correa atada. Por lo demás, el único motivo por el que se suelen llevar puestas es para evitar arrastrarlas y pisarlas. Una recomendación interesante consiste en disponer de correas de dos enganches, uno para cerrarlas alrededor de la bota y otro para unirla a la fijación; así se pueden llevar sueltas y accesibles pero sin sujetar al esquí. En caso de ser sorprendidos por un alud, resultará más rápido desembarazarse de las tablas.

9.10 AVANCE HORIZONTAL

Amplios collados, fondos de valle, mesetas y sobre todo, turberas y lagos helados serán las zonas llanas de cierta magnitud que podremos encontrar con relativa frecuencia. También englobaremos en el mismo grupo cualquier pendiente suave que se recorra en sentido descendente.

Si un llano es cruzado en el curso de un ascenso, bastará con seguir los siguientes consejos para optimizar el rendimiento del esfuerzo:
- No usar el alza.
- Aumentar la amplitud de la zancada.
- Dejar que el esquí que recibe el peso se deslice.
- Fijar la vista en el horizonte para avanzar en línea recta.

Si hemos llegado al llano durante un descenso y no hay posibilidad de cruzarlo con la inercia que se lleva, podemos soltar la talonera, aflojar la caña de la bota y proceder como si las pieles estuvieran puestas, pero sin impulsarse más que muy sutilmente para que la tabla no se quede atrás y aumentar el apoyo en el bastón; los períodos de permanencia sobre cada esquí serán más prolongados para aprovechar la facilidad deslizante.

Si la nieve no es blanda, se puede optar por dar pasos de patinador o seguir alguna técnica de esquí de fondo. Sobre el uso de las mismas, cabe indicar que su verdadero campo de acción es precisamente en la disciplina de esquí nórdico, requiriendo unas aperturas y cierres de esquí muy ágiles y favorecidas por la ligereza de tablas, fijaciones y botas; con el pesado equipo de esquí de montaña el flujo de esfuerzo que se requiere no resulta muy rentable, por lo que solo se recomendaría para períodos breves, y su mayor utilidad residiría en variar el tipo de movimiento para no recargar músculos. Por poner un símil automovilístico, sería como aprender en un "fórmula 1" para conducir después un tanque. En general, cualquier técnica basada en el impulso posibilitado por el rozamiento unidireccional de la suela (piel de foca, escamas o ceras adherentes) pierde muchas prestaciones si se emplea sin pieles; las de otro tipo (pasos de patinador...) conviene aplicarlas sin su concurso para aprovechar el deslizamiento posterior al impulso. Hechas las consideraciones precedentes, vamos a comentar algunas técnicas de esquí nórdico.

■ 9.10.1 Paso de uno

Consiste en apoyarse en un pie y avanzar simultáneamente el otro y los dos bastones; al pasar el peso al otro pie, los bastones ya están colocados y se emplean para impulsarse mientras se avanza la pierna que había quedado retrasada hasta ponerla junto a la otra; con ello se adquiere una inercia que se aprovecha para deslizarse unos metros. Cuando el impulso adquirido se agota, se comienza un nuevo paso que puede darse, bien igual que el anterior, bien con el otro pie, puesto que tanto el inicio como el final de cada paso presentan ambas piernas en idénticas posiciones. No obstante, aun-

Paso de uno alternado.

que cada paso constituya una unidad independiente, lo recomendable es alternar la pierna de impulso. Recordemos que la utilidad de emplear técnicas de esquí nórdico radica en repartir los esfuerzos entre los músculos para evitar sobrecargas. Es imprescindible que al menos el pie de impulso tenga la talonera suelta, pero lo mejor es que las dos lo estén para posibilitar el relevo de piernas. Resumiendo, se trata de que las piernas alternen el esfuerzo y de que los brazos trabajen simultáneamente.

■ 9.10.2 Semipaso de patinador

Como su nombre indica, sería un paso de patinador de apoyo simultáneo en los bastones, en el que solo se abre una pierna para impulsarse, manteniendo el otro esquí siempre paralelo a la dirección de avance. Está indicado en horizontales, abriéndose lógicamente el pie del valle, pues en otras circunstancias, lo mejor es dar pasos de patinador convencionales para alternar las piernas. No exige soltar la talonera, por lo que puede ejercerse en el curso de un descenso.

■ 9.10.3 Semipaso inverso

No es una técnica de esquí de fondo, pero se explica aquí por su cierta similitud con el semipaso de patinador. Se aplica cuando se pretende avanzar manteniéndose en una horizontal. Se llama inverso porque la apertura es convergente con el esquí del monte, ganándose momentáneamente algo de altura. Seguidamente se le transfiere el peso de modo que nos encontramos en una ligera diagonal descendente con rumbo a la horizontal de partida. Una vez alcanzada ésta, se repite el movimiento que por supuesto, vendrá ayudado por un impulso simultáneo en los bastones. La ventaja de esta técnica reside en el reparto de esfuerzo que se da entre los dos brazos por un lado, y la pierna del monte por otro, siendo, por tanto, preferible a la remada típica. Es otra técnica perteneciente al grupo de las que no requieren soltar la talonera, aspecto muy útil cuando se emplea en el curso de un descenso en el que hay que franquear una loma horizontalmente para cambiar de vaguada.

El ángulo con el que se abre el esquí del monte estará en función del deslizamiento ofrecido por la nieve; así, en nieve dura, se abrirá poco, siendo los pasos más largos; en nieve blanda, se tiene que abrir más para vencer el rozamiento, necesitándose más pasos por unidad de longitud. Como regla general, se recomienda aquel ángulo de apertura que permita descender a velocidad constante hasta recuperar la horizontal de partida.

Acortando o prolongando la permanencia sobre el esquí del monte, se gana o se pierde altura respectivamente, lo que permite un margen de ajuste de la trayectoria.

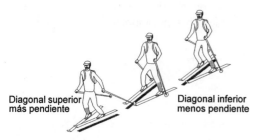

Semipaso inverso.

9.10.4 Escalera diagonal descendente

Si en la técnica anterior el esfuerzo recaía la mayor parte del tiempo en el pie del monte, en la que se explica ahora se va a producir un reparto temporal más equitativo, aunque el principal va a seguir siendo realizado por la misma pierna. Una diferencia fundamental es que ahora los dos esquís permanecen casi siempre paralelos. Se inicia con una apertura convergente del pie del monte, pasándose a él el peso y subiendo el del valle para apoyarlo con una orientación diagonal; esto es, paralelo al otro. Básicamente es una combinación de subida en escalera y de diagonal pura de poca inclinación, con la ventaja de que los bastones adquieren función de impulso y no solo de equilibrio. Jugando con el número, amplitud y ángulo de los pasos se puede ganar o perder más o menos altura y controlar la velocidad. Como en todas las técnicas de avance, conviene economizar energía, de modo que las diagonales serán puras, canteando lo necesario para impedir todo deslizamiento lateral.

9.10.5 Breves descensos con pieles

No se ha querido hablar de técnicas de descenso con pieles porque no se debe esquiar con ellas puestas. Tan solo se mantendrán colocadas cuando una breve bajada interrumpe la subida general, en cuyo caso conviene conocer ciertos trucos que permitirán evitar la doble maniobra de quitar y poner pieles en un corto espacio de tiempo.

En cada paso se asciende a una diagonal de la misma pendiente

Escalera diagonal.

En pendientes poco inclinadas se continuará caminando como si se subiera o llaneara, pudiendo incluso mantener el alza puesta si se va a remontar enseguida. Hay que prestar atención al equilibrio longitudinal, retrasando algo la posición del cuerpo ya que la talonera suelta no impediría un eventual vencimiento hacia delante.

En pendientes moderadas, ya no se camina sino que se baja directamente cargando peso en colas para lo que se acentuará el retraso del cuerpo. Esto es obligado porque la piel nunca desliza mucho. Al llegar a una zona más llana se producirá un frenado que conviene prever retrasándose aún más porque, de lo contrario, caeremos hacia delante; si se produce esto, se puede evitar la caída comenzando a caminar inmediatamente.

Si la pendiente es muy fuerte, por ejemplo tras una pequeña cornisa, lo más seguro es bajar en escalera, pero nunca derrapando porque perjudica a la piel, a su sujeción y además, pueden sobrecargarse los tornillos de la puntera si se traba la cola estando la talonera mal asentada.

Independientemente de la validez de la técnica elegida, si la nieve es dura, se acelera el deterioro de la piel al descender, pudiéndose perder algo de pelo.

Si el descenso es en diagonal se puede obtener un excelente resultado si la nieve es dura y se aplica un canteo tan exagerado que la piel pierda todo contacto con la nieve. En esas condiciones, el deslizamiento es muy alto pues se realiza solo sobre el canto, avanzándose muy rápido. Es una buena ocasión para no descuidar el retraso del cuerpo ante cualquier eventual disminución de velocidad.

La cuña no es aconsejable, pero si no queda más remedio que aplicarla para frenar o corregir la dirección, se hará con suavidad y un poco más retrasados de lo normal para no sobrecargar los tornillos de la puntera.

El viraje que menos hace sufrir al material es el de pasos divergentes.

Frenar adelantando los bastones solo funciona con velocidades muy bajas, siendo peligroso en otros casos y, si el apoyo en ellos resulta desigual, puede provocar un giro inesperado.

Siempre dentro del campo de las velocidades lentas, con los bastones se puede evitar la caída hacia delante subsiguiente a una frenada inesperada. Esto puede hacerse de dos maneras. Una consiste simplemente en apoyar los bastones delante para sujetarse. La otra, más ágil, no interrumpe el avance y se ejecuta mediante un vigoroso apoyo en los dos bastones y tensando los músculos para lanzar los esquís hacia delante. Ambas son compatibles con el comienzo inmediato de marcha que ya habíamos comentado, aunque en la segunda opción no se aplicaría hasta ver lo que ocurre tras adelantar las tablas.

9.11 ¿CUÁNDO COMPENSA QUITAR LAS PIELES?

Cuando un descenso no muy grande precede a una nueva subida, surge la duda acerca de quitar las pieles o dejarlas puestas. En los siguientes casos puede merecer la pena:

- Si apetece esquiar el tramo aunque sea corto.
- Si las condiciones de nieve y pegamento permitirían volver a ponerlas sin problemas de adherencia.
- Si se gana tiempo.

Para saber si se gana o se pierde tiempo, cada cual deberá hacer sus cuentas considerando lo que tarda en las maniobras. Se procede así:

Suma de tiempos quitando pieles
- Despegar las pieles.
- Plegarlas y guardarlas en la mochila.
- Cambiar botas y fijaciones a la posición de descenso.
- Ajustar las botas.

Tiempo que supondremos fijo y de unos 2 minutos.
- Descender.

Tiempo variable según el recorrido y el desnivel.
- Descalzar los esquís.
- Sacar y pegar las pieles.
- Ponerse los esquís.

- Conmutar botas y fijaciones a la posición de marcha.
Si no hay problemas supondremos también 2 minutos.
En total, 4' (240 segundos) + tiempo de bajada.

Tiempo sin quitar pieles

Solo el que se tarde en descender, supongamos con una velocidad constante de 10 km/h.

Completemos la hipótesis admitiendo una pendiente de unos 20°, donde la velocidad media sin pieles sería 25 km/h (unos 7 metros por segundo) y con ellas, la ya propuesta de 10 km/h (2,8 m/s).

Igualando ambos tiempos para compararlos (el tiempo es igual al recorrido dividido entre la velocidad):

Recorrido/2,8 = (Recorrido/7) + 240

Despejando y operando para resolver esta sencilla ecuación, obtenemos que para un recorrido algo superior a un kilómetro, se recuperaría el tiempo perdido en quitar y poner pieles. Con la pendiente supuesta (20°) tendríamos un desnivel entre 300 y 400 m.

Repitiendo el cálculo para alguien que tardara 3 minutos en vez de 4, nos salen unos valores algo inferiores a un kilómetro y 300 m de desnivel.

La conclusión es que al quitarse las pieles solo se gana tiempo para descensos que superen los valores calculados (en torno a un kilómetro de recorrido y 300 m de desnivel), siempre y cuando no surjan problemas, como, por ejemplo, que se meta nieve en los mecanismos de la fijación, que retrasen la conmutación descenso-marcha.

Los cálculos anteriores se han realizado para valores muy típicos, pero habrá lectores, aficionados a participar en las competiciones de esquí de montaña, capaces de reducir a unos pocos segundos el tiempo de maniobra, especialmente el de prepararse para el descenso. Las velocidades de descenso, con y sin pieles, varían de un individuo a otro. Por tanto, vamos a dar la fórmula general (deducida de la ecuación de arriba y omitiendo la demostración) para calcular el recorrido (R) a partir del cual merece la pena quitar las pieles. Cada esquiador debe aportar los siguientes datos: tiempo de maniobra con fijaciones, pieles y botas (Tm); velocidad de descenso con pieles (Vcp) y sin ellas (Vsp).

$R = Tm \times (Vsp \times Vcp)/(Vsp - Vcp)$

Lo más recomendable es expresar Tm en segundos y las velocidades en metros por segundo (para pasar de km/h a m/s, basta con dividir los km/h entre 3,6).

Razonamientos parecidos podrían aplicarse cuando hay una subida intercalada en un descenso, y surge la duda de si merece la pena poner las pieles o subir en tijera.

10
TÁCTICAS DE PROGRESIÓN

Independientemente del dominio técnico que se posea, siempre es aconsejable abordar cualquier objetivo por el camino más fácil y seguro posible, lo que puede conseguirse mediante el acierto en la elección de las rutas y con la colaboración de los acompañantes. Bajo estas perspectivas, la intención de este capítulo es dar la información necesaria para no incurrir en errores que, frecuentemente combinados con otras circunstancias poco favorables, puedan dar al traste con la actividad.

10.1 ELECCIÓN DE LA RUTA GENERAL

Entre los puntos inicial y final de una travesía o ascensión con esquís se pueden trazar diferentes trayectorias, que pueden coincidir en tramos, cruzarse o no tener más puntos en común que los de partida y llegada; en los dos primeros casos cabe la posibilidad de combinarlas.

La primera aproximación a la ruta no se traza sobre el terreno sino sobre el mapa. Con una buena cartografía a base de curvas de nivel y que muestre con precisión tanto las zonas de escarpes como los caminos (a veces hay que recorrerlos hasta alcanzar el nivel de nieve), se dispone de toda la información geográfica necesaria. En ella, y esto es independiente de la calidad del mapa, se incluyen facetas tan importantes como la orientación de las laderas (fundamental para planificar horarios y eludir el riesgo de aludes).

Existen diversos criterios, desgraciadamente no siempre compatibles, que deberán seguirse al trazar la ruta general. Y no solo proceden del estudio previo del mapa, sino también de la estimación del estado del manto nivoso, especialmente su extensión y estabilidad, lo que requiere prestar atención al tiempo que haya hecho en los días anteriores a la salida. Podemos enumerar una serie de consejos encaminados a una más afortunada elección de la ruta general:

- Procurar que el ritmo de ascenso sea lo más regular posible. En otras palabras, que la pendiente no se aleje de la media.
- Evitar diagonales o medias laderas excesivamente largas.
- Los fondos de valles anchos son cómodos y seguros contra los aludes; también son las líneas de mínima pendiente, por lo que pudieran provocar la necesidad de ganar toda la altura al final y de un modo más brusco.
- Los fondos de vaguadas o valles estrechos suelen exigir un ritmo de ascenso más regular, pero son más peligrosos por las avalanchas y la existencia de puentes de nieve sobre los arroyos.
- No pasar bajo los hombros de las laderas. Estas formas son frecuentes en las montañas y suelen corresponderse a veces con el límite máximo de la masa de hielo durante las glaciaciones. Es fácil que dichos hombros tengan una pendiente propensa a descargar aludes.
- Cuando se pueda, preferir las lomas a los valles.
- Limitar a lo imprescindible las pérdidas de altura, sobre todo cuando, por su magnitud, puedan exigir quitar las pieles.
- Prever rutas alternativas o de escape.
- Tener en cuenta a qué hora y por qué ladera se va a pasar para evitar el hielo o la nieve muy blanda.
- Si la nieve escasea, recordar que las vaguadas y las laderas orientadas al Norte son las zonas donde más se acumula y mejor se conserva, respectivamente.

10.2 ELECCIÓN DE LA RUTA CONCRETA

Pequeños montículos y depresiones que los mapas no pueden reflejar y que varían según las condiciones de innivación, así como el estado físico y técnico del esquiador y la propia textura de la nieve, son elementos que van a determinar la trayectoria concreta, con sus cambios de rumbo y la inclinación de los zigzags con que se acomete la pendiente. El hecho de que frecuentemente no se vea más que una pequeña parte del ascenso, impide tomar decisiones con conocimiento, de modo que siempre habrá cierta incertidumbre. Una elección concreta y acertada en principio puede resultar contraproducente tras un cambio de plano en el que se observa una nueva perspectiva. Por tanto, cuando no se conozca bien la ruta, no quedará más remedio que fiarse de la intuición y la experiencia y esperar tener suerte. Aunque no garantizan la trayectoria perfecta, los consejos siguientes facilitarán las decisiones:

- En general, la elección de toda trayectoria estará supeditada a las limitaciones del dominio técnico. Quien más dominio tenga, dispondrá de más opciones para elegir.

- Los fondos de depresiones permiten apoyar el esquí plano, con máxima adherencia y a la misma altura que el otro.
- La pendiente de los zigzags se elegirá en función de la dureza de la nieve y la inclinación de la ladera, de modo que permita ganar una buena altura, pero con un flujo de esfuerzo que no nos lleve al agotamiento físico.
- Aunque el número de zigzags está condicionado por la geometría de la ladera, se procurará que estén tan espaciados que las vueltas María no rompan el ritmo con frecuencia, pero no tanto que las diagonales que los unan sean demasiado largas y fatiguen la pierna del monte. En cualquier caso, nunca se cruzará una pala de estabilidad dudosa.
- Al acercarse a un collado, habrá que cerciorarse de que no haya alguna cornisa, en cuyo caso se accederá por el lateral.
- Las vueltas María y los giros en general, son más fáciles en las convexidades, pero la tabla está menos afianzada, lo que se tendrá en cuenta si la pendiente es fuerte.
- En lugares venteados, donde es frecuente alternar muchas pequeñas zonas de hielo y nieve, se evitarán aquellas si no se llevan las cuchillas puestas y sus dimensiones superan la longitud del esquí. Si son menores, se procurará que espátula y cola estén sobre nieve, aunque el patín se pose sobre hielo.
- Si se avanza por lomas con cornisa, se dejará una distancia prudencial al borde la misma.

10.3 SINERGIA DEL GRUPO

Cuando se necesita abrir huella, al esfuerzo propio de la ascensión hay que añadir el del apelmazamiento de la nieve en cada paso. Quienes vienen después, ya se encuentran el trabajo hecho, pudiendo ser la diferencia muy importante sobre todo en nieves blandas. Desde luego no es despreciable, pudiéndose estimar, aproximadamente, que en cada paso se pierde una cantidad de energía igual al producto del peso del esquiador por la profundidad de la huella dividido por dos. Estrictamente su cálculo se haría integrando los productos de la fuerza que en cada punto ejerce la pierna del esquiador para aplastar la nieve por el aplastamiento diferencial que logra, lo que exigiría conocer la evolución exacta de dicha fuerza desde que se posa el esquí (momento en el que vale cero) hasta que alcanza un valor igual al peso. De ahí que se introduzca el factor de corrección de dividir por dos, aunque solo sirva como una compensación grosso modo con el único objetivo de captar el orden de magnitud de estas pérdidas energéticas. El valor exacto también depende del tipo de nieve, pues en polvo seca, el esfuerzo de aplastamiento en relación con la profundidad de la huella es menor y de distribución diferente (los valores mayores se concentran al final) que en nieve húmeda, pero en cambio, hay una mayor oposición al deslizamiento. Salvando las consideraciones expuestas, supongamos el caso de un esquiador que pese, sumando también el equipo, 70 kilos y que la huella tenga 10 centímetros de profundidad; si en cada paso avanza medio metro, tendremos:

70 Kg x 9,8 m/s^2 x 0,1 m x 0,5 x 2 pasos/m = 68,6 Julios/metro = 16,46 calorías en cada metro.

Si las condiciones se mantuvieran durante 10 kilómetros, se habrían perdido 68,5 x 10.000 = 685.000 J que equivalen, para nuestro caso, a una altura de: 685.000/(9,8 x 70) = 998 metros, casi un kilómetro en diez de avance.

Es decir, prácticamente por cada diez metros recorridos se ha perdido energía por valor de uno en altura, por lo que puede afirmarse que avanzar en llano sobre nieve blanda (10 cm de profundidad de huella) equivale a subir sobre nieve dura con una pendiente del 10%. O visto desde otra perspectiva, habría que descender por una pendiente del 10% en nieve blanda para que el esfuerzo requerido equivalga al de avance en llano sobre nieve dura.

Se debe considerar que a parte del apelmazamiento hay una pérdida debida a que el avance del esquí no se produce por el aire, por lo que la huella se horada, además de pisando, empujando.

En el alcance de estas pérdidas energéticas influye mucho el estilo de foquear. En general, cuanto mayor suavidad, menor pérdida, debido a que la huella es más pequeña. Si el primero de grupo es ligero y avanza con suavidad, puede que el segundo tenga que completar la tarea de apelmazamiento. Siempre ocurre que el último realiza menos trabajo, puesto que la anchura de la huella aumenta más cuanto mayor sea el número de esquiadores que hayan pasado, ya que todas las tablas no tienen las mismas dimensiones y tampoco se colocan milimétricamente centradas en la huella, de modo que es más probable que su esquí ya no tenga ocasión de horadar el borde; además es el que se encuentra con la base de la huella más apelmazada, alisada y asentada.

El esfuerzo total realizado por un esquiador solitario al ascender es la suma de un término fijo, procedente fun-

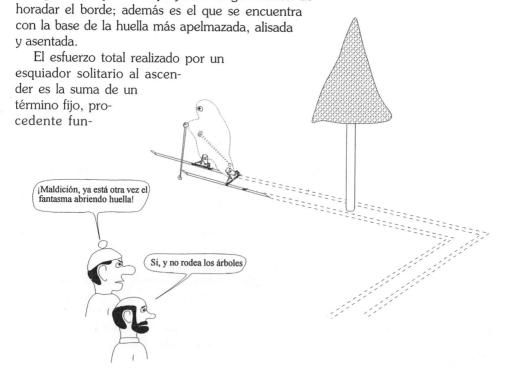

damentalmente del desnivel a salvar, y de otro variable, que será función de lo que cueste abrir la huella. El esfuerzo total de ese mismo esquiador cuando participa en un grupo en el que la primera posición se va alternando entre los distintos componentes, se obtiene asimismo sumando el término fijo (valdría lo mismo puesto que solo depende del desnivel) y el variable que en esta ocasión se divide antes por el número de esquiadores del grupo. Por lo tanto, el resultado total es menor, quedando demostrada la sinergia inherente al aprovechamiento de la huella.

Un ejemplo muy conocido de otra sinergia es el mostrado por los pelotones ciclistas en su lucha contra la oposición del viento. Otra ventaja del grupo es el reparto del material común; por ejemplo, basta con que solo uno lleve herramientas y repuestos.

Hay que reconocer que sobre las ventajas de la acción de conjunto, pesan algunos inconvenientes que conviene considerar. En primer lugar, y especialmente si el grupo no es muy homogéneo, el mantenimiento de la cohesión del mismo obliga a todos los componentes a subir al mismo ritmo, que además será el del más débil. Toda persona tiene su velocidad de crucero, con la que puede mantener un nivel aceptablemente alto de avance durante mucho tiempo, y si se la obliga a ir mucho más despacio se la perjudica.

Otro problema intrínseco a los grupos numerosos reside en que la probabilidad de que surja un problema inesperado (avería, lesión, enfermedad...) es directamente proporcional al número de componentes. Desde una óptica de grupo, que un miembro tenga que abandonar una travesía de varias etapas en un punto intermedio de escape, no impide la continuación del resto salvo que solo quedara uno, ya que por varias razones está desaconsejado realizar travesías en solitario.

Un aspecto de inusitada importancia, lamentablemente pocas veces considerado, estriba en las desavenencias personales entre diversos componentes del grupo. La probabilidad de que surjan se multiplica con el número de participantes, dentro de unos límites, y se ve incrementada con la dureza del esfuerzo que se está realizando.

10.4 COMPORTAMIENTO EN GRUPO

Un método de homogeneizar el grupo consiste en que sus miembros más fuertes abran huella durante más tiempo que los más débiles. Si se da el caso de que durante los relevos otorgados por el más lento, la velocidad baja tanto que los demás preferirían dispensarle de tal menester, nos encontramos ante un síntoma inequívoco de heterogeneidad.

Cuando alguien va muy lento, conviene situarlo en una posición intermedia pues si va delante, frenará al resto y si va el último, podría quedarse descolgado.

Los relevos se harán cada vez que el primero lo necesite, para lo que se apartará a un lado y dejará que los demás le adelanten hasta quedarse el último, posición que por ser la menos esforzada, le facilitará la recuperación. De ese modo se mantiene el orden secuencial. Si fuese el último quien tuviera que adelantar a todos los demás, habría que detener la marcha o se le obligaría a un sobreesfuerzo justo antes de acometer la apertura de huella; en ambos casos es desaconsejable.

La responsabilidad de marcar la trayectoria concreta recae sobre el que abre huella y le obliga a considerar las posibilidades y limitaciones del resto del grupo, especialmente en lo referente a las pendientes límite e inclinación y frecuencia de diagonales y zigzags respectivamente. Los que van detrás, solicitarán del primero que modifique su comportamiento en caso necesario, sin esperar a que él lo adivine. No obstante, si el primero se percata de que el resto tiene dificultades para seguirle, obrará en consecuencia aunque no se lo hayan pedido aún. También avisará de cualquier dificultad que encuentre, como, por ejemplo, hielo subyacente.

Cuando se acerca el momento de dar una vuelta María, el que va detrás aflojará la marcha lo necesario para que quien le precede pueda ejecutarla sin sentirse presionado por la proximidad. Otra ventaja de este comportamiento es que el segundo se encuentra el lugar del giro despejado cuando le toca el turno de virar. No solo en las vueltas María, sino en cualquier punto comprometido, se deberá adoptar esta postura tendente a no agobiar ni a inducir a la precipitación, precisamente a quien más apurado se encuentra.

Si alguien siente la tentación de atajar un zigzag al verse sobrado de fuerzas, lo mejor es que solicite pasar a la cabeza del grupo y ofrezca sus energías para el aprovechamiento común.

11
PLANIFICACIÓN DE UNA SALIDA

Si bien hay un aspecto fundamental de la planificación consistente en el diseño sobre el mapa de la ruta general de acceso al objetivo, ya fue tratado en el capítulo 10, *Tácticas de progresión*, de modo que ahora nos ceñiremos a otras facetas tales como la recopilación de información, selección de material, horarios...

11.1 SELECCIÓN DE LA ACTIVIDAD

Antes que cualquier otra cosa, se debe decidir qué actividad concreta se desea realizar. Aquí intervienen casi siempre criterios subjetivos (como que esté al alcance de los participantes, que les guste a todos...), aunque en algunos casos como en las travesías organizadas, se siguen otros criterios, más bien objetivos, relacionados con la accesibilidad, versatilidad (que pueda ser realizada por personas de distintos niveles), controlabilidad...

En cualquier caso se está supeditado a dos importantes limitaciones incompatibles entre sí y con la actividad: la escasez de nieve y el riesgo generalizado de aludes.

Cuando se puede optar entre diferentes zonas tan alejadas entre sí que la previsión meteorológica es distinta para cada una, deberá tenerse muy en cuenta y descartar la menos favorecida.

11.2 RECOPILACIÓN DE LA INFORMACIÓN

Las fuentes de información no son muy numerosas: bibliografía, cartografía, la experiencia personal de algún conocido, los boletines meteorológicos y en ciertas zonas, el servicio de información sobre riesgo de aludes.

La bibliografía especializada en rutas de esquí de travesía no es muy abundante, aunque para ciertos macizos de gran tradición sí se dispone de ella. En su defecto, se pueden emplear libros de recorridos alpinos y ascensiones, aunque las dificultades y horarios marcados están referidos al que se adentra a pie en la montaña, sobre todo en época estival; por tanto, la graduación de las dificultades se corregirá al alza y los horarios también si se trata del ascenso, haciéndose a la baja para el descenso. El factor de corrección es muy variable en función de la técnica, pero se puede añadir un 20% para la subida y reducir en un 50% al bajar. Las dificultades ofrecidas por el terreno en situaciones tales como crestas o resaltes varían extraordinariamente con la presencia de nieve. Normalmente se incrementan en uno o dos grados, pero hay excepciones en las que la nieve, al cubrir un resalte, sustituye la dificultad del mismo por la de una pendiente de inclinación media; en tal caso, se ha reducido.

La cartografía disponible en muchos países puede dar una información excelente, especialmente si se cuenta con mapas a base de curvas de nivel con señalización de escarpes. A partir de esos mapas, algunas editoriales han publicado otros que incluyen información sobre las zonas más expuestas a aludes, si bien, se pueden deducir gracias a los datos de orientación y pendiente. Otro dato relevante para determinar la exposición de una zona y que por desgracia, no siempre encontramos en los mapas, es la textura exacta de la superficie del terreno. Por ello una información que marque las zonas donde se producen los aludes con más frecuencia es muy útil al recoger el resultado final de todos los factores de riesgo. Los mapas de cordales, pese a su fácil interpretación, solo sirven para marcar la ruta pero no para diseñarla dadas las carencias que presentan. A veces se incluyen junto con croquis en algunos libros, con lo que ya se consigue la información de relieve.

La reseña que pueda pasarnos alguien que haya realizado recientemente la ruta que queremos, es muy valiosa porque refleja ciertos datos que las cambiantes condiciones de la nieve no permiten que se incluyan en una publicación.

Una idea aproximada del previsible estado de la nieve puede obtenerse prestando atención al tiempo que haya hecho en las jornadas anteriores a la salida.

■ 11.2.1 Clasificación de dificultad

Las actividades propuestas en la información bibliográfica suelen llevar una codificación según el nivel integrado de dificultad tanto de técnica alpina como de esquí. Atendiendo a ese criterio, y partiendo de la base de que para practicar el esquí de montaña se necesita al menos un nivel medio de dominio técnico, se emplea la siguiente clasificación:

MSA: Medio esquiador alpinista.
BSA: Buen esquiador alpinista.
OSA: Óptimo esquiador alpinista.

11.3 ESTIMACIÓN DEL ESFUERZO

Distancia, desnivel y estado de la nieve son los tres elementos básicos que van a influir eminentemente en el esfuerzo necesario para alcanzar el objetivo. Sobre ellos actúan otras circunstancias tales como la distribución de pendientes, tamaño del grupo, estado de forma, presencia de huella, inclemencias atmosféricas, peso...

A la hora de diseñar una ruta, también hay que considerar si se trata de una actividad aislada de un día, o si es una etapa que forma parte de una ruta más larga, en cuyo caso puede ser necesario poner unos límites más estrictos.

Como norma general, y sujeta a las variaciones más arriba referidas, se puede establecer una limitación por desnivel en subida de 1.000 metros para una etapa de una ruta y 1.500 para un día aislado.

En cuanto a la distancia, y para pendientes no superiores al 5%, es razonable no superar 20 km en una etapa ó 30 km si se trata de un día aislado. Hay que tener en cuenta que la monotonía repetitiva de los movimientos de avance en llano favorece la sobrecarga tanto de determinados músculos como de aquellas zonas del pie que reciban algún exceso, aunque pequeño, de presión de la bota.

Raramente realizaremos una ruta que no combine en alguna proporción una distancia y un desnivel que aisladamente considerados fuesen poca cosa, pero que juntos exijan un esfuerzo diario importante. Y aquí nos encontramos con la dificultad de sumar conceptos distintos, pues surge la duda de cómo ponderar cada uno. Es evidente que no es lo mismo un metro de avance que un metro de desnivel, por lo que al unirlos hay que asignar distintos factores de corrección, a fin de obtener un resultado más próximo a la realidad. Se ha propuesto una fórmula, utilizada para calcular la accesibilidad del público a determinadas zonas, que da una aceptable aproximación para pendientes moderadas. Su expresión es:

$A = D + 2d$; en donde D = kilómetros de desplazamiento horizontal (para pendientes moderadas o de poca inclinación, el valor del desplazamiento horizontal y la distancia real recorrida difieren poco); d = hectómetros de ascenso.

Por ejemplo, comparemos dos ascensos diferentes con los siguientes datos:

Ruta 1: 10 km de recorrido; 500 m de desnivel;
$A = 10 + (2 \times 5) = 20$
Ruta 2: 12 km de recorrido; 400 m de desnivel;
$A = 12 + (2 \times 4) = 20$

Pese a ser rutas distintas, su valor de accesibilidad es el mismo, luego se espera que cueste lo mismo recorrer una que otra.

Hemos de insistir en que se trata de una fórmula aproximada cuya aplicación solo es realizable para valores limitados de pendiente. Pongamos el ejemplo de una montaña que se puede ascender por dos caminos distintos; uno de ellos es más directo, por lo que su término de longitud es menor que el del otro, mientras que el desnivel coincide (si no hay pérdidas, es la diferencia de altura entre la cima y el punto de partida; por tanto, independiente de la ruta). Una aplicación estricta de la fórmula indica que el camino más directo es el más asequible, cuando sabemos que en muchas ocasiones es mejor dar un rodeo que enfrentarse a una pendiente muy fuerte.

Podemos dar un criterio de aplicación que establece como límite para la fórmula aquella inclinación que obligue a zigzaguear. Ciertamente, en esos casos habría que medir el incremento de distancia debido a los rodeos, parámetro que dependerá también de la dureza de la nieve, por lo que no puede deducirse a partir de la pendiente medida en el mapa.

Cuando la ascensión ofrece un desnivel importante junto con un recorrido corto, la mayor parte de ella se hace mediante zigzags, de modo que la pendiente efectiva (la inclinación de la tabla respecto del plano horizontal) se mantenga en todo momento en torno a un valor determinado. Es decir, se independizan inclinación de la tabla y pendiente. Asumiendo generosamente las aproximaciones, se puede deducir la distancia total a partir del desnivel, sin más que dividir éste por la inclinación de la tabla (estrictamente, habría que dividirlo por el seno del ángulo y no por la tangente o porcentaje de pendiente si se quiere saber el valor exacto). De ese modo ya se tienen los dos datos necesarios, uno mediante el mapa; el otro, estimado. Aplicar la fórmula de accesibilidad es inmediato. No conviene olvidar que si las vueltas María han de sucederse con gran frecuencia, se va a sufrir un incremento en el esfuerzo a realizar.

Admitir como constante la inclinación de la tabla impone una dependencia entre distancia y desnivel; es decir, basta con manejar una sola variable pues la otra queda ya definida. Como en montañas abruptas la distancia tiene menos peso en el total del esfuerzo y para pendientes fuertes la fórmula perdía utilidad, es una costumbre muy extendida la de estimar el esfuerzo en función únicamente del desnivel, lo cual es perfectamente válido y además, muy sencillo, pero exclusivamente en el caso que acabamos de comentar. Tan solo habría que preocuparse de no omitir la suma de los desniveles adicionales debidos a las pérdidas de altura.

11.4 TAMAÑO ÓPTIMO Y COMPOSICIÓN DEL GRUPO

Tener una idea, aunque sea solo aproximada, de la magnitud del esfuerzo que requiere la actividad programada, va a informar de dos aspectos fundamentales: si está al alcance de nuestras posibilidades y, en caso afirmativo, cuánto podría tardarse en completarla. Esta evaluación se ha de realizar en función de las posibilidades del menos capacitado del grupo, con lo que entramos en una cuestión fundamental: o se selecciona un personal cuyo nivel le permita acometer airosamente la actividad, o se busca otra más sencilla, pero jamás nos aventuraremos en una ruta difícil con gente de dudosa respuesta. Si alguien no puede continuar la ascensión, está comprometiendo la seguridad y el éxito de la misma; permitirle que descienda solo para que continúen los demás puede ser una temeridad, mientras que empeñarse en seguir ascendiendo todos juntos supone un retraso acumulado que compromete las posibilidades tanto del ascenso como del retorno. Otra opción, también delicada y no siempre posible, es que alguien acompañe al que tiene que bajar. El propio planteamiento de estas situaciones en la montaña es problemático, requiere un tiempo de discusión y decisión y siempre queda alguien descontento; de ahí la necesidad de compaginar grupo y actividad antes de salir.

Una posibilidad que supedita la actividad al grupo consiste en dividir la ascensión en dos etapas, pero puede exigir muchas servidumbres en cuanto al incremento de material para pernoctar, y a la mayor probabilidad de que se produzca un cambio desfavorable de tiempo.

Está claro que lo ideal en cuanto a la composición del grupo es buscar la máxima homogeneidad posible, tanto en la resistencia física para el ascenso como en el dominio técnico para el descenso. En cuanto al número, ya sabemos que influye en diversos aspectos, unos favorables y otros negativos. Para actividades sencillas de una sola jornada, no es tan importante, pudiéndose formar un grupo numeroso. Para grandes rutas por etapas, el tamaño óptimo se ha discutido mucho, pero se suele convenir que está entre tres o cuatro componentes. El mínimo admisible es dos, pero ya es una situación precaria, pues si uno sufre un accidente, el otro no debe continuar. Con tres, el trabajo de abrir huella y el de porteo de material común se reduce ya a un tercio del total y la probabilidad de accidente o avería es baja. Cuatro sigue siendo un buen número, suponiendo una reducción de trabajo común hasta un cuarto del total. Grupos más numerosos implican una reducción cada vez menos significativa: con cinco, solo se ahorra un cinco por ciento respecto del grupo de cuatro (se pasa del 25% al 20% de reparto de peso y apertura de huella por cada componente), pero la probabilidad de problemas se incrementa en un 25% (la probabilidad total se obtiene multiplicando la individual por el número de componentes; por tanto, es acumulada).

Los grupos numerosos tienen mayor flexibilidad a la hora de dividirse en otros más pequeños que mantengan su viabilidad, pero se ha de reconocer que toda división responde a una discrepancia o a un problema de otra índole.

11.5 ADECUACIÓN DEL HORARIO

Con la información procedente de los mapas (orientación, altitud e inclinación), de la situación meteorológica y basándose en el estado inicial de la nieve, puede preverse la evolución horaria del manto, dato de extraordinaria importancia tanto para la buena marcha de la actividad como para la seguridad.

Las vertientes este son las primeras en recibir los rayos del Sol, pero como esto ocurre tras haberse enfriado durante la noche, aún ha de transcurrir un cierto tiempo antes de que la nieve se reblandezca tanto que obstaculice la ascensión. También puede ocurrir, más frecuentemente en primavera, que al principio esté demasiado dura, de modo que resultemos favorecidos si llegamos a esa vertiente en el momento oportuno, después de ablandarse pero antes de que se convierta en nieve papa. A partir del mediodía estas vertientes se enfrían, comenzando por la superficie y pudiendo transformarse al principio en costra, por lo que se aconseja evitarlas al descender.

Precisamente a partir del mediodía comienzan a recibir los rayos del Sol las vertientes oeste, pero a esa hora ya pueden haber aumentado su temperatura a través del aire, con lo que podrían acusar el recalentamiento un poco más que las orientales; sin embargo, la diferencia es tan pequeña que puede quedar absorbida por cualquier cambio de tiempo o de viento.

Cuando existe una componente sur en la orientación, la mayor exposición al sol provocará un calentamiento tanto mayor cuanto más marcada sea esa componente. Por el contrario, cuando miran al Norte, apenas reciben rayos, con lo que la nieve suele conservarse fresca y suelta si no ha soplado mucho el viento. Son, por tanto, laderas por las que se puede pasar a cualquier hora, sobre todo en invierno ya que, según la inclinación, pueden permanecer a su propia sombra durante semanas.

Por supuesto que todas las anteriores consideraciones de orientación tendrán una aplicación combinada con la temperatura ambiental. El comportamiento de una ladera norte en primavera puede equivaler al de una sur en invierno.

La temperatura también depende de la altitud, por lo que, sobre todo en primavera y en pendientes soleadas, se ha de escoger un horario que permita ascender más rápido que el excesivo reblandecimiento de la nieve, incluso saliendo de noche si fuese necesario. Si los participantes de la salida no dominan perfectamente cualquier tipo de nieve, incluidas las muy pesadas, habrá que adelantar aún más el horario para que incluso el descenso se realice íntegramente por nieve que conserve su consistencia. Lamentablemente, la nieve situada a menor altitud es la que más acusa el calentamiento y la última por la que se pasa al descender, con lo que ha tenido más tiempo para ablandarse; por eso a veces es necesario hacer casi toda la ascensión de noche; así se logra terminar la bajada cuando la mañana no está muy avanzada.

Las limitaciones horarias del invierno son muy patentes por la cortedad de los días y por lo rápido que cae la temperatura en cuanto se pierde la insolación. Lo que fue una agradable pala durante la subida, puede convertirse en una pista de hielo al descender más tarde. Esta situación puede darse en invierno en laderas soleadas o en primavera en cualquiera, pudiéndose agravar si se produce el fenómeno de inversión térmica, de modo que cuanto más se baje, más helada se encuentra la nieve.

Previendo el calentamiento excesivo de la nieve, se puede diseñar la actividad de modo que se eludan las zonas más expuestas a aludes de fusión.

Sería muy útil disponer de una información detallada de la fuerza y dirección del viento en las jornadas anteriores a la salida, pues nos podríamos hacer una idea de la presencia, magnitud y, en menor medida, de la situación de las placas de viento. Lamentablemente, la propia configuración montañosa del terreno va a provocar unas turbulencias y cambios de dirección locales de difícil predicción, con lo que tendremos que conformarnos con saber que, si el viento ha soplado, existe la posibilidad de que se hayan formado placas. Su riesgo de avalanchas desaparece al producirse los fenómenos complementarios de fusión y rehielo, de modo que en las vertientes soleadas es más fácil que se fundan y suelden con el resto del manto nivoso. En ese sentido, si no queda más remedio que pasar por una zona que haya podido experimentar estos fenómenos, se puede dejar para el final con la esperanza de que la estabilización del manto ya se haya producido. Si la insolación es baja, las placas de viento se pueden conservar mucho tiempo, de modo que no hay opciones de horario que resulten ventajosas.

Ciertamente, diseñar el horario de modo que se pase por una zona expuesta a los aludes de fusión a última hora de la tarde, cuando el peligro se ha reducido, es apurar demasiado. Cualquier retraso puede provocar que nos sorprenda la noche, aunque por supuesto, siempre será mejor esquiar con linternas que yacer bajo un alud.

Después de diseñar el horario, conviene comprobar si sus exigencias están al alcance de los participantes; puede haber tramos de la ascensión que requieran un ritmo tan fuerte que no sean factibles, lo que obligaría a un replanteamiento de la ruta. Es útil conocer la capacidad física de los participantes; una persona normal con un estado físico, peso y condiciones de nieve razonables, puede ascender de 300 a 400 metros cada hora, no siendo recomendable superar este régimen aunque haya quien pueda duplicarlo fácilmente.

11.6 SELECCIÓN DEL MATERIAL

Una vez determinada la ruta y conocidos los participantes, ya se dispone de una información clave para seleccionar qué material y en qué cantidad ha de llevarse. Parámetros tan trascendentes como la duración, dificultad, existencia de refugios o exposición, entre otros, van a imponer en gran medida el material opcional.

Lamentablemente, las rutas de varias etapas muestran una probabilidad mayor de que se encuentren todo tipo de circunstancias y terreno de especial dificultad, lo que obliga a portear más material específico (cuerdas, arneses, mosquetones, rapeladores, tornillos de hielo...) cuando a lo mejor, solo se usa en algún resalte aislado o en un glaciar que no se ha podido evitar. La prolongada duración de una gran travesía impide conocer a priori las condiciones meteorológicas y de nieve, por lo que hay que llevar cierto material que en travesías cortas no siempre se necesita. Por ejemplo, en una ruta de un solo día, por terreno conocido y sabiendo que no existe riesgo de aludes, se puede prescindir de los detectores y de la pala; pero en una ruta larga, bien porque contenga zonas expuestas, bien porque un cambio de tiempo aumente la extensión de esas zonas, habrá que llevarlos.

También hay que incluir material de reparación (alicates, alambre, destornilladores, polietileno...), de repuesto (otro par de pieles, ropa seca, tornillos de fijación, bastones...) o sanitario (el botiquín será más completo). Incluso si se cuenta con una buena red de refugios, no se podrá prescindir totalmente de un mínimo equipo que permita realizar un vivac de emergencia, lo que obliga a llevar infernillo, posiblemente una funda de vivac y una buena provisión de comida, aunque sea de ataque. Y eso que estaríamos dejando el saco, la plancha aislante y la tienda... Ciertamente, conociendo una serie de trucos las posibilidades de improvisar un vivac, pese a disponer de poco material, son muy interesantes: construcción de un iglú y fabricar la funda de vivac con la mochila y un anorak. En otras palabras, sustituir peso por ingenio.

Un parámetro que se debe considerar es el tamaño del grupo, pues repercute en el reparto del material común; un grupo muy reducido tiene que plantearse que ir demasiado cargado va a repercutir negativamente a todos los niveles, de modo que el incremento de seguridad debido al material se ve contrarrestado por la mayor probabilidad de caída y el aumento del tiempo invertido en un mismo recorrido. A veces resulta aconsejable alterar un tramo de la ruta durante la planificación para rodear un punto dificultoso que obligaría a portear durante varios días un material que finalmente solo se usa durante unos minutos.

En rutas de un solo día, el material puede ser muy reducido, y aún más si el camino de retorno coincide con el de ida. Hay cierto material que si se omite, puede impedir alcanzar el objetivo obligando a dar media vuelta, pero ello no iría en detrimento de la seguridad. Por ejemplo las cuchillas (en muchas fijaciones no van unidas) o las ceras. En cuanto a los crampones, pueden ser imprescindibles si se desciende por una vertiente distinta, pues no sabemos lo que vamos a encontrar. No sería raro que, sobre todo en pleno invierno y después de haberse quitado ya las tablas, se encuentre hielo en un sendero expuesto. El piolet es prescindible si se sustituye por una maza-piolet. Personalmente prefiero llevar maza y crampones (con puntas delanteras) que solo piolet y tener que tallar escalones; además, la maza puede usarse para clavar pitones y no deja de ser una herramienta útil ante cualquier avería. Lo más absurdo es llevar un piolet largo: pesa más y su utilización más lógica, como piolet-bastón, es innecesaria al disponer de los bastones de esquiar. Por cierto, el bastón de repuesto tampoco es obligado en travesías de una jornada, pues si se cruza un terreno difícil, se usa el piolet, pero en caso contrario, se puede esquiar con un solo bastón aunque resulte algo engorroso, sobre todo subiendo.

Hay un material que nunca debería olvidarse: gafas, guantes, protector labial y crema solar. ¡Y otro que es obvio: botas, esquís, bastones...! En fin, para que no nos pase nada de eso, lo mejor es consultar una lista completa (como la que se facilita), hacer la selección en función de la actividad y de los gustos personales y luego, revisarla.

LISTA DE MATERIAL DE ESQUÍ DE MONTAÑA

Uso continuo
- ❐ mochila
- ❐ botas
- ❐ esquís
- ❐ bastones
- ❐ pieles
- ❐ crema solar
- ❐ protector labial
- ❐ gafas de sol
- ❐ guantes
- ❐ vestimenta específica

Uso frecuente
- ❐ gorro o diadema
- ❐ cuchillas
- ❐ gafas de ventisca
- ❐ crampones
- ❐ piolet (o maza piolet)
- ❐ cera
- ❐ esparadrapo
- ❐ brújula
- ❐ mapa
- ❐ comida de ataque
- ❐ cantimplora
- ❐ papel higiénico

Uso esporádico
(tanto más necesario cuanto mayor sea el grupo y más larga la ruta)
- ❐ bastón de reserva
- ❐ pieles de reserva
- ❐ guantes de reserva
- ❐ barra de polietileno
- ❐ afilacantos
- ❐ encendedor
- ❐ mapa
- ❐ infernillo
- ❐ capa de supervivencia
- ❐ linterna
- ❐ botiquín
- ❐ accesorios para camilla

Material de reparación:
- ❐ destornillador de doble punta
- ❐ alicates
- ❐ alambre
- ❐ tornillos
- ❐ cola para pieles
- ❐ útiles para coser

Uso esporádico
(ante ciertas dificultades)
- ❐ altímetro

Material de escalada:
- ❐ cordino o cuerda
- ❐ baga o arnés
- ❐ mosquetones
- ❐ clavos de hielo y roca
- ❐ fisureros
- ❐ rapelador
- ❐ cintas
- ❐ casco

Riesgo sobrevenido de aludes
- ❐ detector
- ❐ pala

Pernocta
- ❐ tienda
- ❐ saco
- ❐ esterilla
- ❐ menaje
- ❐ comida para calentar

Otros
- ❐ papel
- ❐ lapicero
- ❐ cámara
- ❐ documentos
- ❐ llaves
- ❐ dinero
- ❐ radiotransmisor
- ❐ pilas de repuesto
- ❐ reloj despertador

12
TÉCNICA ALPINA INVERNAL

Saber desenvolverse en la alta montaña bajo condiciones invernales es un conocimiento al que el esquiador de montaña no puede ser ajeno. Puntualicemos, antes de seguir, que las condiciones invernales no se restringen a esta época, pudiéndose encontrar en cualquier momento y en cualquier montaña de suficiente altitud.

A veces la culminación de una actividad de esquí de montaña requiere afrontar sin tablas algún tramo de dificultad, el cual puede resolverse con seguridad, incluso disfrutando, si se dominan unas técnicas básicas. Por tanto, no desarrollaremos la cuestión como si se tratara de un manual especializado de alpinismo, pero sí conviene ofrecer al lector una información que no deje "cabos sueltos"; oportuna expresión si consideramos que se va a hablar, entre otros temas, del uso de la cuerda.

12.1 NOCIONES BÁSICAS DE ESCALADA

■ 12.1.1 Evolucionando bajo la protección de la cuerda

La escalada que se practica normalmente es la llamada libre, significando que no se emplean medios artificiales para avanzar, sino que el material tiene una función exclusiva de aseguramiento. Como contraposición, existe la escalada artificial, en la que sí se utilizan los elementos de seguro u otros específicos (estribos, por ejemplo) para apoyarse en ellos.

Un obstáculo que exija conocimientos de técnica alpina no debe impedir el avance del esquiador de montaña.

La mejor estrategia es la basada en dos escaladores unidos mediante sendos arneses por una cuerda realizando la siguiente secuencia:

- El primero va colocando elementos de seguro (clavos, fisureros...) o aprovechando los existentes (puentes de roca, arbustos...) mientras asciende. Por estos elementos hace pasar la cuerda, habitualmente usando cintas con mosquetones.

- Cuando llega a un lugar adecuado, próximo a agotar la longitud disponible de cuerda, instala unos cuantos seguros que constituirán la reunión. Se dice entonces que ha completado un largo.

- El segundo comienza a trepar mientras el primero recupera la cuerda, de modo que siempre se mantiene sin holguras.

- El segundo va recogiendo los elementos de seguro que encuentra hasta llegar a la reunión.

- Una vez allí, continúa su trepada, constituyéndose en el primero del siguiente largo.

Si se produce una caída del primero, la longitud descendida será igual al doble de la distancia existente en el momento de producirse entre el escalador y el último seguro colocado, más el estiramiento elástico de la cuerda. Esta elasticidad es imprescindible para absorber el impacto de la caída sin hacer saltar los seguros y sin dañar al escalador.

Si quien cae es el segundo, tan solo bajará lo que se estire la cuerda debido al peso. Por tanto, es quien menos riesgo corre en la progresión vertical ascendente. Exactamente ocurre lo contrario si se está descendiendo, aunque lo recomendable es que si se aprecia un mínimo riesgo, se rapele.

Siempre que se produce una caída, el compañero recibirá el tirón de la cuerda; para evitar que se le escape de las manos, se la hace pasar antes por un artilugio (descensor, mosquetón...) unido a la reunión.

Cuando son tres los escaladores, el primero se encuerda en el centro y los otros dos, cada uno en un extremo. Cuando el primero monta la reunión, comienza a recuperar los dos tramos de cuerda simultáneamente. Esta progresión se llama "en uve", y no facilita las alternancias en la primera posición.

En trepadas fáciles y con escaso riesgo, pero en las que aún se emplea la cuerda para dar algo más de seguridad, es frecuente prescindir del arnés, de modo que los escaladores se atan directamente a los extremos de la cuerda. La reunión se puede montar simplemente pasando la cuerda alrededor de un saliente rocoso. Estos comportamientos son típicos de tramos demasiado fáciles para que el experto emplee el material, pero que pueden resultar expuestos para un principiante.

■ 12.1.2 Progresión individual

Además de todo el protocolo del manejo de la cuerda, de los seguros y del comportamiento en las reuniones, cada escalador debe recordar que la mayor seguridad está en no caerse. De los cuatro miembros, solo se ha de mover uno al mismo tiempo. El peso recae casi íntegramente en los pies, incluso si la presa es pequeña; las manos tienen como misión fundamental el mantenimiento del equilibrio. Solo en escalada de dificultad o en extraplomos se hacen cargo las manos de la mayor parte del peso; también al destrepar adquieren gran importancia, debiendo entonces escoger, de entre las presas disponibles, aquellas que permitan colgarse mejor y que se encuentren más bajas.

■ 12.1.3 Nudos

Existe una gran variedad de nudos, muchos de los cuales sirven exactamente para lo mismo. Vamos a limitarnos en la mayoría de los casos a explicar uno para cada uso.

Bulín
Nudo muy rápido para encordarse directamente o mediante arnés. Se puede ejecutar de al menos tres maneras distintas, necesitando en todo caso un buen tensado antes de usarlo. No está de más anudar el extremo corto sobrante para garantizar que no se suelte.

Bulín.

As de guía
Nudo básico y conocido, puede realizarse un primer nudo en simple y luego dirigir el extremo corto siguiendo de modo paralelo las curvas del primer nudo. Este procedimiento es imprescindible para pasarlo alrededor de un árbol, de un arnés sin mosquetón o para unir dos cuerdas. Si uno pretende encordarse directamente, puede emplearse una gaza, consistente en hacer el nudo en un cabo doblado, pasarse bajo los brazos la lazada así obtenida y luego ajustarla.

As de guía.

Empalme de dos cabos mediante as de guía.

Ocho

Al igual que el as de guía, del que constituye una versión mejorada, aunque consume más longitud, sirve tanto para unir dos cabos como para encordarse directamente a la cuerda o mediante arnés. Reparte muy bien las tensiones, siendo en consecuencia muy resistente y relativamente fácil de soltar aunque haya sufrido esfuerzos.

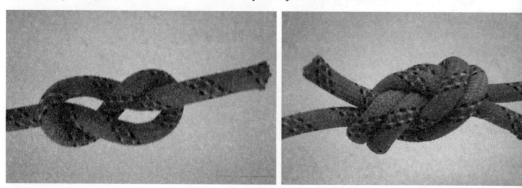

Nudo de ocho.

Nudo dinámico y forma de bloquearlo.

Dinámico

Con un mosquetón permite emular las funciones de aseguramiento y deslizamiento de un descensor en forma de ocho, incluida la posibilidad de rapelar; sin embargo, en este uso tiende a rizar la cuerda. Se puede bloquear con una lazada (ver ilustración) o transformándolo en ballestrinque.

Ballestrinque

Muy similar al dinámico, la diferencia fundamental es su carácter autobloqueador, puede hacerse muy rápida y fácilmente en un mosquetón o en torno a un saliente rocoso.

Alondra

Nudo muy simple y autobloqueador, puede aparecer indeseadamente al rapelar desde un ocho si la cuerda toca en algún saliente.

Existe un paralelismo funcional entre asegurar con descensor de ocho, bloquearlo con alondra; nudo dinámico con mosquetón y ballestrinque, respectivamente.

Plano

Sencillo y simétrico, es el que menos longitud de cuerda consume; por la misma razón, concentra las tensiones, siendo su resistencia inferior a la de otros. Sirve para unir dos cabos y resulta peligroso si se confunden los extremos que han de soportar la fuerza.

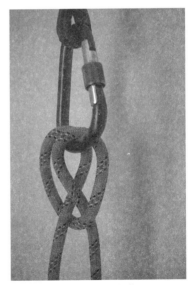

Ballestrinque.

Alondra.

Aseguramiento con rapelador.

Nudo plano correcto.

Nudo plano asimétrico: incorrecto.

Por su reducido tamaño es interesante en aquellos casos, como en un rápel de difícil recuperación, en que existe riesgo de que se atasque.

Pescador
Sirve para unir dos cabos, incluso de diferente diámetro, si esa diferencia no es exagerada. Puede ser simple o doble, resultando en ambos casos, muy resistente pero difícil de soltar una vez sometido a esfuerzo.

Prusik
Útil para autoasegurarse rapelando, en algunas técnicas de recuperación del anclaje usado en el propio rápel y como seguro antideslizante en ciertos polipastos usados para

Pescador simple.

Pescador doble.

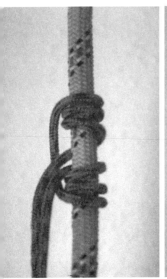
Prusik.

Machard.

Autobloqueador con mosquetón.

rescate. Se basa en un cordino enrollado en una cuerda a modo de alondra múltiple, pudiendo deslizarse fácilmente con la mano, pero autobloqueador en cuanto sufre un tirón. Cuanto más difieran los diámetros del cordino y de la cuerda, y cuantas más vueltas tenga aquel, tanto mayor será la capacidad autobloqueadora y menor la deslizante.

Tiene el inconveniente de que puede resultar duro de deshacer una vez tensado. Por ello también se emplea el *machard* y el autobloqueador con mosquetón, ambos de más fácil realización. Muy parecido, este último emula las prestaciones de un puño *jumar* para ascender por cuerdas fijas o para frenar los polipastos; el mosquetón facilita la operación con guantes.

Tejedor.

Tejedor
Fácil y adecuado para unir dos cuerdas de muy diferente diámetro. Es parecido al nudo plano, pero introduciendo un cruce en el cabo fino. Si la diferencia de diámetros es muy grande, puede hacerse la versión doble para garantizar que la cuerda fina pueda estrangular la gruesa suficientemente.

12.2 TÉCNICA DE HIELO Y NIEVE

■ 12.2.1 Manejo del piolet

El piolet es una herramienta muy versátil cuyas funciones incluyen el aseguramiento y la progresión.

Los elementos fundamentales de todo piolet son el pico, la pala, el regatón (extremo inferior) y el mango. Accesorio imprescindible es la dragonera, para impedir la pérdida del piolet, riesgo nada desdeñable que puede originar una situación muy peligrosa.

Al punto de unión de la pala, el pico y el mango se le denomina cruz; en sus proximidades hay un orificio útil para atar la dragonera o pasar un mosquetón.

Un martillo-piolet es básicamente igual que un piolet, pero sustituyendo la pala por una pieza maciza para clavar pitones o tornillos de hielo.

❑ *12.2.1.1 Piolet-bastón*

Se agarra por la cruz y se apoya el regatón en la nieve como si se tratara de un bastón. Se emplea para cruzar laderas de cierta inclinación, siempre con el piolet en el lado del monte. Cuanto más blanda sea la nieve, más longitud de mango habrá que introducir, llegando incluso hasta la cruz. Si el sentido de marcha es ascendente o se mantiene altura, el pico irá hacia delante, mientras que si se baja, apuntará hacia atrás.

❑ *12.2.1.2 Piolet-escoba*

Técnica de descenso en la que el apoyo lo da el regatón; una mano va cerca de él y la otra en la cruz. Una variante dinámica es "ramasear", consistente en aflojar la presión entre el regatón y la nieve para permitir un deslizamiento controlado. No es muy frecuente en esquí de montaña porque aquellas pendientes donde se puede aplicar, son aptas para ser esquiadas.

◻ *12.2.1.3 Piolet-tracción*

El piolet se agarra por el mango y se clava el pico en la nieve; a continuación, se usa como apoyo para ascender un paso. También puede usarse para bajar de cara al monte. Solo es válida esta técnica en nieve dura o en hielo. Las pendientes en las que se aplica son las mas fuertes, requiriéndose emplear dos piolets (o dos mazas) en inclinaciones cercanas a la verticalidad.

◻ *12.2.1.4 Piolet-ancla*

Se coge con ambas manos; una junto a la pala y la otra por el mango. El pico se clava entonces a modo de puñal. Se aplica en pendientes fuertes con nieve dura pero no en exceso, sirviendo para subir o bajar.

Técnica de escalada en hielo: piolet-tracción.

◻ *12.2.1.5 El piolet como aseguramiento*

Si se produce una caída, la reacción inmediata debe ser clavar el piolet para retenerse, o al menos frenarse. Una demora en esta maniobra ocasionará una velocidad

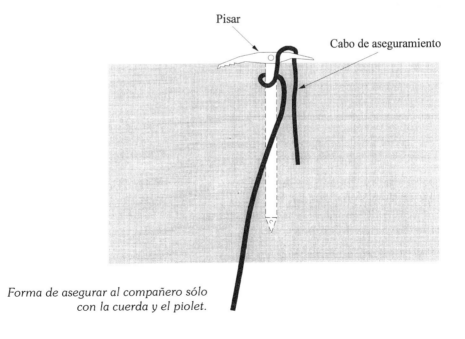

Forma de asegurar al compañero sólo con la cuerda y el piolet.

339

que puede ser excesiva para pararse con éxito. Un retraso en la reacción ante la caída del compañero puede provocar que se reciba el tirón de la cuerda sin haber logrado asegurarse.

Cuando se avanza a largos de cuerda, o se pretende asegurar un paso aislado, hay que anclar perfectamente el piolet, bien hundiéndolo completamente en la nieve y pisándolo, bien clavando el pico en el hielo, según proceda. La cuerda se puede pasar mediante un nudo dinámico por un mosquetón, o emplear un descensor, pero el piolet permite un aseguramiento dinámico sin necesidad de accesorios. Basta para ello con rodear la cruz por debajo, y pasar otra vuelta por la pala.

Debe recordarse siempre que un piolet en la nieve o en el hielo exige una vigilancia muy estrecha, pues podría salirse o adquirir holgura el anclaje.

En terreno mixto, cabe la posibilidad de usar el piolet como fisurero.

■ 12.2.2 Uso de los crampones

Al igual que las cuchillas al foquear, los crampones deben colocarse en un sitio cómodo y seguro; es decir, antes de que se necesiten. El tamaño de la huella que horada la suela, y la sensación de seguridad, serán determinantes a la hora de decidir si se pone uno los crampones. Están contraindicados en nieve blanda, aparte de ser innecesarios, por el riesgo de que formen zuecos; en ese caso pierden casi toda su operatividad.

Los crampones pueden usarse en roca con las debidas precauciones para no deteriorarlos y para evitar caídas. Ésta es práctica normal en terreno mixto, donde un conjunto numeroso de maniobras de quitarse y colocarse los crampones resulta más arriesgado.

Allí donde la pendiente lo permite, hay que procurar clavar el mayor número de puntas posible, para lo que el crampón debe apoyarse plano. Cuando la inclinación es mayor, se progresa de cara a la pared, siendo únicamente las puntas delanteras las que se clavan.

Si el hielo es duro y/o las puntas no están muy afiladas, conviene dar un pequeño golpe seco antes de cargar todo el peso.

■ 12.2.3 Pendientes de nieve poco consistente

Tanto si se va con crampones como sin ellos, se abrirá huella golpeando más hacia el frente que hacia abajo. Al cargar el peso, se hará de modo delicado para no desencadenar una ruptura y la consiguiente caída.

El piolet se clavará hasta la cruz, y se seguirá la norma máxima de la escalada: mover solo un miembro a la vez.

Habrá que evitar las zonas en que la nieve suelta repose sobre superficies rocosas, para lo que es aconsejable buscar las partes cóncavas. No es un criterio infalible, pero lo más frecuente es que en las concavidades la nieve esté más asentada y repose sobre una base también de nieve, susceptible de constituir parte de la huella.

■ 12.2.4 Avanzar encordados

No hay una estrategia única de progresar en cordada; dependiendo de la experiencia, homogeneidad y tamaño del grupo, sentido de marcha y ambiente en que se desarrolle, habrá que adoptar una u otra. Por ejemplo, habrá que decidir si se avanza simultáneamente o a largos; o si se lleva o no algún anillo de cuerda en la mano para soltarlo y tener tiempo de reaccionar y asegurar antes de recibir el tirón.

Precisamente en tramos relativamente fáciles intercalados entre otros más difíciles, se suele avanzar simultáneamente sin quitarse la cuerda; este estilo se denomina también *ensemble*, siendo la seguridad que ofrece muy limitada y basada en la capacidad de reacción del compañero de cordada. En cuanto uno cae, el otro debe pasar inmediatamente la cuerda por una roca, o por el piolet, según la circunstancia. Si se recorren aristas rocosas, puede obtenerse una seguridad aceptable haciendo que la cuerda vaya rodeando los salientes. Si la arista es de nieve y se produce una caída, el compañero debe lanzarse sin dudar hacia el lado contrario.

En glaciares también se debe caminar en cordada ante la eventualidad de caer en una grieta oculta bajo un puente de nieve. Cuando se sospecha la existencia de la grieta, se avanza asegurando en vez de simultáneamente; una manera de reducir la presión es reptar. A veces el puente de nieve es muy evidente, puede ser la única interrupción de una grieta abierta. En otras ocasiones, la nieve acumulada en la grieta muestra una tonalidad diferente.

Si la cordada es numerosa, es difícil que la caída de uno arrastre a todos los miembros, pero puede darse el caso de una especie de reacción en cadena. Cuando los componentes carecen de experiencia, se les dispensa de la obligación de llevar un anillo de cuerda; les puede resultar difícil coordinar su ritmo con el del resto y además saber soltar y recoger a tiempo el anillo.

En ascenso, si el primero cae en la grieta, es improbable que arrastre al segundo, por lo que éste no suele llevar un anillo. Exactamente lo contrario puede decirse si es el segundo el que cae. Cuando se baja, una caída del primero puede sorprender sobre un solo pie al segundo, arrastrándolo con toda probabilidad sin que tenga tiempo de reaccionar; por eso es muy conveniente que lleve un anillo. Es ingenuo pensar que se va a mantener la atención máxima durante un trayecto prolongado. La distracción puede venir en cualquier momento y ello aumenta el tiempo de reacción; de ahí la necesidad de llevar un anillo cuyo estiramiento proporcione unas décimas de segundo, quizá las necesarias para completar un anclaje.

Llevar varios anillos es igualmente peligroso: se permite que el que cae en la grieta coja más velocidad provocando un tirón mayor y además, que penetre más profundamente.

■ 12.2.5 Rapelar

No es frecuente tener que rapelar durante una travesía con esquís, pero a veces de forma imprevista surge esta necesidad, y no siempre se dispone de un arnés y un descensor.

Salvo que se esté dispuesto a sacrificar la cuerda, se rapela en doble.

La necesidad de recuperar la cuerda deja solo disponible la mitad de su longitud. Si no es suficiente, habrá que dividir el rápel en varios más cortos o, si no queda más remedio y se sabe que no habrá más resaltes, colocarla en simple y abandonarla.

Resaltes pequeños y poco expuestos pueden bajarse a pulso.

Hay una técnica que no requiere más que la cuerda. Consiste en pasarla entre las piernas, hacerla rodear por detrás en espiral hasta el pecho y el hombro, y que continúe por la espalda, bajo la axila contraria hasta la mano. Para evitar que se descoloque, conviene abrir poco las piernas.

Otra técnica simple consiste en hacer un ocho con una baga y pasarlo por las piernas. Luego se hace pasar la cuerda de rapelar por un mosquetón unido a la baga y se lleva al hombro, pasando por la espalda, bajo la axila contraria hasta la mano. Desliza más que la técnica anterior; para frenar, se tensa la cuerda y se la obliga a recorrer más alrededor del cuerpo.

Cuando el rápel no surca zonas rocosas y acaba en una pendiente importante, puede ser interesante rapelar con los esquís calzados; constituyen una buena base para quitarse la cuerda.

Rapelar con esquís es engorroso siempre; puede hacerse lateralmente, como derrapando, o en cuña inversa, pero existe el riesgo de que salten las fijaciones. Si se llevan las tablas en la mochila, habrá que decidir si verticales o atravesadas, dependiendo de la geometría del rápel. Si éste es difícil, no quedará más remedio que descender primero sin las tablas y que quien quede arriba las vaya bajando con la cuerda.

❏ *12.2.5.1 Anclajes de rápel*

La ruptura del anclaje de un rápel provoca fácilmente la caída de espalda o de cabeza, motivo por el que merece atención y vigilancia. Los anclajes en la nieve tienden a deteriorarse rápidamente, y no siempre se dispondrá de una roca próxima y adecuada para clavar un pitón o pasar un anillo de cinta.

Como normas generales para los rápeles montados en nieve, damos las siguientes:
- Si la nieve no es muy dura, se pisará tanto la zona del anclaje como los alrededores.
- Se rapelará con una suavidad exquisita.
- La cuerda se mantendrá lo más baja posible, especialmente al salir; los anclajes de nieve resisten bien las tracciones laterales pero no las exteriores.

Se comprobará la resistencia del anclaje antes de que baje el primero, y si no es factible, descenderá asegurado.

Objetos enterrados en la nieve

No hay que escatimar la profundidad, mínimo medio metro. Se puede buscar una piedra de forma alargada y colocarla perpendicular a la tracción. También sirve una bolsa de plástico que contenga nieve bien prensada.

Del orificio parte un estrecho canal por el que se pasa, no la cuerda, sino una cinta larga y ancha (para que no seccione la bolsa) que se ata al objeto enterrado. Gracias a la cinta, se impide que las tensiones de la cuerda se dirijan hacia arriba.

Para asegurar más el anclaje, finalmente se procede a sepultarlo bajo más nieve y luego se apelmaza.

Se practica el orificio.

Se introduce el objeto atado a una cinta.

Canal de salida de la cinta: nunca ascendente.

Se apelmaza.

¿Quién dijo que no funcionaría?

Seta de hielo o nieve

Se traza un surco circular de un diámetro tanto mayor cuanto más blanda sea la nieve. Respecto de la profundidad, cuanto más, mejor. Conviene también que haya un canal hacia abajo que sirva de salida para la cuerda o la cinta. Mejor esta última que direc-

Seta de nieve.

tamente con la cuerda, pero si el diámetro es grande, posiblemente no tengamos una cinta de suficiente longitud. Además, no perfora tanto la base de la seta que por supuesto, debe ser algo más estrecha que la parte superior.

Una vez probada, se procede a tapar todo el surco si se va a sacrificar cinta. En caso contrario, podríamos dificultar la recuperación de la cuerda.

Piolet

Existen algunos trucos para rapelar desde piolets sin tener que abandonarlos. Su nivel de éxito no es del 100%, por lo que el primero que baje probará que realmente funciona.

Se basan en que el extremo de la cuerda del que se va a tirar, tiene atado un cordino para extraer el anclaje, normalmente con la mediación de otro piolet que sirve de polea. Ambos están atados entre sí, caen juntos y suponen una maniobra peligrosa.

Un piolet da buena sujeción si se clava verticalmente hasta la cruz y la nieve es dura, pero con las vibraciones de los que van bajando el anclaje adquiere holgura. Una forma de asegurar, consiste en pisarlo, pero al último no le sirve.

De modo parecido pueden usarse esquís, pero los cantos pueden seccionar la cuerda si se la hace pasar directamente. Cuando se plantea rapelar desde un material de estas características, es porque el último en bajar lo hará por otros medios, o porque no queda más remedio que arriesgarse a perder dicho material.

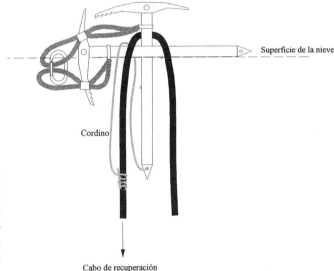

Anclaje recuperable de rápel. Es muy importante colocar el cordino en el lado del pico del piolet horizontal, recordar el extremo del que hay que tirar y apartarse de los piolets cuando caigan.

■ 12.2.6 Técnicas de izado

Cuando un compañero queda suspendido de la cuerda, por ejemplo al haber caído en una grieta de un glaciar, pueden darse varios casos con distintas formas de actuar para sacarlo de allí con nuestros propios medios.

❏ 12.2.6.1 El caído puede colaborar

Se utilizarán dos cuerdas (de ahí la recomendación de encordarse en doble), por lo que si el caído pende sólo de una, se le lanzará otro cabo con una lazada ya hecha para que pueda pasarla por el pie. Si por tener el esquí puesto o por cualquier geometría adversa resulta difícil pasarla por el pie, se encordará directamente al cuerpo. Si queda suficiente cuerda, en vez de enviarle un cabo, se le enviará un tramo doble con un mosquetón para que se lo enganche al arnés; de ese modo el rescatador actúa sobre una polea simple necesitando la mitad de esfuerzo.

El procedimiento para el caso de lograr pasar el pie por la lazada es como sigue:
- Asegurar bien los anclajes de las cuerdas.
- Insertar entre el borde de la grieta y la cuerda algún objeto que impida el enclavamiento de la misma.
- Colocar sendos nudos autobloqueadores a las cuerdas.
- El caído flexiona la pierna y el rescatador tensa la cuerda en su nudo autobloqueador.
- De la que va al cuerpo tira el rescatador mientras el caído extiende la pierna incorporándose con la ayuda de los brazos que agarran la cuerda de la pierna (es muy importante no confundirse).
- El caído se sostiene en la cuerda de la pierna mientras el rescatador desliza el nudo autobloqueador y tensa la otra, ahora sin peso.

Se van repitiendo sucesivamente los pasos descritos. Si la segunda cuerda no va al pie sino también al cuerpo, es más fatigoso para el caído que se iza sin la ayuda de la pierna y que debe aguantar a pulso hasta que el rescatador tensa la otra cuerda.

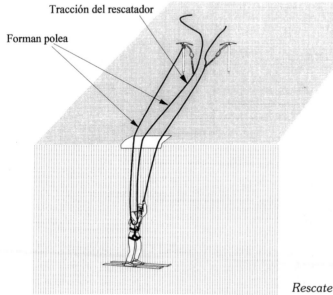

Rescate con polea.

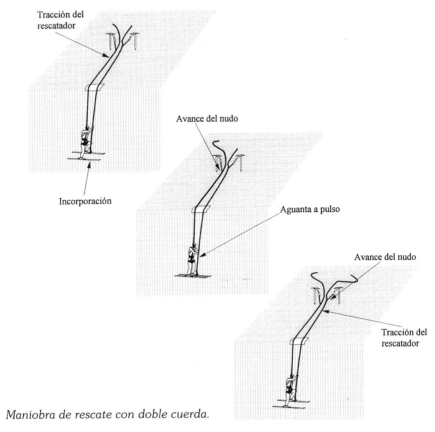

Maniobra de rescate con doble cuerda.

Si hay una sola cuerda disponible y el tramo es muy corto, puede el caído intentar subir a pulso; sería más rápido. En caso contrario, construir un polipasto (ver apartado siguiente).

❐ *12.2.6.2 El caído no puede colaborar*

Ya sea por disponer de una sola cuerda -de la cual pende el caído- o por no encontrarse en condiciones para colaborar, todo el esfuerzo ha de ser realizado por el rescatador. Si hay varios, cabe la posibilidad de izarlo a pulso si no roza mucho, se coordinan bien y uno se encarga de ir bloqueando la cuerda después de cada tirón. En caso contrario hay que construir un polipasto para multiplicar la efectividad de la tracción aplicada.

Una vez instalado y revisado el polipasto (ver dibujo), se flexiona y se pasa el cabo de tracción por la espalda y el hombro, incorporándose el rescatador. Así se hace más fuerza que tirando a pulso con las manos.

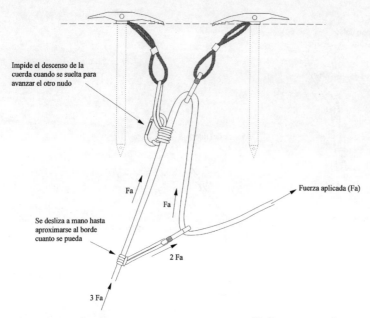

Polipasto simple.

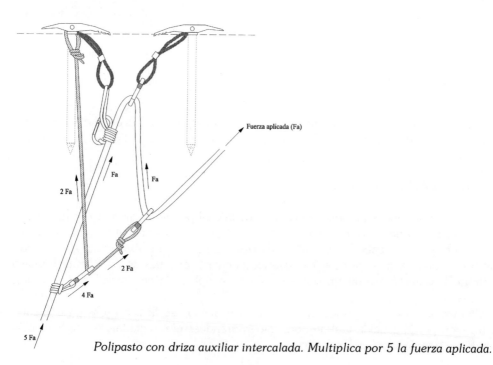

Polipasto con driza auxiliar intercalada. Multiplica por 5 la fuerza aplicada.

Después se desliza el nudo autobloqueador inferior y se repite la operación.

Si el rozamiento es excesivo, se pueden colocar dos mosquetones en vez de uno. También se podría instalar una driza auxiliar.

Conviene vigilar que el nudo autobloqueador con mosquetón no se descoloca; se le puede poner un pequeño peso para ayudar a mantener su posición.

El polipasto descrito tiene la siguiente efectividad:

Tracción útil = 3 x Fuerza aplicada - rozamiento

Si se añade una driza auxiliar intercalada:

Tracción útil = 5 x Fuerza aplicada - rozamiento

La driza auxiliar (se puede sacar del tramo sobrante de la cuerda principal) se comporta como una polea simple que aporta el doble de la fuerza aplicada menos el roce que le corresponda; por lo tanto, el rozamiento total también se ha incrementado.

No se suele colocar la driza auxiliar al principio del conjunto (lo que daría una multiplicación por 6) porque se requiere añadir otro nudo autobloqueador y un mosquetón; la operación de izado se vuelve más lenta por tener que desplazar ahora dos autobloqueadores.

12.3 CONSTRUCCIÓN DE ABRIGOS PARA PERNOCTAR

Además de la diferencia de temperatura con el exterior, dentro de un abrigo se está a salvo de las precipitaciones y del viento. Saber construir un buen cobijo puede transformar en una simple cuestión de incomodidad lo que era una amenaza para la supervivencia. La temperatura interior puede mantenerse casi constante y solo ligeramente por debajo de 0°, por lo que se superarían las prestaciones de una tienda.

En laderas más o menos inclinadas, se prefiere horadar una cueva, mientras que en llanos, se impone el iglú.

Es útil saber aprovechar la presencia de extraplomos rocosos para vivaquear, así como contar con ramas de arbustos y piedras que sirvan de elementos aislantes o de construcción respectivamente.

■ 12.3.1 Iglú

La construcción de un iglú es pintoresca pero laboriosa, por lo que únicamente se acomete cuando sobra tiempo o se van a pasar varios días.

La nieve tiene que ser compactable, no pudiendo hacerse si su calidad es polvo. Pisándola se la puede dotar de cierta consistencia.

Antes de iniciar la construcción, se debe preparar la base. Los bloques que constituirán el iglú se cortarán de los alrededores y de la posición de la entrada, a fin de que ésta quede más baja y recoja, por convección, el aire más frío del interior.

Los bloques tendrán forma de prisma rectangular; por ejemplo, 50 x 30 x 30 cm. Se irán apilando circularmente, para lo que es interesante que una persona permanezca en el interior mientras los demás se los van aportando. Los bloques de las diferentes capas se solaparán con los de las otras, pues si coinciden grandes líneas huecas, la es-

La entrada al iglú debe ser pequeña y baja.

Interior de un iglú.

tructura pierde solidez. Conforme se gana altura, se cierra el radio, hasta llegar a la cúspide, en cuyas proximidades habrá una pequeña abertura de respiración y anticondensación.

Los inevitables huecos entre bloques se taponan con nieve.

La entrada será alargada, en forma de túnel, para evitar que el viento introduzca nieve o extraiga demasiado aire del interior y lo enfríe. Por las mismas razones, su tamaño tiene que ser el mínimo imprescindible para permitir pasar gateando.

La superficie interior debe ser lo más lisa posible porque en las protuberancias se pueden producir goteras de condensación.

■ 12.3.2 Cueva

Para horadar una cueva con las debidas condiciones, es necesario que la nieve tenga un mínimo de consistencia para que no se derrumbe el techo; por tanto, muchas veces no será posible.

Las cuevas se excavan en laderas inclinadas y con la entrada en cuesta para conservar el aire caliente, siendo aplicable lo dicho para los iglús en cuanto al alisamiento de las paredes interiores, la forma de la entrada y el depósito inferior de aire frío.

Más problemático puede ser horadar el respiradero que, en todo caso, no conviene que sea vertical porque permite la entrada de nieve. Puede practicarse con un esquí o un piolet, pero asegurándose de no hundir el techo.

La forma interior semiesférica resulta estructuralmente más resistente, siendo su tendencia a formar goteras menor. Por supuesto, la probabilidad de ruptura será tanto mayor cuanto más grueso sea el techo y más separadas estén las paredes.

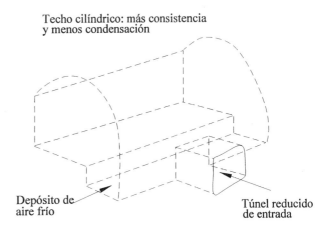

Abrigo practicado en la nieve.

12.3.3 Semicueva

Una opción muy interesante cuando no hay espacio o condiciones para excavar una cueva consiste en conformarse con una cavidad constituida solo por las paredes laterales. El techo se implementa con los esquís, que luego se cubrirían con un plástico o con nieve.

La ventaja de este sistema es que puede realizarse incluso en pequeñas cornisas y otras acumulaciones de nieve.

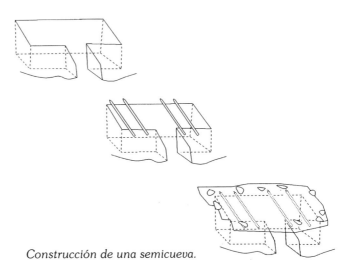

Construcción de una semicueva.

13

ORIENTACIÓN

13.1 CONCEPTOS BÁSICOS

Antes de entrar en materia, conviene recordar algunas definiciones de utilización inminente.

■ 13.1.1 Latitud

Coordenada geográfica que informa de la proximidad al polo. Imaginemos la Tierra seccionada por un conjunto de planos perpendiculares al eje polar. Las intersecciones de los mismos con la superficie terrestre determinan unas líneas denominadas paralelos. Los más conocidos son el Ecuador, los dos trópicos (el de Cáncer y el de Capricornio, ambos en latitud media y situados al N y al S, respectivamente) y los círculos polares ártico y antártico. El Ecuador divide la superficie terrestre en dos semiesferas llamadas hemisferios.

Cada paralelo tiene un número asignado, en función de la distancia a que se encuentre del Ecuador. Cuanto mayor sea el número, más alejado se encuentra. Por razones de utilidad, esta coordenada geográfica se expresa en grados, indicando después si se trata de latitud norte o sur, según el hemisferio.

Los paralelos son circunferencias concéntricas; cuanto más próximos a los polos, menor es su radio.

■ 13.1.2 Longitud

Esta coordenada geográfica indica la distancia angular a una referencia establecida. Imaginemos ahora un conjunto de planos que contengan el eje polar; estos planos equidistan angularmente y sus intersecciones con la superficie terrestre determinan otras tantas circunferencias, todas del mismo radio, llamadas meridianos. Uno de ellos se elige como la referencia que mencionamos más arriba; se trata del meridiano de Greenwich, el cual cruza entre otros países, España, Francia e Inglaterra.

Por poner un símil didáctico, los meridianos dividirían la Tierra en algo parecido a los gajos de una naranja.

El alejamiento que un determinado emplazamiento tenga respecto del meridiano de Greenwich se expresa en grados, acompañado de una puntualización, este u oeste, según a qué lado se encuentre.

■ 13.1.3 Altitud y altura

Altura es la distancia vertical entre la cúspide de un accidente geográfico y su base. Altitud es la distancia vertical entre un punto y el nivel del mar. Por ejemplo, una montaña submarina, tendría una altitud negativa, independientemente de su altura.

Dado que la Tierra no tiene una forma perfectamente esférica, sino que es un elipsoide con el eje ecuatorial algo mayor que el polar (debido a la fuerza centrífuga), las montañas de la zona del Ecuador se encuentran más alejadas del centro geométrico del planeta que las de latitudes superiores. Sin embargo, la fuerza centrífuga también es mayor en esas zonas debido a que, con una misma velocidad de giro, el radio es mayor; por tanto, el nivel del mar en sus proximidades también es más alto. Esta es una de las razones por las que el volcán Chimborazo, situado en Ecuador con una altitud de 6.283 m. supera en más de dos kilómetros la distancia del Everest (cuya altitud es, sin embargo, mayor: 8.848) al centro terrestre.

■ 13.1.4 Rumbo

El rumbo es el ángulo formado por una dirección determinada y la del Norte. En vez de expresar un valor numérico entre 0° y 360°, que resulta mucho más preciso de lo que se requiere habitualmente en montañismo, se suelen usar los rumbos marcados por la llamada *rosa de los vientos*, que es un círculo en el que se representan solo algunas direcciones que se corresponden con los siguientes ángulos:

Rosa de los vientos.

Nombre	Signo	Rumbo
Norte	N	0° ó 360°
Nornordeste	NNE	
Nordeste	NE	45°
Estenordeste	ENE	
Este	E	90°
Estesudeste	ESE	
Sudeste	SE	135°
Sudsudeste	SSE	
Sur	S	180°
Sudsuroeste	SSO	
Sudoeste	SO	225°
Oesudoeste	OSO	
Oeste	O	270°
Oesnoroeste	ONO	
Noroeste	NO	315°
Nornoroeste	NNO	

■ 13.1.5 Rumbo magnético y geográfico

Existe un punto geométrico que constituye el polo norte geográfico. Su localización es exacta y fija. Pero hay otro punto que es el polo norte magnético, que al igual que en cualquier imán, es por donde salen las líneas del flujo magnético que envuelven la superficie terrestre. Ambos puntos no coinciden, por lo que el rumbo indicado por la brújula difiere del geográfico en unos pocos grados. Es lo que se llama declinación magnética. Esta presenta una variación temporal, cambiando su valor cada año en función de la evolución de las propiedades magnéticas de la Tierra. En un mismo instante, la declinación es diferente en distintos puntos geográficos porque las líneas de flujo magnético no son estrictamente rectas (por tanto, paralelas a los meridianos). Otra razón por la que la declinación difiere de unos puntos a otros estriba en que cuanto más cerca se esté del polo, mayor es la diferencia angular observada al apuntar al norte geográfico o al magnético; teóricamente, si estamos situados entre ambos, el error es total: 180°. Sin embargo, en las proximidades de los polos, las líneas magnéticas no son paralelas a la superficie, sino que entran en la tierra, motivo por el que las brújulas pierden precisión.

En nuestras latitudes, el error introducido por la declinación magnética se puede despreciar a efectos prácticos durante el desarrollo de la actividad en montaña.

13.2 CARTOGRAFÍA Y REPRESENTACIÓN DEL TERRENO: MAPAS

Un mapa es un plano sobre el que se dibuja todo un conjunto de símbolos con la finalidad de ofrecer una información que represente satisfactoriamente una zona determinada.

■ 13.2.1 Proyecciones geográficas

La superficie terrestre es curva, aproximadamente esférica, de modo que lo que aparece en un mapa es una proyección de la misma sobre un plano. Es imposible obtener una proyección perfecta; si se extiende una superficie curva contra un plano, se deforma o se raja. Esa deformación es tanto más acusada cuanto menor sea el radio de la superficie esférica y cuanto más alejado se esté del centro de la misma.

Para reducir los errores, actualmente se emplean proyecciones sobre superficies poliédricas y, sobre todo, la UTM (*Universal Transverse Mercator*), basada en cilindros circunscritos a los meridianos conformando husos.

Dado el pequeño tamaño del área abarcada en las actividades de montaña, comparado con la magnitud de la superficie terrestre, los errores debidos a la proyección empleada para la confección del mapa son despreciables.

■ 13.2.2 Escalas

El plano obtenido mediante la proyección de la superficie terrestre puede representarse con diferentes tamaños dependiendo del grado de detalle deseado, de los límites del papel y del área geográfica que se quiere abarcar. Una escala es la relación numérica entre la longitud que un objeto muestra en el mapa y su tamaño real. Así, la escala 1:50.000 significa que un centímetro en el mapa equivale a 50.000 cm en el terreno (500 m). En cartografía se usan escalas de reducción (lógicamente). Cuanto menor sea la segunda cifra, mayor es la escala. Por tanto, la escala 1:25.000 representa los accidentes geográficos con el doble de tamaño que la 1:50.000. Las dos escalas mencionadas son las más utilizadas, siendo recomendable la 1:25.000 para terrenos con gran densidad de accidentes geográficos, donde la movilidad es reducida y se necesita una información más detallada. Cuando el terreno es fácil, se logran grandes desplazamientos, de modo que la probabilidad de salir del área comprendida por el mapa es mayor, aconsejándose emplear la escala 1:50.000; se evita así tener que llevar muchos mapas.

Para apoyar el dato numérico, los mapas suelen tener una escala dibujada con divisiones y el equivalente en kilómetros.

■ 13.2.3 Convenciones de representación del terreno: Tipos de mapas

Antiguamente el terreno montañoso se representaba dibujando multitud de pequeños picos en la posición de las alineaciones de cumbres, dejando huecos en las zonas de valles.

Un procedimiento muy simple y de poco rigor, pero utilizado a menudo en montaña por su facilidad de interpretación, se basa en los cordales. Los mapas así trazados muestran las alineaciones montañosas mediante líneas gruesas de las que derivan alineaciones secundarias y contrafuertes. Los picos interrumpen los cordales mediante un triángulo y los collados aparecen como dos líneas finas paralelas transversales. Las vaguadas no se dibujan como tales, pero sí mediante una línea fina continua que sigue el curso de los arroyos. Obviamente la información suministrada por los mapas de cordales está muy limitada, pero puede servir para seguir rutas de las que ya se posea algo de información. El hecho de que no permitan averiguar la forma de las montañas, impide resolver muchos problemas de orientación. Son inservibles para el estudio y diseño de nuevas rutas, a no ser que se disponga de dibujos, croquis o fotografías para complementar la información.

A finales del siglo pasado se comenzó a emplear un sistema basado en las curvas de nivel. Este procedimiento consiste en seccionar el terreno mediante un conjunto de planos horizontales equidistantes; las intersecciones de dichos planos con la superficie del suelo constituyen las mencionadas curvas de nivel, las cuales unen puntos de la misma altura. Las curvas se proyectan sobre un plano horizontal que sirve de base, obteniendo un conjunto de trazos en el mapa, de los que puede deducirse la forma del terreno. En efecto, por su propia definición, las curvas de nivel informan de la altitud y posición de puntos de la superficie. El espacio comprendido entre dos curvas consecutivas queda sin representar, por lo que para obtener una alta precisión de forma se necesita una gran densidad de curvas; es decir, que la equidistancia o diferencia de altura entre ellas sea muy pequeña. Pero esto tiene una limitación: el grosor del trazo sobre el mapa exige un mínimo de separación y tampoco se trata de emborronarlo todo.

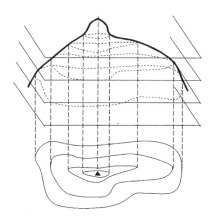

Seccionamiento imaginario de una montaña mediante planos horizontales equidistantes para obtener las curvas de nivel.

Normalmente, para una escala de 1:50.000, los mapas muestran las curvas de nivel con una separación que en la realidad representa 20 metros; cada cinco curvas hay una que se llama maestra, correspondiente a una altitud múltiplo de 100 y que se dibuja con un trazo más grueso. No todos los mapas siguen este criterio, pero la equidistancia de las curvas de nivel es un dato obligatorio.

La representación mediante curvas de nivel, siendo la mejor, tiene ciertas ambigüedades; toda forma tiene la misma representación que su inversa. Por ejemplo, un monte se muestra como un conjunto de curvas cerradas unas dentro de otras, pero una hondonada sin salida, también. Algo similar puede decirse de una vaguada frente a una loma; en ambos casos aparece un conjunto de ángulos. Para resolver estas ambigüedades, se intercalan en algunas curvas los valores de su altitud. Las hondonadas cerradas se representan mediante trazos discontinuos para diferenciarlas de los montículos.

Para ayudar a visualizar la forma del terreno, muchos mapas muestran un sombreado que es simulado pues no se corresponde con el que se vería en la realidad ya que se obtiene suponiendo la fuente de luz situada en la esquina superior izquierda del mapa, posición que corresponde al NO y sabemos que el Sol, al menos en el hemisferio norte, nunca puede aparecer ahí.

Las curvas de nivel permiten calcular exactamente la pendiente media de un tramo de ladera. Para ello se divide la diferencia de altura de dos curvas entre su separación horizontal, la cual se obtiene midiéndola en el mapa y conociendo la escala. No hay que cometer el error de mezclar unidades: si el desnivel se tiene en metros, la separación horizontal también. Si se quiere expresar la pendiente en tanto por ciento, basta multiplicar por cien el resultado de la división.

Allí donde las curvas se encuentren muy próximas, la pendiente es muy acusada, mientras que en las zonas llanas la separación entre curva y curva es muy grande.

■ 13.2.4 Representación de los distintos tipos de superficies

De lo que no informan las curvas de nivel es de la textura superficial. Dos montes de formas iguales, siendo uno herboso y el otro rocoso, tendrán la misma representación en el mapa. Podemos saber su pendiente, dato útil pero insuficiente para evaluar, por ejemplo, el riesgo de aludes; la ladera rocosa sería menos propensa.

Una ladera rocosa con escarpes cuyo desnivel sea de solo unos pocos metros ocasiona muchos problemas al montañero y, sin embargo, la equidistancia de 20 m de las curvas de nivel se saltaría todas esas pequeñas irregularidades. Para evitar estos problemas, los mapas de calidad señalan las zonas de escarpes rocosos, normalmente mediante unos dibujos entramados en negro. Y no solo eso; también las pedreras y zonas de derrubios tienen su representación con un punteado mientras que los neveros perpetuos y glaciares suelen aparecer con las curvas de nivel en azul sobre fondo blanco, indicándose a veces las zonas de grietas. Incluso ciertos mapas muestran los lugares más propensos a aludes.

■ 13.2.5 Signos convencionales

Además de lo que acabamos de ver, existe toda una simbología para representar carreteras, pistas, senderos, núcleos urbanos... Habitualmente no difieren mucho de unos mapas a otros, pero la normalización no es perfecta, por lo que los mapas deben incluir una tabla con todos los signos convencionales empleados y su significación. En esa tabla se proporcionan también los datos de escala, equidistancia de las curvas de nivel, la declinación magnética con su variación y la orientación del mapa. Esta última debe hacer coincidir el Norte geográfico con la parte superior, característica que se supondrá cuando se carezca del símbolo indicador del rumbo.

■13.2.6 Cálculo de longitudes en el mapa

Mediante la escala se mide y calcula directamente la separación horizontal rectilínea entre dos puntos; basta multiplicar la medida por el denominador de la escala (por ejemplo, para la escala 1:50.000, cada centímetro del mapa equivale a 1 x 50.000 = 50.000 cm = 500 metros).

Pero casi nunca coincide la separación horizontal con la distancia real (en terreno llano sí; en pendientes inferiores a 10° se puede despreciar el error). Si el tramo a medir es suficientemente pequeño como para caer íntegramente en una zona de pendiente constante, la distancia real se calcula fácilmente sin más que dividir la separación horizontal por el coseno del ángulo de inclinación del tramo (la inclinación del tramo sólo coincide con la de la ladera en el caso de la línea de máxima pendiente). O lo que es matemáticamente lo mismo, aplicando simplemente el Teorema de Pitágoras puesto que se conocen los dos catetos del triángulo rectángulo (separación horizontal y desnivel).

Si el tramo a medir comprende cambios de pendiente, habrá de descomponerlo en segmentos más cortos cuyos extremos coincidan con dichos cambios y calcularlos separadamente antes de sumarlo todo.

La descomposición en segmentos sirve como aproximación para el cálculo de longitudes de curvas. Cuanto más pequeños sean, mayor exactitud pero más trabajo. Existen unos artilugios llamados curvímetros que tienen una ruedecilla que se hace circular por el mapa sobre la curva, dando una lectura de la distancia recorrida; obviamente requieren tener en cuenta la escala.

13.3 TÉCNICAS DE ORIENTACIÓN

■ 13.3.1 Deducción del rumbo

Saber qué dirección tomar, o en cuál se encuentra el accidente geográfico observado, son cuestiones básicas para cualquier técnica de orientación. La deducción del rumbo es lo que relaciona el mapa con el terreno.

❐ *13.3.1.1 Mediante brújula*

Maniobra sencilla que, no obstante requiere un mínimo de rigor, como, por ejemplo, no colocar la brújula junto a equipos electrónicos encendidos (ARVA, linternas, radiotransmisores...). A veces un objeto metálico (piolet, herramientas...) puede encontrarse imantado; no es frecuente, pero puede darse el caso y su comprobación cuesta muy poco hacerla, basta con ver si hace girar la aguja de la brújula al acercarlo.

En las brújulas más baratas la aguja puede temblar mucho; hay que tener paciencia y no dar por buena la medida hasta que se estabilice.

En todos los casos, la brújula debe mantenerse horizontal. Las que tienen un dial inmerso en líquido para amortiguar las oscilaciones pueden presentar una burbuja (cuyo tamaño depende de la presión exterior) que colocada en el centro nos permite saber que está horizontal.

❐ *13.3.1.2 Mediante el Sol y un reloj*

Dado que el Sol sale por el Este, pasa por el Sur al mediodía y se pone por el Oeste, se puede establecer una relación entre la dirección en que se muestra este astro y el rumbo correspondiente sin más que conocer la hora solar.

A fin de aplicar esta técnica con más precisión, conviene saber que la hora solar no suele coincidir con la marcada por los relojes. La diferencia para los países de nuestro entorno geográfico es de una hora en otoño e invierno y de dos en primavera y verano; en ambos casos lo que marca el reloj es por exceso. Por ejemplo, al mediodía en verano, el Sol se encuentra en lo más alto y se ve en el Sur hacia las 14 horas de reloj, pero serían las 12 horas solares.

Idealmente, el Sol sale a las 6 de la mañana y se pone a las 6 de la tarde; exactamente 12 horas, lo que implica una duración igual para el día y para la noche; solo ocurre dos veces al año: los equinoccios de verano e invierno, que marcan respectivamente la llegada de la primavera y del otoño. Es costumbre que en la noche del sábado al domingo inmediatamente siguientes a esas fechas se cambie la hora en muchos países. No tener en cuenta el desfase horario entre el Sol y el reloj supone asumir un error de hasta dos horas, lo que equivale a 30° de diferencia en el rumbo.

En diciembre, el Sol sale mucho más tarde y se pone antes, teniendo un recorrido inferior a 180°; lógicamente, al salir no está en el Este, sino en torno al ESE, mientras que al ponerse, lo hará hacia el OSO. En Junio ocurre lo contrario, saliendo por el ENE y poniéndose por el ONO. En todos los casos, el medio día sí corresponde al Sur.

Tomando como hipótesis que nos encontramos en fechas próximas a los equinoccios y que ajustamos el reloj a la hora solar, se seguirá este procedimiento:
- Orientar el reloj de modo que la saeta gruesa apunte al Sol.
- Visualizar el ángulo formado por la saeta gruesa y la cifra del 12.
- Trazar la bisectriz de ese ángulo, pues coincide con la dirección norte-sur.

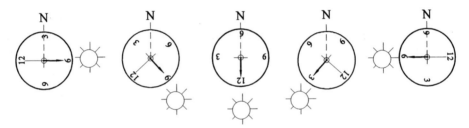

La bisectriz del ángulo formado por la cifra del 12 y la saeta gruesa apuntando al Sol, siempre indica el Norte.

- De los dos sentidos posibles, el Norte corresponde a la sombra.

Si el reloj es digital, habrá que dibujar un círculo con la posición de las agujas cada vez que se quiera emplear este método.

La explicación de por qué, gracias a la aplicación de este método, la bisectriz señala siempre la dirección norte-sur independientemente de la hora, es la siguiente:

La saeta gruesa sigue al Sol, es decir, gira con una velocidad respecto del suelo de 180°/12 h en sentido horario.

La esfera del reloj, y por tanto, la cifra 12, gira respecto de la saeta gruesa 360° pero en sentido contrario.

En consecuencia, el giro neto (respecto del suelo) de la esfera es de 180°/12 h., pero en sentido contrario a las agujas del reloj.

La velocidad de la bisectriz es la media de las velocidades de las dos líneas que conforman el ángulo; en este caso son iguales y de sentido contrario, por lo que la bisectriz no se mueve.

A título de curiosidad, comentar que se puede realizar el cálculo inverso; es decir, deducir la hora a partir de la posición del Sol y contando con la ayuda de la brújula.

❑ 13.3.1.3 Mediante la Estrella Polar

Durante la noche las estrellas giran aparentemente en el firmamento; al cabo de unas horas se puede apreciar que se han desplazado siguiendo un arco circular. En realidad lo que ocurre es que la Tierra gira respecto del eje polar, por lo que aquellas estrellas situadas en la prolongación del mismo habrán mantenido una situación estática que además, se corresponde con el rumbo a los polos en latitudes no demasiado próximas a ellos.

En el hemisferio norte se aprovecha la Estrella Polar porque, además de cumplir el requisito de indicar siempre el Norte, es fácil de encontrar. Esta estrella es el extremo de la constelación llamada Osa Menor. No siempre es muy distinguible, pues las estrellas intermedias tienen una intensidad más baja. Más homogeneidad de brillo muestran las de la Osa Mayor, existiendo una regla que permite localizar la Estrella Polar a partir de esta constelación. Para ello, de la parte final del carro, se traza un segmento cuatro veces más largo que la separación existente entre las dos últimas estrellas, con lo que aproximadamente se dará con la Estrella Polar.

Obtención del rumbo por la noche.

❑ 13.3.1.4 Comparando el mapa y el terreno

Un mapa de calidad informa no solo de la situación de los accidentes geográficos relevantes, sino de la forma de los mismos. Quien sepa interpretar correctamente las curvas de nivel sabrá reconocer, identificar y situar en el mapa aquello que ve en el terreno.

❑ 13.3.1.5 Observando ciertos detalles

Antes de dar la lista de detalles que pueden indicar la orientación, hemos de advertir que solo hay que acudir a ellos cuando no queda más remedio, pues la variedad y complejidad de los microclimas locales puede llevar a engaño.

El musgo que aparece en rocas o árboles abunda más en las caras que miran al Norte.
La nieve se conserva más tiempo en las vertientes norte.
Asimismo, en las laderas que miran al Sur la vegetación es diferente, puede haber encinas mientras que al N encontraríamos robles. La evaluación de este dato requiere conocer las características de la vegetación de la región.

13.3.2 Identificación de puntos y accidentes geográficos

Este es uno de los ejercicios que deben realizarse con más frecuencia, al menos la suficiente para no perderse. Se parte de la base de que conocemos nuestra posición en el mapa. Mediante la brújula o cualquier otro método, averiguamos el rumbo en el que se encuentra un accidente geográfico desconocido, pero visible. A continuación, sobre el mapa y desde la posición en que estamos, se traza con ese rumbo una línea que pasará por ese accidente geográfico.

Un error fácil de cometer al principio es confundir el eje respecto del que se miden los grados de rumbo. En orientación es siempre el eje norte-sur y el sentido de las agujas del reloj, mientras que en matemáticas, se suele emplear el eje horizontal y el sentido contrario.

13.3.3 Estimación de distancias o tamaños

El cálculo de la distancia a que nos encontramos desde un accidente geográfico que podamos observar no es muy preciso, pero permite realizar una estimación aproximada de gran utilidad para determinar luego, con la ayuda de algún otro dato que obtendremos con la brújula, el altímetro o el estudio del mapa, nuestra posición en el mismo.

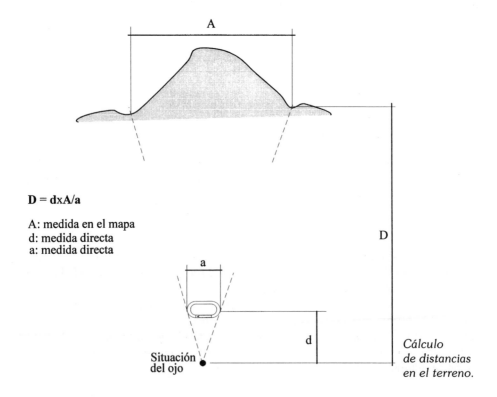

$D = dxA/a$

A: medida en el mapa
d: medida directa
a: medida directa

Cálculo de distancias en el terreno.

El fundamento teórico es la semejanza de triángulos. Se parte de un triángulo perfectamente conocido cuyos tres vértices son un ojo y los dos extremos de un objeto de referencia (puede ser la propia mano) que se encuentre a nuestra disposición. Para averiguar la longitud de ese objeto no se requiere llevar una regla, puede servir la escala gráfica que tienen dibujada los mapas. También se necesita divisar un accidente geográfico cuya anchura calculamos en el mapa; por ejemplo, un pico delimitado por dos collados.

Se procede de la siguiente manera:
- Se sitúa frente al observador el objeto de referencia, de modo que sus extremos aparezcan superpuestos con los del accidente geográfico.
- Se mide la distancia (d) entre el objeto de referencia y el ojo.
- Se divide esa distancia por la anchura (a) del objeto de referencia.

Se multiplica el resultado por la anchura (A) del accidente geográfico, obteniéndose así la distancia (D) al mismo.

■ 13.3.4 Averiguación de la posición

A partir de una correcta interpretación del mapa y de unas sencillas técnicas que explicaremos en seguida, es posible averiguar nuestra posición. Esta es la primera medida que hay que adoptar cuando nos hayamos perdido, pues suele ser más fácil conservar y actualizar la información de la situación, que recuperarla.

Existen diversas ayudas electrónicas a la navegación que, a partir de ciertas estaciones emisoras terrestres y con el equipo adecuado, permiten conocer en todo momento la posición. Estas ventajas no estaban disponibles para el montañero o el explorador hasta que surgieron los GPS portátiles (Sistema de Posicionamiento Global), pequeños (400 gramos) aparatos electrónicos que recibiendo la información desde al menos tres de una red de veinte satélites geoestacionarios (que giran a la misma velocidad que la Tierra, por lo que aparentan estar siempre en el mismo sitio), proporcionan la situación con un margen de error muy reducido (unos 20 m).

Si se cuenta además con una cuarta señal, se puede saber también la altitud. En un visor aparecen las coordenadas geográficas, siendo inmediato trasladarlas al mapa para obtener la situación exacta. Entre las cada vez más numerosas opciones que ofrecen, se encuentra la de memorizar varios puntos concretos (por ejemplo, el pico que se pretende ascender), permitiendo conocer rápidamente la distancia que nos separa de alguno de ellos.

El precio actual de los GPS es elevado (tanto como todo el equipo de travesía básico), pero esperemos que se hagan más asequibles en un futuro próximo. Aún disponiendo de un aparato de este tipo, nadie está exento del deber de conocer las técnicas tradicionales de localización, muy apropiadas para las zonas montañosas donde es fácil obtener referencias y la probabilidad de caer en áreas de sombra de la señal del satélite es alta.

La posición viene determinada por tres valores: longitud, latitud y altitud. Como en todos los sistemas de ecuaciones e incógnitas, se requiere la misma cantidad de unas que de otras para obtener la solución. Si el número de ecuaciones es inferior, tendremos demasiados puntos posibles; si es superior, sobra información; no obstante, podría servir para confirmar. Obviando en principio la altitud, de la que hablaremos luego, podemos reducir el problema del cálculo de la posición a un nivel bidimensional en el que nuestras dos únicas incógnitas serán las coordenadas geográficas o, dicho de otro modo, el punto del plano correspondiente a nuestra posición. Necesitaremos, por tanto, dos informaciones independientes, que procederán del trazado de dos rectas en el mapa.

El procedimiento para averiguar la posición se basa en una premisa: se divisan al menos dos puntos conocidos y no superpuestos. Se ejecuta como sigue:
 - Se observa el rumbo en el que se encuentra el primero de los puntos conocidos.
 - Se calcula el rumbo contrario (evidentemente, si tenemos un pico al N, nosotros nos encontramos al S del mismo).
 - Se traza sobre el mapa una línea con este último rumbo desde el primer punto.
 - Se repiten los tres pasos precedentes para el segundo punto.
 - El lugar de corte de las dos líneas corresponde a nuestra posición.

Ahora se comprenderá por qué decíamos que los dos puntos no podían estar superpuestos. Se logra mayor precisión si los rumbos difieren alrededor de 90°.

Cualquier otro rumbo obtenido desde otro punto debe coincidir aproximadamente con la posición calculada; únicamente caben los errores debidos a la declinación magnética o a imprecisiones de apreciación. En todo caso, serán diferencias inferiores a 10°.

Si nos interesa averiguar la altitud, la tercera incógnita, necesitamos otra información. Si el mapa es bueno (curvas de nivel), bastará con leer en él la altitud correspon-

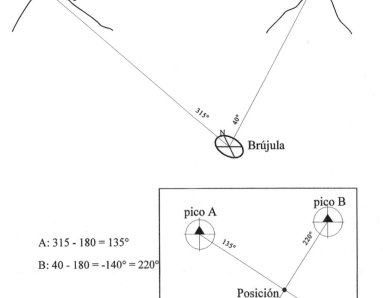

Determinación de la posición en el mapa a partir de dos puntos conocidos en el terreno.

diente al punto geográfico calculado. El dato se obtendrá con tanta mayor precisión cuanto menor sea la pendiente; evidentemente en una pared, caso extremo de inclinación, hay infinitas altitudes para un mismo punto.

Si solo podemos identificar un accidente geográfico, únicamente podremos trazar una recta en el mapa, encontrándonos en uno de sus infinitos puntos y necesitando introducir alguna restricción para discernir cuál. Para ello existen varios trucos, no siempre de posible aplicación pero de interesante conocimiento. Uno de ellos consiste en estimar la distancia que nos separa del accidente geográfico identificado. Otra posibilidad es comprobar qué características (forma, orientación...) tiene el punto donde se está; por ejemplo, si la línea trazada en el mapa solo cruza un collado y nosotros nos encontramos en uno, está claro que tiene que ser el mismo. Resumiendo, se trata de ir eliminando posiciones hasta dar con la única posible y correcta.

■ 13.3.5 Uso del altímetro

El altímetro sirve para resolver indeterminaciones, confirmar localizaciones ya calculadas o, en su consideración como barómetro, predecir cambios de tiempo.

Abundando en las indeterminaciones existentes cuando solo se ha logrado identificar un accidente geográfico, nuestra posición estará en un punto en el que el rumbo trazado en el mapa corte la curva de nivel correspondiente a la altitud indicada por el aparato. Si ese punto es único, ya está solucionado el problema, pero aunque haya varios, es posible que algunos estén en una ladera con una orientación distinta de la nuestra o que se encuentren muy alejados, con lo que podremos ir descartándolos.

Hay otros ejemplos de utilización, como el caso de una ruta que descienda por una ladera hasta una determinada altitud en la que se toma un desvío; si estamos envueltos en la niebla, la única manera de resolver es mediante el altímetro; una vez alcanzada la altitud, la dirección del desvío la obtenemos mediante la brújula.

Los altímetros, como aparatos susceptibles a las variaciones de presión atmosférica, falsearán la medición si aquélla no es estable. Para reducir el error, conviene ajustar el valor cada vez que se pase por un punto de altitud conocida.

■ 13.3.6 Comportamiento en situaciones sin visibilidad

Cuando la visibilidad es muy baja (niebla, bosques, nocturnidad), a no ser que se disponga de un GPS, no es posible averiguar nuestra posición una vez perdida. No se ven puntos geográficos desde los que trazar rumbos con la brújula. El altímetro sólo da una información insuficiente por sí misma. Por tanto, lo mejor es mantener en todo momento el conocimiento de nuestra posición. Es relativamente fácil conservarlo si se actúa con rigor, pero imposible de recuperar una vez perdido. El problema del avance en estas circunstancias tiene dos facetas: seguir el rumbo y detectar cuándo se llega a un punto donde se debe cambiar. La otra opción es esperar, pues a veces la niebla levanta.

Aunque sin aplicación muy directa al esquí de montaña (salvo en algunas expediciones polares), debemos señalar que las grandes llanuras, debido a la falta de referencias, pueden presentar problemas de localización tan graves como la más densa de las nieblas.

La brújula permite seguir el rumbo, pero para no acumular errores, el mejor procedimiento es con tres personas avanzando separadamente una detrás de otra. El último es quien lleva la brújula en la mano, al menos al principio; éste ha de permanecer quieto mientras los otros dos avanzan unos metros, limitados por el alcance visual y el auditivo, pues irán recibiendo indicaciones de izquierda o derecha. A continuación, los dos primeros se detienen; gracias a la separación entre ellos, constituyen un segmento representativo del rumbo. El tercero puede ahora guardar la brújula (puede ser muy engorroso esquiar mirándola constantemente) y avanzar colocándose en la primera posición, para lo que recibirá las indicaciones correctoras. El que ocupa ahora la última posición tendrá que ver superpuestos a los otros dos.

Si hay dos personas, no se puede guardar la brújula. El segundo, aguarda a que el primero avance siguiendo las indicaciones hasta detenerse antes de que se dejen de oír. A continuación se reúnen y se repite la operación. Si va uno solo, tendrá que confirmar el rumbo cada pocos metros. Siempre es útil ayudarse con elementos de referencia tales como rocas, montículos de nieve, arbustos; si vemos que el rumbo pasa junto a uno de ellos, podemos llegar hasta él y entonces volver a mirar la brújula.

En condiciones de buena visibilidad, no suele ser necesaria una precisión exagerada del rumbo; los errores debidos a la declinación magnética son perfectamente asumibles porque la propia visión del terreno resuelve toda imprecisión, pero en caso de tener que seguir un rumbo con la brújula durante mucho tiempo, sí convendrá hacer la corrección, además de alejar cualquier objeto, como los aparatos electrónicos, que pudiera falsear la medida. Un error de 10° provoca desvíos aproximados de 170 metros por cada kilómetro recorrido.

Más difícil es saber cuándo hay que cambiar de rumbo. Si tiene que hacerse en una determinada altura, el altímetro será de gran ayuda. Puede ocurrir también que el cambio de dirección coincida con la llegada a un collado (en cuyo caso el hecho de pasar de subir a bajar nos indicará dicha situación), a una vaguada o a cualquier otro accidente reconocible a pesar de la niebla. En caso contrario, no queda más remedio que medir la distancia a recorrer, lo que no puede hacerse con la debida precisión si se desciende esquiando; el procedimiento consiste en averiguar el promedio de los pasos e irlos contando, técnica que multiplica el error y no se podrá aplicar a distancias muy largas.

Hay ocasiones en las que tramos importantes de la ruta a seguir discurren íntegramente por accidentes geográficos como lomas, líneas de cimas o fondos de valle, lo que resulta muy ventajoso pues permite incluso prescindir de la brújula si se procede con arreglo a los siguientes consejos:

Lomas

Si tienen que seguirse en sentido ascendente, se hará por la línea de máxima pendiente y viceversa.

Líneas de cumbres

Según vayamos hacia la cumbre o hacia el collado, iremos por la línea de máxima pendiente al ascender y de mínima pendiente al bajar.

Dependiendo de la forma de una cumbre, pasar al collado siguiente no siempre requiere ir por la línea de mínima pendiente; conviene consultar el mapa con toda la frecuencia que se necesite.

Fondos de valle

Al contrario que las lomas, los fondos de valle se recorren inequívocamente si se sigue la línea de mínima pendiente al subir y la de máxima al bajar. Ambas coinciden con la vaguada.

13.4 INTERPRETACIÓN DE GUÍAS DESCRIPTIVAS DE ITINERARIOS

Existe una bibliografía cada vez más extensa especializada en la explicación de rutas de esquí de montaña por diversas cordilleras.

Heredando la experiencia de los libros y mapas de montañismo y senderismo, se han incorporado comportamientos de gran utilidad. Por ejemplo, la coordinación entre un libro guía y su mapa correspondiente, sobre el que aparecen trazadas las rutas con una codificación numérica idéntica a la del libro. Se va imponiendo el convencionalismo de dibujar con trazo continuo los tramos no problemáticos, mientras que se reserva el punteado para aquellos cuya dificultad suele exigir quitarse los esquís.

Es también costumbre casi universal que las indicaciones "izquierda" y "derecha" se refieran al sentido de marcha, mientras que si se habla de márgenes, riberas o laderas de un valle sea justo al contrario: se toma como sentido de referencia el del fluir del agua.

Los horarios que aparecen en las guías suelen ser razonables, entrando de lleno en lo que se podría considerar válido para un esquiador medio y con unas condiciones de nieve aceptables. No obstante, dado el carácter orientativo y variable de los horarios, conviene tomarse un margen de seguridad.

La terminología empleada puede presentar peculiaridades propias del área donde se desenvuelven los autores, siendo necesario tenerlo en cuenta. Por ejemplo, las guías de esquí de montaña de la zona de Sierra Nevada usan el término "canuto" por el de tubo o corredor y el de "vasar" por el de repisa. También las obras procedentes de traducciones se prestan a confusión: la palabra francesa "epaule" (hombro) se traduce erróneamente al castellano como "espalda", término que no tiene sentido orográfico.

14
PREVENCIÓN Y PRIMEROS AUXILIOS

Las actividades de esquí de montaña pueden implicar cierto riesgo y se desarrollan en un medio a menudo hostil y apartado, sobradas razones para justificar la inclusión de este capítulo. A lo largo del mismo iremos viendo, entre otras cosas, qué se puede hacer para aumentar las posibilidades de supervivencia de un accidentado. Pero siempre habrá que recordar las dos siguientes consignas:
- La prevención es la mejor opción.
- Ante la duda, más vale no hacer nada.

Sería absurdo explicar aquí todo lo que se puede hacer frente a un accidentado: nunca se transporta todo lo que sería necesario, a lo sumo un pequeño botiquín. Por otro lado, salvo procedimientos muy evidentes y sencillos, es el médico el único capacitado para actuar correctamente. Por tanto, el contenido de este capítulo se restringe a aquello que un profano pueda realizar.

14.1 PROBLEMAS DERIVADOS DEL FRÍO

Se pueden presentar como consecuencia de un equipo inadecuado, de la incorrección en su uso, de una mala alimentación, asociados al cansancio general o debidos a la permanencia en la nieve tras sufrir una caída o una avalancha.

■ 14.1.1 Hipotermia

Consiste en un enfriamiento general del cuerpo, en el que la temperatura cae por debajo de 35°.

Síntomas
Fatiga física y mental, mala coordinación de movimientos, patente al andar o al hablar. Las dificultades para vocalizar que aparecen frecuentemente al enfriarse los labios no implican la existencia de hipotermia.

Prevención
Hay que dosificar el esfuerzo para evitar mojarnos con el sudor e impedir o retrasar el agotamiento físico.

Conviene quitarse ropa antes de realizar un esfuerzo de cierta intensidad, y abrigarse inmediatamente al cesar en él.

Las paradas se realizarán en lugares protegidos del viento.

Tratamiento
Todo tratamiento puede ser infructuoso si la persona afectada permanece con ropas húmedas.

Es muy bueno proporcionar bebidas calientes y comida de rápida asimilación (hidratos de carbono).

Entre 34° y 35° la hipotermia no es demasiado grave, pudiéndose recuperar el afectado mediante el calor por él generado si se abriga suficientemente, por ejemplo dentro de un saco de dormir.

Por debajo de 34° se necesitará una fuente adicional de calor, siendo una posibilidad factible introducir al afectado con otra persona en un mismo saco. Se supone que en la montaña no se dispondrá de una bañera de agua caliente...

Si la temperatura cae por debajo de 32° se producirá el coma y posteriormente la muerte.

■ 14.1.2 Enfriamiento y/o congelación de miembros

Principalmente las manos y los pies (aunque a veces también el rostro) son las zonas más expuestas a la pérdida de calor por varias razones. Tienen una relación entre superficie y masa muy alta; se encuentran alejadas del cuerpo, por lo que no tienen bien garantizado el riego sanguíneo; han de contactar con la nieve frecuentemente y, por si fuera poco, el cuerpo humano reacciona ante el enfriamiento con una vasoconstricción de la que son víctimas propiciatorias.

Dentro de las *extremidades*, las partes más propensas a sufrir la congelación son los dedos, comenzando por las puntas, y también la planta del pie.

La congelación no es más que la consecuencia derivada de un enfriamiento excesivo. Hablamos de congelación de miembros y no del cuerpo porque mucho antes de llegar a esa situación ya se habría producido la muerte, mientras que es perfectamente posible que un miembro sufra la congelación pese a que el resto del cuerpo se encuentre a una temperatura correcta.

Síntomas
Pérdida de sensibilidad y de movilidad. Si avanza el enfriamiento y se produce congelación, la piel que en principio se vuelve blanca, comienza a mostrar ampollas, poniéndose más tarde negra.

Prevención
Abrigarse correctamente: un cuerpo frío repercute negativamente en la temperatura de las extremidades.

No tocar la nieve sin guantes impermeables. Las manoplas abrigan mucho más.

Impedir que las botas y los guantes vayan demasiado ajustados, porque dificultan la circulación.

Tratamiento
Las medidas se tomarán con prontitud, sin consentir que el enfriamiento vaya a más. Para las manos existe un ejercicio infalible, consistente en agitar los brazos describiendo círculos. Como la fuerza centrífuga es proporcional al radio y al cuadrado de la velocidad angular, conviene hacerlo con el brazo y los dedos bien extendidos. Se notará cómo la sangre llega netamente hasta la punta de los dedos. Al producirse el calentamiento se puede sentir un fuerte dolor, que se alivia manteniendo la mano en alto unos segundos. Dar palmas o frotar tiene un efecto ridículo comparado con el conseguido al trazar círculos.

Para los pies no hay una solución tan potente, pero existen otras medidas. Se puede saltar con amplias flexiones, consiguiendo así no solo que la sangre baje, sino que el calentamiento generado por este ejercicio en todo el cuerpo favorezca también. Otra opción es correr sin desplazarse o, mejor aún, realizar series de movimientos de péndulo con cada pierna, para lo que es recomendable buscarse una especie de escalón que permita hacerlo más cómodamente. Mover los dedos no genera mucho calor, pero sirve para saber que no están congelados.

Las congelaciones pueden tratarse mediante inmersión en agua caliente (no demasiado), pero es mejor aguantar con el miembro congelado (se puede esquiar con un pie en ese estado sin dañarlo) y dirigirse a un lugar con medios y personal adecuado. El miembro descongelado necesita un tiempo importante de recuperación, y una segunda congelación es mucho más grave.

La gangrena y la amputación son serias amenazas para un miembro congelado, por lo que seguiremos insistiendo en la prevención.

14.2 PROBLEMAS DERIVADOS DE LA ALTITUD

Como consecuencia de la menor densidad de oxígeno existente en altitud (la presión parcial del oxígeno disminuye aproximadamente un 9% cada 1.000 m de ascenso), el cuerpo trata de adaptarse mediante un conjunto de reacciones de diversas consecuencias. Cuando lo consigue satisfactoriamente, hablamos de aclimatación, siendo un proceso que requiere un tiempo variable en función de la altitud y de la persona. Pese a que algún fármaco ha logrado efectos notables, los especialistas recomiendan la aclimatación como la mejor opción.

Para altitudes que superen cierto límite nunca se consigue una aclimatación que posibilite permanecer por encima indefinidamente. Actualmente se piensa que ese límite se encuentra en torno a los 6.000 metros, aunque es tema de investigación.

Muy por encima de aquella altitud a la que el cuerpo se haya aclimatado sólo se pueden realizar actividades, o incluso permanecer, durante un tiempo limitado; es decir, hasta que se produzca un deterioro físico importante.

Hay factores que favorecen la aparición de los trastornos asociados a la altitud: rapidez de ascensión, esfuerzo excesivo, alimentación deficiente y frío.

■ 14.2.1 Mal de altura

No suele presentarse si la permanencia en altitud es breve, solamente se apreciaría un mayor cansancio, a menudo difícil de discernir del motivado por los esfuerzos debidos a la pendiente, la apertura de huella o cualquier otra causa. Si se va a pasar una noche a más de 3.000 metros y no se está aclimatado, es probable que se presenten síntomas, aunque no aparezcan para todas las personas ni tampoco en todas las ocasiones en las que un individuo concreto realice la misma experiencia.

Síntomas

Náuseas, mareos, inapetencia, palpitaciones, dificultad para conciliar el sueño, dolor de cabeza, incluso a veces euforia, muy peligrosa por invitar a acometer riesgos excesivos. Según la intensidad que alcancen, se podrá acometer alguna actividad aunque con limitaciones. Los edemas pulmonar y cerebral son casos graves del mal de altura.

Prevención

Una correcta aclimatación basada en una adaptación gradual a la altura. Se recomienda dormir unos 400 ó 500 metros por debajo del máximo nivel alcanzado, ya que buena parte de los trastornos aparecen al final del sueño.

Tratamiento

Una aspirina ayudaría a aliviar el dolor de cabeza. Si la sintomatología es leve, puede que al cabo de un tiempo (no más de 4 días) desaparezca sin necesidad de bajar. Los edemas son tratados con diuréticos, sustancias que favorecen la eliminación de líquido y, por tanto, reducen la presión celular; sin embargo, su administración corresponde al médico.

■ 14.2.2 Edema pulmonar

Cuando la aclimatación es incompleta, la densidad de glóbulos rojos no ha aumentado lo suficiente, por lo que se envía a los pulmones más sangre de lo habitual para compensar la escasez de oxígeno. Este flujo extra puede romper vasos capilares en los alvéolos pulmonares, produciendo su encharcamiento. Este edema tarda unas seis horas en aparecer.

Síntomas

Dificultades respiratorias, tos persistente, espectoraciones mucosas, incluso sangrientas.

Prevención
Además de las medidas propuestas para el mal de altura, conviene abstenerse de acometer ejercicios violentos hasta conseguir una aclimatación buena, lo que puede ocurrir a los 10 días.
Tratamiento
Se impone un descenso inmediato porque la supervivencia está amenazada. Afortunadamente, suele bastar con quedarse un tiempo a menor altitud para que se produzca una recuperación satisfactoria.

■ 14.2.3 Edema cerebral

Otra manifestación del mal de altura agudo, como el edema pulmonar, puede ocasionar la muerte.
Síntomas
Cefalea, alteraciones de la conducta, problemas para hablar y coordinar movimientos, trastornos visuales, alucinaciones y vómitos.
Tratamiento
Como en todas las patologías asociadas a la altitud, procede descender sin dilación. El escaso éxito de la aplicación de medicamentos contrasta con los buenos resultados obtenidos simplemente con bajar.

14.3 AFECCIONES CAUSADAS POR EL SOL

Desde las quemaduras cutáneas, que pueden revestir cierta gravedad, hasta las menos frecuentes insolaciones, debemos recordar que los efectos perjudiciales de los rayos solares están presentes también en días nublados.

■ 14.3.1 Quemaduras cutáneas

El reflejo de los rayos solares contra la nieve provoca que se puedan recibir desde prácticamente cualquier dirección. No son raras, por tanto, quemaduras en zonas como, por ejemplo, debajo de la barbilla, que difícilmente se producirían en otros ambientes.
Síntomas
Al enrojecimiento típico de la parte afectada, le sigue una sensación de escozor y de hipersensibilidad al roce. También aparecen numerosas pequeñas ampollas. Al cabo de unos días, la parte afectada se desprende.
Prevención
Aplicarse cremas con un factor muy alto (por ejemplo 16, aunque la sensibilidad varía de unas personas a otras), que incluyan también protección total contra los rayos ultravioleta.
La aplicación de crema debe renovarse varias veces a lo largo de una jornada. Conviene no dejarse zonas sin proteger: las inmediaciones de las orejas, las muñecas (pue-

den quedar expuestas si la manga no llega hasta el guante) o el cuello se olvidan frecuentemente.

Se puede improvisar una máscara con un pañuelo.
Tratamiento
Poco puede hacerse una vez producida la quemadura. Un paño húmedo con un poco de vinagre es un remedio casero no siempre de fácil aplicación en la montaña. Por supuesto, hay que impedir la continuación de la exposición de la zona afectada.

■ 14.3.2 En los labios

Al igual que la piel, los labios pueden sufrir serias quemaduras solares, aunque también se pueden agrietar por el frío y la sequedad ambiental. En cualquier caso, hay que usar algún protector labial, siendo los más frecuentes los presentados en barra, gracias a su facilidad para aplicarlos con guantes. Es importante renovar la protección después de comer o beber.

En caso de necesidad puede utilizarse un pintalabios normal de cosmética.

■ 14.3.3 En los ojos

Conjuntivitis y ceguera (normalmente temporal), son motivos suficientes para no olvidarse jamás las gafas. Se puede dar por prácticamente seguro que un día entero soleado y sin protección ocular basta para originar problemas serios.
Síntomas
Cuando el ojo comienza a sufrir, lo manifiesta mediante enrojecimiento, lacrimeo, escozor y sensación de que se ha introducido alguna partícula.
Prevención
Si se pierden las gafas durante la actividad, aún se pueden adoptar unas cuantas medidas.

Si el terreno lo permite, se puede ascender con los ojos cerrados durante la mayor parte del tiempo; por ejemplo, abriéndolos alternada o intermitentemente para visualizar los siguientes metros.
Tratamiento
Las medidas propuestas para cuando se pierden las gafas son también válidas si aparecen los primeros síntomas. En cuanto se pueda, hay que proteger el ojo de cualquier fuente luminosa.

14.4 TRASTORNOS OCASIONADOS POR LA NIEBLA

Hay personas que, envueltas por la niebla, sufren mareos y dificultades para mantener el equilibrio. También se produce algo similar cuando las nubes, aun permaneciendo altas, impiden apreciar la textura de la superficie de la nieve. Realmente el sentido del equilibrio no depende exclusivamente de la información visual, pero la pérdida de ella puede ocasionar trastornos que pueden paliarse.

Se pueden tomar algunas medidas como las siguientes: esquiar lentamente; mirar al suelo justo delante de los esquís, es posible que se aprecie algo de textura; fijarse en piedras, o arbustos si los hubiera; seguir a otro esquiador mirando sus esquís, obteniendo así información de la situación de la superficie. Sobre todo, nunca dejar sola a una persona en la niebla.

14.5 ROZADURAS

Pueden dar al traste con la actividad y surgen con demasiada facilidad. Se producen porque las capas exteriores de la piel reciben una tensión deslizante que las estira al mismo tiempo que crea un esfuerzo de cizalladura entre ellas y las interiores, desembocando en una separación, que se suele rellenar de líquido.

Síntomas
Sensación de escozor localizada en algún punto del pie donde incida la bota. Con toda probabilidad habrá aparecido una ampolla.

Prevención
Ajustar correctamente la bota (consultar el capítulo correspondiente), colocar esparadrapo directamente sobre la piel allí donde sepamos que tenemos tendencia a sufrir las rozaduras. Evitar la repetición excesiva de esfuerzos, como ocurre, por ejemplo, en las diagonales muy largas.

Tratamiento
Al menor síntoma, parar y descalzarse para comprobar si hay ya una pequeña ampolla. En caso afirmativo, conviene vaciarla con una aguja desinfectada. Después se cubre la zona afectada con esparadrapo si la piel de la ampolla no se ha roto; en caso contrario, conviene colocar un apósito especial *(Compeed)* que se puede mantener durante varios días, permitiendo seguir la actividad mientras va cicatrizando la herida.

14.6 CONSECUENCIAS DIRECTAS DE UN ACCIDENTE

Una caída o una avalancha pueden conllevar una permanencia prolongada en la nieve, que ocasionaría una hipotermia o una congelación. Ya hemos hablado de ello, y nos vamos a dedicar ahora a otras situaciones que podremos encontrar al llegar a la víctima, que pueden ir desde una urgencia vital hasta un leve traumatismo.

Hay que considerar como grave cualquier situación de inconsciencia, que podrá venir acompañada de pérdida de pulso, de respiración o de ambas. No hay que confiarse porque el accidentado permanezca consciente, pues podría perder ese estado como consecuencia, por ejemplo, de hemorragias internas. Se pueden adoptar varias medidas entre las que se incluyen abrigar bien a la víctima y organizar la evacuación urgentemente. Según los medios disponibles, las posibilidades de supervivencia y otras circunstancias como la climatología o lo abrupto del terreno, habrá que decidir entre solicitar la ayuda de los equipos de rescate o proceder directamente al transporte de la víctima. Mover al herido puede ser contraproducente si ha sufrido lesiones en la columna.

La ausencia de pulso y de respiración no implica necesariamente la muerte. Es posible una reanimación mediante respiración artificial y masaje cardiaco según proceda.

■ 14.6.1 Pérdida de respiración

Síntomas
A veces se respira tan débilmente que resulta difícil averiguarlo. Al colocar unas gafas de sol muy cerca de la nariz no se empañan (las de ventisca no lo harían aunque respirara).

Tratamiento: Respiración artificial boca a boca
Situar a la víctima tumbada boca arriba. Poniendo la cabeza algo más baja que los hombros se evita que la lengua obstaculice el paso del aire. Si se sospecha la existencia de lesiones vertebrales, todo movimiento deberá hacerse sin desplazamiento relativo entre las partes; en vez de mover la cabeza, se tirará solo de la barbilla. No son tareas a realizar por personal no especializado, pero una inhibición conducirá rápidamente a una muerte segura.

Asegurarse de la ausencia de objetos extraños en la boca o en la garganta, así como de que ninguna prenda ajustada (sujetador, cinturón, pantalón de peto...) impida la expansión del pecho al insuflar el aire.

Tapar la nariz de la víctima, abrirle la boca y, tras llenar plenamente sus pulmones el socorrista, acoplar de la manera más hermética posible ambas bocas (situación transversal) e insuflar el aire con fuerza.

Permitir la liberación espontánea del aire insuflado. Se producirá en cuanto el socorrista retire su boca, pero si es necesario, se puede ayudar presionando en el pecho.

Repetir la maniobra cada 4 ó 5 segundos, hasta que el accidentado respire solo.

■ 14.6.2 Paro cardiaco

Síntomas
Ausencia de pulso (no siempre es fácil de detectar, los mejores sitios son el cuello y las muñecas) y de respiración, pupilas dilatadas incluso con luz, palidez.

Tratamiento: Masaje cardiaco
Tumbar a la víctima boca arriba sobre una superficie dura.

Presionar rítmicamente (aproximadamente una vez por segundo) con ambas manos sobre el pecho, en la posición del corazón, obteniendo un hundimiento de unos 4 cm.

Combinar el masaje cardiaco con la respiración artificial boca a boca: una maniobra de respiración por cada 3 ó 4 impulsos de masaje.

Si el cerebro permanece más de 5 ó 6 minutos sin recibir oxígeno mediante el riego sanguíneo, sufrirá daños irreversibles con toda probabilidad. Sin embargo, conviene mantener el tratamiento hasta la llegada de los equipos de salvamento o hasta que se constate la muerte, nunca antes de 20 minutos. Se han descrito casos de recuperaciones milagrosas.

■ 14.6.3 Hemorragias

Pueden ser internas o externas; aquéllas, difíciles de detectar.

Síntomas

Cuando la pérdida de sangre es importante, aparece palidez y enfriamiento. Hay que sospechar la existencia de una hemorragia interna, o de una externa oculta bajo la ropa. Otros síntomas, como el pulso acelerado, pueden ser propios de una situación general de cansancio.

Tratamiento

Tanto en hemorragias externas como internas, se tumbará a la víctima, manteniendo las piernas en alto. No administrar líquidos.

Si la hemorragia es externa y en un miembro se optará por una compresión, que puede hacerse con una venda o un pañuelo, oprimiendo fuertemente con la mano. Si no da resultado, y si la hemorragia es arterial (sangre de color rojo vivo y fluir pulsante y abundante), se puede presionar con el dedo en la axila o en la ingle según el caso. El último recurso es el torniquete, que se colocará cerca de la herida pero en dirección al cuerpo. Si se sabe distinguir la hemorragia procedente de una vena (sangre más oscura y con un fluir más continuo), el torniquete se colocará entre la herida y la extremidad; se ganan unos centímetros de miembro bien irrigado. No se usarán cordones, sino cinta o vendas; así se evita originar más lesiones o cortes. Hay que anotar la hora de colocación del torniquete. Este solo se apretará lo necesario para que cese la hemorragia, debiendo ser aflojado pasada una hora durante unos minutos, aunque con un poco de suerte, esto será misión del equipo de rescate. Según algunos autores, un torniquete solo puede ser aflojado por personal especializado.

Si la hemorragia es en el cuerpo, solo cabe la compresión.

■ 14.6.4 Fracturas óseas

Pueden revestir muy diversa gravedad, tanto por su magnitud (fisura, astillamiento, con o sin desplazamiento...) como por su localización (piernas, brazos, columna), conllevando en todo caso una total incapacidad funcional.

Síntomas

En algunas ocasiones son muy evidentes: pérdida de linealidad de un miembro, afloramiento exterior del hueso (acompañado de hemorragia). Normalmente el accidentado no deja lugar a dudas y, salvo en el caso de que la lesión afecte a un miembro superior y el terreno sea muy fácil, la evacuación requiere asistencia.

Tratamiento

En algunos casos puede improvisarse una especie de entablillado para inmovilizar el miembro, para lo cual sería útil un piolet o un palo y algo de cinta. Ha de quedar claro que la inmovilización no es para poder utilizar el miembro sino para evitar agravar la lesión durante el traslado.

Las fracturas de columna o de cráneo no pueden ser tratadas por personal no cualificado. La postura del profano se limitará normalmente a abrigar al herido, a solicitar ayuda y a organizar el rescate.

14.6.5 Lesiones musculares

Englobaremos aquí todas aquellas que implican un estiramiento excesivo (esguince) o rotura de fibras, tanto musculares propiamente dichas, como de tendones y ligamentos. La rotura puede ser parcial o total, o presentarse una desinserción del hueso, pero la conducta a seguir es similar en todos los casos. En lesiones leves, se mantiene la funcionalidad mientras no se permita el enfriamiento, pero no conviene forzar la situación, ya que las fibras restantes sufrirán sobrecargas y se agravaría la lesión.

En la práctica del esquí, son frecuentes las lesiones de ligamentos en la rodilla, pero raras en el tobillo. A menudo requieren intervenciones quirúrgicas y largos períodos de recuperación.

Síntomas
Variables según localización y gravedad, podrán aparecer los siguientes: dolor intenso, sobre todo al moverse; hinchazón, pérdida de funcionalidad y holgura exagerada en la articulación afectada si se trata de ligamentos.

Prevención
Correcto mantenimiento y ajuste de las fijaciones del esquí, realizar ejercicios de calentamiento previos o, en su defecto, comenzar la actividad suavemente.

Tratamiento
Inmovilización y reposo. Si se coloca un vendaje, hay que vigilar que no se corte la circulación sanguínea, problema agravado cuando la inflamación aumenta. Las pomadas analgésicas son muy útiles en traumatismos leves. También para combatir la inflamación, se puede enfriar la zona afectada.

14.7 LA CAMILLA DE FORTUNA

14.7.1 Construcción

Lamentablemente los fabricantes de esquís suelen ofrecer sus productos únicamente con el orificio de espátula; para realizar una camilla sencilla pero con un mínimo de garantías, se precisa otro agujero en la cola.

De los múltiples e ingeniosos procedimientos para construir una camilla, vamos a desechar aquellos en los que no se deje perfectamente libre la suela y los cantos.

Hay palas de nieve con mango desmontable que se adaptan bien para constituir piezas de la camilla. A la pala propiamente dicha, que debe presentar también unos orificios, se le unen las espátulas, mientras que los extremos del mango lo hacen con cada cola, formando una estructura triangular. Las uniones se logran con cordino o con la ayuda de un mosquetón. La función del mango puede implementarse con un piolet.

Ejemplo de camilla de fortuna.

Mediante una serie de cruces en X desde las colas a las taloneras de las fijaciones, luego a las punteras y añadiendo tramos longitudinales que unan los puntos de cruce se va tejiendo una trama. Esto consumirá varios metros de cordino, pero permitirá, debidamente tensado, constituir la base sobre la que luego se posará al herido; bien directamente, bien intercalando algo como la plancha aislante o la mochila vacía. También se puede usar cinta plana, algo más difícil de colocar, pero por no ser elástica conservará mejor la solidez de la estructura.

Existen accesorios que permiten construir una camilla de forma rectangular, pero el procedimiento explicado con anterioridad los hace innecesarios.

En la parte anterior de la camilla hay que colocar un par de bastones; una posibilidad es introducir las puntas en los orificios de las espátulas y atar los bastones en el punto de cruce. De ese modo, las empuñaduras pueden asirse muy bien y la estructura así conseguida es suficientemente rígida para permitir que el guía de la camilla pueda dirigirla.

En la parte posterior, hay que atar algo de cordino (o mejor aún cinta), necesario para quien tiene la responsabilidad de frenar la camilla desde atrás.

El herido bien abrigado y protegido, debe ir atado a la camilla sin que sus ligaduras pasen bajo la suela; se pueden aprovechar las fijaciones y el entramado base de cordino. Las propias pieles de foca sirven como cinta de sujeción.

Antes de lanzarse con la camilla, se comprobará la solidez de todos los puntos de unión, reforzándolos con más cordino a la menor duda sobre su funcionamiento.

■ 14.7.2 Manejo

Cuando se esquía llevando una camilla, hay que olvidarse de toda vistosidad. Se avanzará muy lentamente, sin temor a abusar del derrape y de la cuña. Por supuesto, serán los mejores esquiadores del grupo los responsables de tal misión; cualquier error, como un retraso en el giro, puede fácilmente provocar una pérdida de control y agravar la situación del herido.

El que va de primero se encarga de seleccionar la trayectoria evitando irregularidades y zonas expuestas, mientras que el segundo tiene la función de ir frenando la camilla. Uno guía y otro estabiliza; todo ello con una buena coordinación entre ambos.

Si hay más de dos rescatadores, conviene que los que no porten la camilla se adelanten para estudiar el terreno e informar a los otros de los pasos y trayectorias más viables.

14.8 EL BOTIQUÍN

Sobre todo para grupos y en travesías de larga duración, la probabilidad de que surjan pequeños problemas solucionables fácilmente con el contenido de un botiquín debe tomarse en consideración.

El factor peso limita la cantidad y variedad de medicamentos y de otro material a incluir, mientras que lo imprevisible de su necesidad impide dar un criterio infalible de selección, por lo que proponemos una lista mínima con carácter orientativo:

- Venda
- Esparadrapo
- Algodón
- Apósito especial contra rozaduras
- Pomada analgésica
- Antidiarreico
- Antibiótico
- Desinfectante
- Pinzas
- Tijeras

14.9 PETICIÓN DE AYUDA

Cuando con los medios propios no puede darse una atención adecuada al herido, no queda más remedio que solicitar ayuda. Mientras se consigue, y si no se ha hecho ya, se le abrigará y protegerá lo mejor posible y únicamente en el caso de que no haya más opción, se le dejará solo para ir a buscar ayuda.

Al llamar por radio o por teléfono a los servicios de rescate, conviene tener preparadas las respuestas a ciertas preguntas:
- Identificación de quien llama.
- Identificación del herido.
- Daños sufridos.
- Posición.
- Breve relato de lo ocurrido.
- Situación meteorológica y visibilidad.
- Estado de los accesos.

■ 14.9.1 Preparar la llegada de un helicóptero

Al acercarse un helicóptero, para indicarle que realmente necesitamos ayuda se utiliza el siguiente código: los dos brazos izados (simulan la letra "Y") = sí se necesita; un brazo izado (el derecho) y el otro pegado al cuerpo (simulan la letra "N") = no se necesita.

También hay que preparar una superficie horizontal y rectangular de un tamaño aproximado de unos 15 x 20 metros, libre de obstáculos y con la nieve pisada.

Los gestos al piloto los hará uno sólo, quien orientará la espalda en la dirección desde la que sopla el viento.

14.10 PREPARACIÓN FÍSICA

Aparte de la favorable repercusión en el rendimiento que, por supuesto, tiene una buena preparación física, se ha querido incluir en este capítulo por su tremenda importancia como conducta preventiva.

Cuando se domina bien la técnica, apenas se requiere esfuerzo para descender si lo comparamos con el que se necesita durante la subida. La cuestión está en no agotar todas las reservas durante la ascensión, por lo que la preparación física puede tener una repercusión indirecta pero muy significativa a la hora de bajar.

Espalda al viento

NO se necesita ayuda SI se necesita

Área preparada para el aterrizaje de un helicóptero
- nieve pisada
- libre de obstáculos
- no acercarse hasta la detención de las aspas

15 m
25 m

Recomendaciones para facilitar operaciones de salvamento.

Las situaciones de agotamiento que sobrevienen al cansancio excesivo acumulado no solo limitan la capacidad muscular, también la de concentración mental que es fundamental para aplicar y aprovechar las posibilidades de la técnica.

Uno de los requisitos necesarios para acometer con garantías una dura ascensión con esquís, es una buena capacidad cardiorrespiratoria, máxime si tenemos en cuenta que habrá ocasiones en las que la actividad se desarrollará en zonas de gran altitud.

Pero además, la monotonía repetitiva de movimientos tan específicos, junto con el hecho de que arrastrar todo el esquí opone una gran palanca, exige que músculos muy concretos se encuentren bien fortalecidos. Por supuesto, esto no quiere decir que el resto de los músculos del cuerpo no intervengan; antes al contrario, ya dijimos que el esquí de montaña era un deporte muy completo, por lo que una buena forma física general resulta muy recomendable.

Acabamos de ver dos aspectos fundamentales a la hora de decidir cuál sería el entrenamiento adecuado: capacidad para mantener un ritmo durante períodos prolongados y fortaleza de ciertos músculos. Ambos aspectos se logran óptimamente mediante la propia práctica del esquí de montaña, del que se puede afirmar que es el mejor entrenamiento para él mismo. Esto lo corrobora el hecho de que saliendo solo los fines de semana de manera regular, se mantiene una forma comparativamente mejor que la obtenida a través de otros deportes pero con las salidas a la montaña más espaciadas.

Corriendo fondo o practicando ciclismo se puede potenciar la capacidad cardiorrespiratoria; asimismo, con gimnasia se fortalecen los músculos que más han de trabajar durante la práctica del esquí de montaña; en ambos casos constituyen sustitutos válidos cuando, como suele ser habitual, no se puede ir a la montaña a entrenar.

■ 14.10.1 Estiramientos

Aunque el esquí de montaña sea un deporte completo que moviliza muchos músculos, hay dos que realizan un eminente esfuerzo por lo que es aconsejable estirarlos al final de la jornada entre otras cosas, para prevenir agujetas. Son el glúteo mayor y el cuadriceps femoral; ambos cargan con todo el peso del cuerpo durante la subida. Hay varias posturas y procedimientos para estirar, pero no siempre factibles en según que situaciones sobre la nieve.

El cuadriceps femoral puede estirarse flexionando la rodilla y llevando la bota hacia el glúteo donde se sujetará con la mano durante unos instantes (20 segundos); cuando se note el alivio de la tensión, se puede forzar como intentando extender la pierna y luego se flexiona algo más y se aguanta un poco. Con la otra mano y un bastón podemos mantener el equilibrio; como se ve, este ejercicio puede realizarse en cualquier parte.

Para el glúteo mayor la cosa no es tan fácil; si hay una roca próxima se puede apoyar en ella el pie y elevar la rodilla flexionada hasta que toque el muslo con el pecho, que estará girado hacia el lado del glúteo que se esté estirando; de paso se actúa también sobre el cuadriceps y el gemelo.

Al comienzo del estiramiento se ha de notar tensión pero no dolor; al final, ninguna de las dos cosas.

15
ALIMENTACIÓN

Mediante la alimentación, se aportan al cuerpo aquellas sustancias necesarias para cubrir los requerimientos tanto energéticos como de renovación de tejidos y protección. Si una dieta correcta es algo recomendable para todo el mundo, resulta imprescindible si se quiere acometer una actividad intensa con las debidas garantías.

15.1 EL CUERPO HUMANO COMO SISTEMA TERMODINÁMICO

El ser humano, como el resto de los animales llamados de "sangre caliente", puede mantener su actividad con cierta independencia de la climatología gracias a la capacidad para mantener constante su temperatura. Hasta tal punto nos hemos especializado en funcionar a una determinada temperatura, que variaciones de unos pocos grados por encima o por debajo de ella, suponen graves trastornos.

En el ambiente de la montaña, donde se dan cita tanto las más rudas inclemencias atmosféricas como la realización de ejercicio intenso y continuado, los mecanismos de regulación térmica del cuerpo se ven desbordados, necesitando la ayuda de una vestimenta específica y de un comportamiento inteligente.

La alimentación juega un papel fundamental en el mantenimiento del equilibrio térmico. La ingesta de nutrientes con alto contenido energético permitirá luchar contra el enfriamiento, mientras que la bebida suministrará el agua necesaria para refrigerar por evaporación cuando el problema sea el calor. Además de su aportación energética, las grasas tienen una función de aislante térmico.

■ 15.1.1 Reservas energéticas

La energía almacenada por el cuerpo se encuentra localizada fundamentalmente en tres partes: los tejidos adiposos (grasas), el hígado y los músculos.

Las primeras en ser movilizadas son las de los músculos, que podrán activarse con o sin oxígeno según la disponibilidad del mismo. El hígado contiene glucógeno, sustancia que permite un alto rendimiento gracias a la facilidad que tiene el organismo para transformarlo. Una persona que realizara un ejercicio importante dependiendo solo del glucógeno aguantaría algo menos de una hora. Las grasas comienzan a utilizarse un poco más tarde, existiendo un consumo simultáneo de ambas reservas; pese a tener un contenido energético muy superior, exigen un esfuerzo metabólico mayor, por lo que no permiten desarrollar la misma potencia.

El proceso seguido en la alimentación puede ser el contrario si el tipo de nutriente ingerido lo permite; primero, a partir de los hidratos de carbono, se completaría la capacidad de glucógeno almacenable por el hígado. La cantidad sobrante, se transformará en grasa, proceso que lógicamente, requiere su tiempo y su esfuerzo metabólico.

Las proteínas también tienen una significación energética equivalente a la de los hidratos de carbono (4 kcal/g), pero más bien como recurso; no aportarían más del 10% ó del 15% en una alimentación normal y equilibrada. También pueden emplearse para su transformación en grasas.

■ 15.1.2 Transformaciones y balances energéticos

Es interesante expresar el balance energético del cuerpo humano mediante dos ecuaciones que hacen referencia a sendos puntos de vista complementarios.

Por un lado, tenemos el balance energético a lo largo de un período; está asociado con el adelgazamiento y se enunciaría así:

"La variación de las reservas energéticas es igual a la diferencia entre las aportaciones alimentarias y la suma de todas las pérdidas".

Las pérdidas energéticas se deben tanto al mantenimiento de la actividad metabólica básica (aquella que se realiza en el más absoluto reposo) como a la ejecución de movimientos. Los consumos del metabolismo básico (unas 2.000 kcal/día para un adulto) incluyen la respiración, la circulación sanguínea o los temblores destinados a colaborar en la regulación térmica.

Mientras una actividad ligera puede requerir unas 3.000 kcal/día, en una etapa ciclista se duplica este valor.

El resultado del anterior balance puede ser positivo o negativo, significando ganancia o pérdida de peso, respectivamente (obviando el balance hídrico).

No todas las personas tienen el mismo aprovechamiento de los alimentos, que ni siquiera es constante para un individuo determinado. Idénticos hábitos alimentarios y consumos energéticos no implican necesariamente un peso constante.

Las necesidades energéticas diarias de la actividad en montaña pueden superar sobradamente la máxima capacidad de asimilación de alimentos, por lo que la realización de travesías de duración prolongada conlleva un adelgazamiento seguro.

Por otro lado, también es interesante tratar de la energía que se puede poner en juego en un momento determinado; es decir, la potencia disponible.

"La potencia desarrollada es la diferencia entre la consumida por todas las reacciones químicas en el músculo y las pérdidas en forma de calor".

El contenido de las reservas se encuentra bajo la forma de energía química. Cuando se realiza un movimiento, la transformación de esa energía química en mecánica no se realiza en su totalidad, sino con un rendimiento más bien bajo: aproximadamente el 25%; el 75% restante se convierte en calor.

De ese 25% aprovechable en principio, una parte muy variable, según las condiciones del terreno, se emplea en el desplazamiento del esquiador de montaña cuando asciende; el resto se pierde en apelmazar la nieve y en vencer rozamientos. Un consumo de 450 kcal/h durante la práctica de la actividad no es raro.

Las reacciones químicas mediante las que se obtiene la energía combinan normalmente el oxígeno y el combustible, procedente del glucógeno o de las grasas, liberando CO_2, agua y otros productos de deshecho. Son las llamadas reacciones aerobias. El oxígeno tarda un tiempo en llegar de los pulmones a los músculos, y sabemos que mientras tanto se pueden realizar ejercicios incluso violentos. Forzosamente tiene que existir la posibilidad de que se produzcan reacciones anaerobias, caracterizadas por la insuficiencia o inexistencia de oxígeno. Un producto no deseado de estas últimas es el ácido láctico. Si la producción de esta sustancia supera la capacidad de evacuación, permanecerá una cantidad importante en el músculo, cristalizando y tardando un tiempo en desaparecer; son las famosas agujetas. Con el entrenamiento se mejora, tanto la capacidad para aportar más oxígeno, y antes, al músculo, como la de eliminación del ácido láctico.

Según las necesidades y disponibilidad de oxígeno, predominarán las reacciones de uno u otro tipo, no siendo excluyentes.

Siempre que existan unas acciones motoras cuyos requerimientos superen la aportación de oxígeno, se producirán reacciones anaerobias. Estas situaciones son típicas de los cambios de ritmo, incluido el comienzo de la marcha, y se pueden prevenir median-

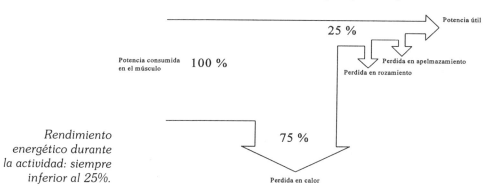

Rendimiento energético durante la actividad: siempre inferior al 25%.

te un incremento adelantado forzado y voluntario del flujo respiratorio; la antelación deberá ser de al menos 20 segundos.

Las reacciones anaerobias de ácido láctico existen para resolver aquellas situaciones de cierta urgencia (son efectivas en solo 15 segundos) que no pueden esperar el tiempo necesario para las aerobias, que son las más recomendables para el organismo y las que se pueden mantener durante períodos prolongados. Aún existe otro tipo diferente de reacción anaerobia que no produce ácido láctico (a partir de moléculas con enlaces de fósforo existentes en los músculos), e interviene con carácter inmediato.

Las reacciones anaerobias, por definición, se basan en una insuficiencia del oxígeno que ha de aportar el sistema circulatorio; no ha de extrañar, por tanto, que se acometan a partir de sustancias acumuladas en el músculo, lógicamente limitadas. Su duración máxima es tanto más breve cuanto más rápidamente intervienen. Si al cabo de unos segundos en las que no generan ácido láctico o de unos pocos minutos en las que sí, no han sido sustituidas, la potencia desarrollable por el músculo bajará ostensiblemente.

En el esquí de montaña privan los esfuerzos largos y la resistencia sobre la velocidad y la fuerza, si bien durante el descenso puede ocurrir lo contrario.

15.2 TIPOS DE NUTRIENTES

Proteínas

Aportan fundamentalmente la materia necesaria para el crecimiento y renovación de los tejidos, aunque también energía: su capacidad calorífica es de 4 Kcal por gramo. Se obtienen de las carnes, de ciertos vegetales, y en parte las puede sintetizar el propio organismo.

Grasas

Su contenido energético, 9 kcal/g, es el más alto, pero su metabolización es relativamente costosa. Se acumulan en los tejidos adiposos subcutáneos, por lo que tienen una función de aislante térmico. Pero lo más relevante es que constituyen una reserva a largo plazo. Presentes en alimentos animales o vegetales, pueden ser obtenidas a partir de otros nutrientes: hidratos de carbono y proteínas.

Hidratos de carbono

Contenido energético medio, 4 kcal/g, pero muy aprovechable. Su utilización puede ser casi inmediata una vez ingeridos mediante determinados alimentos. La cantidad sobrante se transforma y acumula en el hígado bajo la forma de glucógeno, pero sigue siendo una energía muy disponible. Si sigue sobrando, el organismo puede transformarla en grasa y almacenarla como tal.

Vitaminas

Son catalizadores, es decir, sustancias que favorecen o posibilitan las reacciones químicas de otras, y que no intervienen ni como reactivos ni como productos. Es errónea la idea de que el exceso de vitaminas mejora el rendimiento; sin embargo, la carencia es origen de importantes trastornos.

Hay dos grandes grupos de vitaminas: hidrosolubles y liposolubles. Cualquier cantidad sobrante de las primeras se elimina fácilmente mediante la orina. Pero las otras, dado que se pueden almacenar en las grasas, serían un inconveniente serio en caso de encontrarse en exceso.

Sales minerales

Con funciones tan importantes y variadas como constituir los huesos (calcio), favorecer la actividad cerebral (fósforo) o el transporte de oxígeno (hierro), son solubles en agua por lo que se pierden mediante el sudor. Mencionaremos también el sodio, potasio, flúor y yodo entre otras.

Agua

Cuantitativamente el principal constituyente del cuerpo humano. Es básico en el transporte de nutrientes, desechos y como refrigerante.

15.3 REPARTO DE FUNCIONES ENTRE LOS NUTRIENTES

Los diferentes tipos de nutrientes pueden servir para diversas funciones, aunque con distinta importancia en cada caso. Con mayor o menor polivalencia, ninguno puede cubrir las necesidades del organismo.

En las funciones energéticas intervienen principalmente los hidratos de carbono y las grasas; en menor medida, las proteínas que, junto con las sales minerales, son fundamentales para las funciones constructoras. En éstas últimas, aunque con menor importancia, participan también el agua y los hidratos de carbono. Las funciones protectoras, como la lucha contra las infecciones, son soportadas mayormente por las vitaminas y las sales minerales; en segundo plano, ayudan las proteínas e incluso las grasas. No se debe menospreciar la labor de la fibra vegetal; compuesta por celulosa, no es digerible y, por tanto, no se incorpora al organismo, pero facilita la circulación en el aparato digestivo.

15.4 ALIMENTOS Y SUS CARACTERÍSTICAS

La mayoría de los alimentos contienen cantidades variables de los distintos nutrientes, aunque predominen algunos de ellos, a veces con carácter exclusivo como en el caso del aceite.

Las proteínas se obtienen principalmente de los alimentos de origen animal: carnes, pescados, huevos, leche y sus derivados... También existen proteínas vegetales, pero no pueden reemplazar a las otras.

Las grasas se encuentran tanto en alimentos vegetales como en animales, recomendándose los primeros ya que carecen de las sustancias tóxicas que se acumulan en los tejidos adiposos de los animales. Dentro de los aceites, el de oliva virgen (se extrae por medios mecánicos) es el mejor; el refinado y los obtenidos de semillas (soja, girasol...) requieren procesos químicos en los que intervienen sustancias nocivas que luego hay que eliminar (la eliminación nunca es perfecta). Las grasas contenidas en los pescados llamados "azules" (sardinas, atún...), proscritas antaño en muchas dietas, resultan ahora apreciadas por sus efectos en los niveles de colesterol. Temas de constante investigación y de repercusión muy variable de unos individuos a otros, conviene tomarse las indicaciones de los expertos con cierta cautela.

Tenemos hidratos de carbono en todo lo relacionado con semillas: pan, legumbres, frutos secos. También en las patatas, el azúcar y algunas frutas.

Las vitaminas se suelen degradar relativamente pronto, por lo que abundan más en los alimentos crudos o poco elaborados, frutas y verduras principalmente.

Las sales minerales se encuentran en cantidades, pequeñas pero suficientes, en muchos alimentos incluso en ausencia de condimentación. Solo el sodio, componente de la sal común, debe ser añadido.

El agua, además de la bebida directamente o en otros líquidos, abunda en frutas y verduras.

15.5 DIETA NORMAL

Ningún alimento, ni siquiera una clase de ellos, contiene todos los nutrientes precisos para un óptimo funcionamiento orgánico. Se requiere un espectro alimentario amplio para garantizar suficientemente la obtención de todas las sustancias necesarias. Ello no quiere decir que haya que comer de todo; el nutriente más característico de un determinado alimento puede encontrarse en otro que lo sustituya. Sin embargo, la supresión de todo un grupo de alimentos suele ocasionar carencias; afortunadamente, la tolerancia del cuerpo humano le permite a menudo superarlas si no son exageradas, pero de lo que no cabe duda es de que con una carencia, el rendimiento no puede ser del 100%.

No existe una dieta perfecta, ni mucho menos de aplicación universal, por lo que se habla en términos generales. Cada persona es en sí misma un mundo complejo, de modo que la dieta que vamos a exponer después tiene solo un carácter orientativo, debiendo saber cada cual interpretarla y adaptarla a sus propias características. Los expertos lo son en términos generales, y como tal deben ser escuchados, pero cada persona es un experto sobre sí mismo, y sabe qué alimentos le sientan mejor y cuáles le perjudican. Le puede servir la dieta propuesta por un especialista que haya estudiado su caso concreto, pero tendrá que tomar con cautela toda la que pueda recibir por otras fuentes de información.

Hechas las precedentes consideraciones, vamos a hablar de las proporciones más recomendadas que cada grupo de alimentos tiene en el conjunto. Respecto de las necesidades energéticas las proteínas aportarían un porcentaje que varía entre el 10% y el 15%; las grasas, en torno al 30% o 35%; los hidratos de carbono, entre el 50% y el 60%.

Estas proporciones se logran consumiendo, aproximadamente, un 50% de frutas y verduras; un 20% de pan y cereales; otro 20% de leche y sus derivados; y el 10% restante mediante carnes, pescados y huevos. Esto es lo que se llama una dieta equilibrada. Sales minerales y vitaminas tienen un peso cuantitativamente despreciable, y su obtención en cantidad suficiente viene implícita en la ingesta de los alimentos mencionados. Las principales, que no únicas, aportaciones de los grupos de alimentos se distribuyen así:

- Leche y derivados: calcio, proteínas y vitaminas.
- Frutas y verduras: fibra, vitaminas y sales minerales.

- Carnes, pescados y huevos: proteínas, vitaminas y sales minerales.
- Pan y cereales: hidratos de carbono.

El consumo de agua lo trataremos en un apartado específico.

Una dieta no equilibrada obliga al organismo a realizar determinadas transformaciones, cuando son posibles, o a resignarse a ciertas carencias.

El mayor gasto asociado a la práctica deportiva habitual se compensa incrementando las cantidades ingeridas, pero no alterando la proporción. Únicamente ante situaciones concretas cabe la alteración. Veámoslo.

15.6 DIETA DE LOS DÍAS PREVIOS A GRANDES ESFUERZOS

Se recomienda un incremento, no exagerado, de la proporción de hidratos de carbono en detrimento de la de grasas, a fin de garantizar el "llenado" de las reservas de glucógeno.

Hay otras teorías, como la de consumir casi exclusivamente grasas durante unos días, y uno o dos antes de la competición, ingerir hidratos de carbono para que el organismo, ávido de ellos, sea capaz de almacenar mayores cantidades de glucógeno en el hígado. Independientemente del perjuicio que una alteración drástica del hábito alimentario pueda tener, los esfuerzos prolongados que realiza el esquiador de montaña no pueden sostenerse exclusivamente sobre las reservas del hígado.

Puestos a importar dietas de otros deportes, será mejor seleccionar aquellos de esfuerzo prolongado, como el que se realiza en las vueltas ciclistas por etapas.

15.7 COMIDA DE ATAQUE

El importante gasto que se realiza en una jornada completa de dura actividad obliga al organismo a movilizar buena parte de sus recursos reaccionando de tal modo, que una paradójica consecuencia puede ser la pérdida de apetito. Si así ocurre, no hay que forzar la ingestión de alimentos.

En esfuerzos tan largos, conviene utilizar las reservas grasas desde el principio para no agotar demasiado pronto las de glucógeno. Ello se consigue comenzando la marcha suavemente. En contra de lo que suele creerse, no conviene ingerir hidratos de carbono de fácil asimilación poco antes de la actividad, pues al elevar el nivel de glucosa en sangre, el cuerpo reacciona aumentando la secreción de insulina y puede ocurrir el efecto contrario al deseado; es mejor comer después.

La comida de ataque debe ser ligera, de fácil digestión, rápida asimilación y además, agradable para aminorar los efectos de una posible inapetencia. El mayor riego sanguíneo que exige un proceso digestivo pesado es incompatible con las necesidades asociadas al ejercicio. No se debe confundir la comida de rápida asimilación con la de gran contenido energético.

El objetivo es comer pequeñas cantidades con gran frecuencia. Entre los alimentos apropiados para consumir prácticamente durante el esfuerzo se encuentran los siguientes: galletas, chocolate y frutas (que también aportan agua y sales minerales).

15.8 COMIDA PARA CALENTAR

En actividades de más de un día en las que se vaya a usar el infernillo, al peso que este artefacto y el menaje suponen, hay que añadir el de la mayor cantidad de comida que se necesita. Para economizar gas, se llevarán sobres de sopa o similares que no requieran tiempo de cocción o que sea el menor posible. La comida será deshidratada, pues el peso adicional en gas necesario para obtener agua fundiendo nieve es favorable. Hay alimentos deshidratados (como arroz o fideos) de bajo costo y buen aporte energético. En cambio los liofilizados son más caros porque en su elaboración primero se tienen que congelar, y luego desecar por sublimación en unas condiciones de presión y temperatura determinadas. Todo alimento liofilizado es deshidratado, pero no todo deshidratado es liofilizado.

15.9 NECESIDADES HÍDRICAS

Aproximadamente dos tercios del cuerpo humano son agua; sin embargo, tanto las reservas como la tolerancia a sus variaciones son muy limitadas.

El agua se pierde mediante la respiración, la orina, las heces y el sudor, acelerándose las pérdidas en ambientes secos y cálidos. Se recupera mediante la bebida y la comida. Para que ésta pueda aportar agua al organismo, es necesario que la concentración de sales en ella no supere cierto nivel, o mejor dicho, dentro de una franja comprendida entre dos valores. Si la cantidad de sales es alta, el organismo no logrará aprovechar el agua, por mucho que los riñones se empeñen en concentrar la orina; si es demasiado baja, se dificulta la fijación por los tejidos. Por eso el agua procedente directamente de la fusión de la nieve es desaconsejable; conviene tomarla junto con otros alimentos o añadirle algún producto específico.

Ya hemos hablado de las funciones del agua como vehículo de transporte de desechos y nutrientes. Es de esperar que una carencia repercuta en el funcionamiento del organismo en general y del rendimiento deportivo en particular. Como norma mnemotécnica aproximada, podemos afirmar que el porcentaje de disminución de la capacidad para realizar un trabajo es diez veces superior al porcentaje que la pérdida de agua suponga en el total del peso del individuo. Por ejemplo, una persona que haya perdido una cantidad de agua igual al 1% de su peso, verá disminuida su capacidad en un 10%. Extrapolando, cabría suponer que una pérdida del 10% del peso en agua equivaldría a un 100% de disminución en la capacidad, y no es una afirmación desencaminada, pues en efecto la muerte de sed se puede producir para ese valor.

No solo hemos de preocuparnos del rendimiento; la falta de agua en el organismo ocasiona trastornos de gravedad creciente. Así, cuando la pérdida llega al 1% del peso corporal, además de sentir sed, comienzan las limitaciones de la termorregulación; entre el 2% y el 3%, se sufre pérdida de apetito, sequedad en la boca y disminución de orina. Rebasando el 6%, la capacidad termorreguladora es insuficiente ante el ejercicio, y de insistir en él, puede llegarse al coma.

La sed es un indicador algo lento de la carencia de agua. También se requiere un tiempo para la recuperación, aunque se beba abundantemente; la velocidad de asimilación de líquidos tiene un límite. Por otro lado, introducir en el estómago una gran cantidad de agua es molesto e inútil. Por ello se recomienda beber a menudo y en pequeñas dosis (100 ó 200 centímetros cúbicos, que equivalen a un vaso), comenzando antes de que aparezca la sed, y seguir bebiendo una vez terminado el ejercicio.

Junto con el agua, y dado que son solubles, también se pierden sales. Normalmente una alimentación equilibrada compensa sobradamente las pérdidas, por lo que sería innecesario tomar ciertos productos (bastante caros, por cierto, y desaconsejados por algunos especialistas). Hay que tener en cuenta que las pautas de deportistas de élite, para quienes arañar unos segundos al crono es tan importante que las repercusiones para la salud pasan a un segundo plano, no han de ser seguidas por el resto. La práctica normal del esquí de montaña se cubre perfectamente con una alimentación correcta, y el éxito o fracaso de una ascensión no suele ser cuestión de unos minutos, sino de todo un día en el que el acierto en decisiones sobre táctica o técnica puede tener mucho más peso.

Si se llevan sales para añadir al agua, es mejor hacerlo al principio de la jornada porque bajan el punto de congelación.

Una manera de transportar agua (y de paso otros nutrientes) es mediante alimentos que la contengan, fundamentalmente frutas, lo que permitiría llevar una cantimplora menor.

GLOSARIO

Agarre: capacidad para resistir la tendencia deslizante.
Alud: desprendimiento de nieve.
Alza: accesorio de la fijación de esquí de montaña consistente en un soporte abatible cuya misión es ofrecer una posición más cómoda al esquiador durante el ascenso.
Aligeramiento: reducción del peso soportado por el esquí debida a un fenómeno dinámico o técnico.
Amortiguación: capacidad de un sistema para absorber energía sin devolverla después.
Angulación: inclinación de los hombros respecto de la cadera, debida a la flexión lateral de la columna vertebral. También se refiere al desvío lateral de las piernas respecto de la cadera.
Ángulo neutro de inclinación lateral: aquel que permite trazar una curva sin requerir esfuerzos para estabilizar los efectos de la fuerza centrífuga. Sería la inclinación que muestra una bicicleta durante un giro.
Ángulo de alabeo: el formado por dos líneas transversales dibujadas en diferentes puntos del esquí. Es mayor si los puntos elegidos están alejados. Expresa una medida de la deformación por torsión.
Ángulo de atravesamiento: ver **ángulo de cruce**.
Ángulo de ataque: el formado por la suela del esquí y su desplazamiento en el interior de la nieve.

Ángulo de canteo: el formado por la suela del esquí y la superficie de la nieve.
Ángulo de cruce: el formado por el eje del esquí y la línea de trayectoria. Vale 90° al derrapar y 0° durante un descenso directo (*schuss*).
Ángulo crítico: la máxima inclinación en la que puede permanecer un determinado tipo de nieve sin caer espontáneamente. Puede valer desde 30° para la nieve muy húmeda hasta prácticamente 90° para la nieve fresca.
Ángulo límite de canteo: aquel para el que el agarre disponible es máximo.
Anticipar: adelantar la adopción una postura a fin de facilitar la maniobra. Distinguiremos dos tipos: **anticipación de inclinación lateral** y **anticipación de torsión**; si no se especifica el tipo, se entenderá esta última.
Arandela: ver **roseta**.
Atadura: ver **fijación**.
ARVA: ver **detector**.

Basculamiento: desplazamiento del cuerpo del esquiador hacia delante o hacia atrás.
Bañeras: terreno de montículos que se forma por el paso reiterado de esquiadores en zonas de cierta pendiente.

Cantear: posicionar el esquí de modo que quede apoyado en uno de los cantos inferiores.

Canto: arista longitudinal de la tabla. Normalmente se considerará la inferior.
Cera: sustancia que se aplica al esquí para facilitar su deslizamiento. Existe otro tipo de cera, usado en esquí de fondo, para obtener el efecto contrario: agarre.
Centro de acción: punto del esquí donde se puede suponer concentrada la fuerza ejercida por la bota.
Centro de gravedad: punto geométrico donde se puede suponer concentrada toda la masa de un cuerpo a fin de facilitar la comprensión de una situación mecánica.
Centro de reacción: punto del esquí donde se pueden suponer concentradas todas las fuerzas existentes entre la nieve y la tabla.
Cola: extremo posterior de la tabla.
Colear: realizar una secuencia de virajes paralelos breves de radio grande y poco canteo.
Comba invertida: deformación que sufre el esquí al ser sometido a esfuerzos durante su uso, y que vence su curvatura natural.
Condensación: transformación del vapor de agua en líquido, bien sobre un objeto determinado, bien en pequeñas gotas que permanecen en el aire como las nubes.
Convergencia: colocación de las tablas en la que las puntas permanecen próximas y las colas apartadas durante el avance hacia delante, y al contrario durante una marcha hacia atrás.
Cordada: grupo de montañeros, normalmente dos o tres, que avanzan unidos a una cuerda por un terreno difícil o expuesto.
Cordino de avalancha: cuerda fina y larga que se despliega ante el peligro de aludes para facilitar la localización en caso de quedar sepultado. Es un sistema en desuso.
Contrarrotación: acción de girar el cuerpo en sentido contrario al de los esquís para compensar inercias y facilitar el siguiente viraje.
Cornisa: depósito de nieve muy vertical, incluso extraplomado que se produce por la acción del viento en lomas o aristas.
Corte estratigráfico: seccionamiento practicado en la nieve para estudiar la disposición de las capas y evaluar el posible riesgo de avalanchas.
Cotas: anchuras de la tabla.
Crampón: accesorio metálico con púas que se coloca en la bota para dotarla de agarre en hielo.
Cristianía: técnica de esquiar en paralelo.
Cuchilla: grapa dentada que se instala en la fijación de esquí de montaña para aumentar la sustentación durante el ascenso en pendientes de nieve dura.
Cuña: técnica de esquí basada en la apertura convergente.
Curvatura: forma redondeada que presenta el esquí visto desde el lateral.

Demostrador: normalmente es un profesor de una escuela de esquí que, vistiendo prendas marcadas y ajustadas, sirve de modelo para mostrar gestos y posturas técnicamente correctos.
Detector: aparato electrónico emisor y receptor útil para localizar víctimas de aludes.
Derrapar: desplazarse lateralmente el esquí.
Descenso directo: desplazamiento del esquiador en línea recta, por la LMP y sin derrape alguno.
Descensor: ver **rapelador**.
Deshielo-rehielo: ver **metamorfismo de deshielo-rehielo**.
Diagonal: cualquier línea de una ladera que no forme un ángulo recto con la de máxima pendiente ni con la horizontal.
Distribución de presiones: manera en que cada zona del esquí presiona sobre la

nieve; tiene una gran repercusión en el comportamiento del mismo.

Divergencia: posición de las tablas en la que las espátulas se encuentran separadas y las colas próximas durante el avance hacia adelante, y al contrario durante el improbable caso de una marcha atrás.

Doble salto de colas: técnica de esquí que potencia la capacidad de un viraje típico mediante salto de colas.

Dureza de flexión: característica elástica del esquí que repercute notablemente en la distribución de presiones, en la estabilidad y en el agarre. También se refiere a la resistencia que muestra la caña de la bota a ser abatida.

Efecto cuchillo: aumento del tamaño de la huella horadada por el canto gracias al deslizamiento longitudinal.

Eje del esquí: línea central longitudinal del mismo.

Eje de giro: punto respecto del que gira el esquí.

Empuñadura: mango por donde se ase el bastón.

Encerado: aplicación de cera para facilitar el deslizamiento y los virajes.

Ensemble: manera simultánea de avanzar dos montañeros unidos por una cuerda.

Escala: conjunto de marcas donde verificar el correcto ajuste de tensión de salto de la fijación.

Escalera: técnica de ascenso con esquís en la que éstos se desplazan lateralmente.

Escarcha de profundidad: capa interna, granulosa e inestable que se forma en el manto nivoso bajo ciertas condiciones de temperatura.

Espátula: extremo curvo anterior de la tabla.

Esquí: disciplina deportiva basada en el deslizamiento mediante una tabla sobre una superficie adecuada. Existen múltiples variedades (alpino o de pista, de fondo o nórdico, de *Telemark*, acuático, de montaña o travesía...). Se lleva a cabo sobre arena, agua, agujas de pino, pista sintética y, por supuesto, sobre nieve.
También recibe esa denominación el conjunto formado por la tabla y la fijación.

Esquí extremo: aquel que se desarrolla en pendientes superiores a 45°.

Estabilidad: tendencia natural a neutralizar las perturbaciones.

Esterilla: plancha aislante y enrollable que se coloca entre el saco de dormir y el suelo.

Estilo: forma de esquiar que caracteriza a un determinado individuo o grupo.

Estrías: formaciones que el viento crea sobre la superficie de la nieve, resultando difíciles para el esquí.

Expulsión de colas: gesto vigoroso provocador de un desplazamiento de colas, típico de las enseñanzas de la Escuela Austriaca de Esquí.

Extensión retardada: característica de ciertos virajes en los que la extensión se produce durante la fase final del giro.

Extrusión: proceso industrial utilizado en la fabricación de algunas suelas; consiste en hacer pasar el material por una abertura para que adopte la forma de ella.

Factor de carga: relación entre la altura de la caída de un escalador y la longitud del tramo de cuerda que ha de resistir y absorber el impacto.

Fases de un viraje: cada uno de los períodos en los que, a efectos de estudio, puede dividirse un viraje.

Fijación: aparato mecánico que se atornilla a la tabla y permite la sujeción de la bota a la misma.

Fisurero: útil de escalada que se inserta

en una grieta sirviendo como elemento de seguro.

Flexibilidad: capacidad de un cuerpo para ser deformado por una tensión sin que lleguen a producirse alteraciones permanentes de la geometría inicial. La cuantificación de esta capacidad es la **resistencia elástica**.

Flexión: gesto de agacharse para absorber una irregularidad, aligerar o tomar impulso.

Flexión-recuperación: viraje paralelo basado en el aligeramiento por inicio de flexión.

Foquear: acción de avance basada en la presencia de la piel de foca en la suela del esquí.

Forro polar: prenda de fibra de poliéster, de excelente transpiración y escasa resistencia al paso del aire.

Freno: artefacto, formado por horquilla y muelle, cuya misión es impedir el deslizamiento del esquí cuando la bota se sale de la fijación.

Fuerza elástica: fuerza existente en un objeto flexible en virtud de su deformación. No confundir con **resistencia elástica**.

Funda de vivac: sobresaco empleado para proteger al de dormir o vivaquear a la intemperie.

Gacha: denominación que se le da a veces a la nieve tan mojada que resulta muy pesada de esquiar.

Giro básico: ver **viraje fundamental**.

Giro en estrella: cambiar la orientación sin moverse del sitio mediante reiteradas rotaciones de cada esquí.

Glaciar: gran masa perenne de hielo que fluye lentamente.

Godille: ver **colear**; *godille* es el término francés que designa a la espadilla, remo posterior de las barcas usado como timón y para maniobrar, cuyo movimiento recuerda el descrito por las tablas al colear. En la jerga del esquí equivale, a veces, a la palabra alemana *wedeln*.

Golpe de talón: ver **expulsión de colas**

Gradiente: variación espacial de una magnitud física. Por ejemplo, un gradiente alto de temperatura significa que desplazándose a lo largo de un trayecto relativamente corto, se aprecia un cambio importante de la misma.

Guirnalda: ejercicio de práctica consistente en una secuencia repetitiva; por ejemplo, a base de diagonales, virajes al monte y derrapes.

Hidroplaneo: deslizamiento sobre una película de agua existente entre el esquí y la nieve.

Humedad relativa: relación entre la cantidad de vapor de agua contenida en un volumen de aire y la máxima cantidad que podría admitir antes de condensar.

Iglú: construcción semiesférica a base de bloques de nieve dura o hielo.

Impulso corto: viraje rápido y vigoroso que prácticamente invierte la orientación de los esquís y que resulta muy adecuado en pendientes fuertes.

Inclinación lateral: ángulo lateral existente entre el cuerpo del esquiador y la vertical.

Inercia: tendencia de un sistema a permanecer en la misma situación.

Inestabilidad: tendencia a reforzar las consecuencias provocadas por una perturbación.

Inyección: proceso industrial por el que se fabrican ciertos esquís de bajo precio. Otra modalidad se aplica en el rellenado de ciertos botines para un ajuste perfecto al pie del usuario.

Limpiaparabrisas: viraje paralelo en el que las tablas giran en torno a un eje próximo a las espátulas o a las colas, normalmente mediante un salto.
Línea de máxima pendiente (LMP) o de caída: trayectoria que describiría un objeto que descendiera libremente por un plano inclinado.
Localizador de esquís: dispositivo o accesorio que permite encontrar un esquí perdido bajo la nieve si se cuenta con el detector o ARVA adecuado.

Mal de altura: alteraciones sufridas por el cuerpo debido a la baja presión parcial de oxígeno existente en zonas altas.
Maniobrabilidad: facilidad de giro de un esquí.
Marca de referencia: señal que indica la posición que la bota debe ocupar en el esquí; se debe tener muy en cuenta cuando se instala la fijación.
Martillo-piolet: piolet que en vez de pala tiene una pieza en forma de maza útil para clavar pitones de roca.
Mecanismo de basculamiento: eje próximo a la puntera de las fijaciones de esquí de montaña que, asociado al mecanismo liberador de talonera, permite foquear.
Mecanismo liberador de talonera: pieza específica de las fijaciones de esquí de montaña que debe sujetar o soltar la talonera según se desee bajar o subir.
Metamorfismo de deshielo-rehielo: transformación de la nieve consistente en una fusión parcial seguida de congelación.
Metamorfismo de equitemperatura: transformación de la nieve basada en el fenómeno de la sublimación y que tiene lugar cuando las diferencias de temperatura dentro del manto son muy pequeñas.
Metamorfismo de gradiente de temperatura: transformación de la nieve basada en la sublimación y que tiene lugar cuando las diferencias de temperatura dentro del manto son muy grandes.
Microsurcos: pequeñas ranuras longitudinales de la suela que sirven para romper la película de agua y mejorar el deslizamiento.
Mohair: tipo de piel de foca constituido por pelos de cabra.
Momento de inercia: concepto físico que expresa la resistencia por inercia de un cuerpo a ser girado.
Monte, del: situación superior; Ej.: esquí del monte = esquí superior.

Nervio: característica del esquí que conserva la elasticidad que tenía cuando era nuevo.
Nieve artificial: la producida mediante cañones.
Nieve costra: la constituida por una base blanda y una superficie consistente.
Nieve dura: aquella en la que el esquí apenas forma huella.
Nieve fresca: aquella que por ser recién caída, o por no haber pasado tiempo suficiente, conserva las características iniciales.
Nieve granulosa: la que conserva una textura corpuscular.
Nieve helada: aquella en la que los procesos de fusión y congelación o compactación y pulido han eliminado prácticamente toda textura corpuscular.
Nieve húmeda: la que contiene una proporción apreciable de agua.
Nieve mojada: puede considerarse como un caso particular de la nieve húmeda, con una proporción de agua tan alta que compactándola escurre fácilmente.
Nieve papa: ver **nieve sopa**.
Nieve pesada: aquella que no facilita el deslizamiento lateral.
Nieve pisada: la que ha sido compacta-

da por el peso de las máquinas pisanieves de una estación de esquí.

Nieve podrida: nieve muy deteriorada por el exceso de temperatura.

Nieve polvo: acumulación de copos o cristales con poca cohesión entre ellos

Nieve polvo dura: base bien compactada sobre la que existe una capa más bien delgada de nieve polvo.

Nieve primavera: nieve que, por estar sometida al metamorfismo de deshielo-rehielo, presenta unas características muy variables.

Nieve profunda: aquella en la que el esquí se hunde tanto que el nivel de la superficie queda a la altura de la caña de la bota.

Nieve sopa: nieve húmeda o mojada de esquiar poco agradable.

Nieve transformada: cualquiera que no sea fresca.

Nieve venteada: aquella que ha sido transformada por la acción del viento.

Nieve virgen: aquella que no ha sido transformada por la acción humana.

Orientación del esquí: dirección del eje del esquí respecto de la referencia establecida.

Oscilación: movimiento periódico de un cuerpo en torno a una posición dada.

Ondulación: deformaciones que, a modo de oleaje, provoca el viento en la superficie del manto nivoso, yendo asociadas a las grandes estrías.

Pala : ladera inclinada, amplia y regular, con cierta pero ligera concavidad. También es una pieza del piolet.

Par: concepto físico que expresa la capacidad de girar o torcer un cuerpo.

Paralelo: toda forma de esquiar en la que las dos tablas mantienen una orientación similar.

Pasamontañas: prenda que permite abrigar casi toda la cabeza sin necesidad de emplear la capucha.

Paso de patinador: técnica simétrica muy efectiva de avance o impulso.

Paso de uno: técnica de avance importada del esquí de fondo.

Paso convergente: recurso técnico, basado en la apertura de la cola, para cambiar de dirección con poco esfuerzo.

Paso divergente: recurso técnico, basado en la apertura de la espátula, para cambiar de dirección con poco esfuerzo.

Paso lateral: técnica alternativa basada en una apertura paralela del esquí para ganar impulso o posición.

Patín: porción central del esquí, donde se instalan las fijaciones.

Pedaleado: viraje de esquí extremo basado en la toma de impulso desde el esquí del monte.

Penitentes: formaciones irregulares de la nieve en la que aparecen montículos coronados por piedras.

Peso aparente: fuerza real soportada por las piernas del esquiador; su valor es cero cuando se está en el aire, pero puede superar ampliamente el peso del esquiador durante una curva cerrada.

Piel de foca: banda longitudinal cubierta de pelos orientados que se instala en la suela del esquí para impedir su deslizamiento hacia atrás.

Piolet: herramienta parecida a un pico, usada para progresar y asegurarse en hielo.

Piolet-tracción: técnica de escalada en hielo utilizada para pendientes muy fuertes y basada en dos piolets.

Placa: pieza que une la talonera con la puntera en muchas fijaciones de esquí de montaña.

Placa adaptadora: accesorio que permi-

te utilizar una fijación de esquí de pista para foquear.
Placa de viento: capa de nieve consistente formada por la acción del viento bajo determinadas condiciones.
Poliamida: grupo de compuestos químicos orgánicos utilizados para la obtención de ciertos tipos de fibras textiles (*nylon*).
Poliéster: compuesto químico orgánico utilizado frecuentemente para fabricar fibras textiles gracias a su poder aislante y mínima absorción de agua.
Polietileno: compuesto químico orgánico utilizado frecuentemente para fabricar las suelas de los esquís.
Polipasto: sistema de poleas construido con material de escalada y que puede servir para izar a alguien que haya caído en una grieta.
Polipropileno: fibra sintética utilizada en prendas interiores que se caracteriza por una absorción mínima de agua.
Politeno: una de las denominaciones comerciales que ha recibido el polietileno.
Politetrafluoroetileno: compuesto químico orgánico, también llamado *teflón*, utilizado, entre otras aplicaciones, para la fabricación de ciertas membranas transpirables e impermeables (*Gore-tex*).
Prerrotar: ver **anticipar**.
Proyección lateral: ver **paso lateral**.
P-tex: material plástico usado para reparar suelas de esquí.
Puente: separación entre la suela y el suelo cuando la tabla se posa sin peso. Por extensión, se denomina así también al patín.
Puente de nieve: nieve que cubre la parte superior de una grieta, ocultándola de la vista y constituyendo un serio peligro.
Puntera: pieza anterior de la fijación que se encarga de sujetar la punta de la bota; por extensión, también recibe ese nombre dicha punta.

Puño *jumar*: uno de los diversos aparatos que permiten, con una maniobra sencilla, deslizarse por o bloquearse en una cuerda.
Rapelador: aparato usado para regular la velocidad de descenso cuando se rapela.
Rapelar: técnica basada en el rozamiento controlado para descender por una cuerda.
Raspa de pescado: técnica de ascenso, similar a un paso de patinador sin deslizamiento, válida para pendientes breves.
Rebote: apoyo extra obtenido mediante flexión-extensión y/o aumento de canteo.
Recurso técnico: actitud o habilidad para dominar un aspecto concreto del arte del esquí.
Recurso técnico activo: aquel que se basa en una acción determinada (Ej.: extensión).
Recurso técnico desencadenante: aquel que provoca un par de giro (Ej.: apoyo en bastón interior).
Recurso técnico no desencadenante: aquel que sin provocar un par de giro, puede reducir el par resistente al giro (Ej.: extensión simple).
Recurso técnico pasivo: aquel que se basa en la adopción de una postura (Ej.: canteo).
Refugio-vivac: construcción rudimentaria, normalmente situada en un lugar estratégico, con la finalidad de facilitar la supervivencia ante la necesidad de vivaquear.
Regulación: ajuste de los valores de tensión de salto de la fijación.
Remar: impulsarse hacia delante mediante apoyo simultáneo en ambos bastones.
Resistencia elástica: relación entre la fuerza aplicada y la deformación producida.
Roseta: placa circular situada cerca del extremo inferior y perpendicular al eje del bastón; sirve para que éste no se introduzca en la nieve.

Salto de colas: viraje de efectividad extraordinaria basado en el desplazamiento por el aire de las colas.

Salto de espátulas: viraje basado en el desplazamiento por el aire de las puntas de los esquís.

Schuss: onomatopeya de origen alemán que expresa el deslizamiento sobre esquís por una pendiente siguiendo una línea recta.

Semicuña: apertura convergente solo de un esquí.

Semicuña-paralelo: viraje polivalente y muy utilizado consistente en usar la semicuña como factor desencadenante del giro y regular posteriormente en paralelo.

Semipaso de patinador: técnica asimétrica de avance importada del esquí de fondo y basada en abrir siempre el mismo esquí.

Semipaso inverso: técnica de avance que aporta algo de altura para consumirla en mantener la velocidad.

Seracs: grandes bloques de hielo en que se fragmenta un glaciar al fluir por diversas pendientes.

Seta de hielo: anclaje para aseguramiento o rápel que no exige el sacrificio de material; a lo sumo un trozo de cinta.

Sinterización: proceso industrial consistente en someter pequeñas partículas de material a grandes presiones y temperaturas para su agrupación aunque sin llegar al estado de fusión; se usa en la fabricación de ciertos tipos de suelas de esquí porque la textura granulosa permite una mayor absorción de cera gracias a los poros que quedan entre los granos.

Sobrecanteo: pérdida de agarre por superar el ángulo límite de canteo.

Sobregiro: exceso de rotación motivado, por ejemplo, por una falta de contrarrotación.

Sobreinclinación lateral: exceso de inclinación del esquiador en una trayectoria, tomando como referencia el ángulo neutro de inclinación lateral.

Sondas: varillas empalmables usadas para buscar cuerpos bajo la nieve.

Stem-cristianía: ver **semicuña-paralelo**.

Stem-cristianía avanzado: ver **tip-tap**.

Subinclinación: insuficiente inclinación del esquiador en una trayectoria, que puede sufrir un vencimiento hacia el exterior de la curva.

Sublimación: transformación del hielo en vapor y viceversa sin pasar por la fase líquida.

Suela del esquí: superficie inferior de la tabla.

Superpendiente: ladera de una inclinación muy acusada: de 45° o superior.

Tabla: lámina flexible estrecha y alargada, con un extremo curvado para facilitar la flotabilidad y el deslizamiento; constituyendo el esquí cuando se le instala una fijación.

Talonera: pieza posterior de la fijación que se encarga de sujetar el talón de la bota.

Termoplástico: tipo de plástico caracterizado por ablandarse al aumentar la temperatura permitiendo su moldeo; se ha usado mucho en la fabricación de carcasas de botas, pero se va desechando porque su rigidez a bajas temperaturas le hace algo quebradizo. Admite sucesivos moldeos, por lo que permite modificaciones de horma.

Testigo de longitud: indicador que tienen algunas fijaciones para comprobar, una vez puesta la bota, que el ajuste de longitud se encuentra dentro de márgenes admisibles.

Tijera: ver **raspa de pescado**.

Tip-tap: viraje alternativo basado en una apertura convergente muy notable que, prácticamente, resuelve el giro.
Torsión: desplazamiento de la dirección del pecho respecto de la de la cadera por giro de la columna vertebral.
Trayectoria del esquí: línea descrita por el centro de gravedad del esquí en su movimiento.

Valle, del: situación inferior; Ej.: esquí del valle = esquí inferior.
Velocidad de rotación: relación entre el ángulo girado y el tiempo invertido en el giro.
Velocidad lateral: componente en la dirección perpendicular al eje del esquí de la velocidad del mismo. Da la medida del derrape.
Velocidad longitudinal: componente en la dirección del eje del esquí de la velocidad del mismo. Da la medida del avance.
Vicio: gesto técnico incorrecto que se toma como costumbre, ocasionando una falta de dominio y que supone un freno en el aprendizaje.
Viraje a dos bastones: viraje estático o con velocidad muy lenta, basado en la ayuda de ambos bastones y que suele ejercerse con un salto.
Viraje canguro: viraje basado en una flexión previa y retraso exagerados que se puede aplicar en nieves algo pesadas.

Viraje con salto: dícese del ejecutado con elevación en el aire de al menos una parte del esquí (espátula, cola o entero).
Viraje conducido: el que se caracteriza por el predominio del deslizamiento longitudinal sobre el lateral.
Viraje derrapado: el que se caracteriza por el predominio del deslizamiento lateral sobre el longitudinal.
Viraje fundamental: basado en un comienzo en cuña para continuar en paralelo una vez desencadenado.
Viraje paralelo: el que se ejecuta manteniendo los esquís paralelos durante todas las fases.
Viscosidad: medida de la consistencia de un líquido o fluido.
Vivac: lugar más o menos acondicionado donde se vivaquea (ver **refugio-vivac**).
Vivaquear: pasar la noche a la intemperie.
Vuelta María: giro estático basado en una apertura divergente de más de 90°.
Vuelta progresiva: viraje gradual realizado sin dejar de caminar y corrigiendo la dirección mediante pequeñas aperturas.

Wedeln: ver **colear**.

Zueco: bloque de nieve apelmazada por el peso del esquiador que se queda adherido a la suela o a la piel de foca. También se produce en los crampones.

BIBLIOGRAFÍA ESQUÍ

Aguado F. *Montañismo, manual práctico*. Penthalon. 1981.
Arribas Mir, Lorenzo. Sierra Nevada en esquís. Ediciones Desnivel, 1994.
Alpinisme à ski escalade en glace raide. CAS. 1992.
Broch M. y Martínez X. *Montaña con esquís*. Pleniluni. 1990.
Faura, Enric; Longás, Jordi. Pirineos en esquís. Ediciones Desnivel, 1995
Gamma Karl. *Manual de esquí*. Blume. 1982.
Hurn Martín. *Aventuras deportivas en esquí*. Tutor. 1990.
Morandeira J. y Ucar A. *Guía de primeros auxilios en montaña*. Oroel. 1981.
Murcia Máximo. Manual de escalada en hielo y nieve. Ediciones Desnivel, 1994
Müller Walter. *Alpinismo 82*. CAS. 1983.
Naya A. *Guía meteorológica del montañero*. Penthalón.
Orientación en la montaña. Editorial alpina. 1982.
Rodes P. Aludes. 1992.
Roldán Eduardo. *Esquí*. Comité Olímpico Español. 1993.
Rüdiger Jahn. *Manual práctico del esquí*. Everest. 1980.
Samuel J., Shedden J. y Hynes J. *Guía para mejorar su esquí*. Acanto. 1988.
Tejada-Flores Lito. *Esquí fuera de pista*. Martínez Roca. 1989.
Tomico Agustín. *Pirineo Aragonés, 105 itinerarios de esquí de montaña*. FAM. 1988.
Vallençant P. *Esquí extremo*. Martínez Roca.

ÍNDICE ALFABÉTICO DE TÉRMINOS
Consultar también el glosario, página 393 y el índice principal, página 5

ABS 73
Absorción de golpes 79, 89
Accesibilidad 323
Accidente 369, 375
Ácido láctico 385
Aclimatación 294, 371
Acrílico 123
Adelantar los pies 241
Adhesivo 98, 100
Afilado de cantos 68, 75
Agarre 66, 70
Agotamiento físico 115, 292, 317
Agua 30, 181, 387, 390
Aguanieve 39
Agujetas 385
Aire 30
Algodón 123
Aligeramiento 49, 187, 228, 229, 233, 254
Alimentación 369, 372, 383
Alisios 31
Altímetro 41, 365
Altitud 294, 354, 363, 364, 365, 371
Altura 354
Altura de puntera 80, 112
Aludes 41, 45, 46, 48, 53, 145, 316, 322, 327, 358
    Escala de riesgo 61
    Material 145

Amortiguación 27, 69, 182, 184
Anchura 66, 68
Anclajes del manto nivoso 49, 53
Angulación 192, 219, 236, 260
Ángulo anterior (ver Ángulo de espátula)
Ángulo crítico 59
Ángulo de ataque 192, 193, 258
Ángulo de cola 66, 68, 184
Ángulo de cruce 162, 176, 186, 189, 222
Ángulo de espátula 66, 68, 184
Ángulo límite 161, 167, 169, 190
Ángulo posterior (ver Ángulo de cola)
Anticiclón 32, 34, 39, 41
Anticipación 230, 234, 236, 237, 241, 259, 260
Aparato de reglaje 87, 89
Arandela (ver Roseta)
Arista 282, 341
Arnés 139, 332
ARVA (ver también Detector) 93, 147
Ataduras (ver Fijaciones)

Baches 215, 279
Baga 139, 342
Bañeras 49, 85, 254, 280
Basculamiento, 85, 89, 187, 197, 223
Bastón 105, 146, 277, 293
Borrasca 32, 33, 34, 41
Bosque 284

Bota   109, 127, 138, 231, 232, 270, 296
   Botín   109, 110, 117
   Caña 91, 111, 114, 163, 168, 201, 250
   Carcasa   110
   Curvatura de suela   88, 112, 119
   Dureza de flexión   110, 112, 232, 274
   Horma   111
   Mecanismo liberador de caña   110
   Talla   110, 116
Botiquín   328
Brújula   355, 359, 365

Caja de torsión   74
Calcetines   118, 127
Calor   25, 27, 31, 35, 40, 121, 124, 141, 370, 383
Cambio de cantos 178, 189, 222, 226, 230
Cambio de peso (ver también Transferencia de peso)   225, 228, 291, 296, 301
Camilla   131, 146, 378
Camisa   123
Camiseta   123
Canteo   68, 70, 115, 165, 166, 172, 188, 190, 192, 219, 222, 260, 296
Cantidad de movimiento   21, 190, 289
Canto   72, 75, 166, 271
   aserrado   72, 194
Capa de supervivencia (ver Manta térmica)
Capilaridad   123
Casco   128
Celulosa   123, 387
Centro de acción   180, 186, 197
Centro de gravedad   177, 185, 190
Centro de reacción   186, 197
Cera   72, 76, 101, 181
Chubasquero   124
Cielo aborregado   33, 42
Circulación general de la atmósfera   31
Cizalladura   24, 54
Clasificación de dificultad   322
Clavos   138, 332
Clorofibra   123
Colchoneta (ver Esterilla)

Colear   177, 241
Comba invertida   165, 168, 179, 193
Comida   389, 390
Compresión   24, 54, 163, 169
Condensación   30, 35, 39, 130,
   Núcleos   31, 43
Conducción térmica   25, 40, 123, 124
Congelación   127, 370
Contrarrotación   191, 234, 237, 240, 259
Convección   25, 123, 125
Cordada   139, 286, 341
Cordino de avalancha   62, 147
Cornisa   47, 282, 317
Cortadura (ver Cizalladura)
Corte estratigráfico   45, 58
Cotas   68
Crampones   83, 118, 136, 138, 328, 340
Crema solar   123, 129, 373
Cristianía (ver también Viraje paralelo)   188, 195, 221, 236, 241
Cuchillas   82, 94, 296, 297, 307
Cuerda   139, 331, 332
Cueva   350
Cunetas   285
Cuña 186, 200, 212, 242, 283, 287, 293, 312, 379
   inversa   207, 342
Curvas de nivel   176, 356
   Ambigüedad   357
   Equidistancia   357
Curvatura anterior   69
Curvatura central   66, 69, 163, 172, 180 185, 246
Curvatura posterior   69
Curvímetro   359

Declinación magnética   355, 365, 366
Defectos técnicos   66, 191, 217, 243, 270
Derrapar   177, 187, 195, 218, 277
Descenso directo   67, 176, 177, 210
Descensor   332, 335, 341
Deshielo-rehielo   46, 52
Deslizamiento 20, 22, 66, 70, 179, 181, 182

Detector	147
Diagonal	177, 188, 217, 297
Distribución de presiones	67, 69, 162, 171, 230, 232, 287
Doble salto de colas	247
Doble salto de espátulas	248
Dorsal anticiclónica	34
Ecuador	32, 353, 354
Edema cerebral	373
Edema pulmonar	372
Efecto "cuchillo"	194
Efecto de catapulta	93
Empotrador	139
Empuñadura	106
Encerado	76, 181
Energía	24, 27, 31, 143, 182, 317, 384
cinética	24
potencial	24
térmica	25
Ensemble	341
Entrenamiento	381, 385
Equilibrio lateral	187, 190, 219, 278
Equilibrio longitudinal	278
Equitemperatura	45
Escalada	139, 331
Escalera	203, 307
Escalera diagonal	204, 211
Escarcha de profundidad	45
Escarpes	315, 358
Esfuerzos combinados	89
Espesor	66, 68
Espuma	73
Esquí	201
compensado	67
corto	67, 201, 258, 260
extremo	115, 268, 275
metálico	73, 74
Nervio	70
Estabilidad	66, 68, 183, 194, 212
Esterilla	142
Estilo	67, 85, 111, 175, 216, 221, 239, 241

Estiramientos	382
Estrechamiento	284
Estrella Polar	361
Estrías	285
Estructura interna	73
Evaporación	26
Expansión adiabática	35
Expulsión de colas (ver también Golpe de talón)	229, 237, 242
Extensión	187, 236
avanzada	230
lateral	229
retardada	253, 256
Factor de carga	139
Fatiga de material	24, 70
Fibra de carbono,	71
Fibra de vidrio	74
Fibra vegetal	387
Fijación	79, 168
Ajuste de longitud	81, 89
Alza	82, 94, 171, 172
Bases de instalación	82
Correas	82, 93, 308
Escala de tensión	84, 85, 89
Frenos	82, 93
Mecanismo de basculamiento	81
Mecanismo liberador de talonera	81, 94
Placa	81, 91
Puntera	80, 91, 308
Regulación	84, 90, 201
Talonera	80, 91
Fisurero	332, 340
Flexibilidad	71
Flexión (concepto)	24, 169
Flexión (técnica)	187, 233, 236
Flexión-extensión	227, 228
Flexión-recuperación	240, 253, 258, 281, 288
Föehn	36
Foquear	318
Forro polar	124
Fracturas óseas	377

Franela	123	Hipotermia	370
Frente	33, 41, 42	Horario	322, 326, 367
cálido	33	Horizontal	56, 176
frío	33	Humedad relativa	26, 30, 35
Oclusión	33		
Fuerza	19, 21	Iglú	140, 146, 349
centrífuga	190, 191, 214, 354, 371	Impulso corto	250, 277
Componente perpendicular	20, 162, 275	Inercia	27, 90, 183, 234
Componente tangencial	20, 162, 179, 182	Inestabilidad (atmosférica)	37
		Infernillo	142, 328
de desvío	189, 267	Inversión térmica	31, 37, 38
de frenado	189, 276	Inyección	73
Funda de vivac	131, 142, 328	Isoterma de °0	37, 38
Gafas	130	Juego de tobillos	232, 236
Gaza	333		
Giro	177, 186, 200	Largo	332, 341
básico	217	Latitud	31, 353, 363
elemental	217	Láster	126
en compresión	253	Lesiones	90, 106, 235, 377, 378
en estrella	202, 298	Límite de helada	40
"mil pasos"	202	Límite de nevada	39
Glaciar	285, 341, 358	Limpiaparabrisas	246, 348
Glucógeno	384, 389	Línea de máxima pendiente	176, 358
Godille	241	Linterna frontal	143
Golpe de talón (ver también Expulsión de colas)	226, 231, 237, 256	Liofilizado	390
		Lluvia	33, 35, 36, 37
Gorra	128	Localizador de esquís	93, 148
Gorro	128	Longitud	66, 183, 184
GPS	363, 365	efectiva	66, 185
Gradiente de temperatura	44	proyectada	66, 185
Granizo	51	Longitud geográfica	354, 363
Grasas	386, 387		
Grieta	139, 285, 341, 358	Madera	65, 73
Guantes	127, 371	Mal de altura	372
Guirnalda	217, 221	Maniobrabilidad	186
		Manoplas	128, 371
Helicóptero	380, 381	Manta térmica	142
Hemisferio	353	Mapas	315, 322, 355, 361
Hemorragia	375, 377	Escalas	356
Hidratos de carbono	370, 384, 386, 388	Signos convencionales	358
Hidroplaneo	181	Tipos	356
Hielo	22, 44, 46, 51, 68, 72, 166, 194, 291	Marca de referencia	94, 113

Martillo-piolet	137	Nudos	333
Material	65, 327	Nutrientes	384
Medias	127		
Meridiano	353	Obstáculos (evitar)	260, 266, 284
Microsurco	72, 181	Ondulaciones	48, 50, 285
Mochila	132	Orientación	(técnica) 353
Portapiolets	132, 134	Oscilaciones	27
Mohair	97		
Momento de una fuerza (ver Par)		Pala	145, 378
Momento de inercia	21, 66, 71, 183, 186, 252	Pantalones	125, 200
		Par	21, 91, 186
Montículos	255, 279, 280	Paralelo (ver Viraje paralelo)	
Mosquetón	139, 332, 337, 342, 349, 378	Paralelo geográfico	353
		Paro cardiaco	376
Nido de abeja	74	Pasamontañas	128
Niebla	37, 38, 365, 374	Paso	
Nieve	40, 43, 180, 326	convergente	265
artificial	50, 52	de patinador	204, 260
Calidades	49	de uno	309
costra	46, 50, 52, 255, 258, 286, 326	divergente	202, 262, 282, 287, 306
dura	51, 66, 70, 83, 116, 241	lateral	193, 266, 282
fresca	49, 286	Patín	68
granulosa	51, 291	Pendiente	23, 357
helada	46, 52, 68, 291	Penitentes	281
húmeda	23, 40, 52, 57, 180, 255, 258	Peso	179
mojada	52	aparente	187, 190
Metamorfismos	44	Piel de foca	97, 190
papa	52, 326	Piolet	107, 132, 134, 137, 277, 328, 338, 345
pesada	85, 92, 180, 287		
pisada	50	Piolet-bastón	138, 338
podrida	52	Piolet-tracción	339
polvo	21, 50, 56, 93, 180, 192, 273, 288	Placa adaptadora	84
		Placa de viento	48, 55
polvo dura	51	Planificación	315, 321
primavera	52	Plantilla	111, 115, 118, 270
sopa	52	Plumón	122, 141
venteada	48, 50, 290	Polaina	121, 126
virgen	50, 199	Poliéster	123, 124
Normalización	85, 88, 94	Polietileno	72, 76
Nubosidad	33, 41	Polipasto	347, 348
Cirros	33, 42	Polipropileno	123
Cúmulos	33, 37, 42	Postura del huevo	210, 272
Nimbos	33, 37, 42	Potencia	25, 220, 385

Precipitación	33, 35, 39	Salto de colas	177, 238, 245, 246, 264, 277
Preparación física	380		
Presión	41, 125	Salto de espátulas	243, 248, 277
Previsión meteorológica	40	Schuss	189, 210, 284
Principio de Acción y Reacción	19, 54	Semicueva	351
Protector labial	129, 374	Semicuña	220, 224
Proyección lateral	266	Semicuña-paralelo (ver también Stem-cristianía)	223, 283, 292, 293
Proyecciones geográficas	355		
Puente	69, 112	Semipaso	
Puente de nieve	285, 341	inverso	310
Puño jumar	337	de patinador	610
		Seracs	60, 285
Quemaduras	129, 373	Seta de hielo	344
		Sinergia	317
Radiación	26, 35	Slalom	266, 267
Ranura longitudinal	72, 181	Sobrecanteo	167
Rapelador	139, 336	Sobregiro	168, 191, 243, 246
Rapelar	332, 341	Sobreinclinación	193, 230
Raspa de pescado (ver Tijera)		Sondas	146
Rayos ultravioleta	129, 373	Stem-cristianía (ver también Semicuña-paralelo)	223, 226, 239, 265
Reacciones aerobias	385		
Reacciones anaerobias	385	Stem-cristianía avanzado (ver también Tip-tap)	264
Recogimiento o repliegue de piernas	233, 236, 247		
		Subinclinación	193, 230, 258
Rescate	75, 139, 145, 337, 375, 380	Suela	71, 76
Resistencia	23	Reparación	76
a la flexión	69, 70, 163, 185	sinterizada	72
a la torsión	70, 168		
elástica	27	Tabla	65
Respiración	135, 376, 386	Temperatura	25, 30, 35, 41
artificial	376	Tensión de paso	94, 308
Roseta	107, 258	Tensión de salto	85, 89, 90, 95, 201
Rozadura	116, 117, 296, 375	Tensión mecánica	23
Rozamiento	22, 179, 182, 187	Terrones	49, 281
Coeficiente	22, 171, 180	Textura	47, 60
dinámico	23, 179, 201	Tienda de campaña	140
estático	23, 98, 201	Tijera	204, 260, 307
Rumbo	354, 359	Tip-tap	221, 264, 267, 277
geográfico	355	Torsión (concepto)	24, 85, 89, 91, 168
magnético	355	Torsión (técnica)	230, 264, 265
		Tracción	24, 54
Saco de dormir	141	Transferencia de peso	213, 225, 236, 251, 271
Sales minerales	143, 387, 390		

Trópico	353	fundamental	215, 220, 287
Tubo	276, 283	paralelo (ver también Cristianía)	22
		225, 237, 260	
Vaguadas	283, 316, 356, 367	pedaleado	268, 277, 288
Velocidad de crucero	319	por extensión con salto	242
Viento	26, 41, 47, 327	por inercia de tronco	230, 258
Viraje		simultáneo	273, 288
a dos bastones	251	Viscosidad	22, 100, 181
al monte	176, 178	Vitaminas	386
al valle	176, 178	Vivaquear	131, 142, 328
alternativo	225, 226, 292	Vuelta María	177, 293, 306, 324
canguro	177, 256, 288	Vuelta progresiva	202, 298, 299
con salto doble	248		
conducido	45, 195, 217, 241	Wedeln	241
derrapado	45, 195, 241		
encadenado	229, 239, 261	Zuecos	100, 101, 340
Fases	178, 238